Grundriß

des

Österreichischen Rechts

in systematischer Bearbeitung.

Unter Mitwirkung von

Dr. J. Freiherr von Anders, Professor in Graz, Dr. P. Ritter Beck von Mannagetta, Sektionschef und Vorstand des Patentamtes in Wien, Dr. E. Demelius, Professor in Innsbruck, Dr. A. Finger, Professor in Prag, Dr. O. Frankl, Professor in Prag, Dr. O. Friedmann, Professor in Wien, Dr. C. S. Grünhut, Hofrat und Professor in Wien, Dr. G. Hanausek, Professor in Graz, Dr. J. Hanel, Hofrat und Professor in Prag, Dr. F. Hauke, Professor in Czernowitz, Dr. M. Ritter von Hussarek, Ministerialrat und Professor in Wien, Dr. H. Lammasch, Professor in Wien, Dr. V. Mataja, Ministerialrat und Professor in Wien, Dr. J. Reiner in Budapest, Dr. H. M. Schuster, Professor in Prag, Dr. M. Schuster von Bonnott, Hofrat in Wien, Dr. A. Skedl, Professor in Czernowitz, Dr. L. Spiegel, Finanzprokuratursadjunkt und Privatdocent in Prag, Dr. L. Szalay, Sektionsrat im Reichsfinanzministerium in Wien, Dr. J. Ulbrich, Hofrat und Professor in Prag, Dr. V. Ullmann, Hofrat und Professor in Prag, Dr. F. Freiherr von Wieser, Professor in Prag, Dr. R. Zuckerkandl, Professor in Prag

herausgegeben von

Dr. A. Finger, Dr. O. Frankl, Dr. V. Ullmann,

Professoren an der Deutschen Universität in Prag.

In drei Bänden.

Zweiter Band, erste Abteilung.

Leipzig,

Verlag von Duncker & Humblot.

1900.

Grundriß

des

Civilprozeßrechts.

Von

Dr. E. Ullmann,

k. k. Hofrat, o. ö. Professor an der Universität Prag.

Leipzig,

Verlag von Duncker & Humblot.

1900.

Pierer'sche Hofbuchdruckerei Stephan Geibel & Co. in Altenburg.

Inhaltsverzeichnis.

Einleitung.

Erstes Buch. Die Prozeßsubjekte, ihre Vertreter und Gehilfen.

Erster Titel. Das Gericht.

Erster Abschnitt. Die Civilgerichte und deren Organisation.

Zweiter Abschnitt. Die Zuständigkeit der Civilgerichte.

A. Sachliche Zuständigkeit.

Seite.

C. Der Beweis durch Sachverständige.

Zweiter Abschnitt. Die gerichtliche Erledigung des Prozesses.

Dritter Titel. Verfahren vor Bezirksgerichten.

Vierter Titel. Das Rechtsmittelverfahren.

I. Die Berufung.

IV. Nichtigkeits- und Wiederaufnahmsklage.

Fünfter Titel. Besondere Arten des Verfahrens.

Das österreichische Civilprozeßrecht.

Von

Professor Dr. V. Ullmann.

Einleitung.

I. Civilgerichtliches Verfahren in und außer Streitsachen.

Die Staatsgewalt sichert den Genuß der Privatrechte. Dem Berechtigten ist Abwehr der Behinderung der Rechtsausübung vorbehalten, Selbsthilfe aber versagt. Die Staatshilfe für Privatrechte vermitteln im allgemeinen die Gerichte. Der Vorgang, durch welchen Privatrechte der Staatshilfe teilhaftig werden, heißt civilgerichtliches Verfahren.

Das civilgerichtliche Verfahren zerfällt in das Verfahren in Streitsachen (Civilproceß) und das Verfahren außer Streitsachen. Nicht entscheidend ist für die Teilung der Bestand und Abgang eines Streites; nicht durchgreifend ist die Erklärung, daß der Civilprozeß Rechtsverletzungen beseitigt, das Verfahren außer Streitsachen Rechtsverletzungen verhütet.

Es ist Verfahren außer Streitsachen die Einflußnahme staatlicher Organe auf die Begründung und Sicherstellung von Rechtsverhältnissen im vom Gesetze begrenzten Umfange; es hat Verfahren außer Streitsachen nur statt, wo wegen des obwaltenden öffentlichen Interesses (Gewährung des hilfsbedürftigen Personen zugesicherten Gesetzesschutzes, Ordnung der Besitzverhältnisse, Fundierung des Immobilarkredites u. s. w.) eine Einflußnahme staatlicher Organe auf die Ordnung der Verhältnisse vorbedacht ist. Das diesfällige Verfahren ist teils obligatorisch, also die Ordnung der bezüglichen Angelegenheiten im Wege gerichtlichen Verfahrens geboten (Verlassenschaftsabhandlung, Vormundschaft und Kuratel, Obsorge über Fideikommisse, Adoption, Grundbuchsachen), teils fakultativ, also die Benützung der staatlichen Einrichtungen zu sicherer Ordnung der Verhältnisse gestattet (Notariat). Der Civilprozeß umfaßt das ganze Gebiet des Civilrechtes; er bezielt Feststellung der Privatrechte durch Richterspruch und Durchsetzung festgestellter Rechte über Verlangen des Interessenten auch bei Widerstreit des Gegners.

II. Die Ausgestaltung des österreichischen Civilprozeßrechtes.

Den Aufzeichnungen des einheimischen Rechtes im 13. und 14. Jahrhundert folgten seit 1510 Prozeßgesetze für einzelne Länder Österreichs, mit welchen dem durch Doktrin und Praxis ausgestalteten römisch-kanonischen Prozesse allgemeine Geltung verschafft wurde.

Eine gesetzliche Einheit des gerichtlichen Verfahrens besteht seit dem Ende des 18. Jahrhunderts. Für das Verfahren in Streitsachen wurde mit Patent vom 1. Mai 1781 eine allgemeine Gerichtsordnung kundgemacht, welche in einzelnen Ländern durch die mit Patent vom 19. Dezember 1796 kundgemachte sog. westgalizische Gerichtsordnung — eine neue Auflage der allgemeinen G.O. — ersetzt wurde. Den geänderten Bedürfnissen wurde durch zahlreiche Ergänzungsgesetze Rechnung getragen.

Allmählich wurde die Neugestaltung des Civilprozeßrechtes unabweisbar. Im Jahre 1867 wurde eine an den zu Hannover fertig gestellten sog. deutschen Entwurf anschließende, — im Jahre 1876 eine an den Ministerialentwurf einer C.P.O. für das Deutsche Reich anschließende Regierungsvorlage dem Reichsrate vorgelegt, im Jahre 1881 diese Vorlage erneuert, ohne daß damit ein Erfolg erreicht wurde. Erst die am 20. März 1893 im Abgeordnetenhause des Reichsrates eingebrachten, von Prof. Dr. Franz Klein vielfach selbständig verfaßten Entwürfe brachten die Neugestaltung des civilgerichtlichen Verfahrens in Fluß. Infolge des Sondergesetzes vom 5. Dezember 1894 R. 227, betreffend die Beratung und Beschlußfassung aller auf die Einführung einer neuen C.P.O. sich beziehenden Gesetzentwürfe, wurde die Reform in verhältnismäßig kurzer Zeit zum Abschlusse gebracht.

III. Die neuen Prozeßgesetze.

Es gilt vom 1. Januar 1898 ab

1. Das Gesetz über die Ausübung der Gerichtsbarkeit und die Zuständigkeit der ordentlichen Gerichte in bürgerlichen Rechtssachen (Jurisdiktionsnorm) vom 1. August 1895 R. 111, und dazu ein Einführungsgesetz R. 110.

2. Das Gesetz über das gerichtliche Verfahren in bürgerlichen Rechtsstreitigkeiten (Civilprozeßordnung) vom 1. August 1895 R. 113, und dazu ein Einführungsgesetz R. 112.

3. Das Gesetz über das Exekutions- und Sicherungsverfahren (Exekutionsordnung) vom 27. Mai 1896 R. 79, und dazu ein Einführungsgesetz R. 78.

4. Das Gesetz, womit Vorschriften über die Besetzung, innere Einrichtung und Geschäftsordnung der Gerichte erlassen werden (Gerichtsorganisationsgesetz) vom 27. November 1896 R. 217.

Vom 1. Juli 1898 ab gilt das Gesetz vom 27. November 1896 R. 218 betreffend die Einführung von Gewerbegerichten.

In Geltung bleibt das Hofd. v. 23. August 1819 Nr. 1595 J.G.S. über das Verfahren in streitigen Eheangelegenheiten, Art. 1 Abs. 2 C.P.O. und J.M.V. vom 9. Dezember 1897 R. 283, — und im bisherigen Umfange, d. i. in den Reichsratsländern, mit Ausschluß von Galizien, der Bukowina und Dalmatien, das Gesetz über Mahnverfahren vom 27. April 1873 R. 67, Art. 28 C.P.O.

Auf die neuen Gesetze bezieht sich eine erhebliche Zahl von Verordnungen, von welchen hier hervorzuheben ist die J.M.V. vom 5. Mai 1897 R. 112, womit eine neue Geschäftsordnung für die Gerichte erster und zweiter Instanz erlassen wurde.

VI. Die rechtliche Natur des Civilprozeßrechtes.

Die Civilstreitsache ist privatrechtlicher Natur, ein Verhältnis zwischen Kläger und Beklagtem, das der Parteidisposition unterliegt. Das Prozeßrecht ist öffentliches Recht; es ist die Norm, nach welcher Privatrechte des staatlichen Schutzes teilhaftig werden, Art. 1 C.P.O.; doch sind die Prozeßvorschriften nicht durchaus verpflichtend, sondern auch gestattend. Es ist den Parteien vorbehalten der Verzicht auf prozessualische Befugnisse, der Verzicht auf Mängel des Verfahrens, es ist ihnen die Wahl vorbehalten, wo die Prozeßordnung mehrere Wege frei läßt oder eine nähere Bestimmung durch Vereinbarung zuläßt. Es ist dem Richter eine Einflußnahme vorbehalten, diese aber allerdings zugleich zur

Pflicht gemacht. — Vielfach enthält das Prozeßrecht auch privatrechtliche Bestimmungen z. B. über den Umfang der Prozeßvollmacht § 31, über die zeitliche Fortdauer der gekündigten Vollmacht § 36, über Pfandrechtserwerb am gerichtlichen Erlag § 56, über Schadenshaftung §§ 326, 333, 354, über Unterbrechung der Verjährung § 232 C.P.O.

V. Die Auslegung der Civilprozeßnormen.

Der Text des Gesetzes ist durch authentische Ausgaben festgestellt; für die Auslegung der Prozeßgesetze sind die Regeln der §§ 6 und 7 des B.G.B. als maßgebend zu betrachten. Materialien für die Auslegung der Prozeßgesetze enthalten die den Entwürfen beigegebenen „Erläuternden Bemerkungen", die Berichte des Permanenzausschusses des Abgeordnetenhauses und die gemeinsamen Berichte der Permanenzkommission des Herrenhauses und des Permanenzausschusses des Abgeordnetenhauses.

Weisungen des Justizministeriums und die in anderen Rechtsstreitigkeiten gefällten Entscheidungen sind für den Richter in betreff der Auslegung von Gesetzen nicht bindend; einer fortdauernd gleichmäßigen Entscheidung in höchster Instanz wird sich aber der Richter unterordnen. Um gleichmäßige Rechtsprechung zu sichern, ist der O.G.H. letzte Instanz geblieben, und wird daselbst das Spruchrepertorium und Judikatenbuch weiter geführt.

Anläßlich der Vorbereitung der Einführung der neuen Prozeßgesetze verlautbarte die J.M.V. vom 3. Dezember 1897 in Nr. 44 des J.M.V.Blattes die „Beantwortung von Fragen, welche dem Justizministerium über Bestimmungen der neuen Prozeßgesetze vorgelegt wurden". Die Aussprüche zerfallen 1. in Antworten, welche das Justizministerium selbst erteilt und die der Selbständigkeit der Gerichte in Sachen der Rechtsanwendung nicht Abbruch thun sollen, und 2. in Antworten, durch welche einem Schwanken und Fehlgreifen der Rechtsprechung von vornherein durch autoritative Äußerung, d. i. durch Gutachten des O.G.H. vorgebeugt sein soll.

VI. Die Grenzen der Anwendbarkeit des Civilprozeßrechtes.

1. Die örtlichen Grenzen. Das Prozeßrecht hat als lex fori in jenen Gebieten, für welche es kundgemacht ist, Anwendung zu finden (Territorialitätsprincip, Art. 1 C.P.O.), und zwar auch dann, wenn der Rechtsstreit Ausländer betrifft, und für die Entscheidung der Streitsache fremdes Recht maßgebend ist. Die lex fori ist für alle das Prozeßrechtsverhältnis und das Verfahren betreffenden Fragen maßgebend, nicht aber für das Streitverhältniß, die res in judicium deducta, für welche die lex rei entscheidend ist. Die lex fori entscheidet auch über den Umfang des Wirkungskreises der Civilgerichte, und über die Partei- und Prozeßfähigkeit; soweit diese aber von der civilrechtlichen Rechts- und Handlungfähigkeit bedingt ist, ist sie für Fremde nach dem Gesetze des Staates zu beurteilen, welchem diese vermöge ihres Wohnsitzes bezw. ihrer Geburt als Unterthanen unterliegen (§ 34 B.G.B.); doch ist ein Ausländer als prozeßfähig zu behandeln, wenn ihm nach den inländischen Bestimmungen Prozeßfähigkeit zukommt § 3 C.P.O. — Fremdes Recht ist entscheidend für die Beweiserfordernisse der im Auslande errichteten öffentlichen Urkunden § 293 C.P.O. und in jenen Fällen, in welchen Vergeltung zu üben ist, also für den Gerichtsstand der Fremden § 101 J.N., für die Befreiung von der Klagskaution § 57 C.P.O., für die Beweiskraft ausländischer Handelsbücher § 295 C.P.O. und für die Vollstreckbarkeit ausländischer Akten und Urkunden § 79 Ex.O.

Die lex fori ist auch bei den über Ersuchen fremder Gerichte vorzunehmenden Prozeßhandlungen anzuwenden, ausgenommen es wird ausdrücklich ersucht, bei den vorzunehmenden Handlungen einen bestimmten, durch das ausländische Gesetz geforderten und durch die inländischen Gesetze nicht ausgeschlossenen Vorgang einzuhalten, § 39 Abs. 2 J.N.

Die im Auslande vorgenommenen Prozeßhandlungen haben im Inlande Wirkung, wenn sie Bestandteil eines hier anhängigen Rechtsstreites sind (Vgl. dazu § 290 C.P.O.).

Es begründet der im Auslande anhängig gemachte Rechtsstreit im Inlande die Einrede der Streithängigkeit, die dort erflossene Entscheidung die Einrede rechtskräftiger Entscheidung, wenn die bezügliche fremdländische Entscheidung im Inlande vollstreckbar ist.

2. Die zeitlichen Grenzen. Prozeßgesetze, welche das geltende Prozeßrecht erläutern, ergänzen und in Einzelnbestimmungen ändern, beanspruchen Anwendung auch in bereits anhängigen Streitsachen. — Die Einführungsgesetze zu einem neuen Prozeßgesetze gehen bald von dem Principe der Prozeßeinheit, bald von dem Principe der Prozeßabschnitte oder auch von dem der Isolierung der Prozeßhandlungen aus. Gerechtfertigt erscheint es, bei Umgestaltung des Verfahrens unbillige Folgen dadurch zu vermeiden, daß für die bereits anhängigen Rechtssachen das frühere Verfahren bis zum Streitabschluß oder doch bis zu einem dafür geeigneten Prozeßabschnitt in Geltung belassen wird. — Das Einführungsgesetz zur C.P.O. vom 1. August 1895 Art. 47 ff. bekennt sich zum Princip der Prozeßeinheit. Es sind Sreitsachen, in welchen vor dem 1. Januar 1898 die Einrede schon überreicht war oder die Verhandlung zur Hauptsache bereits begonnen hatte, nach dem alten Prozeßrechte zu verhandeln und zu entscheiden, doch ist den Parteien vorbehalten, unter Abstehen von dem bisherigen Prozeßverfahren Verhandlung und Entscheidung nach den neuen Prozeßgesetzen zu vereinbaren. Es sind Einwendungen gegen Aufträge im Mandats-, Wechsel- und Bestandverfahren, wenn sie nach dem 1. Januar 1898 eingebracht wurden, oder wenn bis dahin die Verhandlung über früher angebrachte Einwendungen noch nicht begonnen hatte, nach den Vorschriften der neuen C.P.O. zu verhandeln. Gegen Endurteile in den nach dem alten Prozeßrechte verhandelten Streitsachen findet die Wiedereinsetzung in den vorigen Stand nach den alten Vorschriften statt; zugelassen ist aber gegen solche Entscheidungen auch die Nichtigkeitsklage des § 529 C.P.O.

VII. Litteratur des geltenden Prozeßrechtes.

Systematische Bearbeitungen: Dr. Schuster von Bonott, Österr. Civilprozeßrecht; Dr. Josef Trutter, Das österr. Civilprozeßrecht in systematischer Darstellung; Dr. Emil Ott, Hofr. und Prof., Systematische Einführung in das Studium des neuen Civilprozesses.

Kommentare: Dr. Carl Fürstl, Dr. Ernst Demelius, Dr. Georg Neumann, Dr. Jacob Wachtl (Erläuterungen zur C.P.O.), Dr. Heinrich Horten (die Jurisdiktionsnorm und ihr Einführungsgesetz. Ein Kommentar. Den Kommentaren kann beigeordnet werden die Gesetzausgabe von Dr. Hugo Schauer.

Über die weitere Litteratur berichtet Dr. Hans Sperl, Systematische Übersicht über Litteratur und Praxis des österr. Civilprozeß- und Exekutionsrechtes. Wien 1899 mit Ergänzungen.

Erstes Buch.

Die Prozeßsubjekte, ihre Vertreter und Gehilfen.

Erster Titel.

Das Gericht[1].

Erster Abschnitt.

Die Civilgerichte und deren Organisation.

§ 1. Die Civilgerichte im allgemeinen.

Die zur Rechtsprechung in bürgerlichen Rechtssachen berufenen Gerichte teilen sich in ordentliche und außerordentliche Gerichte. Für die ordentlichen Gerichte gilt die Jurisdiktionsnorm und die Civilprozeßordnung vom 1. August 1895. Für die außerordentlichen Gerichte gelten bezüglich der Zuständigkeit und des Verfahrens Sonderbestimmungen. Als außerordentliche Gerichte blieben bestehen:

A. Das Obersthofmarschallamt Art. 3 J.N. Es ist berufen zur Ausübung der Gerichtsbarkeit 1. über die Mitglieder des kaiserlichen Hauses; 2. über Personen, auf welche dessen Gerichtsbarkeit ausgedehnt wurde und in Hinkunft ausgedehnt werden wird, 3. über Personen, welchen die Exterritorialität zusteht, falls sie sich dem Obersthofmarschallamte unterwerfen. Vorbehalten ist diesen Exterritorialen (nicht auch den Personen 1. und 2.), sich auch den ordentlichen inländischen Gerichten zu unterwerfen und erstreckt sich die inländische Gerichtsbarkeit schlechthin auf Rechtssachen, welche ihre im Inlande gelegenen unbeweglichen Güter und ihre dinglichen Rechte an inländischen Liegenschaften dritter Personen zum Gegenstande haben Art. 9 J.N. — Der ausschließliche Gerichtsstand für Streitigkeiten um unbewegliches Gut, für Wasserrechts-Besitzstörungsstreitigkeiten und für Bestandstreitigkeiten findet auf exterritoriale und dem Obersthofmarschallamte unterstehende Personen schlechthin Anwendung § 85 J.N. Gleiches gilt für Fideikommiß- und Lehensangelegenheiten § 116 und 78 J.N. — In Geltung bleiben für das Obersthofmarschallamt die Bestimmungen des Hofd. vom 14. Oktober 1785 Nr. 481 J.G.S. in Ansehung des Instanzenzuges und die Vorschriften über das Verfahren. Es erfolgt die Entscheidung in Streitsachen unter dem Vorsitze des Kanzleidirektors des O.H.M.A. durch vier Räte der Wiener Gerichtshöfe erster Instanz, welche der Kaiser als Referenten und Votanten ernennt.

---

[1] In diesem Titel wird auf die J.N. ohne Zusatz Bezug genommen.

Über Rechtsmittel gegen die Entscheidung des Obersthofmarschallamtes erkennt das Oberlandesgericht in Wien, und bei abgeändertem Urteil der oberste Gerichtshof als delegiertes Gericht.

B. Die österreichischen Konsulargerichte. — Traktatmäßig üben die österreichisch-ungarischen Konsularämter im osmanischen Reiche, und zwar auch in jenen Staaten, welche sich aus Bestandteilen dieses Reiches gebildet haben, in Marokko, Persien, China, Japan und Zanzibar Gerichtsbarkeit über österreichische und ungarische Staatsangehörige und über Schutzgenossen der österreichischen Monarchie. Laut Verordnung des Gesamtministeriums vom 30. Juli 1897 R. 178 gilt vom 1. Januar 1898 ab für die Konsulargerichte das Gesetz vom 30. August 1891 R. 136 und der gleiche ungarische Gesetzartikel 31 von 1891. Es sind von da ab die Konsulargerichte Gerichte beider Reichshälften und angewiesen im Namen Sr. Maj. des Kaisers und des Königs von Ungarn zu urteilen. Die Ausübung der Gerichtsbarkeit in erster Instanz steht den dazu berufenen Konsularämtern zu; in zweiter und letzter Instanz entscheidet das Konsularobergericht in Konstantinopel. Bei diesen Gerichten gelten in Status- und Strafsachen für die österreichischen und für die ungarischen Staatsangehörigen die heimatlichen Gesetze. In Rechtssachen, welche nicht zu den Status- und Strafsachen gehören, gilt für österreichische und ungarische Staatsangehörige gleiches Recht und zwar das bei den Konsulargerichten eingeführte österreichische Recht. Die Reform des Civilprozeßrechtes blieb für diese Gerichte ohne Bedeutung.

In Bosnien und der Herzegowina wurden von der österreichischen Regierung als Justizbehörden bestellt: die Landesregierung in Serajewo als leitende Behörde, das Obergericht daselbst und als Gerichte erster Instanz sechs Kreisgerichte, in deren weiterem Sprengel die Bezirksbehörden als Erstinstanzgerichte fungieren. Für diese Gerichte wurden Justizgesetze erlassen, welche sich an die vor dem 1. Januar 1898 in Geltung gewesenen österreichischen Gesetze anschließen. Infolge dieser Änderung der Justiz haben sämtliche Staaten auf die von ihnen daselbst ausgeübte Konsulargerichtsbarkeit verzichtet.

Die österreichischen Konsulargerichte in Ägypten wurden vom 1. Februar 1876 ab auf Streitigkeiten österreichischer Unterthanen unter einander, und die Entscheidung von Status- und Strafsachen beschränkt. Die Rechtssachen, in welchen eine der Parteien einem fremden Staate angehört, oder ein in Ägypten gelegenes Immobile oder ein Recht darauf Gegenstand des Streites ist, wurden den dort aktivierten Gerichten der Reform zugewiesen. — Die Konsuln der österreichisch-ungarischen Monarchie in Tunis wurden angewiesen, die ihnen in der Regentschaft Tunis zustehende Gerichtsbarkeit in Strafsachen, dann in bürgerlichen und Handelsangelegenheiten den dort eingesetzten französischen Gerichten zu überlassen.

C. Die Elbezollgerichte. Den Bezirksgerichten an der unteren Elbe sind zufolge der Elbeschiffahrtsakte vom 23. Juni 1821 alle Rechtssachen, welche sich aus der Schiffahrt und Flößerei ergeben, mit Ausschluß jedes privilegierten Gerichtsstandes zugeteilt. Die Bezirksgerichte sind angewiesen, in diesen Rechtssachen als „Elbezollgerichte" zu fungieren und nach dem Hofkammerpräsidial-Dekret vom 2. Dezember 1845 Nr. 912 J.G.S. zu verfahren; Art. 6 Z. 1 J.N.

§ 2. Die ordentlichen Civilgerichte.

Maßgebend für die ordentlichen Civilgerichte sind neben der J.N., der C.P.O. und dem Gerichtsorganisationsgesetze: Das Kaiserl. Patent vom 7. August 1850 R. 325 über die Organisation des obersten Gerichtshofes; — die Verordnung vom 19. Januar 1853 R. 10 über die Organisation der Gerichtshöfe zweiter und erster Instanz, und das Gesetz vom 11. Juni 1868 R. 59 über die Absonderung der Einzelgerichte von den Verwaltungsbehörden, § 48 Ger.O.

Die ordentlichen Gerichte sind durchaus landesfürstliche Gerichte. Justiz und Verwaltung ist auch in unterster Instanz getrennt. Es sind drei Instanzen eingesetzt. Die Staatsanwaltschaft hat auf die Civilgerichtsbarkeit keinen Einfluß.

Ordentliche Civilgerichte sind die Bezirksgerichte; für den Sprengel mehrerer Bezirksgerichte die Kreisgerichte, in den Landeshauptstädten und wo sonst die Geschäfte von größerer Bedeutung sind, Landesgerichte genannt; — für den Sprengel der Landesgerichte in Wien, Prag und Triest besondere Handels- bezw. Handels- und Seegerichte; — im Standorte dieser Handelsgerichte noch besondere Bezirksgerichte für Handels- bezw. Handels- und Seesachen, die nach Bedarf auch an anderen Orten errichtet werden sollen; — die Oberlandesgerichte: in Wien für Nieder- und Oberösterreich und Salzburg, in Graz für Steiermark, Kärnthen und Krain, in Triest für Görz, Gradiska, Istrien und Triest, in Zara für Dalmatien, in Prag für Böhmen, in Brünn für Mähren und Schlesien, in Krakau für Westgalizien, in Lemberg für Ostgalizien und die Bukowina und in Innsbruck für Tirol und Vorarlberg; — endlich der oberste Gerichtshof in Wien.

Das Instanzenverhältnis ist folgendes.

1. Erste Instanz schlechthin sind die Bezirksgerichte. Die Berufung gegen Urteile der Bezirksgerichte geht an die Kreis- und Landesgerichte, — in Angelegenheiten der Handels-, See- und Berggerichtsbarkeit aber, sofern das bezirksgerichtliche Urteil dem entsprechend bezeichnet ist § 446 C.P.O., oder von einem Bezirksgerichte für Handels- bezw. Handels- und Seesachen gefällt wurde (§ 417 C.P.O), an den zur Ausübung solcher Gerichtsbarkeit bestellten Gerichtshof bezw. an den Handels- oder Bergsenat des Kreis- oder Landesgerichtes. Der Rekurs geht α) gegen Urteile und Beschlüsse der besonderen Bezirksgerichte für Handels- bezw. Handels- und Seesachen an den zur Ausübung der besonderen Gerichtsbarkeit bestellten Gerichtshof; β) gegen Urteile der zur Ausübung allgemeiner und besonderer Gerichtsbarkeit berufenen Bezirksgerichte, sofern das Urteil als in Ausübung der besonderen Gerichtsbarkeit gefällt bezeichnet ist, an den Fachsenat des Gerichtshofes; γ) gegen Beschlüsse der zur Ausübung der allgemeinen und besonderen Gerichtsbarkeit berufenen Bezirksgerichte an den Civilsenat des Gerichtshofes, welcher darüber auch in Handels- und Bergsachen ohne Beiziehung eines Laienrichters entscheidet § 3 J.N. und 207 Gesch.O. Der Rechtszug gegen Urteile und Beschlüsse der Bezirksgerichte in dritter Instanz (Revision, Rekurs) geht an den obersten Gerichtshof § 3 J.N.

2. Gegen die in erster Instanz von Gerichtshöfen (Kreis-, Landes-, Handels- bezw. Handels- und Seegerichten) gefällten Urteile und Beschlüsse geht der Rechtszug in zweiter Instanz an die Oberlandesgerichte und in dritter Instanz an den obersten Gerichtshof § 4 J.N.

§ 3. Die einzelnen Gerichtspersonen.

Gerichtspersonen sind die Richter, die richterlichen Hilfsbeamten, das Kanzleipersonal und die Dienerschaft.

I. Richter im Sinne des Staatsgrundgesetzes vom 21. Dezember 1867 R. 144 sind die Präsidenten und Vicepräsidenten der Gerichtshöfe, die Räte der Gerichtshöfe und die für den Gerichtshof ernannten Ratssekretäre, welchen vom Justizminister das Stimmrecht übertragen wurde, — die Vorsteher der Bezirksgerichte und die für das betreffende Bezirksgericht vom Justizminister bestellten Einzelnrichter. Die Ernennung erfolgt definitiv, auf Lebensdauer, für einen bestimmten Dienstort und unter Zuweisung einer festen Besoldung; eine Änderung der Berufsstellung kann nur erfolgen bei Änderungen der Gerichtsorganisation und infolge eines Disciplinarerkenntnisses. — Bei den Senaten der Kreis-, Landes- und Handelsgerichte, welche die Gerichtsbarkeit in Handels-, in Seesachen und in Angelegenheiten des Bergbaues in erster oder zweiter Instanz ausüben, wird in Rechtssachen der streitigen Gerichtsbarkeit die Stelle eines Mitgliedes des Senates von einem fachmännischen Laienrichter versehen. Die Ernennung der Laienrichter aus dem Handelsstande erfolgt über Vorschlag der Handels- und Gewerbekammern, die Ernennung der Laienrichter aus den Bergbaukundigen über Vorschlag der Berg- und Hüttenwerksbesitzer des Bezirkes und der am Betriebe dieser Werke beteiligten Personen vom Justizminister im Einvernehmen mit dem Handels- bezw.

Ackerbauminister (Verordnung vom 1. Juni 1897 R. 128 und 129) für die Dauer von drei Jahren. Der Laienrichter hat die Rechte und Pflichten eines selbständigen Richters; Amtsentsetzung bestimmt ein Disciplinarerkenntnis nach dem Gesetz vom 21. Mai 1868 R. 46; Amtsverlust bewirkt bestimmte strafgerichtliche Verurteilung.

II. Richterliche Hilfsbeamte sind Sekretäre und Adjunkten vor Erteilung des Stimmrechtes bezw. vor der Bestellung zum Einzelrichter und schlechthin Auskultanten. Für solche Anstellung ist die Qualifikation zum Richteramte, die Richterprüfung allerdings nur für höhere Dienstposten erforderlich. Ernannt werden Sekretäre (vom J.M.) auf einen bestimmten Dienstort, Auskultanten (vom O.L.G.) für den Sprengel des O.L.G., Adjunkten (vom J.M.) regelmäßig für einen bestimmten Dienstort, in beschränkter Zahl für den Sprengel des O.L.G. § 3 und 46 Ger.O. Diese Beamten können auch im administrativen Wege auf eine andere Stelle und auch in den zeitlichen und bleibenden Ruhestand versetzt werden §§ 47, 55 Ges. vom 21. Mai 1868 R. 46. — Zur Ausbildung im Justizdienste werden Juristen vom Präsidenten des O.L.G. als Rechtspraktikanten aufgenommen.

III. Bei jedem Gerichte besteht eine Gerichtskanzlei, § 16 ff. J.N., § 49 ff. Ger.O., § 31 ff. Gesch.O., und Verordn. vom 18. Juli 1897 R. 170. Dieser obliegt: die Übernahme der an das Gericht gelangenden Akten (§ 62 ff. G.O.), die Ausfertigung der gerichtlichen Erledigungen, die Bewirkung der Zustellungen und Ladungen, die Verwahrung der gerichtlichen Akten, die Führung der Protokolle und die Vornahme anderer ihr zugewiesener Amtshandlungen. Es dürfen mündliche Anträge, deren Entgegennahme nicht dem Richter vorbehalten ist, in der Kanzlei zu Protokoll genommen werden §§ 55 und 56 Ger.O.; es hat die Gerichtskanzlei die von den Parteien begehrten Ausfertigungen und Abschriften aus den Gerichtsakten zu erteilen; es kann ihr bei Beschlüssen, die einem Antrage ohne Beschränkung stattgeben, die Entwerfung des Beschlusses aufgetragen werden § 59 Ger.O.; sie kann ermächtigt werden zur Führung eines Registers für Kündigungen der im § 560 C.P.O. bezeichneten Bestandverträge und eines Registers in Mahnsachen § 59 Ger.O. Die Beamten der Gerichtskanzlei und die Gerichtsdiener sind auch berufen zur Vornahme von Exekutionshandlungen, soweit diese nicht dem Richter vorbehalten sind oder durch andere dazu berufene Organe ausgeführt werden. Nach Maßgabe des Bedarfes werden bei einzelnen Gerichten besondere Vollstreckungsbeamte bestellt; sie unterstehen wie andere Vollstreckungsorgane dem Gerichte, handeln über Auftrag und unter Aufsicht und Leitung des Gerichtes und haben lediglich Anspruch auf Gebühren wie sonstige Vollstreckungsorgane.

Pflichtverletzungen seitens der Gerichtspersonen begründen für diese und den Staat eine Ersatzflicht, Ges. vom 12. Juli 1872 R. 112 und haben Disciplinarbehandlung zur Folge. Die Disciplinarbehandlung der Richter und richterlichen Hilfsbeamten regelt das Ges. vom 21. Mai 1868 R. 46. Es unterscheidet Ordnungsstrafen (Mahnung und Verweis), welche die Gerichtsvorsteher verhängen, und Disciplinarstrafen (Versetzung, Pensionierung und Dienstentlassung), welche von dem Disciplinargerichte (bei dem O.G.H. bezw. dem Oberlandesgerichte) nach förmlicher, nicht öffentlicher Verhandlung verhängt werden. — Die Disciplinarbehandlung der nicht richterlichen Beamten und Diener steht zu den Gerichtsvorstehern, und wenn es sich um Gehaltsabzug, Aufschiebung der Vorrückung in eine höhere Gehaltsstufe, Versetzung an einen anderen Dienstort oder in den Ruhestand mit materiellem Abbruch oder um Dienstentlassung handelt, die Disciplinarkommission des O.L.G. bezw. O.G.H. §§ 63 ff. Ger.O.

§ 4. Die Ausübung der Gerichtsbarkeit.

Die Bezirksgerichte sind besetzt mit einem Vorsteher, der erforderlichen Zahl von Einzelrichtern und richterlichen Hilfsbeamten § 34 Ger.O. Den Bezirksgerichten am Sitze eines Kreis- oder Landesgerichtes werden diese Gerichtspersonen vom Vorsteher des Gerichtshofes aus den richterlichen Beamten des Gerichtshofes zugewiesen. In gleicher Weise werden an Orten, wo selbständige Handelsgerichte bestehen, den besonderen

Bezirksgerichten für Handelssachen die erforderlichen Beamten von dem instanzmäßig übergeordneten Gerichtshof zugeteilt § 25 Abs. 2 Ger.O. — Für andere Bezirksgerichte erfolgt die Bestellung des Vorstandes und der Einzelrichter vom Justizminister § 25 Abs. 1 Ger.O. Die bei diesen Bezirksgerichten bestellten Einzelrichter dürfen nur innerhalb des vom Oberlandesgerichtspräsidenten bestimmten Geschäftskreises zur selbständigen Ausübung der Gerichtsbarkeit in „bürgerlichen Rechtsstreitigkeiten", in Angelegenheiten „der freiwilligen Gerichtsbarkeit", „zur selbständigen Besorgung der Geschäfte des Exekutionsvollzuges und in Grundbuchssachen" verwendet werden § 5 J.N. und § 14 Gesch.O., doch ist die Gültigkeit der Amtshandlung von der Einhaltung dieser Geschäftsverteilung nicht bedingt § 26 Ger.O. Zur Ordnung bestimmter Geschäfte kann für Bezirksgerichte die Abhaltung von Gerichtstagen außerhalb des Gerichtssitzes angeordnet werden § 29 Ger.O.

Die Kreis-, Landes-, Handels- bezw. Handels- und Seegerichte (Gerichtshöfe I. Instanz!) sind mit einem Präsidenten, wo nötig einem Vicepräsidenten, der erforderlichen Zahl von Räten und anderen stimmführenden Mitgliedern und mit richterlichen Hilfsbeamten besetzt. Die Civilgerichtsbarkeit wird durch Senate ausgeübt, welche, gleichviel ob in erster oder zweiter Instanz zu entscheiden ist, aus dem Vorsitzenden und zwei Mitgliedern bestehen. Bei den Senaten der selbständigen Handelsgerichte, und bei den Handels- und Bergsenaten der Kreis- oder Landesgerichte wird in Sachen der streitigen Gerichtsbarkeit ein Mitglied des Gerichtes durch einen fachmännischen Laienrichter ersetzt.

Die (Erkenntnis- und Berufungs-)Senate zur Ausübung der streitigen Gerichtsbarkeit werden vom Präsidenten vor Ablauf jedes Jahres für die Dauer des nächstfolgenden Jahres zusammengesetzt. Vielfach sind Einzelrichter zur Ausübung von Gerichtshofsjurisdiktion berufen (§§ 7 und 35 J.N., § 37 Ger.O., — und C.P.O.), insbesondere hat die Erlassung von wechselrechtlichen Zahlungs- und Sicherstellungsaufträgen durch einen solchen Einzelrichter zu erfolgen.

Bei den Oberlandesgerichten, besetzt mit einem Präsidenten, einem Vicepräsidenten, der erforderlichen Zahl von Räten und richterlichen Hilfsbeamten, wird die Civilgerichtsbarkeit in Senaten von einem Vorsitzenden und vier Richtern ausgeübt § 8 J.N. — Auch diese Senate werden für die Dauer eines Jahres zusammengesetzt. Gewisse Geschäftsakte und Erledigungen bedürfen auch hier keiner Beschlußfassung des Senates § 42 Ger.O.

Die Ausübung der Gerichtsbarkeit bei dem obersten Gerichtshofe wird durch ein besonderes Statut bestimmt; vorläufig hat das Pat. vom 7. August 1850 R. 325 Geltung, Art. 11 J.N. Über Revisionen in bürgerlichen Rechtsstreitigkeiten ist, auch wenn die Revision gegen gleichlautende Urteile gerichtet ist, in einem Senate von sechs Räten und einem Vorsitzenden zu entscheiden. Ein gleicher Senat bestimmt im Falle des § 28 J.N., welches sachlich zuständige Gericht als örtlich zuständig zu gelten habe § 93 Ger.O. Über die Ungültigkeit der Ehe hat auch fortan ein Senat von zehn Richtern und einem Vorsitzenden zu entscheiden.

Den Verhandlungen und anderen Amtshandlungen ist, soweit nicht das Gesetz davon abzusehen heißt, ein beeideter Protokollführer beizuziehen; er kann dem Personale der Gerichtskanzlei entnommen werden §§ 15 und 16 J.N.

An den den Gerichtshöfen vorbehaltenen Verhandlungen und Entscheidungen muß die gesetzlich geforderte Zahl von Richtern teilnehmen. An der Entscheidung auf Grund einer Verhandlung dürfen nur jene Richter theilnehmen, welche der Verhandlung beigewohnt haben, daher nach Bedarf (§§ 9, 62 und 63 J.N.) Ergänzungsrichter beigezogen werden. Die Beschlußfassung über die Berichtigung des Urteilsthatbestandes ist bei Verhinderung eines beteiligten Richters den übrigen Senatsmitgliedern überlassen § 420 C.P.O.

Für die Abstimmung gilt eine bestimmte Reihenfolge; zuerst stimmt der Berichterstatter, wenn ein solcher bestellt ist, zuletzt der schlechthin zur Beteiligung an der Abstimmung verpflichtete Vorsitzende; von den Richtern stimmt der rangältere vor den jüngeren; der Laienrichter stimmt unmittelbar nach dem Berichterstatter bezw. vor allen Senatsmitgliedern § 10 J.N. Die Beschlußfassung fordert absolute Stimmenmehrheit; kein Richter darf die Abstimmung über eine zur Beschlußfassung gestellte Frage verweigern. Schwierigkeiten bei der Abstimmung sind durch Teilung der Fragen und Wiederholung der Umfrage zu überwinden. Bilden sich in Beziehung auf Summen mehr als zwei Meinungen, so sind die für die größte Summe abgegebenen Stimmen den für die nächstgeringere Summe abgegebenen Stimmen so lange beizuzählen, bis sich Stimmenmehrheit ergiebt §§ 11 und 12 J.N. Das Ergebnis der Abstimmung ist vom Vorsitzenden bekannt zu geben, Meinungsverschiedenheiten über die Richtigkeit des bekannt gegebenen Abstimmungsergebnisses sind vom Senat zu entscheiden. Über die Beratung und Abstimmung ist ein besonderes Protokoll aufzunehmen §§ 13 und 14 J.N.

§ 5. Die Ausschließung und Ablehnung von Gerichtspersonen.

I. Richter sind von der Ausübung des Richteramtes, richterliche Hilfsbeamte von den ihnen zufallenden Funktionen (§ 45 Ger O.) ausgeschlossen: 1. in Sachen, in welchen sie selbst Partei sind, oder in Ansehung deren sie zu einer der Parteien in dem Verhältnisse eines Mitberechtigten, Mitverpflichteten oder Regreßpflichtigen stehen; — 2. in Sachen ihrer Ehefrauen oder solcher Personen, welche mit ihnen in gerader Linie verwandt oder verschwägert sind, oder mit welchen sie in der Seitenlinie bis zum vierten Grade verwandt oder im zweiten Grade verschwägert sind; — 3. in Sachen ihrer Wahl- oder Pflegeeltern, Wahl- oder Pflegekinder, ihrer Mündel und Pflegebefohlenen; — 4. in Sachen, in welchen sie als Bevollmächtigte einer der Parteien bestellt waren oder noch bestellt sind; — 5. in Sachen, in welchen sie bei einem untergeordneten Gerichte an der Erlassung des angefochtenen Urteiles oder Beschlusses teilgenommen haben. — Von der Leitung der Verhandlung und von der Entscheidung über die Nichtigkeits- und Wiederaufnahmsklage ist jener Richter ausgeschlossen, wegen dessen Beteiligung an der Entscheidung die Nichtigkeitsklage, oder wegen dessen Verhalten die Wiederaufnahmsklage angebracht wird § 537 C.P.O. — Die Teilnahme eines ausgeschlossenen Richters begründet Nichtigkeit der Entscheidung § 477 C.P.O.

Abgelehnt kann ein Richter (richterlicher Hilfsbeamte) werden, weil er gesetzlich von der Ausübung richterlicher Geschäfte ausgeschlossen erscheint, oder sonst ein zureichender Grund vorliegt, seine Unbefangenheit in Zweifel zu ziehen § 19 J.N. Die Ablehnung kann von jeder Partei erfolgen, gleichviel ob die ablehnende Partei oder der Gegner gefährdet erscheint. Die Ablehnung wegen Befangenheit kann, wenn sich die Partei vor dem Richter in eine Verhandlung eingelassen oder Anträge gestellt hat, nur mehr erfolgen, wenn glaubhaft gemacht wird, daß der Ablehnungsgrund erst später entstanden ist, oder der Partei erst später bekannt wurde §§ 21 und 22 J.N.

II. Der Richter und richterliche Hilfsbeamte hat das Verhältnis, welches die Ausschließung begründet oder die Ablehnung zu rechtfertigen geeignet erscheint, dem Gerichtsvorsteher, dieser seinem Stellvertreter eventuell dem Vorsteher des (organisatorisch) übergeordneten Gerichtes unverzüglich anzuzeigen. Infolge solcher Anzeige ist Stellvertretung anzuordnen oder gerichtliche Entscheidung über den Ausschließungs- und Ablehnungsgrund zu erwirken § 22 Ger.O. — Die Partei hat die Ablehnung bei dem Gerichte zu erklären, dem der Richter angehört; über solche Erklärung hat sich der abgelehnte Richter zu äußern § 22 J.N. — Der Parteiantrag kann durch Anordnung der Stellvertretung oder durch Entscheidung erledigt werden § 28 Ger.O. Für die Entscheidung ist der von der Partei behauptete Ausschließungsgrund von amtswegen festzustellen, ein anderer Ablehnungsgrund, wenn vom Richter bestritten, glaubhaft zu machen § 22 J.N. Über die Ablehnung entscheidet, falls der abgelehnte Richter einem Bezirksgerichte angehört, der vorgesetzte Gerichtshof, wenn der abgelehnte Richter einem Gerichtshof angehört, dieser Gerichtshof, und wenn er beschlußunfähig erscheint, der im Instanzenzuge (! der organisatorisch) übergeordnete Gerichtshof ohne vorhergehende mündliche Verhandlung durch Beschluß. Wird der Ablehnung stattgegeben, so sind sofort die nötigen Ersatzvorkehrungen zu veranlassen. Der abgelehnte Richter kann bis zur rechtskräftigen Erledigung des Gesuches nur unaufschiebbare Handlungen vornehmen §§ 23—25 J.N.

III. Die Vorschriften über Ausschließung und Ablehnung (§ 19 J.N.) finden auch auf Schriftführer, Angestellte der Gerichtskanzlei und Vollstreckungsbeamte Anwendung, sofern sie als Zustellungs-, Beurkundungs- oder Vollstreckungsorgane einschreiten. Es entscheidet unanfechtbar der zur Dienstaufsicht berufene Gerichtsvorsteher. Andere gerichtliche Organe haben von Verhältnissen, welche von der Ausübung des Richteramtes ausschließen, dem Gerichtsvorsteher Anzeige zu erstatten und sich nach dessen Weisung zu verhalten §§ 26 und 27 J.N.

Zweiter Abschnitt.

Die Zuständigkeit der Civilgerichte.

§ 6. Civilprozeßsache.

Man nennt Civilprozeßsachen jene Rechtssachen, welche im civilgerichtlichen Streitverfahren zu verhandeln sind. Nach Art. 1 C.P.O. sind das die „bürgerlichen Rechtsstreitigkeiten", die Rechtsverhältnisse, in welchen sich die Streitteile als privatrechtlich berechtigt und verpflichtet gegenüberstehen, gleichviel ob die Streitsache dem Bereiche des Status- und Familienrechtes, oder dem Bereiche des Vermögensrechtes angehört, — ob an dem Streite eine Privatperson oder der Fiskus, eine Gemeinde oder eine andere öffentliche Person beteiligt ist. Eine Beschränkung ergiebt sich aus dem Mangel der Unterordnung unter die Gerichte: a) für den Kaiser; doch unterliegen Rechtsgeschäfte, welche sich auf dessen Privateigentum, oder auf die in den bürgerlichen Rechten gegründeten Erwerbungsarten beziehen, der Beurteilung der Gerichtsbehörden § 20 B.G.B. — und zwar des Obersthofmarschallamtes bezw. der ordentlichen Gerichte (vgl. § 1); — b) für Staatsbeamte, welche ihrer Amtshandlungen wegen nicht bei Gericht belangt werden dürfen; es ist jede solche Klage sogleich zurückzuweisen, Hofd. vom 14. März 1806 Nr. 758 J.G.S. Davon gelten Ausnahmen. Es sind die Minister civilrechtlich verantwortlich für den durch eine gesetzwidrige Amtsführung dem Staate oder einem Privaten zugefügten Schaden, wenn die Amtsführung über Ministeranklage vom Staatsgerichtshof als gesetzwidrig erkannt wird. Dabei erkennt der Staatsgerichtshof über die Ersatzleistung, oder er stellt die Verpflichtung zur Ersatzleistung fest und verweist die weitere Verhandlung auf den ordentlichen Rechtsweg §§ 6 und 24 Ges. vom 25. Juli 1867 R. 101. — Fügen richterliche Beamte durch Übertretung einer Amtspflicht einer Partei eine Rechtsverletzung und hiermit einen Schaden zu, gegen welchen die im gerichtlichen Verfahren vorgezeichneten Rechtsmittel keine Abhilfe gewähren, so kann von der geschädigten Partei in der Regel der schuldtragende Beamte selbst, jedenfalls auch der Staat auf Ersatz geklagt werden (§§ 600 ff. C.P.O.). Hat der Staat infolge einer solchen Syndikatsklage Ersatz geleistet, so kann er von dem Beamten Rückersatz im Civilprozeßwege fordern, obwohl sonst die Forderungen des Staates an seine Beamten und Diener, sowie die Forderungen der letzteren an den Staat, soweit sie aus dem Dienstverhältnisse abgeleitet werden, lediglich im Verwaltungswege bezw. bei dem Reichsgerichte auszutragen sind, Hofd. vom 16. August 1841 Nr. 355 J.G.S. und Hofd. vom 26. Januar 1843 P.G.S. 71. Bd. Nr. 6

§ 7. Der Zusammenhang von Civil- und Strafsachen.

I. Der Wirkungskreis der Strafgerichte ist abgegrenzt durch Art. IV des Kundmachungs-P. zum St.G.B.

Der Strafrichter ist — abgesehen von der dem Civilrichter vorbehaltenen Entscheidung über die Gültigkeit einer Ehe — von dem Civilrichter unabhängig. Die strafgerichtliche Untersuchung und Beurteilung erstreckt sich auch auf die privatrechtlichen Vorfragen; ein vom

Civilrichter bereits gefällter Spruch ist für die Beurteilung der Strafbarkeit des Beschuldigten unerheblich, § 5 St.P.O.; die privatrechtlichen Folgen eines Civilurteiles kann aber der Strafrichter nur beheben, wenn es sich auf einen strafbaren Thatbestand gründet. — Der Strafrichter hat auch die privatrechtlichen Ansprüche aus strafbaren Handlungen mit zu erledigen, § 4 St.P.O., wenn sich der Beschädigte dem Strafverfahren anschließt, der Beschuldigte verurteilt wird und die Ergebnisse des Strafverfahrens für die Entscheidung über den Privatrechtsanspruch zureichen. Dem Beschädigten bleibt darüber hinaus noch der Civilrechtsweg offen; auf den Civilrechtsweg ist er beschränkt, wenn der Strafrechtsweg ausgeschlossen ist, oder der Beschuldigte nicht verurteilt wird, oder der Strafrichter erster Instanz die Civilrechtssache nicht spruchreif findet. Der Ausspruch des Strafrichters über den Privatrechtsanspruch ist Civilurteil und von dem zuständigen Civilgerichte zu vollstrecken, § 4 Z. 6 und § 54 Ex.O.

II. Der Civilrichter ist vom Strafrichter abhängig. Ergiebt sich im Laufe eines Civilrechtsstreites der Verdacht einer strafbaren Handlung, deren Ermittelung und Aburteilung für die Entscheidung des Rechtsstreites voraussichtlich von Einfluß ist, so kann der Civilstreit bis zur Erledigung des Strafverfahrens ausgesetzt werden, § 191 C.P.O. Wenn die Entscheidung von dem Beweise und der Zurechnung einer strafbaren Handlung abhängt, ist der Civilrichter an den Inhalt eines hierüber ergangenen rechtskräftigen verurteilenden Erkenntnisses des Strafrichters gebunden, § 268 C.P.O. — Das Verfahren über Besitzstörungsklagen ist wegen Anzeichen einer strafbaren Handlung nicht auszusetzen, § 457 C.P.O., ausgenommen es ergeben sich Anzeichen einer falschen Zeugenaussage. Bei Verhandlungen wegen unredlichen Vorganges bei Kreditgeschäften kann der Strafrichter jederzeit die Aussetzung des die fragliche Forderung betreffenden Verfahrens fordern § 11, Ges. vom 28. Mai 1881, R. 47 und Art. 11 Z. 3 C.P.O. — Die Verhandlung über die Klage auf Wiederaufnahme des Verfahrens wegen einer strafbaren Handlung des § 530 Z. 1–4 ist von einem vorausgegangenen Strafverfahren bedingt, § 539 C.P.O.

§ 8. Der Zusammenhang von Civil- und Verwaltungssachen.

Den Verwaltungsbehörden steht principiell zu die Verhandlung und Entscheidung jener Angelegenheiten, in welchen der Einzelne als Glied eines organischen Verbandes des gesellschaftlichen Lebens diesem Verbande gegenüber berechtigt und verpflichtet ist.

Durch die Gesetzgebung ist der Wirkungskreis der Verwaltungsbehörden erweitert (Vgl. § 11).

Die Gerichte und die Verwaltungsbehörden entscheiden selbständig über ihre Zuständigkeit. — Das von einem Gerichte in einer Verwaltungssache eingeleitete Verfahren kann noch in höherer Instanz von amtswegen behoben, eine formell rechtskräftige Entscheidung des Civilgerichtes über eine Verwaltungssache über Antrag der obersten Verwaltungsbehörde vom O.G.H. als nichtig aufgehoben werden, § 240 C.P.O. und § 42 J.N. — Die Entscheidung der Verwaltungsbehörden in einer der Kognition der Gerichte zugewiesenen Civilsache begründet keine Rechtskraft.

Bei einem Präjudicialverhältnisse von Civil- und Verwaltungssachen hat das zur Entscheidung des bedingten Rechtsverhältnisses berufene Gericht über die dem Wirkungskreise der Verwaltungsbehörde zugehörige Präjudicialfrage selbständig zu entscheiden. Ist das Verwaltungsverfahren bereits anhängig, so kann der bedingte Rechtsstreit bis zur rechtskräftigen Entscheidung der Verwaltungssache ausgesetzt werden, § 190 C.P.O. Hat die Verwaltungsbehörde die Vorfrage bereits entschieden, so beschränkt sich die Entscheidung des Civilrichters auf die noch offene Civilfrage. In gleicher Weise verhalten sich die Verwaltungsbehörden zu den Präjudicialsachen des Civilrechtes. Ausnahmsweise ist allerdings die Entscheidung der einen Behörde von der Vorentscheidung der anderen Behörde gesetzlich bedingt.

Soweit die Verwaltungsbehörden neben den Gerichten „über einander widerstreitende Ansprüche von Privatpersonen" zu entscheiden berufen sind, steht dem durch die Verwaltungsentscheidung in seinem Privatrechte Benachteiligten frei, Abhilfe gegen die andere Partei (auch den Fiskus) im ordentlichen Rechtswege zu suchen, Art. 15 Ges. vom 21. Dzbr. 1867 R. 144. Die (Feststellungs- bezw. Leistungs-) Klage fordert nicht die Erschöpfung des administrativen Rechtszuges; sie ist an keine Frist gebunden; sie suspendiert den Vollzug der Verwaltungsentscheidung nicht.

§ 9. Kompetenzkonflikte der Civilgerichte mit anderen Behörden.

Ein Kompetenzkonflikt liegt vor, wenn von den denkbar kompetenten Behörden mehrere die Zuständigkeit in derselben Sache in Anspruch nehmen (bejahender Konflikt), oder wenn jedes dieser Organe die Zuständigkeit ablehnt (verneinender Konflikt).

Ein solcher Konflikt ergiebt sich nicht zwischen Civil- und Strafrichter. Der Civilrichter weicht dem Strafrichter; er schreitet ein, wenn das Strafverfahren eingestellt wird, oder das durchgeführte Verfahren die Civilsache nicht erledigt. Kompetenzkonflikte entstehen zwischen den Civilgerichten und Verwaltungsbehörden und zwischen den Civilgerichten und dem Verwaltungsgerichtshof.

Kompetenzkonflikte zwischen den Civilgerichten und den Verwaltungsbehörden entscheidet das Reichsgericht, Art. 2 Ges. vom 21. Dzbr. 1867 R. 143 u. Art. 6 Z. 1 J.N. — Ein bejahender Konflikt ergiebt sich, wenn die Verwaltungsbehörde die Zuständigkeit in einer bei Gericht anhängigen Rechtssache in Anspruch nimmt und das Gericht sich zum Aufgeben der Sache nicht bestimmt findet. In diesem Falle steht der Landesverwaltungs- oder einer höheren Verwaltungsbehörde zu, binnen 60 Tagen von der Inanspruchnahme der Kompetenz gegenüber dem Civilgerichte die Entscheidung des Reichsgerichtes zu beantragen. Von der Überreichung des Antrages hat die Verwaltungsbehörde das Gericht, dieses die Parteien zu verständigen. Das Civilverfahren ist einzustellen; vorbehalten bleibt vorgreifende Beweisaufnahme, die Bewilligung einer Exekution zur Sicherstellung und die Bewilligung einstweiliger Verfügungen, Art. 11 C.P.O. — Ein verneinender Konflikt liegt vor, wenn Gericht und Verwaltungsbehörde die Zuständigkeit ablehnen. Der Partei ist vorbehalten, einen begründeten und mit den nötigen Behelfen versehenen Antrag auf Kompetenzentscheidung bei dem Reichsgerichte einzubringen. Der Antrag unterliegt dem Anwaltszwang und ist an keine Zeit gebunden. Das Reichsgericht entscheidet lediglich über die Zuständigkeit; die von ihm zuständig erkannte Behörde darf die Entscheidung der Sache wegen Inkompetenz nicht mehr ablehnen.

Zwischen den Civilgerichten und dem Verwaltungsgerichtshofe kann ein Kompetenzkonflikt entstehen bezüglich der im Art. 15 Ges. vom 21. Dezember 1867 R. 144 vorbehaltenen klagsweisen Anfechtung der Entscheidung einer Verwaltungsbehörde „über einander widerstreitende Ansprüche von Privatpersonen". Die Entscheidung ist dem Reichsgerichte zugewiesen Ges. vom 22. Oktober 1875 R. 37 vom Jahre 1876; antragsberechtigt ist bei bejahendem Konflikt die oberste Verwaltungsbehörde, bei verneinendem Konflikt die Partei.

§ 10. Die Kompetenz der ordentlichen Gerichte.

Die ordentlichen Gerichte verwalten die allgemeine Gerichtsbarkeit, und die besondere Gerichtsbarkeit in Handels-, See- und Bergsachen. Es ist in erster Instanz zuständig für Rechtssachen der allgemeinen Gerichtsbarkeit das Bezirksgericht oder der Civilsenat des Gerichtshofes, für Rechtssachen der besonderen Gerichtsbarkeit das Bezirksgericht bezw. das besondere Bezirksgericht für Handels- und Seesachen, oder der Handels- oder Bergsenat des Gerichtshofes bezw. der besondere Handelsgerichtshof. Die Zuständigkeit in höherer Instanz ergiebt das Instanzenverhältnis. Die Begründung der Zuständigkeit — der Befugnis des Gerichtes zur Verhandlung und Entscheidung einer bestimmten Rechtssache — erfordert: 1. die Berufung des Gerichtes zur Verhandlung und Entscheidung von Rechtssachen dieser Art (sachliche Zuständigkeit), 2. soweit das Gericht in einem abgegrenzten Teile des Staatsgebietes (Sprengel) Gerichtsbarkeit zu üben berufen ist, eine besondere Beziehung der Rechtssache zu dem Gerichtssprengel (örtliche Zuständigkeit).

I. Prüfung der Zuständigkeit.

Das Gericht hat, sobald eine Streitsache angebracht wird (§ 230 C.P.O.), seine sachliche und örtliche Zuständigkeit zu prüfen § 41 J.N. Die Prüfung erfolgt in Streitsachen auf Grund der Angaben des Klägers, dafern sie nicht dem Gericht als unrichtig bekannt sind (vgl. aber § 60 J.N.), — im Falle des § 88 und 104 auf urkundlichen Nachweis. Erkennt sich das Gericht für unzuständig, so hat es die Klage zurückzuweisen § 43. Ist bereits Tagsatzung zur mündlichen Verhandlung bestimmt, so kann sich das Gericht für unzuständig erklären, wenn der Beklagte rechtzeitig die Inkompetenz rügt. Eine durch ausdrückliche Vereinbarung der Parteien nicht zu beseitigende Unzuständigkeit (§ 104) ist jederzeit und auch noch im Instanzenzuge von amtswegen zu berücksichtigen. Ist die Rechtssache der inländischen Gerichtsbarkeit oder doch den ordentlichen Gerichten entzogen, so kann auch nach rechtskräftigem Abschluß des Verfahrens über Antrag der obersten Verwaltungsbehörde vom O.G.H. die Nichtigkeit ausgesprochen werden. Die Aufhebung des Verfahrens wegen Inkompetenz im Instanzenzuge bezw. nach rechtskräftigem Abschluß des Verfahrens ist unzulässig, wenn derselben eine von demselben oder einem anderen Gerichte gefällte, noch bindende Entscheidung entgegensteht § 42 Abs. 3.

II. Außerordentliche Bestimmung der Zuständigkeit.

Gerichtlich bestimmt wird die Zuständigkeit: 1. bei Ungewißheit des zuständigen Gerichtes. — Ist für eine Rechtssache die inländische Gerichtsbarkeit begründet, die örtliche Zuständigkeit aber nicht zu ermitteln, so bestimmt in Streitsachen auf Parteiantrag der O.G.H., welches sachlich zuständige Gericht als örtlich zuständig zu gelten hat § 28; — 2. bei Streit österreichischer Gerichte über die Zuständigkeit. Erklären sich mehrere österreichische Gerichte in einer Rechtssache für zuständig oder für nichtzuständig, so entscheidet auf Parteiantrag oder Anzeige eines beteiligten Gerichtes das diesen Gerichten zunächst übergeordnete höhere Gericht, allenfalls nach Abforderung von Aufklärungen. Die durch Rechtsmittel nicht anfechtbare Entscheidung ist den Parteien durch das als zuständig bestimmte Gericht mitzuteilen. Das zur Entscheidung berufene höhere Gericht kann in der Zwischenzeit alle nach der Sachlage nötigen Verfügungen treffen § 47; — 3. im Delegationsfalle. Es hat eine Übertragung der gesamten Amtshandlung auf ein örtlich nicht zuständiges Gericht (ein Gericht gleicher Gattung) zu erfolgen: a) wenn das zuständige Gericht infolge Ausschließung und Ablehnung des Richters Amt zu handeln verhindert ist. Die Delegation erfolgt über Anzeige von dem im Instanzenzuge übergeordneten Gerichte; sie ist auf den Sprengel dieses Gerichtes beschränkt; — b) aus Gründen der Zweckmäßigkeit (also wohl auch bei Behinderung des zuständigen Gerichtes) auf Parteiantrag von dem O.L.G., in dessen Sprengel das zuständige Gericht gelegen ist, die Delegierung aus einem O.L.G.sprengel in einen anderen vom O.G.H. Der Antrag schiebt das Verfahren nicht auf; vor der Erledigung sind von dem Gerichte und den Parteien die nötigen Aufklärungen zu fordern. Die Entscheidung des O.L.G. ist anfechtbar § 31; — c) das Berufungs- bezw. Revisionsgericht kann, wenn es das erstrichterliche Urteil aufzuheben findet, weil an der Entscheidung ein ausgeschlossener oder berechtigt abgelehnter Richter teilgenommen hat, die Sache zu neuerlicher Verhandlung statt an das Prozeßgericht erster Instanz an ein anderes im Sprengel des Berufungsgerichtes gelegenes Gericht gleicher Art verweisen §§ 478 und 510 C.P.O. Gegen die Entscheidung des Berufungsgerichtes kann Rekurs vorbehalten werden § 479 C.P.O.

Durch Erklärung des Justizministers wird die Zuständigkeit bestimmt bei

Zuständigkeitsstreitigkeiten inländischer Gerichte mit ausländischen Gerichten oder Behörden. Das inländische Gericht hat solchen Streit dem Justizminister anzuzeigen und sich bis zu dessen Erklärung auf die dringend nötigen Vorkehrungen zu beschränken. Die Erklärung des Justizministers ist für das österreichische Gericht bindend § 48. Gleiche Erklärung ist einzuholen, wenn zweifelhaft ist, ob die inländische Gerichtsbarkeit über eine exterritoriale Person begründet, oder die Exterritorialität zu Gunsten einer bestimmten Person anerkannt ist Art. 9 J.N. — Zweifel über die Zuständigkeit eines österreichischen Gerichtes oder eines österreichischen Konsulargerichtes entscheiden die Regierungen beider Reichshälften § 13 Ges. vom 13. April 1891 R. 136.

III. Dauer der Zuständigkeit.

Das Gericht, bei welchem eine Rechtssache rechtmäßigerweise anhängig gemacht wurde, bleibt bis zu deren Beendigung zuständig, auch wenn sich die Umstände, welche bei Einleitung des Verfahrens für die Bestimmung der Zuständigkeit maßgebend waren, während des Verfahrens geändert hätten. Das gilt bei Anspruchsminderung, nicht aber bei einer die sachliche oder örtliche Zuständigkeit bestimmenden Klageänderung; es gilt nicht bei solchen (gesetzlichen) Änderungen, durch welche die Rechtssache den inländischen Gerichten, oder doch den *ordentlichen* Gerichten entzogen wird § 29.

IV. Begrenzung der Zuständigkeit.

a) Das für die Rechtssache zuständige Gericht verfügt und entscheidet mit Rechtswirksamkeit für das ganze Staatsgebiet. Das Gericht darf jedoch Amtshandlungen nur in *seinem Sprengel*, es darf in diesem Sprengel nur die zu *seinem Wirkungskreis* gehörigen Amtshandlungen vornehmen. Jene Amtshandlungen, für welche dem zuständigen Gerichte die Amtsgewalt fehlt, hat es durch Ersuchen der dazu ermächtigten Behörde zu vollziehen, § 32. Ausnahmsweise ist innerhalb der Staatsgrenzen ein Überschreiten der Grenzen des Gerichtssprengels behufs Vornahme einer Amtshandlung gestattet, wenn Gefahr am Verzuge obwaltet, oder wenn die Amtshandlung an der Grenze des Gerichtssprengels stattfinden soll, doch ist das Gericht, in dessen Sprengel eine solche Amtshandlung vollzogen wird, hiervon baldigst in Kenntnis zu setzen § 33. Ein Übergreifen über die Gerichtsgrenzen auf Grund der Zustimmung des anderen Gerichtes ist nicht zugelassen.

b) Das Gericht hat die zu seinem Wirkungskreise gehörigen Amtshandlungen innerhalb seines Sprengels *selbst vorzunehmen* § 32 Abs. 1. Davon gelten im *kollegialgerichtlichen Verfahren* Ausnahmen. Es sind solche Amtshandlungen, für welche Kollegialerledigung unbegründet erscheint, *im Gesetze* bald dem Präsidenten des Gerichtshofes, bald dem Vorsitzenden des Senates, welchem die Rechtssache zugewiesen ist, zugeteilt, oder es ist die Übertragung gerichtlicher Handlungen auf ein Mitglied des Senates oder des Gerichtshofes (beauftragter Richter) angeordnet. Neben diesen Einzelbestimmungen gilt als Regel, daß richterliche Amtshandlungen, welche außerhalb einer mündlichen Verhandlung oder Sitzung vorzunehmen sind, ohne daß die Bedingungen für ein deshalb an ein anderes Gericht zu stellendes Ersuchen vorliegen, einem beauftragten Richter zu übertragen sind § 35 Abs. 1. Die Übertragung einzelner Geschäfte auf ein Mitglied des Senates oder des zuständigen Gerichtshofes steht dem zur Verhandlung und Entscheidung berufenen Senat und nur in bestimmten Ausnahmsfällen dem Vorsitzenden desselben zu § 34. Der beauftragte Richter ist Organ des Gerichtes, von welchem der Auftrag ausgegangen ist. Er ist nicht berechtigt zu Übertragung des Auftrages, außer dem Fall der Beweisaufnahme § 285 C.P.O. auch nicht berechtigt zur Requisition. Das Gericht kann Beschlüsse des beauftragten Richters, sofern nichts anderes bestimmt ist, auf Antrag oder von amtswegen ändern § 35; es können solche Beschlüsse durch Rekurs erst angefochten werden, nachdem die Abänderung bei dem Gerichtshof beantragt wurde § 516 C.P.O. — Den Kreis-, Landes-, Handels-, bezw. Handels- und Seegerichten ist vorbehalten, Amtshandlungen, welche innerhalb ihres Sprengels vorzunehmen sind, einem im Sprengel dieses Gerichtshofes gelegenen

Bezirksgerichte zu übertragen (Jurisdiktionsmandat), wenn es besonders angeordnet ist, oder dadurch die Behandlung der Sache erleichtert oder unnützer Kostenaufwand vermieden werden kann. Das Bezirksgericht ist in solchem Falle ersuchter, also selbständiger Richter § 36.

c) Wegen des Vollzuges der außerhalb des Sprengels des für die Rechtssache zuständigen Gerichtes vorzunehmenden Amtshandlungen (Rechtshilfe) ist jenes Gericht zu ersuchen, bei welchem oder in dessen Sprengel die Handlung vorzunehmen ist § 36. Das ersuchte Gericht vollzieht die Amtshandlung kraft eigenen Rechtes; seine Verfügungen und Anordnungen sind sofort im Instanzenzuge anfechtbar. Das Ersuchsschreiben fertigt der Gerichtsvorstand, bezw. der Vorsitzende des Senates aus. Wird ein ausländisches Gericht um eine Amtshandlung ersucht, so sind die hierauf bezüglichen besonderen Anordnungen zu beobachten Art. 35 E.P.O., § 69 Ex.O.

V. Die Gewährung von Rechtshilfe.

1. Inländische Gerichte sind zu gegenseitiger Gewährung von Rechtshilfe verpflichtet. Das Ersuchen um bücherliche Eintragungen ist an die Tabularbehörde, das Ersuchen um Amtshandlungen, die nur bei einem bestimmten Gerichtshofe vorgenommen werden können, an diesen Gerichtshof — sonst ist das Ersuchen, wenn nicht anderes bestimmt ist, an das Bezirksgericht zu stellen, in dessen Sprengel die Amtshandlung vorgenommen werden soll. Dem ersuchten Gerichte steht nicht zu, die Zuständigkeit des ersuchenden Gerichtes und die gesetzlichen Voraussetzungen für die zu vollziehende Verfügung zu prüfen; wohl aber hat es seine örtliche Zuständigkeit und auch die rechtliche Zulässigkeit der begehrten Handlung zu prüfen.

2. Die inländischen Gerichte haben auch ausländischen Gerichten Rechtshilfe zu leisten, sofern nicht durch besondere Anordnungen anderes festgesetzt ist § 38 und Art. 35 E.P.O. Die sonst zulässige Rechtshilfe ist zu verweigern: 1. wenn die begehrte Amtshandlung in Österreich dem Geschäftskreise der Gerichte entzogen ist. Liegt die begehrte Amtshandlung in dem Geschäftskreise anderer inländischer Behörden, so kann das ersuchte Gericht das Ersuchen an die zuständige Behörde leiten; — 2. wenn die begehrte Amtshandlung im Inlande verboten ist; — 3. wenn es an Beobachtung der Gegenseitigkeit fehlt, worüber im Zweifel bindende Erklärung des Justizministers einzuholen ist, § 38. Kompetent ist jenes Gericht, welches über Begehren öster. Gerichte zur Gewährung der Rechtshilfe berufen ist, vgl. § 37. Die begehrte Rechtshilfe ist nach den für das ersuchte Gericht verbindlichen Vorschriften zu gewähren. Von den Vorschriften des inländischen Gesetzes kann abgewichen werden, wenn um die Einhaltung eines durch das ausländische Gesetz geforderten Vorganges ersucht wird und dieser Vorgang hierlands nicht verboten erscheint § 39. Wird die begehrte Rechtshilfe verweigert, oder entstehen bezüglich der Ausführung der begehrten Handlung Meinungsverschiedenheiten zwischen dem ersuchenden und ersuchten Gericht, so entscheidet auf Antrag des ersuchenden ausländischen Gerichtes oder eines anderen hierzu berufenen ausländischen öffentlichen Organes das dem ersuchten Gerichte vorgesetzte O.L.G. § 40. Die bestätigende Entscheidung dieses Gerichtes kann wohl (trotz § 528 E.P.O.) durch Rekurs angefochten werden, vgl. § 83 Ex.O. — Ersucht eine Partei das öster. Gericht um Amtshandlungen, so gelten die allgemeinen Vorschriften.

3. Die ordentlichen Gerichte haben den Gewerbegerichten und den Schiedsgerichten, sowie den zur Entscheidung eines einzelnen Rechtsstreites bestellten Schiedsrichtern Rechtshilfe zu leisten, sofern das Ersuchen im Gesetze begründet, die vorzunehmende Amtshandlung zulässig und das ersuchte Gericht zu derselben zuständig ist. Bei Verweigerung der Rechtshilfe hat gleichfalls das O.L.G. zu entscheiden Art. 13.

VI. Beschränkung der Verhandlung über die Zuständigkeit.

Zur Vermeidung von Weiterungen ist bestimmt: a) die Entscheidung, mit welcher ein Gerichtshof I.J. (Kreis- und Handelsgericht) sich sachlich zuständig erklärt, kann nicht deshalb angefochten werden, weil die Zuständigkeit eines Bezirksgerichtes begründet erscheint; — b) wenn in demselben Sprengel ein Bezirksgericht und ein Bezirksgericht für Handelssachen besteht, kann die Entscheidung, mit welcher sich eins dieser Bezirksgerichte für sachlich zuständig erklärt, nicht deshalb angefochten werden, weil die sachliche Kompetenz des anderen Bezirksgerichtes begründet erscheint, § 45; — c) die rechtskräftige Entscheidung, welche die sachliche Inkompetenz eines Gerichtes ausspricht, ist bindend für das Gericht, bei welchem die Rechtssache in der Folge angebracht wird, § 46 Abs. 1; es kann die Zuständigkeit des Gerichtes, bei welchem die Rechtssache später angebracht wird, nicht aus Gründen für die Zuständigkeit des bereits als unzuständig erklärten Gerichts angefochten werden. Dazu ist erklärt: Hat sich ein Bezirksgericht nach dem Wert des Streitgegenstandes für unzuständig erklärt, so kann die Sache noch vor Rechtskraft dieser Entscheidung bei dem Gerichtshof angebracht werden; dieser ist an die bezirksgerichtliche Entscheidung gebunden, so lange sie nicht in höherer Instanz rechtskräftig abgeändert wird. Wird im Instanzenzuge das Bezirksgericht zuständig anerkannt, so trägt der Kläger die Kosten des voreiligen Gerichtshofsverfahrens. Gleiches gilt, wenn ein zur Ausübung der besonderen Gerichtsbarkeit berufener Senat (Gericht) die Sache an den zur Ausübung der allgemeinen Gerichtsbarkeit berufenen Senat (Gericht) oder umgekehrt, ein zur Ausübung der allgemeinen Gerichtsbarkeit berufener Senat (Gericht) die Sache an den zur Ausübung der besonderen Gerichtsbarkeit berufenen Senat (Gericht) verwiesen hat, § 46.

Zur Vermeidung wiederholter Verhandlung bei Bestreitung der Zuständigkeit ist bestimmt: 1. Wird bei einem zur Ausübung der allgemeinen und auch der besonderen Gerichtsbarkeit berufenen Gerichtshofe die sachliche Zuständigkeit des Senates, bei welchem die Sache anhängig ist, bestritten, also bei Verhandlung vor dem Civilsenat der Antrag auf Verweisung der Sache an den Handels- oder Bergsenat gestellt, oder umgekehrt bei der Verhandlung vor dem Fachsenat die Verweisung an den Civilsenat beantragt, so kann der Senat, wenn er dem Antrage noch vor Schluß der Verhandlung stattgiebt, mit der Entscheidung über die Unzuständigkeit den Beschluß fassen, daß sofort an Stelle eines richterlichen Beamten ein Laienrichter, bezw. an Stelle des Laienrichters ein richterlicher Beamter einzutreten habe, die Verhandlung vor diesem veränderten Senat durchzuführen und die Entscheidung über die Inkompetenzeinrede in das zur Hauptsache ergehende Urteil aufzunehmen sei. Findet der Senat die Entscheidung über die Zuständigkeit dem nach Schluß der Verhandlung ergehenden Ausspruche vorzubehalten, so kann der Vorsitzende der Verhandlung einen Ergänzungsrichter aus den Laienrichtern bezw. den richterlichen Beamten beiziehen, welcher, wenn der Einrede der Unzuständigkeit stattgegeben wird, an der Beratung und Abstimmung über die Entscheidung in der Hauptsache teilnimmt. Der durch den Ergänzungsrichter ersetzte Richter hat sein Votum in der Streitsache dem Beratungsprotokolle beizufügen, §§ 61. 62.

2. Gleich ist vorzugehen, wenn bei einem selbständigen Handelsgericht die Zuständigkeit deshalb bestritten wird, weil die Rechtssache vor das zur Ausübung der allgemeinen Gerichtsbarkeit berufene Landesgericht gehört, § 63 Abs. 1; es kann das Handelsgericht den Laienrichter durch einen richterlichen Beamten ersetzen und so einen Senat bilden, wie er zur Ausübung der allgemeinen Gerichtsbarkeit gefordert ist. Ein selbständiges Landesgericht entbehrt fachmännischer Beisitzer, kann sich daher für Handelssachen nicht zuständig machen. Was im Falle 1 und 2 über Inkompetenzeinrede veranlaßt wird, ist von amtswegen einzuleiten, wenn ein Fachsenat bezw. Handelsgericht die bei ihm anhängige Rechtssache für eine Angelegenheit der allgemeinen Gerichtsbarkeit hält, § 63 Abs. 2, und wohl auch, wenn der Civilsenat des zur Ausübung der allgemeinen und besonderen Gerichtsbarkeit berufenen Gerichtshofes die anhängige Sache als zur Kompetenz des Fachsenates gehörig erkennt. — Wird die unter Zuziehung eines Ergänzungsrichters gefällte Entscheidung wegen sachlicher Unzuständigkeit angefochten und erkennt die Rechtsmittelinstanz, daß der Senat, vor welchem die Verhandlung anberaumt wurde, zuständig war, also der Ergänzungsrichter an der Entscheidung nicht teilzunehmen hatte, so ist auf die Unzuständigkeit nicht weiter Bedacht zu nehmen, wenn das durch den Ergänzungsrichter ersetzte Senatsmitglied inhaltlich seines schriftlichen Votums die Sache so entschieden hätte, wie es in dem angefochtenen Spruch geschehen ist, § 64. — Die Bestimmungen über Umgestaltung des Senates

gelten nicht für das Berufungsverfahren; erkennt sich das Berufungsgericht für sachlich unzuständig, so ist das Verfahren vor dem zuständigen Gerichte fortzusetzen.

A. Sachliche Zuständigkeit.

§ 11. Für Rechtssachen der allgemeinen Gerichtsbarkeit.

In die Rechtssachen der allgemeinen Gerichtsbarkeit teilen sich die Bezirksgerichte und die Kreis- und Landesgerichte. Kompetenzregel ist die Zuständigkeit des Gerichtshofes.

I. Die Bezirksgerichte sind im Standort des Gerichtshofes und außerhalb desselben zuständig für geringere und für dringliche Rechtssachen, und für bestimmte Amtshandlungen. Zugewiesen sind den Bezirksgerichten im § 49:

1. Streitigkeiten über vermögensrechtliche Ansprüche einschließlich der zum Mandatsverfahren geeigneten Streitigkeiten (§ 548 C.P.O.), sobald der Streitgegenstand an Geld oder Geldeswert den Betrag von 500 fl. nicht übersteigt, gleichviel ob auf Feststellung oder Leistung geklagt wird, — wenn die Rechtssache nicht ohne Rücksicht auf den Wert dem Gerichtshof zugewiesen ist. Für Klagen über 500 fl. ist das Bezirksgericht zuständig als Gericht der belasteten Sache, als Gericht des Hauptprozesses § 95, bei freiwilliger Unterwerfung § 104, als Exekutionsgericht für Klagen auf das Interesse wegen Nichterfüllung einer Verbindlichkeit § 368 Ex.O. — Ohne Rücksicht auf den Wert des Streitgegenstandes ist das Bezirksgericht zuständig:

2. für Streitigkeiten über die Vaterschaft zu einem unehelichen Kinde und über die dem unehelichen Vater gegenüber der Mutter und dem Kinde obliegenden Verpflichtungen;

3. für Streitigkeiten über die Bestimmung und Berichtigung von Grenzen unbeweglicher Güter aller Art, — über die Dienstbarkeit der Wohnung (auch in landtäflichen Gebäuden), — und über Ausgedinge;

4. für Streitigkeiten über Besitzstörung (jeder Art), wenn das Klagebegehren nur auf den Schutz und die Wiederherstellung des letzten faktischen Besitzstandes gerichtet ist (§ 454 C.P.O.);

5. für Streitigkeiten: a) aus Bestandverträgen und den im § 1103 B.G.B. bezeichneten Verträgen, ausgenommen die Streitigkeiten, welche das Bestehen eines solchen Vertrages oder die Bezahlung des Zinses betreffen, für welche der Streitwert entscheidet; — b) über die Aufkündigung, Übergabe und Übernahme gepachteter oder gemieteter oder nach § 1103 B.G.B. überlassener Sachen; — c) wegen Zurückbehaltung der vom Mieter oder Pächter eingebrachten oder der sonstigen dem Verpächter zur Sicherstellung des Pachtzinses haftenden Fährnisse;

6. für Streitigkeiten aus Dienst- und Lohnverträgen: a) zwischen Dienstgeber und Dienstboten oder anderen im Dienstvertrage stehenden zu den Hausgenossen des Dienstgebers gehörigen Personen; — b) zwischen Land- und Forstwirten und ihren land- und forstwirtschaftlichen Hilfsarbeitern oder Taglöhnern; — c) zwischen Bergwerksbesitzern und allen sonstigen Arbeitgebern und den von ihnen beschäftigten Werkführern, Gehilfen, Arbeitern und Lehrlingen; — d) aus dem Dienstverhältnisse der Schiffsmannschaft, — dafern diese Streitigkeiten nicht der Zuständigkeit der ordentlichen Gerichte entzogen sind. Es sind Dienststreitigkeiten zwischen Dienstgebern und Dienstboten, — zwischen Land- und Forstwirten und ihren Hilfsarbeitern und Tagelöhnern (V. 7. Dzbr. 1856 N. 224 und v. 15. März 1860 N. 70), zwischen Werkbesitzern und Bergarbeitern (J.St.V.Bl. 1893 S. 65), wenn sie während des Bestandes des Dienstverhältnisses oder vor Ablauf von 30 Tagen nach Auflösung desselben angebracht werden, von den politischen Behörden zu verhandeln; nur die nach Ablauf dieser Zeit erhobenen Streitigkeiten gehören zur Amtshandlung der Gerichte. — Die aus dem Arbeits-, Lehr- und Lohnverhältnisse entspringenden Streitigkeiten zwischen Gewerbsinhabern und ihren Hilfsarbeitern, sowie zwischen den Hilfsarbeitern unter einander gehören vor die nach dem

Ges. vom 27. Novbr. 1896 R. 218 konstituierten Gewerbegerichte und bei Abgang solcher Gerichte vor die Bezirksgerichte. Auf die Zuständigkeit der Gewerbegerichte können die streitenden Teile nicht verzichten; vorbehalten bleibt die freiwillige Unterwerfung unter die schiedsgerichtlichen Ausschüsse der Gewerbegenossenschaften, § 123 Gew.O.;

7. für Streitigkeiten zwischen Reedern, Schiffern, Fuhrleuten oder Wirten und ihren Auftraggebern, Reisenden und Gästen über die aus diesen Verhältnissen entspringenden Verpflichtungen;

8. Streitigkeiten wegen Viehmängel (§§ 924—927 B.G.B.).

Zu dem Wirkungskreise der Bezirksgerichte gehören die Verfügungen über gerichtliche Aufkündigung von Bestandverträgen über die in Z. 5 bezeichneten Gegenstände und die Erlassung von Aufträgen zur Übergabe und Übernahme solcher Gegenstände (§ 579 C.P.O.), die Besorgung der vom Gerichtshofe übertragenen Amtshandlungen § 36, die Leistung von Rechtshilfe § 37, die Beweisaufnahme zur Sicherung von Beweisen § 384 C.P.O., die Erlassung von Mahnbefehlen für Forderungen bis 200 fl. Ges. vom 27. April 1873 R. 67 — die Zwangsvollstreckung § 17 Ex.O.

II. Vor die Kreis- und Landesgerichte gehören alle bürgerlichen Rechtsstreitigkeiten, welche nicht den Bezirksgerichten zugewiesen sind. Diese Gerichtshöfe sind ausschließlich zuständig: 1. für Streitigkeiten über die Anerkennung oder Bestreitung der ehelichen Abstammung (§§ 156—159 B.G.B.); — 2. für Streitigkeiten über die nicht einverständliche Scheidung, über Trennung und Ungültigkeit einer Ehe. Für provisorische Anordnungen vor Beginn des Streites und nach Abschluß desselben vor Beginn der Exekution ist zuständig das Bezirksgericht § 387 Ex.O.; — 3. für alle anderen aus dem gegenseitigen Verhältnisse der Ehegatten oder aus dem Verhältnisse zwischen Eltern und (ehelichen) Kindern entspringenden, nicht rein vermögensrechtlichen Streitigkeiten, dafern sie nicht im außerstreitigen Verfahren zu erledigen sind; — 4. für Streitigkeiten betreffend die Nachfolge in ein Fideikommiß oder andere aus dem Fideikommißverhältnisse entspringende Ansprüche,— 5. für Lehensstreitigkeiten § 50.

Es gehören zur Kompetenz der Gerichtshöfe Klagen von und gegen Richter § 75 und Art. 14 J.N., und Anfechtungsklagen gegen ein militärisches Ersatzerkenntnis § 2 Ges. vom 6. Juni 1887 R. 72 und Art. 11 Z. 5 C.P.O. — Geltung behalten die Vorschriften der Konkursordnung über die Gerichtsbarkeit im Konkurse Art. 7 J.N. und die §§ 8 und 17 Ges. vom 12. Juli 1872 R. 112 über die erstinstanzliche Kompetenz der Oberlandesgerichte und die zweitinstanzliche des O.G.H. für Syndikatsklagen.

§ 12. Für Rechtssachen der Handels-, See- und Berggerichtsbarkeit.

I. Es sind Rechtssachen der Handels- und Seegerichtsbarkeit: 1. Streitigkeiten, welche aus Handelsgeschäften (aus den als Handelsgeschäfte geltenden Börsengeschäften § 12 und 14 Ges. vom 1. April 1875 R. 67 — aus Lagerhausgeschäften § 6 Ges. vom 28. April 1889 R. 64) hervorgehen, „wenn die Klage gegen eine Handelsgesellschaft oder gegen einen Kaufmann, deren Firma im Handelsregister eingetragen erscheint" oder gegen eine Erwerbs- und Wirtschaftsgenossenschaft gerichtet, und das Geschäft auf Seite des Beklagten ein Handelsgeschäft ist; — 2. Streitigkeiten aus den im § 39 Einf.G. zum H.G.B. aufgezählten Rechtsverhältnissen — soweit sie nicht vor die Gewerbegerichte fallen (s. § 11 I, Z. 6); — 3. Streitigkeiten, welche aus Wechselgeschäften entspringen d. h. jene, welche wechselmäßige Ansprüche, die Zahlung oder Sicherstellung der Wechselsumme betreffen; — 4. Streitigkeiten, welche sich auf den Schutz und Gebrauch von Marken (Ges. vom 6. Januar 1890 R. 19), Mustern und Modellen (Pat. vom 7. Dezember 1858 R. 237) und Privilegien (Pat. vom 15. August 1852 R. 124 — Ges. vom 11. Januar 1897 R. 96) beziehen; — 5. Streitigkeiten, welche sich auf die Seeschiffe und die Seefahrt beziehen, sowie aus allen sonstigen Rechtsverhältnissen, welche nach Privatseerecht zu beurteilen sind.

In die Ausübung dieser Gerichtsbarkeit teilen sich die Handelsgerichte (in Wien und Prag) bezw. das Handels- und Seegericht (in Triest), und wo solche besondere Gerichtshöfe nicht bestehen, die Handelssenate der Kreis- und Landesgerichte mit den Bezirksgerichten für Handels- und Seesachen, und wo solche nicht bestehen, mit den gewöhnlichen Bezirksgerichten. Es ist ohne Rücksicht auf den Wert des Streitgegenstandes zuständig der Gerichtshof für die Streitsachen Z. 3—5, — das Bezirksgericht für Streitsachen, welche aus der Schiffsmiete, dem Dienstverhältnisse der Schiffsmannschaft und dem Seefrachtgeschäfte entstehen § 49 Z. 5—7; — in die unter Z. 1 und 2 aufgezählten Handelssachen teilen sich die Gerichtshöfe und Bezirksgerichte nach dem Werte des Streitgegenstandes über bezw. bis 500 fl.

Dem Handelsgerichtshofe verbleibt die Zuständigkeit für Klagen auf Ersatzleistung für die durch Ereignungen im Verkehr einer mit Dampfkraft betriebenen Eisenbahn herbeigeführte körperliche Verletzung oder Tötung von Menschen Ges. vom 5. März 1869 R. 27 und Art. 6 Z. 2, und die Entscheidung über die Nichtigkeitsbeschwerde und Unwirksamkeitsklage gegen Erkenntnisse der Börseschiedsgerichte Art. 23 und 25 C.P.O.; es gilt fort der Art. 315 H.G.B. über den Gerichtsstand für Klagen auf Verkauf zurückgehaltener Gegenstände Art. 6 J.N., es können solche Klagen von einem registrierten Kaufmann bei dem für ihn selbst zuständigen Gerichte (§ 51 Z. 1) angebracht werden.

II. In gleicher Weise wie die Handelsgerichtsbarkeit ist verteilt die Gerichtsbarkeit in Angelegenheiten des Bergbaues. — Es sind ohne Rücksicht auf den Wert des Streitgegenstandes zugewiesen den bergrechtlichen Senaten der im Verordnungswege bezeichneten Kreis- und Landesgerichte (Verordn. vom 1. Juni 1897 R. 128) die Bergbaustreitigkeiten des § 53 Z. 1—10 (s. Bergrecht), — den Bezirksgerichten die den Bergbau betreffenden Streitigkeiten des § 49 Z. 3—6 (über die Bestimmung und Berichtigung von Grenzen [doch vergl. § 53 Z. 4], wegen Besitzstörung, — aus Bestandverträgen, — aus Dienst- und Lohnverträgen). Den Bergbau betreffende vermögensrechtliche Streitigkeiten anderer Art verteilen sich zwischen Bergsenat und Bezirksgericht nach dem Betrag oder Geldwert über bezw. bis 500 fl. § 53.

§ 13. Die Feststellung des Wertes des Streitgegenstandes.

Für die Berechnung des Wertes des Streitgegenstandes zu Kompetenzzwecken ist allgemein bestimmt: a) entscheidend ist der Wert des Streitgegenstandes im Zeitpunkte der Anbringung (Überreichung) der Klage; die im Laufe des Prozesses eintretende Minderung des Anspruches bleibt unerheblich; die Erweiterung des Anspruches ist relevant § 235 C.P.O.; b) Zinsen und andere Nebengebühren bleiben außer Anschlag § 54; c) mehrere in derselben Klage von einer einzelnen Partei oder von Streitgenossen geltend gemachten Ansprüche werden zusammengerechnet; d) wird ein Teil einer Kapitalsforderung begehrt, so ist der Gesamtbetrag der noch unberichtigten Kapitalsforderung maßgebend. Eine Ausnahme gilt wohl, wenn die eingeklagte Teilforderung rechtlich selbständig geworden ist; — e) wird ein Überschuß (Saldo) in Anspruch genommen, der sich aus der Vergleichung der Forderungen ergiebt, so entscheidet der Gesamtbetrag der vom Kläger zur Begründung des begehrten Überschusses geltend gemachten Forderungen § 55. Das gilt auch für Klagen mit Kompensation.

Im übrigen ist zu unterscheiden:

1. fordert der Kläger Geld, oder erbietet er sich, an Stelle der angesprochenen Sache eine bestimmte Geldsumme (als Abfindung § 410 C.P.O.) anzunehmen, oder stellt er ein alternatives Begehren auf Zuerkennung einer Geldsumme, so ist dieser Geldbetrag für die Beurteilung der Zuständigkeit maßgebend;

2. wird in der Klage nicht Geld gefordert, so hat, wenn der Wert des Streitgegenstandes für die Zuständigkeit von Belang ist, der Kläger den Wert in der Klage anzugeben § 56. Die Taxierung soll eine ziffernmäßige sein, hat aber immer nur die Bedeutung einer Wertabgrenzung und ist für das Urteil nicht präjudicierlich. Dabei bestimmt das Gesetz, was der Kläger bei der Taxierung beachten dürfe und müsse. Es ist a) bei der Bewertung des Streitgegenstandes die dem Kläger etwa obliegende Gegenleistung

nicht in Abzug zu bringen § 56 Abs. 3; — b) als Wert einer grund- und hauszinssteuerpflichtigen unbeweglichen Sache (in Eigentums- und Besitzprozessen, eventuell bei Pfand- und Sicherstellungsklagen) jener Betrag anzusetzen, welcher als Schätzwert für die Gebührenbemessung in Betracht kommt § 60 Abs. 2; — c) bei Streitigkeiten, welche nur die Sicherstellung einer Forderung oder ein Pfandrecht (ein Retentionsrecht Art. 315 H.G.B.) zum Gegenstande haben, der Betrag der Forderung, oder wenn der Pfandgegenstand einen geringeren Wert hat, dessen Wert § 57 maßgebend; — d) als Wert des Rechtes auf den Bezug von Zinsen, Renten, Früchten oder anderen wiederkehrenden Nutzungen und Leistungen α) bei immerwährender Dauer das Zwanzigfache, β) bei unbestimmter und auf Lebenszeit beschränkter Dauer das Zehnfache der Jahresleistung, γ) bei bestimmter Dauer der Gesamtbetrag der künftigen Bezüge, doch niemals mehr als das Zwanzigfache der Jahresleistung anzunehmen; — e) bei Streit über das Bestehen eines Pacht- oder Mietverhältnisses, der Betrag des auf die streitige Zeit entfallenden Zinses anzunehmen § 58. Eine Wertangabe des Klägers, welche den dargestellten imperativen Anordnungen nicht entspricht, ist für das Gericht und den Gegner nicht bindend. Soweit nicht bestimmt ist, was der Taxation der angesprochenen Sache zu Grunde gelegt werden muß, ist die Wertangabe des Klägers für das Gericht und den Gegner bindend. Erscheint jedoch bei einer Klage, welche bei einem Gerichtshofe angebracht wurde, die Bewertung übermäßig hoch gegriffen und zugleich wahrscheinlich, daß eine richtige Bewertung die Zuständigkeit des Bezirksgerichtes ergeben würde, so kann der Gerichtshof von amtswegen (eventuell angeregt vom Beklagten) die Prüfung der Richtigkeit der Wertangabe anordnen. Die diesfälligen Erhebungen (Einvernehmung, Augenschein, eventuell auch Begutachtung) schieben die Anordnung der ersten Tagsatzung und den Auftrag zur Klagebeantwortung nicht auf; sie sind einem beauftragten Richter zu übertragen und bis zum Ablaufe der halben Frist zur Klagebeantwortung zu beendigen; — auf Grund derselben hat der Gerichtshof die Streitsache, wenn sie dazu geeignet befunden wird, an das Bezirksgericht abzutreten. Die Kosten der Überprüfung bestreitet der Kläger, im Falle einer Überweisung an das Bezirksgericht ohne Anspruch auf Ersatz § 60 J.N., § 117 Gesch.O. — Eine solche Überprüfung hat nicht statt bei Klagen auf Vornahme von Arbeiten oder anderen persönlichen Leistungen, auf Duldung und Unterlassung, auf Abgabe von Willenserklärungen, bei welcher die vom Kläger angegebene Höhe seines Interesses als Wert des Streitgegenstandes anzusehen ist § 59.

B. Örtliche Zuständigkeit.

§ 14. Allgemeines.

Bei welchem der sachlich zuständigen Gerichte eine Partei zu klagen ist, bestimmt der Kompetenzgrund, d. i. der Umstand, welcher eine Sache mit einem Gerichtsbezirk verbindet. Für jede Partei gilt ein allgemeiner Gerichtsstand, bei welchem sie der Regel nach zu klagen ist. Daneben bestehen besondere Gerichtsstände für bestimmte Klagen; sie sind **ausschließliche** Gerichtsstände, wenn bestimmte Rechtssachen dort angebracht werden müssen, — Wahlgerichtsstände, wenn dem Kläger vorbehalten ist, die Klage auch bei dem allgemeinen Gerichtsstande anzubringen. In vereinzelten Fällen ist der besondere Gerichtsstand ein subsidiärer. Als besonderen Gerichtsstand bezeichnet das Gesetz bald ein bestimmtes Gericht, bald das Gericht eines bestimmten Bezirkes, bald jenes Gericht, welchem der Beklagte in dieser Rechtsangelegenheit unterstehen würde, wenn er an einem bestimmten Orte seinen allgemeinen Gerichtsstand hätte. Bei Konkurrenz von Gerichtsständen wird die Zuständigkeit begründet durch die Wahl des Klägers; die Wahl gilt als ausgeübt, wenn die Rechtssache bei Gericht anhängig erscheint § 102.

Ist jemand bei dem Bezirksgerichte an einem Orte zu klagen, wo mehrere

Bezirksgerichte bestehen, so ist jenes Bezirksgericht zuständig, in dessen Sprengel der Beklagte seine Wohnung (Aufenthalt) hat. Hält sich der Beklagte an diesem Orte nicht auf, so hat der Kläger (außer dem Fall des § 69) zwischen den mehreren Bezirksgerichten die Wahl § 103.

§ 15. Der allgemeine Gerichtsstand.

Allgemein sind Klagen bei dem sachlich zuständigen Gerichte erster Instanz anzubringen, bei welchem der Beklagte (im Zeitpunkte der Anbringung der Klage § 29) seinen allgemeinen Gerichtsstand hat § 65. — Klagen zur Geltendmachung des kaufmännischen Retentionsrechtes können, Anfechtungsklagen gegen militärische Ersatzerkenntnisse müssen bei dem allgemeinen Gerichtsstande des Klägers angebracht werden Art. 5 Z. 5 J.N., Art. 11 Z. 5 C.P.O.

I. Der allgemeine Gerichtsstand einer (physischen) Person wird durch deren Wohnsitz bestimmt § 66. Der Wohnsitz wird begründet:

a) regelmäßig durch Wahl (Eigenwahl, Wahl des gesetzlichen Vertreters). Gefordert ist das Niederlassen an einem Orte mit der erweislichen oder aus den Umständen hervorgehenden Absicht, daselbst bleibenden Aufenthalt zu nehmen. Hat sich eine Person derart in mehreren Orten niedergelassen, um sich abwechselnd da aufzuhalten, so hat sie einen mehrfachen (nicht mit dem Aufenthalt wechselnden) Wohnsitz. Verloren geht der Wohnsitz durch Tod und Dereliktion.

b) durch das Gesetz. Es haben

1. einen fingierten (aufgezwungenen) Wohnsitz: α) die in aktiver Dienstleistung stehenden Personen des Heeres, der Kriegsmarine, der Landwehr, einschließlich aller bei der Militärverwaltung in aktiver Dienstleistung stehenden Militärpersonen, und die in aktiver Dienstleistung stehenden Personen der Gendarmerie im Orte ihrer Garnison. Der hierdurch begründete Gerichtsstand dauert bei Wechsel der Garnison bis zum Eintreffen in die neue Garnison fort. — Als Wohnsitz der Militärpersonen, welche sich nicht im Inlande befinden, gilt der letzte inländische Garnisonsort des Militärkörpers, dem sie angehören oder der letzte inländische Garnisonsort dieser Militärpersonen § 68; — β) österreichische Staatsangehörige, welche sich in ständiger amtlicher Stellung als Beamte oder Diener des österreichischen Staates oder der österreichisch-ungarischen Monarchie im Auslande aufhalten; sie behalten den allgemeinen Gerichtsstand im Inlande; ist ein solcher nicht begründet oder nicht zu ermitteln, so haben sie ihren allgemeinen Gerichtsstand in Wien im Sprengel jenes Bezirksgerichtes, in welchem das Ministerium des Äußern seinen Sitz hat § 69. Diese Bestimmungen gelten nicht für Personen, die kein selbständiges Domizil begründen können.

2. Einen abgeleiteten Gerichtsstand haben gewisse abhängige Personen. Es gilt der allgemeine Gerichtsstand: α) des Ehemannes für seine Ehegattin, auch wenn diese eine Pflegebefohlene ist. Bei gerichtlicher Scheidung und Auflösung der Ehe begründet die Frau, wenn sie volljährig ist, ein selbständiges Domizil; die minderjährige Witwe fällt in die väterliche Gewalt und auch zum Gerichtsstand des Vaters zurück. — Wenn der Ehemann seinen Wohnsitz im Inlande aufgegeben, seine Gattin jedoch zurückgelassen hat, begründet der Aufenthalt der Frau im Inlande den allgemeinen Gerichtsstand insolange, als nicht der Ehemann wieder seinen Wohnsitz im Inlande nimmt § 70; — β) des Vaters für die seiner väterlichen Gewalt unterworfenen ehelichen, legitimierten oder adoptierten Kinder; sie bleiben diesem Gerichtsstande auch nach Erlöschen oder Unwirksamwerden der väterlichen Gewalt so lange unterworfen, als sie das Recht freier Vermögensverwaltung nicht erlangt haben § 71; — γ) der Mutter für uneheliche Kinder, auch nach dem Tode der Mutter bis zur Eigenberechtigung. Kinder (nach Art 6 uneheliche und Findelkinder), die auf Kosten einer öffentlichen, zugleich zur gesetzlichen Vertretung berufenen Anstalt in oder außerhalb derselben untergebracht sind, unterstehen dem Gerichtsstand der Anstalt § 72 und Art. 6 E.G.; nach Austritt aus der Anstalt teilen sie den Gerichtsstand der Mutter, eventuell haben sie den Gerichtsstand dort, wo ihnen der Vormund bestellt wird. J.M.V.

vom 21. August 1856 R. 150. — Der Gerichtsstand der Garnison erstreckt sich auf die Ehegattin und die unter väterlicher Gewalt stehenden Kinder nur dann, wenn sie mit der Militärperson im gemeinsamen Haushalt leben; sonst bestimmt sich für diese Personen der allgemeine Gerichtsstand nach dem Ort des Aufenthaltes. Gleiches gilt hinsichtlich der Gattin und Kinder jener Staatsangehörigen, welche sich in ständiger amtlicher Stellung als Beamte und Diener im Auslande aufhalten § 73.

II. Für nicht physische Rechtssubjekte ist bestimmt:

1. Der allgemeine Gerichtsstand des Ärars (der österreichischen Reichshälfte oder des ganzen Reiches) oder eines Landes wird bestimmt durch den Sitz des öffentlichen Organes, welches das Ärar oder Land in der Streitsache zu vertreten berufen ist § 74. Darnach ist zu klagen das Ärar im Sitze der zur Vertretung berufenen Finanzprokuratur, das Land im Sitze des Landesausschusses. — 2. Der allgemeine Gerichtsstand einer Gemeinde richtet sich nach dem Sitze der Gemeinde**vorstehung** § 74, jener eines Bezirkes wohl nach dem Sitze der Bezirksvertretung. — 3. Der allgemeine Gerichtsstand von offenen Handelsgesellschaften, Kommanditgesellschaften, Aktiengesellschaften (mit und ohne Handelsbetrieb), Genossenschaften, Gewerkschaften, öffentlichen Fonden und Korporationen, Kirchen, Pfründen, Stiftungen, zu öffentlichen Zwecken bestehenden Anstalten, Vermögensmassen, Vereinen und anderen nicht zu den physischen Personen gehörigen Rechtssubjekten bestimmt **sich nach ihrem Sitze**; als Sitz gilt im Zweifel der Ort, wo die Verwaltung geführt wird. Es gilt für diese Rechtssubjekte der Gerichtsstand des Staates bezw. des Landes, wenn der Vertreter desselben für sie einzuschreiten berufen ist, — der Gerichtsstand der Gemeinde, wenn sie der Verwaltung der Gemeinde unterstehen; — jener Gerichtsstand, der für diese Rechtssubjekte in allgemein verbindlicher Weise oder durch staatlich genehmigtes Statut festgesetzt ist § 75 und Art. 5. — Ausländische Anstalten, Gesellschaften, Genossenschaften und andere Personenvereine und ausländische Vermögensmassen sind zu klagen bei dem Gerichte, in dessen Sprengel sich ihre ständige Vertretung für das Inland oder ein mit der Besorgung der Geschäfte betrautes Organ befindet. Ges. vom 29. November 1863 R. 127, v. 29. März 1873 R. 42 und vom 27 Juni 1878 R. 63.

III. Für Personen ohne Wohnsitz (im In- und Auslande) wird der allgemeine Gerichtsstand durch den Ort des jeweiligen Aufenthaltes im Inlande begründet; bei Mangel oder Unbekanntheit eines inländischen Aufenthaltes können sie wegen aller Verbindlichkeiten, welche sie während ihres Aufenthaltes im Inlande begründet haben, oder welche hierlands zu erfüllen sind, bei dem Gerichte des letzten Wohnsitzes oder Aufenthaltes im Inlande belangt werden § 67.

§ 16. Besondere ausschließliche Gerichtsstände.

1. **Ehesachen.** Klagen auf Scheidung, Trennung und Ungültigkeit einer Ehe (auch die amtliche Untersuchung der Ungültigkeit § 94 B.G.B.) und Klagen wegen aller nicht rein vermögensrechtlicher Ansprüche aus dem ehelichen Verhältnisse gehören vor den Gerichtshof, in dessen Sprengel die Ehegatten ihren letzten gemeinschaftlichen Wohnsitz hatten, § 76. Bei Mangel dieses Gerichtsstandes gilt für öster. Staatsbürger der subsidiäre Gerichtsstand des § 100; für Vorsteher der Gerichtshöfe gilt § 79. Den abgesonderten Wohnsitz und Unterhalt bewilligt während der Dauer des Streites das Prozeßgericht, vor Überreichung der Klage und nach rechtskräftigem Abschluß des Streites, jedoch vor Beginn der Exekution das Bezirksgericht des Wohnsitzes der gefährdeten Partei §§ 382. 387 Ex.O. Die freiwillige Scheidung und die Trennung nach § 134 b.G.B. bewilligt das Bezirksgericht des Wohnsitzes des Ehemannes § 114.

2. **Verlassenschaftsangelegenheiten.** Klagen, welche die Teilung der Erbschaft zum Gegenstande haben, gehören vor und nach Einantwortung des Nachlasses ohne Rücksicht auf den Streitwert **vor das Gericht der Nachlaßabhandlung.** — Klagen, durch welche Erbrechte oder Ansprüche aus Vermächtnissen oder sonstigen Verfügungen auf den Todesfall geltend gemacht werden, sowie Klagen der **Nachlaßgläubiger** aus An-

sprüchen an den Erblasser oder an den Erben als solchen gehören bis zur Einantwortung vor das sachlich zuständige Gericht, in dessen Sprengel die Nachlaßabhandlung anhängig ist, § 77. Ein gegen den Erblasser begründeter Wahlgerichtsstand, ein für die Rechtssache begründeter ausschließlicher Gerichtsstand besteht fort.

3. Fideikommiß- und Lehensangelegenheiten. Streitigkeiten, welche die Nachfolge in ein Fideikommiß oder andere aus dem Fideikommißverhältnisse entspringende Ansprüche betreffen, gehören vor das zur Obsorge über das Fideikommiß berufene Gericht (§ 116).

Klagen in Lehenangelegenheiten gehören: a) wenn das Lehen ein landesfürstliches ist und der Lehnsherr an dem Streite teilnimmt, vor den Gerichtshof, in dessen Sprengel die Lehenstube (die Statthalterei, Ver. vom 19. Januar 1853 R. 10) ihren Sitz hat; — β) außer diesem Fall vor jenen Gerichtshof, in dessen Sprengel das Lehen gelegen ist. — γ) Klagen in Lehen betreffenden Verlassenschaftsangelegenheiten gehören vor den Gerichtshof, in dessen Sprengel die Nachlaßabhandlung anhängig ist § 78.

4. Klagen von Richtern und gegen Richter. Eine Person, welche bei einem Bezirksgerichte als Einzelrichter in Verwendung steht, kann bei diesem Bezirksgerichte nicht klagen und nicht geklagt werden. Zuständig ist für diese Klagen der Gerichtshof, in dessen Sprengel sich das Bezirksgericht befindet. — Der Vorsteher eines Gerichtshofes (auch der zu selbständiger Geschäftsleitung berufene Stellvertreter) kann nicht bei diesem Gerichtshof und nicht bei einem im Sprengel des Gerichtshofes gelegenen Bezirksgerichte klagen und geklagt werden. Zuständig ist für solche Klagen jeder der angrenzenden Gerichtshöfe § 79. Das gilt auch in Verlassenschaftsangelegenheiten und in Streitigkeiten um unbewegliches Gut. — Bezirksgerichtliche Sachen, die zu Folge des § 79 bei einem Gerichtshofe angebracht werden müssen, sind nach den für das Gerichtshofsverfahren geltenden Bestimmungen zu erledigen; für die Verhandlung und Entscheidung von Bagatellsachen und Besitzstörungsklagen bleiben aber die Sondervorschriften maßgebend; es ist diese Verhandlung einem Mitgliede des Gerichtshofes als Einzelrichter zu übertragen und die Parteivertretung durch Advokaten nicht geboten. Auch der Zahlungsbefehl im Mahnverfahren ist von einem Einzelrichter zu erlassen, Art. 14 J.N.

5. Syndikatsklagen. Für Klagen zur Geltendmachung von Ersatzansprüchen wegen der von richterlichen Beamten in Ausübung ihrer amtlichen Wirksamkeit zugefügten Rechtsverletzungen ist zuständig das Oberlandesgericht, in dessen Sprengel das Gericht seinen Sitz hat, von welchem oder von dessen Bestellten die Rechtsverletzung ausgegangen ist. Gründet sich die Rechtsverletzung in dem Spruche eines Oberlandesgerichtes oder in einer Verfügung des Präsidenten desselben, so hat der O.G.H. auf Parteiantrag oder amtliche Anzeige ein anderes O.L.G. zu delegieren, Art. 6 Z. 4 und § 80.

6. Streitigkeiten um unbewegliches Gut. Klagen, durch welche ein dingliches Recht an einem unbeweglichen Gute, — die Freiheit von einem solchen Rechte oder die Aufhebung desselben geltend gemacht wird, Teilungsklagen, Grenzberichtigungs- und Besitzstörungsklagen gehören vor das Gericht, in dessen Sprengel das unbewegliche Gut gelegen ist (Realgericht). Als Realgericht hat einzuschreiten bei Streitigkeiten betreffend die Bestimmung oder Berichtigung von Grenzen, über die Dienstbarkeit der Wohnung, über Ausgedinge und wegen Besitzstörung, wenn lediglich Schutz des letzten Besitzstandes begehrt wird, das Bezirksgericht, — in anderen Streitigkeiten (außer Bergsachen, § 53 Abs. 2) nach dem Wert des Streitgegenstandes das Bezirksgericht oder das Kreis- oder Landesgericht. Betrifft die Klage eine Grunddienstbarkeit oder eine Reallast, so entscheidet die Lage des dienenden oder belasteten Grundstückes § 81.

7. Für Streitigkeiten wegen Störung des Besitzes von Wasserrechten ist, wenn lediglich Schutz des letzten Besitzstandes begehrt wird, ausschließlich zuständig das Bezirksgericht, in dessen Sprengel die Störung erfolgte, § 82.

8. Für Bestandstreitigkeiten betreffend Immobilien und denselben gesetzlich gleichgestellten Sachen ist zuständig das Gericht, in dessen Sprengel der Bestandgegenstand liegt und zwar das Bezirksgericht, und wenn der Streit das Bestehen eines solchen Vertrages oder die Zahlung des Zinses betrifft, nach dem Werte der Streitsache das Bezirksgericht oder der

Gerichtshof. Das Bezirksgericht ist auch ausschließlich zuständig zur Erlassung der Verfügungen über gerichtliche Aufkündigung von Bestandverträgen und zur Erlassung von Aufträgen zur Übergabe und Übernahme solcher Bestandgegenstände, § 83.

Im Falle die Sache, deren Lage für die Bestimmung der Zuständigkeit maßgebend ist (Z. 6, 7, 8), in dem Sprengel mehrerer Gerichte liegt, steht dem Kläger die Wahl zu, bei welchem dieser Gerichte er die Klage anbringen will; — gleiches Wahlrecht hat er, wenn mit Rücksicht auf die Grenzen der Gerichtsbezirke zweifelhaft ist, welches Gericht als das der gelegenen Sache anzusehen ist. Werden in einer Klage mehrere Ansprüche verbunden, welche nach der Lage der Sache, auf welche sie sich beziehen, vor verschiedene Gerichte gehören würden, so kann die Klage bei jedem dieser Gerichte angebracht werden § 84. — Der Gerichtsstand für Streitigkeiten um unbewegliches Gut, für Wasserrechtsbesitzstörungen und Bestandstreitigkeiten gilt auch für extrerritoriale und dem Obersthofmarschallamte unterstellte Personen § 85.

9. Gerichtsstand des Konkurses. Konkursgericht ist der Gerichtshof des ordentlichen Wohnsitzes des Gemeinschuldners, bei Handelsgesellschaften und registrierten Kaufleuten der Handelsgerichtshof des Sitzes der Gesellschaft, bezw. des Wohnsitzes des Kaufmannes § 58 und 193 Konk.O. Die Konkursinstanz ist judicium universale 1. für Prozesse über die Richtigkeit der Forderungen und die streitige Rangordnung §§ 126, 128; — 2. für die Klage auf Nichtigkeit des Ausgleiches im kaufmännischen Konkurse; — 3. für Rückforderungsansprüche und für Ansprüche der Realgläubiger, soweit nicht der Gerichtsstand um unbewegliches Gut begründet ist, oder die Streitsache eine Angelegenheit des Bergbaues betrifft §§ 137. 138: 4. für Klagen der Massegläubiger §§ 137. 160, soweit nicht der Gerichtsstand des Erfüllungsortes begründet ist. — Ist über einen Anspruch, welcher der Anmeldung im Konkurse unterliegt, schon vor der Konkurseröffnung in erster Instanz eine Entscheidung in der Hauptsache ergangen, so ist, wenn der Anspruch im Konkurse bestritten wird, der Streit bei dem Prozeßgerichte fortzusetzen § 7 Kon.O. Der Streit über Rückforderungsansprüche und Ansprüche der Realgläubiger, welcher vor Eröffnung des Konkurses bereits anhängig war, ist bei dem Prozeßgerichte zu Ende zu führen.

§ 17. Wahlgerichtsstände.

1. Gerichtsstand des Ortes der Beschäftigung. Personen, welche sich unter Umständen, die ihrer Natur nach auf einen Aufenthalt von längerer Dauer hinweisen, insbesondere als Dienstboten, Hand- oder Fabrikarbeiter, Gewerbegehilfen oder Lehrlinge, als Studierende oder Schüler an einem Orte aufhalten und wenn auch beschränkt prozeßfähig sind, können wegen vermögensrechtlicher Ansprüche aller Art, ohne Rücksicht, wann, wo und in welcher Weise sie entstanden sind, bei dem Gerichte des Aufenthaltes geklagt werden § 86. Diese Bestimmung findet auch auf Militärpersonen, welche selbständig einen Wohnsitz nicht begründen können, in der Art Anwendung, daß an Stelle des Gerichtes des Aufenthaltes das Gericht des Garnisonsortes (§ 68) tritt.

2. Gerichtsstand der Niederlassung. Der Gerichtsstand gilt a) für Personen, welche ein mit Wohn- oder Wirtschaftsgebäuden versehenes Gut als Eigentümer, Nutznießer, Pächter (oder gerichtlich bestellte Verwalter §§ 109 und 120 Ex.O.) bewirtschaften oder durch von ihnen Bestellte bewirtschaften lassen. Es können solche Personen aus allen auf die Bewirtschaftung des Gutes sich beziehenden Rechtsverhältnissen bei dem Gerichte geklagt werden, in dessen Sprengel das Gut gelegen ist: — b) für Inhaber von Bergwerken, Fabriken, Handels- und gewerblichen Unternehmungen bezüglich der außerhalb des Sitzes der Unternehmung bestehenden besonderen Niederlassungen (Zweig- und Hilfsniederlassungen). Vorbedacht ist im § 87 ein besonderer Gerichtsstand für Handelsgesellschaften, Genossenschaften, Gewerkschaften u. s. w., deren allgemeiner Gerichtsstand sich nach dem Sitze des Unternehmens bestimmt § 75; er gilt aber auch, wenn eine physische Person außerhalb ihres Domizils eine Niederlassung der bezeichneten Art (Bergwerk, Fabrik u. s. w.) hat.

3. Gerichtsstand des Erfüllungsortes. Klagen: α) auf Feststellung des Bestehens oder Nichtbestehens eines Vertrages, — β) auf Erfüllung, — γ) auf Aufhebung des Vertrages, — δ) auf Entschädigung wegen Nichterfüllnng oder nicht gehöriger Erfüllung können bei dem Gerichte des Ortes erhoben werden, an welchem der Vertrag nach Übereinkunft der Parteien von dem Beklagten zu erfüllen ist. Die Kompetenzfrage ist an leicht erkennbare Momente geknüpft. Der Erfüllungsort muß durch ein schriftliches Übereinkommen festgestellt werden, in welchem bestimmt ist, daß durch die Begründung des Erfüllungsortes auch die Berechtigung zur Klage an diesem Orte begründet sein soll. Unter Personen, welche ein Handelsgewerbe betreiben (im Gewerbe Handel treiben), wird der Gerichtsstand des Erfüllungsortes auch begründet durch die unbeanstandet gebliebene Annahme einer zugleich mit der Ware oder schon vor Einlangen derselben dem Käufer zugekommenen Faktura, in welcher vermerkt ist, daß die Erfüllung an einem bestimmten Orte zu leisten ist und an demselben auch die Klagen aus dem Geschäfte angebracht werden können § 88. Im Streitfalle wird der Beweis, daß die Prozeßpartei zu den Personen gehört, welche ein Handelsgewerbe betreiben, für inländische gewerbliche Unternehmungen erbracht durch das gerichtliche Zeugnis, daß die Firma registriert ist, eventuell durch das Zeugnis der Gewerbsbehörde, daß die Person ein Handelsgewerbe im Sinne der Gewerbeordnung betreibt J.M.V. vom 3. Dzbr. 1897 R. 280. Der Gerichtsstand des Vertrages findet keine Anwendung für Klagen aus dem Ratengeschäfte, wenn der Käufer in Österreich seinen Wohnsitz hat, ausgenommen, das Geschäft ist auf Seite des Käufers Handelsgeschäft § 6 und 10 Ges. vom 27. April 1896 R. 70.

Aus einem Wechsel verpflichtete Personen können von dem Inhaber des Wechsels (im Amortisationsfalle gemäß Art. 73 W.O.) bei dem Gerichte des Zahlungsortes belangt werden § 89 auf Zahlung, auf Sicherstellung und wohl auch wegen Bereicherung. Die Klage auf Feststellung der Echtheit oder Unechtheit gehört zur Personalinstanz. Der § 89 gilt nicht für andere Orderpapiere.

Streitigkeit aus der Schiffsmiete, aus dem Dienstverhältnisse der Schiffsmannschaft und aus dem Seefrachtgeschäfte können bei dem Gerichte (Bezirksgerichte) des Ortes angebracht werden, in welchem sich der Beklagte aufhält, wo die Ware abgeliefert werden soll, wo der Transport des Reisenden zu beendigen ist, oder die Reise abgebrochen wurde § 91.

4. Gerichtsstand der belasteten Sache. Es kann bei dem Realgericht (s. § 16 Z. 6) a) mit der Klage zur Geltendmachung des Pfandrechtes die Klage auf Zahlung der pfandrechtlich versicherten Forderung, — b) mit der Klage auf Aufhebung (Löschung) des Pfandrechtes die Klage auf Feststellung des Nichtbestehens der pfandrechtlich gesicherten Forderung verbunden werden, wenn beide Klagen wider denselben Beklagten gerichtet sind; — c) es können Klagen auf die aus einer Reallast rückständigen Leistungen gegen den Besitzer des belasteten Grundstückes bei dem Gerichte erhoben werden, in dessen Sprengel das belastete Grundstück gelegen ist § 91. Die Zuständigkeit für diese Klagen bestimmt sich nach dem Werte der unbeweglichen Sache, nicht nach dem Betrag der Forderung, auf welche sich das dingliche Recht bezieht.

5. Gerichtsstand für Besitzstörungsstreitigkeiten. Besitzstörungsklagen, welche lediglich den Schutz des letzten Besitzstandes bezielen, gehören schlechthin zum Bezirksgericht; wenn sie eine unbewegliche Sache betreffen, zu dem Bezirksgericht, in dessen Sprengel das unbewegliche Gut gelegen ist § 81, wenn sie nicht eine unbewegliche Sache betreffen, elektiv zum Bezirksgericht des allg. Gerichtsstandes oder zu dem Bezirksgericht, in dessen Sprengel die Störung erfolgte § 92.

6. Gerichtsstand für Ersatzklagen. Für Klagen auf Ersatzleistung bei Verletzung oder Tötung von Menschen durch Ereignungen im Verkehr einer mit Dampfkraft betriebenen Eisenbahn ist zuständig das Handelsgericht (Handelssenat), in dessen Sprengel die Eisenbahnunternehmung ihren Sitz hat, oder in dessen Sprengel die Ereignung eingetreten ist § 3 Ges. vom 5. März 1869 R. 27 und Art. 6 J.N. Sonst gehören Ersatzklagen zum allgemeinen Gerichtsstand auch bei Besitzstörung oder Feldbeschädigung.

7. Gerichtsstand der Streitgenossenschaft. Mehrere Personen, welche ihren allgemeinen Gerichtsstand vor verschiedenen Gerichten haben, können nach Zulaß des

§ 11 Z. 1 C.P.O. als Streitgenossen vor jedem inländischen Gerichte geklagt werden, bei welchem einer der Streitgenossen, und wenn sich unter ihnen Haupt- und Nebenverpflichtete befinden, einer der Hauptverpflichteten (Erstverpflichteten, Mehrverpflichteten) seinen allgemeinen Gerichtsstand hat, sofern nicht für den Rechtsstreit ein gemeinschaftlicher besonderer Gerichtsstand begründet ist, in welchem Falle die mehreren Personen als Streitgenossen bei dem besonderen Gerichtsstand zu belangen sind, auch wenn dieser besondere Gerichtsstand ein Wahlgerichtsstand ist. Soweit aus einem dinglichen Rechte an unbeweglichem Gut mehrere Personen gemeinsam geklagt werden können, gilt der Realgerichtsstand des § 81. Bei Syndikatsklagen kann das Ärar mit dem schuldigen Beamten bei dem O.L.G. geklagt werden § 1 Ges. vom 12. Juli 1872 R. 112. Dem Obersthofmarschallamt unterstellte Personen können diesem außerordentlichen Gerichte nicht entzogen werden, — es kann dieses Gericht seine Zuständigkeit nicht auf Personen erweitern, welche den ordentlichen Gerichten unterstehen.

Die aus einem Wechsel (zur Zahlung oder Sicherstellung) Verpflichteten können als Streitgenossen bei dem Gerichte des Zahlungsortes geklagt werden § 93; es können so Verpflichtete auch einzeln bei dem Gerichte des Zahlungortes belangt werden § 89.

8. Gerichtsstand des Hauptprozesses. Es können a) Klagen, mit welchen ein Anspruch auf eine Sache oder ein Recht geltend gemacht wird, über welchen zwischen anderen Personen ein Rechtsstreit anhängig ist (Hauptintervention), bis zur rechtskräftigen Entscheidung dieses Prozesses bei demselben Gerichte angebracht werden, wenn der Anspruch gegen beide Parteien geltend gemacht wird; — b) Klagen der Prozeß- und Zustellungsbevollmächtigten wegen Gebühren und Auslagen können bei dem Gerichte des Hauptprozesses angebracht werden § 94. Das gilt auch für Gebühren und Auslagen, welche den Advokat als Vertreter der armen Partei unmittelbar bei dem Gegner einzuheben berechtigt § 70 C.P.O., — es gilt nur für konnexe Gebühren. — Bei dem Prozeßgericht erfolgt die nicht streitige Bestimmung der Advokatengebühren nach Hofd. vom 4. Okt. 1833 Nr. 2630 J.G.S. — Die Interventions- und die Gebührenklage kann bei dem Gerichte des Hauptprozesses auch dann angebracht werden, wenn dieses Gericht für den Klageanspruch sachlich unzuständig erscheint § 95. — Bei dem Gerichte des Hauptprozesses ist ausschließlich geltend zu machen die Nichtigkeits- und Wiederaufnahmsklage, wenn sie nicht bei dem Gerichte höherer Instanz anzubringen ist § 532 C.P.O., Art. 19 J.N.

Zu dem für die Streitsache zuständigen Gericht gehört die Klage auf Aufhebung eines Schiedsspruches § 596 C.P.O. Dieses Gericht bestellt auf Antrag den Schiedsrichter an Stelle der säumigen Partei, — den Obmann, wenn sich die Parteien nicht einigen können; es entscheidet über den Antrag, daß der Schiedsvertrag außer Kraft trete oder für den einzelnen Fall unwirksam sei (Vgl. Art. 23 und 25 C.P.O.).

9. Gerichtsstand der Widerklage. Es ist Widerklage die Klage, welche der Beklagte gegen seinen Kläger bei dem Gerichte erhebt, bei welchem er geklagt wurde. Widerklage hat nur statt zwischen den Personen, welche in dem Rechtsstreit über die Vorklage Prozeßpartei sind; es ist nicht Prozeßpartei der Nebenintervenient, ein Mitglied der juristischen Person oder eines Personenvereins, nicht der Teilhaber einer Vermögensmasse, welche unter einer Firma, einem Vereins- oder Genossenschaftsnamen klagt oder geklagt wird. Widerklage ist zugelassen: a) wenn der Anspruch der Widerklage mit dem Anspruche der Vorklage in einem rechtlichen oder faktischen (nicht notwendig genetischen) Zusammenhang steht; — b) wenn sich der Anspruch sonst zur Kompensation eignen würde, also bezüglich des die Klageforderung übersteigenden Betrages der Gegenforderung; — c) wenn die Widerklage auf Feststellung eines im Laufe des Prozesses streitig gewordenen Rechtsverhältnisses oder Rechtes gerichtet ist, von dessen Bestehen oder Nichtbestehen die Entscheidnng über das Klagebegehren ganz oder zum Teile abhängt. — Die Zuständigkeit für die Widerklage beruht auf der Zuständigkeit des Gerichtes für die Vorklage, gleichgültig ob sich diese Zuständigkeit gründet im Gesetze, in der Anordnung eines höheren Richters eventuell des Justizministers, oder in der Vereinbarung der Parteien. Der Gerichtsstand der Widerklage tritt aber nicht ein, wenn die Zuständigkeit des Gerichtes für den in der Widerklage geltend ge-

machten Anspruch auch nicht durch Vereinbarung der Parteien begründet werden könnte § 96 (§ 236 C.P.O.).

Zulässig ist die Widerklage vom Zeitpunkte der Streithängigkeit § 233 C.P.O. bis zum Schlusse der mündlichen Verhandlung über die Vorklage in erster Instanz. Die Widerklage ist selbständige Klage § 96, die allerdings zu aktorischer Kaution nicht verpflichtet § 57 Z. 4 C.P.O. Eine Verbindung der Widerklage mit der Antwort auf die Klage kennt das Gesetz nicht; es ist die Widerklage nach Vorschrift der C.P.O. bei dem Gerichte der Vorklage anzubringen, nicht während der mündlichen Verhandlung, sondern insolange die mündliche Verhandlung in erster Instanz nicht geschlossen ist. Vorbehalten ist der Zwischenantrag auf Feststellung nach § 259 C.P.O. — Die Widerklage ist ausgeschlossen, sobald der Beklagte in Folge von Säumnis von der Verhandlung über die Klage ausgeschlossen ist; es ist also zur Widerklage nicht weiter berechtigt der Beklagte, welcher die erste Tagsatzung oder die schriftliche Klagebeantwortung versäumt. Ein Teilurteil kommt bei Widerklage in Betracht (§ 391 C.P.O.), wenn die Verhandlung über die Vor- und Widerklage verbunden wurde. Die Widerklage entfällt nicht bei Zurücknahme der Vorklage § 29, wohl aber bei Abweisung derselben wegen eines Prozeßhindernisses § 240 C.P.O.

10. Der Gerichtsstand des früheren Wohnsitzes. Es können a) Handwerker, Kleinverschleißer, Wirte, Schiffer und Fuhrleute und sonstige Gewerbetreibende ihre Forderung für gelieferte Erzeugnisse und Ware und geleistete Arbeit, — b) Gesellen, Gehilfen, Dienstleute und sonstige Arbeiter um Lohn ihre Lohnforderung noch durch 90 Tage von der letzten Lieferung oder Leistung bei dem nach dem früheren Wohnsitze des Abnehmers oder Arbeitgebers zuständigen Gerichte einklagen, wenn dieser mittlerweile seinen Wohnsitz in einen anderen Gerichtssprengel (ins Ausland) verlegt hat; — c) es können Privatlehrer (auch solche, die nicht Hausgenossen des Dienstgebers sind) ihren Entlohnungsanspruch in gleicher Weise bei dem Gerichte des früheren Wohnsitzes des Dienstgebers geltend machen § 97. Gleiches gilt wohl auch bei Wechsel des Ortes der Beschäftigung (§ 86).

11. Gerichtsstand des Aufenthaltes. Schiffer und Personen der Schiffsmannschaft können wegen Forderungen der im § 97 bezeichneten Art (Forderungen von Handwerkern, Lohnarbeitern etc.) bei dem Gerichte des jeweiligen Aufenthaltes geklagt werden § 98. — Der Gerichtsstand des Aufenthaltes ist noch begründet für Streitigkeiten aus der Schiffsmiete, aus dem Dienstverhältnisse der Schiffsmannschaft und dem Seefrachtgeschäfte (s. oben Z. 3) § 90, und schlechthin für Personen ohne Wohnsitz § 67.

12. Gerichtsstand des Vermögens. Physische und juristische Personen, welche im Inlande keinen Wohnsitz haben, können wegen vermögensrechtlicher Ansprüche bei jedem (sachlich zuständigen) inländischen Gerichte geklagt werden, in dessen Sprengel sich zur Zeit der Anbringung der Klage Vermögen dieser Person oder der mit der Klage in Anspruch genommene Gegenstand befindet. Gleichgültig ist, welcher Art das Vermögen im Inlande ist, ob bewegliche oder unbewegliche Sachen oder Wertpapiere (nicht bloß Beweisurkunden); ob das Vermögen zur Deckung der Forderung dienlich oder zureichend ist. Als Ort, wo sich Vermögen befindet, gilt bei Forderungen der Wohnsitz des Drittschuldners im Inlande, und wenn der Drittschuldner im Inlande keinen Wohnsitz hat, der Ort, wo die Sache gelegen ist, welche für die Forderung als Sicherheit haftet. Für Streitigkeiten, welche sich auf Seeschiffe und Seefahrten beziehen, gilt der im Inlande gelegene Heimatshafen als Ort, an welchem sich Vermögen befindet § 99.

13. Gerichtsstand der Gegenseitigkeit für Klagen gegen Ausländer. Ausländer können in Österreich geklagt werden bei dem hierlands begründeten allgemeinem Gerichtsstand, bei dem hierlands begründeten besonderen Gerichtsstand. Dazu kommt für Ausländer ohne Wohnsitz bei Mangel des Aufenthaltes im Inlande oder Unbekanntheit dieses Aufenthaltes der Gerichtsstand des letzten Aufenthaltes im Inlande für die hierlands begründeten und hierlands zu erfüllenden Verbindlichkeiten § 67. Ergänzend bestimmt § 101: Werden in einem anderen Staatsgebiete gegen öster. Staatsangehörige Klagen in bürgerlichen Rechtssachen vor Gerichten zugelassen, welchen nach öster. Gesetze für derlei Rechtssachen keine oder nur eine beschränkte Zuständigkeit zukommen würde, so ist ein gleicher

Gerichtsstand (gleiche örtliche Zuständigkeit) gegen Angehörige jenes Staatsgebietes bei den inländischen Gerichten begründet.

13. Subsidiärer Gerichtsstand für Klagen aus dem Ehe- und Elternverhältnisse. Klagen auf Scheidung, Trennung und Ungültigkeit der Ehe und Klagen wegen aller nicht rein vermögensrechtlichen Ansprüche aus dem ehelichen Verhältnisse gehören vor den Gerichtshof des letzten gemeinschaftlichen Wohnsitzes der Ehegatten § 76, — Klagen aus dem Elternverhältnisse, welche nicht rein vermögensrechtliche Ansprüche betreffen, vor den Gerichtshof des Wohnsitzes. — Ist für beiderlei Klagen gegen einen öster. Staatsbürger weder ein allgemeiner noch ein besonderer Gerichtsstand (Vgl. § 104) begründet, so sind diese Klagen bei dem allgemeinen Gerichtsstande des Klägers, und wenn auch ein solcher im Inlande nicht begründet ist, bei dem Landesgerichte in Wien anzubringen § 100.

14. Gerichtsstand der Vereinbarung. Den Parteien ist vorbehalten, sich für einen bestimmten Rechtsstreit oder für die aus einem bestimmten Rechtsverhältnisse entspringenden Streitigkeiten einem unzuständigen Gerichte zu unterwerfen. Berechtigt zu solcher Vereinbarung erscheinen die Prozeßparteien, soweit sie über den Streitgegenstand verfügen können, und der gesetzliche Vertreter. Die Vereinbarung muß dem Gerichte schon in der Klage urkundlich nachgewiesen werden. Vereinbart kann werden Gebundenheit oder Wahlrecht des Klägers. Zugelassen ist Vereinbarung auf ein Gericht I.J., — Änderung der örtlichen Zuständigkeit, soweit das Gesetz nicht die Streitsache an ein bestimmtes Gericht bindet, Änderung der sachlichen Zuständigkeit, diese jedoch nur mit erheblicher Beschränkung. Es dürfen a) Angelegenheiten, welche den ordentlichen Gerichten entzogen sind, durch Vereinbarung nicht vor diese Gerichte, — b) Rechtssachen, welche vor ein Bezirksgericht gehören, nicht vor einen Gerichtshof I.J., — c) Rechtssachen der allgemeinen Gerichtsbarkeit nicht vor einen zur Ausübung besonderer Gerichtsbarkeit berufenen Gerichtshof (wohl aber vor ein Bezirksgericht für Handelssachen), — d) die ausschließlich den Gerichtshöfen I.J. zugewiesenen Streitsachen nicht vor ein Bezirksgericht gebracht werden § 104. Auch die sachlich den zur Ausübung der Handels- bezw. Berggerichtsbarkeit berufenen Gerichtshöfen zugewiesenen Rechtssachen des § 51 Z. 3–5 und des § 53 Z. 1—10 sind wohl auf Bezirksgerichte nicht übertragbar zu behandeln § 104. — Rechtssachen, für welche die Gewerbegerichte zuständig sind, können durch Vereinbarung nicht vor ein ordentliches Gericht gebracht werden § 3 Ges. vom 27. Novbr. 1896 R. 218.

Ein an sich unzuständiges Gericht wird, soweit Vereinbarung über die Zuständigkeit zulässig ist, auch dadurch zuständig, daß der Beklagte, ohne rechtzeitig die Einwendung der Unzuständigkeit zu erheben, in der Hauptsache mündlich verhandelt § 104 Abs. 3, d. h. schlechthin dann, wenn er die Einrede der Unzuständigkeit versäumt.

Zweiter Titel[1].

Die Parteien, deren Vertreter und Beistände.

§ 18. Die Prozeßsubjekte und deren Stellung im allgemeinen.

I. Partei ist das klagende und geklagte Subjekt des Rechtsverhältnisses, welches durch Richterspruch geordnet werden soll. Der Rechtsstreit erfordert sonach einen Kläger, einen Beklagten und einen Richter (Gericht). Die Rolle des Klägers und des Beklagten bestimmt sich durch die Sachlage; es ist Kläger jener, der mit Hilfe des Gerichtes einen Rechtsanspruch geltend machen will. Es folgt aus dem Wesen des Rechtsstreites, daß Niemand zugleich Richter und Partei sein kann, daß dasselbe Subjekt nicht Kläger und Be-

[1] Von hier ab ist auf die C.P.O. ohne Zusatz Bezug genommen.

klagter zugleich sein kann und daß im Prozesse nur zwei Parteirollen bestehen, womit nicht ausgeschlossen ist, daß mehrere Subjekte gemeinsam klagen und geklagt werden können.

II. An dem Prozesse der zwei Parteien können Dritte teilnehmen, um durch Anschluß an die Prozeßpartei dieser zum Siege zu verhelfen. Assistiert der Dritte ohne eigenes rechtliches Interesse an dem Streitausgange, so ist er Prozeßvertreter (Prozeßbeistand); wird er durch sein Interesse veranlaßt, der Partei Hilfe zu leisten, so ist er Nebenpartei, Streitgehilfe.

§ 19. Die Partei-, Prozeß- und Postulationsfähigkeit.

I. Partei(=Gerichts=)fähigkeit ist die rechtliche Eignung, im Prozesse Kläger und Beklagter zu sein. Es ist parteifähig jeder, der nach Civilrecht Rechte und Pflichten haben kann, also die nach dem Civilrechte, welchem sie untersteht, rechtsfähige physische und juristische Person (materielle Prozeßfähigkeit). — Die Parteifähigkeit ist aber erweitert; es kommt gewissen Gebilden, auch wenn ihnen der Charakter juristischer Persönlichkeit fehlt, kraft des Gesetzes das Recht zu, im eigenen Namen zu klagen und geklagt zu werden, (formelle Parteifähigkeit). Es ist solche Parteifähigkeit zuerkannt bestimmten Vermögensmassen, Vereinen, Gesellschaften und auch einer Mehrheit von Interessenten. Es können „im gemeinschaftlichen Interesse" bei Kommandit-Aktien-Gesellschaften die Kommanditisten in Gesamtheit die persönlich haftenden Gesellschafter und den Aufsichtsrat, — es kann bei einer Handels-Aktien-Gesellschaft die Gesamtheit der Aktionäre den Vorstand und Aufsichtsrat (Art. 195; 226 H.G.B.), bei einer Erwerbs- und Wirtschaftsgenossenschaft die Gesamtheit der Genossenschafter den Vorstand und Aufsichtsrat (§ 25 Ges. vom 9. April 1873 R. 70) klagen. Es kann die Gesamtheit der Besitzer von auf den Inhaber lautenden oder durch Indossament übertragbaren Teilschuldenschreibungen (Partial-, Prioritäts-, Obligationen, Lose u. dergl.) in Angelegenheiten, welche gemeinsame Rechte betreffen, durch einen vom Gericht bestellten Vertreter (Ges. vom 24. April 1874 R. 49, vom 5. Dzbr. 1877 R. 111) klagen und geklagt werden (Art. 4 Z. 4 E.P.O.). Der Prozeß ist Rechtsstreit der Beteiligten; für diese soll er zu einheitlicher Entscheidung gelangen. Eine Änderung in der Beteiligung ist für den Streit unerheblich; den Beteiligten ist ein Hervortreten als Streitpartei versagt, aber eine Einwirkung auf den Prozeß durch Beeinflussung des Vertreters eventuell auch durch Nebenintervention vorbehalten. — Der Mangel der Parteifähigkeit begründet unheilbare Nichtigkeit.

II. Die Prozeßfähigkeit ist die prozessualische Handlungsfähigkeit. Sie ist eine Eigenschaft der physischen Person, fehlt also der juristischen Person und parteifähigen Gebilden, die ihrer Natur nach nur durch einen Vertreter handeln können. Es ist Prozeßfähigkeit die Befugnis, selbst oder durch einen gewählten Vertreter vor Gericht als Partei zu verhandeln; wer diese Fähigkeit nicht hat, kann weder als Partei, noch als Nebenpartei (§ 17), noch als Bevollmächtigter (§ 29) handeln.

Prozeßfähig sind jene physischen Personen, welche ausnahmslos gültige Verpflichtungen eingehen können; sie sind prozeßfähig auch für deliktische und familienrechtliche Streitigkeiten (vollkommene Prozeßfähigkeit), doch nicht für die Konkursmasse. Beschränkt prozeßfähig sind Minderjährige; sie bedürfen in Rechtsstreitigkeiten, welche nur dasjenige zum Gegenstande haben, worüber sie zu Folge der §§ 151, 246 und 247 B.G.B. frei verfügen dürfen, nicht der Mitwirkung ihres gesetzlichen Vertreters § 2; es können die in solchen Prozessen abgeschlossenen Vergleiche und gefällten Entscheidungen wegen des Mangels der gesetzlichen Vertretung nicht angefochten, doch aber nur in jenes Vermögen vollstreckt werden, auf welches sich die freie Verfügung erstreckt § 39 Z. 3 Ex.O.

Das Vorhandensein der Verpflichtungsfähigkeit ist für Ausländer nach dem ihre personenrechtlichen Eigenschaften bestimmenden ausländischen Gesetze zu beurteilen; doch sind die nach diesem Gesetze prozeßunfähigen Ausländer vor den inländischen Gerichten als prozeßfähig zu behandeln, wenn sie nach den inländischen Gesetzen prozeßfähig erscheinen § 3. — Für die prozeßunfähige Partei hat der gesetzliche Vertreter zu handeln.

III. Prozeßfähige Parteien können, soweit die C.P.O. nichts anderes bestimmt, Prozeßhandlungen selbst vornehmen § 26. Das Recht zu selbständigen Anträgen vor Gericht (jus postulandi) fehlt nach § 275 B.G.B. Taubstummen; es kann aberkannt werden jener Partei, welche einer verständlichen Äußerung über den Gegenstand des Rechtsstreites oder welche der mündlichen Verhandlung nicht fähig ist § 185.

§ 20. Der gesetzliche Vertreter.

I. Es sind gesetzliche, d. h. durch das Gesetz zur prozessualischen Vertretung der prozeßunfähigen Partei berufene Vertreter für Pfleglinge der Vater, Vormund oder Kurator, — für den Fiskus die Verwaltungsbehörde der bezüglichen statio fisci, deren gerichtliche Vertretung im allgemeinen der Finanzprokuratur zufällt, — für weltliche und geistliche Gemeinden der Vorstand, — für Gewerkschaften die Direktion, — für Handelsgesellschaften und Genossenschaften die Repräsentanten, — für Besitzer von Teilschuldverschreibungen der Kurator u. s. w. Der gesetzliche Vertreter hat im Prozesse die Stellung (die Befugnisse und Pflichten) der Partei; es haben auf ihn, soweit die Prozeßordnung nicht unterscheidet, die für die Partei gegebenen Bestimmungen Anwendung § 5. Inwieweit der gesetzliche Vertreter zur Prozeßführung überhaupt oder zu einzelnen Prozeßhandlungen einer besonderen Ermächtigung bedarf, ist nach den bezüglichen Vorschriften zu beurteilen § 1.

II. Der gesetzliche Vertreter hat seine Vertretungsbefugnis und die etwa erforderliche besondere Ermächtigung zur Prozeßführung außer dem Fall der Gerichtskundigkeit bei der ersten Prozeßhandlung, welche er vor Gericht vornimmt, urkundlich auszuweisen; gleich nachzuweisen ist die zu einzelnen Prozeßhandlungen erforderliche besondere Ermächtigung § 4. Der Mangel der gesetzlichen Vertretung und der etwa erforderlichen besonderen Ermächtigung zur Prozeßführung begründet Nichtigkeit des Prozesses, der Mangel der zu einer einzelnen Prozeßhandlung erforderlichen besonderen Ermächtigung Nichtigkeit dieser Prozeßhandlung, sofern er nicht durch Genehmigung saniert wird. Es ist dieser Mangel in jeder Lage des Rechtsstreites von amtswegen zu berücksichtigen § 6. Das Gericht hat die Klage wegen Mangels der gesetzlichen Vertretung zurückzustellen § 230. Das Gericht erster und höherer Instanz hat bei Mangel der gesetzlichen Vertretung und der Ermächtigung zur Prozeßführung die Nichtigkeit des Verfahrens durch Beschuß auszusprechen, soweit nicht eine noch bindende Entscheidung entgegensteht § 7; es ist gegen eine rechtskräftige Entscheidung Nichtigkeitsklage zugelassen, wenn eine Partei, welche eines gesetzlichen Vertreters bedarf, nicht durch einen solchen vertreten war § 529. — Zur Vermeidung von Mißständen ist das Gericht angewiesen, zur Beseitigung solcher Mängel eine Frist zu bestimmen, bis zu deren Ablauf der Ausspruch über die Rechtsfolge des Mangel aufgeschoben bleibt; es ist bei Gefahr im Verzuge berechtigt, die prozeßunfähige Partei selbst oder den noch nicht legitimierten Vertreter derselben zur Vornahme der notwendigen Prozeßhandlungen zuzulassen § 6 C P O. und § 86 Gesch.O., und wenn wider eine prozeßunfähige Partei, die eines gesetzlichen Vertreters entbehrt, eine dringliche Prozeßhandlung vorgenommen werden soll, auf Antrag der betreibenden Partei und vorläufig auch auf deren Kosten für die prozeßunfähige Partei einen Kurator zu bestellen §§ 8—10.

§ 21. Der bevollmächtigte Vertreter.

I. Bevollmächtigter ist derjenige, welchen die Partei, oder der gesetzliche Vertreter zur prozessualischen Vertretung beruft. Für die Thätigkeit desselben ist maßgebend der Auftrag, für die Stellung im Prozesse die Vollmacht. Ihrem Umfange nach ist die Vollmacht Prozeßvollmacht, oder Vollmacht zu einzelnen Prozeßhandlungen, oder bloß Zustellungsvollmacht. Beistände, die an Seite der Partei handeln, kennt die C.P.O. nicht.

II. Im allgemeinen ist die Partei bezw. der gesetzliche Vertreter berechtigt, Prozeßhandlungen in Person oder durch einen Bevollmächtigten vorzunehmen § 26; doch gilt in weitem Umfange Anwaltszwang, d. i. die gesetzliche Nötigung der Partei und des gesetzlichen Vetreters derselben, sich durch einen zur Parteivertretung vor den österreichischen Gerichten zugelassenen Advokaten als Bevollmächtigten vertreten zu lassen. Es gilt solcher Zwang für das Verfahren vor den Gerichtshöfen erster Instanz und vor allen Gerichten höherer Instanz § 27. Das Verfahren vor Gerichtshöfen ist Anwaltsprozeß, jenes vor Bezirksgerichten Parteiprozeß. Im Gerichtshofsverfahren entfällt Anwaltszwang 1. im Verfahren erster Instanz in Ehesachen, 2. soweit nicht das Gesetz anderes bestimmt (so für die Tagsatzungen im vorbereitenden Verfahren § 248, — auch für die erste Tagsatzung) für jene Prozeßhandlungen, welche vor einem ersuchten oder beauftragten Richter, vor dem Gerichtsvorsteher, dem Vorsitzenden des Senates oder in der Gerichtskanzlei vorgenommen werden § 27; — 3. bei Besitzstörungs- und Bagatellklagen, welche nach § 79 J.N. vor den Gerichtshof gehören Art. 14 J.N.; — 4. für die bei Bezirksgerichten von einer nicht durch einen Advokaten vertretenen Partei zu Protokoll angebrachten Rekurse § 520, weiter für die bei Bezirksgerichten an Orten, in welchen nicht wenigstens zwei Advokaten bestehen, durch Erklärung zu Protokoll ersetzten Berufungsschriften § 465; — 5. für den Antrag auf Sicherung des Beweises § 386; — 6. im Exekutionsverfahren §§ 55 und 386 Ex.O. — Advokatenzwang entfällt auch im Berufungsverfahren gegen Urteile der Gewerbegerichte § 30 Ges. vom 27. November 1896 R. 218. — Es bedürfen im Anwaltsprozesse der Vertretung durch einen bevollmächtigten Advokaten nicht (inländische) Advokaten, Notare, die zur Ausübung des Richteramtes befähigten bei Gericht angestellten Personen § 28, und die für die Advokatur qualifizierten Konzeptsbeamten der Finanzprokuratur Art. 32 E.P.O. Amtsverlust infolge eines Disciplinar- (oder Straf-)Erkenntnisses bewirkt sofortiges Erlöschen des Rechtes zur Selbstvertretung; bei anderweitigem Verlust besteht das Recht zur Selbstvertretung für den anhängigen Rechtsstreit bis zur Beendigung desselben.

Insoweit Advokatenzwang nicht besteht, kann jede eigenberechtigte Person männlichen Geschlechtes zum Bevollmächtigten bestellt werden; nur an jenen Orten, wo wenigstens zwei Advokaten bestehen, werden in Streitigkeiten über 500 fl. lediglich Advokaten als Bevollmächtigte zugelassen § 29. In Bagatellsachen kann die Ehegattin mit Vollmacht ihres Gatten für denselben im Prozesse auftreten § 449. Dem Richter bekannte Winkelschreiber dürfen zur Vertretung nicht zugelassen werden; die Zurückweisung derselben kann durch abgesondertes Rechtsmittel nicht angefochten werden § 29 (also ist der als Winkelschreiber erkannten Person schlechthin Rechtsmittel versagt).

Im Anwalts- und Parteiprozesse ist die durch einen Bevollmächtigten vertretene Partei berechtigt, in Begleitung ihres Bevollmächtigten vor Gericht zu erscheinen und daselbst neben dem Bevollmächtigten mündliche Erklärungen abzugeben § 26. Kraft des Prozeßleitungsrechtes kann der Richter auch persönliches Erscheinen der Partei anordnen § 183.

III. Advokaten und sonstige Bevollmächtigte haben bei der ersten von ihnen vorgenommenen Prozeßhandlung die Vollmacht in Urschrift oder beglaubigter Abschrift vorzulegen. Die Vollmacht kann bei Gericht zurückbehalten werden. Bei Bevollmächtigung in einer (im In- oder Auslande ausgestellten) Privaturkunde kann das Gericht, wenn gegen die Echtheit Bedenken entstehen, die Beglaubigung der Unterschrift fordern, ausgenommen wenn ein bei Gericht bekannter Advokat oder Notar als Bevollmächtigter einschreitet und die Echtheit der Vollmacht mit Berufung auf seinen Amtseid bestätigt. Im Verfahren vor Bezirksgerichten kann die Partei, welche bei der für die Streitsache anberaumten Tagsatzung mit dem Bevollmächtigten persönlich vor Gericht erscheint, die Bevollmächtigung zu Protokoll erklären § 30.

IV. Das Gesetz unterscheidet „Vollmacht zur Prozeßführung (Prozeßvollmacht)" und Vollmacht für „einzelne bestimmte Prozeßhandlungen". Die einem Advokaten erteilte Vollmacht muß im Anwaltsprozesse Prozeßvollmacht sein; im Parteiprozesse kann wohl auch ein Advokat nur für einzelne bestimmte Prozeßhandlungen bestellt werden § 33.

Umfang und Dauer einer Vollmacht zu einzelnen Prozeßhandlungen ist nach dem Inhalte der Vollmacht und nach den Vorschriften des bürgerlichen Rechtes zu beurteilen; die durch Widerruf und Kündigung herbeigeführte Aufhebung der Vollmacht erlangt dem Prozeßgegner gegenüber erst dann Wirksamkeit, wenn ihm das Erlöschen der Vollmacht von der Partei mit Schriftsatz angezeigt wird §§ 33 und 36.

Umfang und Dauer der einem Advokaten oder einer anderen Person erteilten Prozeßvollmacht bestimmt die C.P.O.; Beschränkungen sind nur in bestimmten Grenzen zugelassen und nur wirksam, wenn sie dem Gegner besonders bekannt gegeben wurden. Es ermächtigt die Prozeßvollmacht: 1. zur Anbringung und Empfangnahme der Klage und zu allen den Rechtsstreit betreffenden Prozeßhandlungen, einschließlich derjenigen, welche durch eine Wiederaufnahme des Verfahrens, durch den Antrag auf einstweilige Verfügungen und durch eine Hauptintervention veranlaßt werden; — 2. zur Abschließung von Vergleichen über den Gegenstand des Rechtsstreites, zum Anerkenntnis der vom Gegner behaupteten Ansprüche, sowie zur Verzichtleistung auf die von der bevollmächtigenden Partei geltend gemachten Ansprüche; — 3. zur Einleitung der Exekution wider den Prozeßgegner, zur Vornahme aller im Exekutionsverfahren auf Seiten des Exekutionsführers vorkommenden Handlungen und zur Erwirkung des Sicherungsverfahrens; — 4. zur Empfangnahme der vom Prozeßgegner zu erstattenden Prozeßkosten.

Die Prozeßvollmacht berechtigt auch, die erhaltene Vollmacht für einzelne Akte oder Abschnitte des Verfahrens an einen Dritten zu übertragen, und für einzelne Prozeßhandlungen einen Stellvertreter zu bestellen. Es kann ein Advokat die ihm erteilte Prozeßvollmacht für einzelne Akte oder Abschnitte des Verfahrens einem anderen Advokaten übertragen; er kann sich bei Verhandlungen, für welche die Beiziehung eines Advokaten vorgeschrieben ist, durch einen bei ihm in Verwendung stehenden substitutionsberechtigten Advokaturskandidaten vertreten lassen; er kann für Prozeßhandlungen, für welche Anwaltszwang nicht gilt, auch einen anderen Stellvertreter (seinen Sollicitator, nicht notwendig seinen Koncipienten) bestellen. Substitutionsfähig sind in Anwaltssachen die bei der Advokatenkammer angemeldeten und von dieser mit Legitimation versehenen Advokaturskandidaten, welche die Advokaturprüfung bereits abgelegt haben, sofern gegen sie nicht eine Disciplinarstrafe gemäß § 12 lit. c. des Ges. vom 1. April 1872 verhängt ist, nach Zulaß des Ausschusses der Advokatenkammer und Zustimmung des O.L.G. auch Advokaturskandidaten ohne Advokatenprüfung, wenn sie den Doktorgrad erlangt haben und eine dreijährige Praxis nachweisen § 31.

Eine Beschränkung des gesetzlichen Umfanges der Prozeßvollmacht hat, auch wenn sie in der Urkunde ausgedrückt ist, dem Gegner gegenüber nur insoweit rechtliche Wirkung, als sie die Berechtigung zur Beseitigung des Streites durch Vergleich, Verzicht und Anerkennung, zur Exekution und Erwirkung des Sicherungsverfahrens (§ 31, Z. 2 und 3) betrifft, und dem Gegner besonders bekannt gegeben wurde § 32.

Die Prozeßvollmacht wird durch den Tod des Vollmachtgebers, Verlust der Prozeßfähigkeit, und Wechsel in der Person des gesetzlichen Vertreters nicht aufgehoben §§ 155, 157; Widerruf und Kündigung erlangt dem Prozeßgegner gegenüber erst Wirksamkeit, wenn ihm das Erlöschen der Vollmacht und in Rechtssachen, in welchen Vertretung durch Advokaten geboten ist, auch die Bestellung eines anderen Advokaten von der Partei in einem Schriftsatz angezeigt wird. Bei Kündigung bleibt der Bevollmächtigte noch durch vierzehn Tage berechtigt und verpflichtet, für den Vollmachtgeber zu handeln, soweit es zur Abwehr von Nachteil erforderlich ist § 36.

V. Innerhalb der Grenzen der Vollmacht handelt der Vertreter mit unmittelbarer rechtlicher Wirkung für den Vertretenen; was er thut oder unterläßt, gilt als Handeln oder Unterlassen der Partei; doch kann die Partei, wenn sie in Begleitung ihres Bevollmächtigten vor Gericht erscheint, Geständnisse und andere Erklärungen des Bevollmächtigten sofort widerrufen und berichtigen § 34 (§ 1017 B.G.B.). Bei Mangel der Vollmacht ist das Verfahren nichtig, daher das Gericht angewiesen, solchen Mangel in jeder Lage des Rechtsstreites von amtswegen zu berücksichtigen. Im Anwaltsprozesse ist der Vorsitzende angewiesen, die ohne Nachweis der Bestellung eines Advokaten (als Prozeßbevollmächtigten) überreichte Klage- und Klagebeantwortungsschrift zurückzuweisen, wenn der Mangel nicht in bestimmter Frist behoben wird § 37.

Nach Ermessen des Gerichtes kann ein vollmachtsloser Vertreter zur Vornahme einzelner dringlicher Prozeßhandlungen gegen und auch ohne Sicherheitsleistung für Kosten und Schäden zugelassen werden mit Bestimmung einer Frist zum Nachtragen der Vollmacht oder Beibringung der Genehmigung § 38.

§ 22. Die berufsmäßigen Vertreter.

I. Berufsmäßiger Parteivertreter im Prozesse ist der Advokat.

Die Advokatur ist ein Amt und zugleich eine Erwerbsthätigkeit; sie wurde durch die Adv.O. vom 3. Juli 1868 R. 96 freigegeben, d. h. lediglich von der Nachweisung der gesetzlichen Eignung, der Ableistung des Advokateneides und der Eintragung in die Liste der Advokaten abhängig erklärt. Die gesetzlichen Erfordernisse sind: Heimatsrecht in Österreich, Eigenberechtigung, die Absolvierung der juridischen Studien und die durch Prüfungen an einer österreichischen Universität erlangte Doktorwürde, die bei dem O.L.G. abgelegte Advokatenprüfung, und siebenjährige Praxis bei Gericht und einem österreichischen Advokaten oder der Finanzprokuratur. Fünfjährige Verwendung als Rat bei einem Gerichtshof ist Ersatz für das Doktorat, die Praxis und Advokatenprüfung bei ehrenvollem Amtsaustritt. Der Bewerber erwirkt bei dem O.L.G. die Zulassung zur Eidesleistung und sohin bei dem Ausschusse jener Advokatenkammer, in deren Sprengel der von ihm gewählte Wohnsitz liegt, die Eintragung in die Advokatenliste, welche nur aus den im Strafgesetze, der Advokaten- und Disciplinarordnung genannten Gründen verweigert werden darf. Änderung des Wohnsitzes ist vorbehalten, jedoch drei Monate vor der Übersiedlung den betreffenden Advokatenkammern zu melden. Die Advokaten eines vom Justizminister abzugrenzenden Gebietes bilden eine Advokatenkammer, welche ihre Geschäfte in Vollversammlungen und durch ihren Ausschuß besorgt. Bei jeder Kammer besteht ein gewählter Disciplinarrat für Advokaten und Advokaturskandidaten Ges. vom 1. April 1872 R. 40.

Dem Advokaten steht zu die berufsmäßige Parteivertretung in allen gerichtlichen und außergerichtlichen, in öffentlichen und Privatangelegenheiten im Bereiche der Reichsratsländer, bei den Gerichten in Bosnien und der Herzegowina, bei den österreichischen Konsulargerichten, und bei den Gerichtshöfen der Reform in Ägypten. Für die Intervention im Prozesse gilt folgendes: a) es ist solche Vertretung in jedem Prozesse zugelassen, auch bei Verhandlungen bei den Börseschiedsgerichten Art. 20 C.P.O., doch nicht vor Gewerbegerichten § 25 Ges. vom 27. November 1896 R. 218; — b) Nichtadvokaten sind nur beschränkt zur Vertretung zugelassen; — c) die aus der Vertretung durch einen Advokaten erwachsenen Prozeßkosten sind stets als zweckentsprechend zu behandeln; — d) im bestimmten Umfange besteht Advokatenzwang. Verpflichtet ist der Advokat zur Übernahme der Vertretung nur, wenn er vom Gerichte zum Kurator, oder vom Ausschusse der Advokatenkammer zum Armenvertreter oder zum Vertreter einer Partei bestellt wird, deren Vertretung in Sachen, für welche Anwaltszwang gilt, kein Advokat freiwillig übernommen hat.

Die Entlohnung und den Ersatz der Barauslagen erhält der Advokat von der Partei, welche er vertreten hat. Das Maß der Entlohnung für Zeitaufwand und Mühewaltung bestimmt sich nach Übereinkommen, eventuell nach dem mit J.M.V. vom 11. Dezember 1897 R. 293 kundgemachten Tarif, bezw. den Bestimmungen über Lohnvertrag. Die Gebühren für Vertretungen im gerichtlichen Verfahren in und außer Streitsachen müssen, bevor sie eingeklagt werden dürfen, von jenem Richter festgestellt werden, bei welchem die Rechtssache verhandelt wurde. Die Feststellung erfolgt auf Antrag, Hofd. vom 4. Oktober 1833 Nr. 2633 J.G.S. und Art. 5 C.P.O. Die Beitreibung der festgestellten Gebühren erfolgt sohin im Prozeßwege.

II. Die dem Finanzministerium subordinierten Finanzprokuraturen (bezw. die Expositur in Krakau) sind nach der Instr. vom 9. März 1898 R. 41 berufen zur Besorgung der rechtsanwaltschaftlichen Geschäfte des Staatsvermögens und der diesem hinsichtlich der Vertretung gleichgehaltenen Vermögenschaften. Es fällt ihnen zu die gerichtliche Vertretung überhaupt und insbes. die Führung der Rechtsstreite, die Vertretung im Administrativverfahren, die Erstattung von Rechtsgutachten und die Mitwirkung beim Abschlusse von Rechtsgeschäften und bei der Verfassung von Rechtsurkunden. Die Finanzprokuratur ist, wenn sie vor Gericht auftritt, ohne Ausweis einer besonderen Vollmacht zu den Rechtshandlungen ermächtigt, zu welchen nach § 31 C.P.O. eine Prozeßvollmacht legitimiert, doch soll sie sich ohne vorausgegangene Ermächtigung und Information durch die kompetente Administrativbehörde, außer dem Fall des Verzuges, weder als Kläger noch als Beklagter in den Rechtsstreit einlassen; auch bedarf sie im internen Verkehre besonderer Ermächtigung der kompetenten Administrativbehörde zum Abschlusse von Vergleichen über den Gegenstand des Rechtsstreites, zu Anerkenntnissen der vom Gegner behaupteten Ansprüche, sowie zur Verzichtleistung auf geltend gemachte Ansprüche und zur Auflassung von Sicherstellungen. In Fällen, wo von der Prokuratur in demselben Streite beide Streitteile zu vertreten wären, hat sie durch die Administrativbehörde zu veranlassen, daß für jeden Streitteil ein anderer Vertreter bestimmt werde.

III. Die k. k. Notare sind beeidete Sachwalter für das Bereich des Verfahrens außer Streitsachen; in bürgerlichen Rechtsstreitigkeiten können sie wie andere Personen männlichen Geschlechtes zu Bevollmächtigten bestellt werden § 29, doch darf sich solche Vertretung nicht zu einem Erwerbszweig ausgestalten.

§ 23. Die Nebenintervention.

I. Nebenintervention ist die Teilnahme an einem zwischen anderen Parteien anhängigen Rechtsstreite, um einer der Parteien zum Siege zu verhelfen. Zu solcher Intervention ist berechtigt: 1. jeder, der an dem Obsiegen einer Partei ein rechtliches Interesse hat, insbes. jener, der im Falle des Unterliegens der Partei entschädigungs- oder regreßpflichtig ist, 2. jener, welchem durch gesetzliche Vorschrift die Berechtigung eingeräumt ist § 17. Es ist nach Art. 194 und 195 H.G.B. jeder Kommanditist einer Kommandit-Aktiengesellschaf im Prozesse gegen die persönlich haftenden Gesellschafter und den Aufsichtsrat, — nach Art. 226 H.G.B. jeder Aktionär im Prozesse gegen den Vorstand und Aufsichtsrat, — nach § 25 Ges. vom 9. April 1873 R. 70 jeder Genossenschafter im Prozesse gegen den Vorstand und Aufsichtsrat, — nach dem Ges. vom 24. April 1875 R. 48 und 49 jeder Besitzer einer Teilschuldverschreibung bezw. eines Pfandbriefes in dem vom gemeinschaftlichen Kurator geführten Prozesse, — nach § 310 Ex.O. jeder Gläubiger, für welchen eine Forderung mitgepfändet ist, im Prozeß auf Einziehung der Forderung auf seine Kosten als Intervenient einzutreten berechtigt. — Die Nebenintervention kann aus eigenem Antrieb erfolgen; es kann die Nebenintervention Z. 1. auch durch Streitverkündigung (s. § 24) veranlaßt werden.

II. Die Intervention kann in jeder Lage des Rechtsstreites in erster und höherer Instanz erfolgen. Der Intervenient ist an jene Lage gebunden, in welcher sich der Rechtsstreit in der Zeit des Beitrittes befindet. Der Beitritt erfolgt durch Zustellung eines Schriftsatzes (im bezirksgerichtlichen V. einer Protokollarerklärung) an jede der beiden Parteien, in welchem das Interesse an dem Siege einer Prozeßpartei bestimmt anzugeben ist; damit kann die anstehende Prozeßhandlung verbunden werden. Stellt eine der Prozeßparteien den Antrag auf Zurückweisung, so ist dieser Zwischenstreit nach mündlicher Verhandlung mit allen Beteiligten „zwischen den Bestreitenden und Intervenienten" mit Beschluß zu entscheiden. Hiedurch wird der Fortgang des Hauptverfahrens nicht gehemmt; Aussetzung ist vorbehalten § 192. Der Beschluß auf Zurückweisung der Intervention unterliegt sofortigem Rechtsmittel; gegen den Beschluß auf Zulassung ist Beschwerde vorbehalten. Zuzulassen ist der Intervenient, wenn er sein Interesse an dem Streitausgang glaubhaft macht. Solange die Unzulässigkeit nicht rechtskräftig ausgesprochen ist, muß der Intervenient zu dem Hauptverfahren zugezogen werden § 18.

III. Der Intervenient kann nicht selbständige Sachanträge stellen, die von der Partei gestellten Anträge nicht ändern; gegen ihn sind selbständige Anträge nicht zulässig. Es kann der Intervenient über den streitigen Anspruch durch Vergleich, Verzicht und Anerkenntnis nicht verfügen. Das Urteil ergeht, abgesehen von der Entscheidung über die Prozeßkosten § 41 und 46, nur auf den Namen der Hauptpartei. Der Intervenient kann jedoch mit Einwilligung beider Prozeßparteien an Stelle desjenigen, dem er beigetreten ist, in den Rechtsstreit als Partei eintreten § 19 Abs. 2. Dieser Eintritt bewirkt Succession in die Parteirolle, das Urteil ergeht dann für die neuen Streitparteien und nur für diese.

Als Intervenient kann der Dritte zur Unterstützung der Partei, an deren Obsiegen er ein rechtliches Interesse hat, Angriffs- und Verteidigungsmittel geltend machen, den Prozeß selbständig betreiben, auch Rechtsmittel ergreifen; doch sind seine Prozeßhandlungen für die Hauptpartei nur wirksam, soweit sie mit deren eigenen Prozeßhandlungen nicht im Widerspruch stehen § 19 (abhängige Intervention). Aus der Beschränkung des Intervenienten durch die Hauptpartei erwächst für den Regreßprozeß die Einrede schlechter Prozeßführung. Unabhängig von der Hauptpartei ist das Recht des Intervenienten zum Rekurse gegen die ihn betreffende Entscheidung über die Prozeßkosten.

Wenn das im Prozesse ergehende Urteil kraft der Beschaffenheit des streitigen Verhältnisses oder kraft gesetzlicher Vorschrift auch in Bezug auf das Rechtsverhältnis des Intervenienten zum Gegner der Hauptpartei rechtlich wirksam ist, kommt dem Intervenienten die Stellung eines Streitgenossen zu § 20 (streitgenössische Intervention). Eine solche Stellung haben insbesondere jene Personen, welchen das Recht zur Intervention zuerkannt ist.

§ 24. Die Streitverkündigung und die Benennung des Auktors.

I. Die Prozeßpartei, welche für den Fall des ihr ungünstigen Ausganges des Rechtsstreites einen Anspruch auf Gewährleistung oder Schadloshaltung erheben zu können glaubt, oder den Anspruch eines Dritten besorgt, kann diesen Dritten von dem Rechtsstreit gerichtlich benachrichtigen durch einen bei dem Prozeßgericht anzubringenden Schriftsatz, in welchem auch der Grund der Benachrichtigung und die Lage des Rechtsstreites, wenn er bereits begonnen hat, zu bezeichnen ist. Nach § 21 Abs. 2 kann mit einer solchen Benachrichtigung die im bürgerlichen Rechte begründete Aufforderung zur Vertretungsleistung verbunden werden d. h. nach Art. 31 C.P.O., die dem § 21 entsprechende Streitverkündigung hat ohne Rücksicht auf die Fassung stets requisitorischen Charakter. — Zulässig ist die Streitverkündigung für einen erst einzuleitenden und in einem bereits anhängigen Rechtsstreit; rechtzeitig ist sie aber nur, wenn sie den Denunciaten in die Lage bringt, an dem Prozesse vollwirksam teilzunehmen. Die gerichtliche Streitverkündigung ist dem Denunciaten zuzustellen; sie wird für den Rechtsstreit erheblich, wenn der Denunciat als Intervenient in den Prozeß eintritt.

II. Wer als Besitzer einer Sache oder eines dinglichen Rechtes geklagt wird, sich aber in den Prozeß nicht einlassen will, weil er im Namen eines Dritten zu besitzen behauptet, hat diesen (Auktor) sogleich nach Zustellung der Klage von dem eingeleiteten Rechtsstreit zu benachrichtigen mit der Aufforderung, sich in der ersten Tagsatzung über sein Verhältnis zum Streitgegenstand oder zu dem in der Klage geltend gemachten Anspruch zu erklären. Eine Ausfertigung dieser Ladung ist auch dem Kläger noch vor der ersten Tagsatzung zuzustellen § 22. — Der benannte Auktor kann bei der ersten Tagsatzung mit Zustimmung des Beklagten an dessen Stelle in den Rechtsstreit eintreten, in welchem Falle der Beklagte durch Beschluß von der Klage zu entbinden ist; der Zustimmung des Klägers bedarf es nur, insoweit Ansprüche geltend gemacht werden, welche durch das zwischen dem Auktor und dem Beklagten bestehende Vertretungsverhältnis nicht berührt werden § 23. Das darnach in der Streitsache erfließende Urteil muß auch gegen den ursprünglichen Geklagten wirksam und vollstreckbar gelten (§ 9 Ex.O.) — Übernimmt der Auktor den Prozeß nicht, so kann sich der Beklagte der Prozeßführung durch Befriedigung des Klägers entziehen. Vorbehalten bleibt anderweitige Übereinkunft des Beklagten und des Auktors, insbesondere Fortführung des Streites mit Beteiligung des Auktors als Intervenienten § 24.

Zweites Buch.

Das Streitverfahren.

Erster Titel.

Der Rechtsstreit im allgemeinen.

Erster Abschnitt.

Der Prozeßgang. Die Grundsätze des bürgerlichen Streitverfahrens.

§ 25. Der Prozeßgang.

Civilprozeß ist der gesetzlich geregelte Vorgang betreffend die Verhandlung und Entscheidung von Privatstreitsachen und die zwangsweise Durchsetzung formalisierten Privatrechts. Eröffnet wird der Streit mit Klage; sie ist Antrag auf Prozeß und urteilsmäßige Feststellung eines bestimmten Anspruches. Die Klage hat den Prozeß zur Folge, wenn der Richter das rechtliche Verfahren einleitet und dieses nicht wegen Mangels einer gesetzlichen Voraussetzung eingestellt wird. Der Prozeß ist ein durch seinen Zweck beherrschtes einheitliches Rechtsverhältnis zwischen dem Gerichte und den Parteien, welches durch die im Laufe des Verfahrens vorfallenden Handlungen und Ereignungen fortentwickelt und beeinflußt wird. Die von dem Gerichte mit der Partei gepflogene Verhandlung beschafft das Urteilsmaterial, sie ist Instruktionsverhandlung. Die Verhandlung schließt, wenn die Streitsache vollständig erörtert und auf Grund der aufgenommenen Beweise zur Entscheidung reif erscheint. Der Streitverhandlung folgt das Urteil, welches den Streit regelmäßig vollständig, ausnahmsweise zunächst nur bezüglich eines Teiles des Anspruches oder bezüglich des Grundes oder eines Elementes desselben erledigt. Zwischenfälle im Zuge des Verfahrens sind Gegenstand von Nebenverhandlungen und eventuell von Zwischenentscheidungen, durch welche der weitere Gang des Verfahrens bestimmt wird. Die gerichtliche Entscheidung kann mit Rechtsmitteln angefochten werden.

Ist das Rechtsmittel versagt oder versäumt oder erschöpft, oder ist darauf verzichtet, so ist die Entscheidung rechtskräftig. Einer rechtskräftigen kondemnatorischen Entscheidung folgt über Parteiantrag Zwangsvollstreckung.

§ 26. Die Grundsätze des Civilprozeßrechtes.

Die C.P.O. geht bei Ausgestaltung des Verfahrens von folgenden Grundsätzen aus.
I. Der Grundsatz beiderseitigen Gehöres. Gefordert ist nicht, daß der

Richter nur auf Grund beiderseitiger Äußerung entscheide, sondern nur, daß jedem Teile die Wahrung seiner Rechte gewahrt bleibe. Es ist mündliche Verhandlung mit Ladung beider Streitteile gefordert für Urteile und für solche Beschlüsse, durch welche das Verfahren für die Instanz beendigt wird. Prozeßleitende Anordnungen und Verfügungen setzen eine mündliche Verhandlung nicht voraus; sie erfolgen auf Grund einer solchen Verhandlung, wenn sie im Laufe derselben ergehen, oder ausnahmsweise von solcher Verhandlung bedingt sind; sie erfolgen nach Einvernehmung, wo solche geboten oder vorbehalten ist. — Ausgeschlossen ist durch den Grundsatz beiderseitigen Gehöres nicht die sofortige Abweisung eines unzulässigen Antrages, nicht die Umgehung vorhergehenden Gehöres bei Liquidität des Anspruches, nicht die Zulassung einstweiliger Verfügungen. Die Zwangsvollstreckung bietet der Parteiverhandlung nur Raum, soweit sie von erst festzustellenden Voraussetzungen abhängt, oder das Exekutionsrecht bestritten wird.

II. Die Verhandlungsmaxime. Die Dispositionsbefugnis über das Privatrecht begründet eine Parteiherrschaft bei gerichtlicher Privatrechtsverfolgung. Prozeß hat nur statt über eine Klage; es besteht kein Zwang zur Klage; der Richter entscheidet innerhalb der Grenzen des Parteibegehrens: die Anfechtung des Spruches ist den Parteien freigehalten, ebenso die Einwirkung richterlicher Hilfe zur Sicherung und Durchsetzung des Privatrechtsanspruches. Das öffentliche Interesse an dem Privatrechtsschutz gelangt zum Ausdruck in dem gerichtlichen Prozeßbetriebe und der Beteiligung des Gerichtes an der Sachverhaltsermittelung. Es ist allerdings Sache der Parteien, die zur Erreichung ihres Prozeßzieles dienlichen Angriffs- und Verteidigungsmittel geltend zu machen, doch obliegt dem Gerichte, auf die Aufklärung und Ergänzung des Sachverhaltes in gesetzlich bestimmter Weise Einfluß zu nehmen.

III. Der Grundsatz arbiträrer Ordnung. Die Ordnung des Verfahrens untersteht der Herrschaft des Gesetzes. Nach dem Gesetze ist die Streitverhandlung, welche auch die Beweisaufnahme umfaßt, bis zum Schlusse ein Ganzes und damit den Parteien vorbehalten, unbeschadet richterlicher Abwehr beabsichtigter Verschleppung, auf den Gegenstand der Verhandlung bezügliche thatsächliche Behauptungen und Beweismittel bis zum Schlusse der Verhandlung geltend zu machen. Vorbehalten ist dem Richter, das gesetzliche Verfahren den Bedürfnissen des Falles anzupassen durch Verbindung und durch Trennung der Verhandlung, durch Aussetzung des Verfahrens bis zur Entscheidung von Präjudizialpunkten, und durch Erleichterung der Verhandlung mittels vorbereitenden Verfahrens.

IV. Der Grundsatz der Unmittelbarkeit und der Mündlichkeit. Das Gericht informiert sich für die Entscheidung durch die Verhandlung mit den Parteien und ihren Vertretern, und soweit thunlich, durch unmittelbaren Verkehr mit den Zeugen und Sachverständigen. Das Verfahren ist Verhandlung in Tagsatzungen, mündliche Verhandlung. Dabei ist aus Zweckmäßigkeitsrücksichten der schriftlichen Feststellung eine besondere Bedeutung beigelegt. Es sind die zur Einleitung des Verfahrens unumgänglichen Schriftsätze nicht bloß die mündliche Verhandlung vorbereitende Schriftsätze, sondern in gewissem Umfange für Angriff und Verteidigung gefordert (bestimmende Schriftsätze). Schriftliche Feststellung ist nicht bloß gefordert für Amtshandlungen, die außerhalb der mündlichen Verhandlung vollzogen werden, sondern auch für die Feststellung der Ergebnisse der mündlichen Verhandlung zur Unterstützung des Richters, zur Vermeidung wiederholten Vortrages derselben Umstände, zur Abwehr der nachteiligen Folgen unvermeidlicher Verhandlungsunterbrechungen, und zur Erleichterung des Rechtsmittelverfahrens.

V. Grundsatz der Öffentlichkeit. Das unmittelbare mündliche Verfahren fordert Volksöffentlichkeit, welche notwendig erscheint, um die Ordnung im Verfahren zu wahren, und die Ausartung des richterlichen Ermessens in Willkür auszuschließen.

VI. Der Grundsatz materieller Wahrheit. Bei einem unmittelbaren Verfahren hat der Richter auf die Vollständigkeit der Verhandlung und die Wahrhaftigkeit der Angaben maßgebenden Einfluß; er ist in der Lage, den Beweis für streitige Behauptungen nach seiner sachlichen Bedeutung zu würdigen; sein Spruch wird den thatsächlichen Verhältnissen entsprechen, soweit sich die Parteien der Ermittelung derselben nicht entgegenstellen.

Zweiter Abschnitt.

Die Prozeßhandlungen.

§ 27. Die Parteihandlungen.

I. Gattungen. Gesetzlich erscheinen die Parteihandlungen als Rechtsbehelfe, welche den Parteien zur Geltendmachung und Abwehr von Ansprüchen zustehen. Dem Gerichte gegenüber sind die Parteihandlungen Anträge, Gesuche; im Verhältnis der Parteien zu einander sind sie Angriffs- oder Verteidigungshandlungen. Die Angriffshandlung fordert die Zuerkennung jener Rechtsfolgen, welche sich aus der Subsumtion bestimmter Thatsachen unter die Rechtsregel ergeben. Soweit die Rechtskenntnis des Richters reicht, ist die Ausführung des rechtlichen Fundamentes der Angriffshandlung entbehrlich. Zur Abwehr des Angriffs dient die Bekämpfung des rechtlichen Fundamentes des Antrages, — die Bestreitung der zur Begründung des Antrages angeführten Thatsachen, — und die Einrede, d. i. eine selbständige Behauptung, deren Subsumtion unter das Gesetz ergiebt, daß der nach den Thatsachen des Angriffes begründet erscheinende Antrag dennoch nicht bestehe (rechtshindernde und Aufhebungsthatsachen). Die Einreden können in gleicher Weise wie die Angriffshandlung, also insbesondere mit Repliken und diese mit Dupliken abgewehrt werden. — Neben diesen rechtserheblichen Prozeßhandlungen können prozessualische Rechtsgeschäfte verfallen, d. h. Willensakte der Parteien, welche deren prozessualische Rechtslage modifizieren. Sie sind einseitige oder zweiseitige Rechtsgeschäfte (Verzicht — Vereinbarungen). Auch Civilgeschäfte (Zahlung, Aufrechnung, Verzicht, Vergleich) sind, wenn in den Prozeß eingegliedert, von prozessualischer Wirkung.

II. Form der Parteihandlungen.

1. Die außerhalb der mündlichen Verhandlung vorzubringenden Anträge, Gesuche oder Mitteilungen erfolgen mittelst Schriftsätzen, und insoweit das Gesetz es gestattet, durch Anbringen zu Protokoll § 74. Anbringen zu Protokoll ist schlechthin gestattet im Exekutionsverfahren § 53, 402 Ex.O.; es ist gestattet im Verfahren vor Bezirksgerichten, bei welchen auch der Rekurs, sofern die Partei nicht von einem Advokaten vertreten ist § 520, und an Orten, wo nicht zwei Advokaten ihren Sitz haben, auch die Berufung und Berufungsbeantwortung §§ 465, 468 zu Protokoll erklärt werden. Bei Gerichtshöfen ist Anbringen zu Protokoll nur ausnahmsweise zugelassen. — Das Anbringen zu Protokoll ist ausnahmsweise vom Richter, der Regel nach in der Gerichtskanzlei § 79 C.P.O. und § 56 Ger.O. (in der dafür bestimmten Gerichtsstelle, § 90 Gesch.O.) entgegenzunehmen. Aufkündigungen von Bestandverträgen und Anträge im Mahnverfahren können in ein dafür bestimmtes Register eingetragen werden § 59 Ger.O. Mitteilungen, welche keinen Antrag enthalten, sind durch einen Vermerk in den Akten ersichtlich zu machen § 88 Gesch.O.

Formelles Erfordernis eines jeden Schriftsatzes und des die Stelle desselben vertretenden protokollarischen Anbringens sind: die Bezeichnung des Gerichtes, eventuell auch der Art der Gerichtsbarkeit (§ 226) und der Gerichtsabteilung, — der Parteien und ihrer Vertreter, — des Streitgegenstandes, — der Beilagen — und die Unterschrift § 75. Der Inhalt bestimmt sich nach der Beschaffenheit der Umstände. Schriftsätze und Protokollarerklärungen, welche die Grundlage der Enscheidung bilden, sind so eingehend zu fassen, als es die Sachlage fordert; sie können auch Deduktionen enthalten § 76. — Schriftsätze und Protokollarerklärungen, welche eine mündliche Verhandlung vorzubereiten bestimmt sind, haben die Verhandlung nicht zu ersetzen; sie kündigen nur an, was die Partei beantragen und vorbringen wird; sie enthalten das Begehren, über welches entschieden werden soll, — eine gedrängte übersichtliche Darstellung der zur Begründung bezw. Bekämpfung der Anträge dienlichen Thatsachen, die Angabe der Beweismittel und die Erklärung über die Wahrheit, Richtigkeit und Vollständigkeit des thatsächlichen Vorbringens des Gegners und die Zulässigkeit der von ihm bezeichneten Beweismittel (Deduktionen sind ausgeschlossen) § 78. — Urkunden sind einem Anbringen, über welches sofort entschieden werden soll, wenn thunlich in Urschrift beizuschließen. Bei einem die mündliche Verhandlung vorbereitenden Anbringen genügt neben der Ausweisung der Vertretungsberechtigung die Vorlage einer Abschrift. Es genügt, wenn nur einzelne Teile in Betracht kommen, die Vorlage eines Auszuges (Eingang, die zur Sache gehörige Stelle, Datum und Unterschriften), — bei Urkunden, welche dem Gegner bekannt oder von bedeutendem Umfange sind, die Bezeichnung der Urkunde mit dem Anerbieten, dem Gegner Einsicht zu gewähren oder sie auf Verlangen dem Gericht vorzulegen; — bei Urkunden, welche sich nicht in den Händen der Partei befinden, sind die Anträge auf Herbeischaffung zu stellen § 77.

Jeder Schriftsatz, von welchem auch dem Gegner Mitteilung zu machen ist, ist in so vielen gleichlautenden Ausfertigungen zu überreichen, daß jedem Gegner eine Ausfertigung zugestellt und überdies eine Ausfertigung bei Gericht zurückbehalten werden kann. Zur Verständigung der sonstigen Beteiligten (des Einschreiters, des Intervenienten) sind Rubriken, umfassend die Bezeichnung des Gerichtes, der Parteien und des Streitgegenstandes beizuschließen § 80 und § 75 Z. 1 und 2. Allen Ausfertigungen der Schriftsätze sind auch die Abschriften der Beilagen anzuschließen § 81. Für die mehreren Gegner, welche einen gemeinschaftlichen Vertreter haben, genügt eine einzige Ausfertigung des Schriftsatzes § 90, — für Beteiligte, welche einen gemeinschaftlichen Zustellungsbevollmächtigten haben, die Zustellung einer Abschrift der Beilagen § 94. Im Exekutionsverfahren sind dem Gegner Beilagen des Schriftsatzes nicht zuzustellen. Zur Beschleunigung der Erledigung ist den Parteien vorbehalten, insbes. im Wechsel-, Mahn- und Bestandverfahren auch die Ausfertigung der beantragten gerichtlichen Verfügung zu überreichen § 195 Gesch.O. — Bei Anbringen zu Protokoll erfolgt die Verständigung des Gegners durch Zustellung einer Protokollsabschrift, die Verständigung der Partei, deren Anbringen protokolliert wird, durch im Protokoll zu beurkundende Mitteilung, oder durch Einhändigung einer Rubrik oder eines Vorladezettels, — an andere Personen mittels kurzer schriftlicher Mitteilung § 90 Gesch.O. Die Abschriften der Beilagen beschafft eventuell die Gerichtskanzlei.

Die in den Händen der Partei befindlichen Urkunden, auf welche sie in ihrem Schriftsatze Bezug genommen hat, sind dem Gegner auf Verlangen zur Einsicht mitzuteilen. Die Inspektion erfolgt regelmäßig bei Gericht; es ist die Partei auf Antrag anzuweisen, die Urschrift innerhalb drei Tagen in der Gerichtskanzlei zu hinterlegen und den Gegner davon zu benachrichtigen; diesem steht zu, innerhalb drei Tagen von der Benachrichtigung, eventuell in gekürzter Frist die Urschrift einzusehen und davon Abschrift zu nehmen § 82. Sind beide Parteien von Advokaten vertreten, so kann die Mitteilung der Urschrift von Hand zu Hand gegen Empfangsbestätigung erfolgen; stellt der Advokat die ihm mitgeteilte Urschrift binnen der vereinbarten, eventuell binnen der gesetzlichen Frist von drei Tagen nicht zurück, so ist er auf Antrag nach Einvernehmung dazu zu verhalten § 83.

Formgebrechen eines überreichten Schriftsatzes sind, soweit nichts besonderes angeordnet ist, von amtswegen zu ordnen; bei Parteien, welche im Orte des Gerichtes ihren Wohnsitz haben, regelmäßig durch Vorladung, und wenn der Fehler auf diesem Wege nicht innerhalb dreier Tagen nach Überreichung des Schriftsatzes bei Gericht bewirkt werden kann, durch Rückstellung des mangelhaften Schriftsatzes zur Verbesserung. War bei Überreichung des Schriftsatzes eine Frist einzuhalten, so ist für die Wiederanbringung eine unerstreckbare Frist festzusetzen, bei deren Einhaltung der Schriftsatz als am Tage seines ersten Einlangens überreicht anzusehen ist. Durch diese Verfügung werden auch Notfristen verlängert §§ 84, 85 C.P.O. und § 86 Gesch.O. — Besondere Anordnungen gelten, wenn gemäß § 89 Ger.O. schriftliche Eingaben im telegraphischen Wege erfolgen. Solche Eingaben müssen, wenn die Partei oder deren Bevollmächtigter am Orte des Gerichtes, oder im Sprengel desselben, oder im Sprengel des diesem Gerichte übergeordneten Gerichtshofes I.J. wohnt, noch vor Ablauf der für die Eingabe festgesetzten Frist in der für sie sonst vorgeschriebenen Form wiederholt werden § 98 Gesch.O. — Andere Parteien müssen innerhalb dreier Tage nach Einlangen der Depesche, und wenn für die schriftliche Eingabe eine Frist läuft, spätestens innerhalb dreier Tagen nach Ablauf dieser Frist die Eingabe erneuern oder die Formerfordernisse nachtragen, das Erfordernis der Unterschrift durch schriftliche Erklärung, mit dem Inhalt der Depesche einverstanden zu sein,

— das Erfordernis der Beilegung von Urkunden und Abschriften durch nachträgliche Einsendung, — das Erfordernis der mehrfachen Ausfertigung eventuell durch Erlag der bezüglichen Kosten § 97 Gesch.O.

2. Die in der mündlichen Verhandlung vorzunehmenden Parteihandlungen haben mündlich zu erfolgen § 176. Der mündliche Vortrag wird durch vorausgehende bestimmende Schriftsätze begrenzt; der wesentliche Inhalt des Vortrages wird beurkundet. Schriftliche Parteierklärungen genügen im Berufungs- und Revisionsverfahren §§ 492, 509.

III. Wirkungen der Parteihandlungen. Die im Rechtsstreite von den Parteien vorgebrachten und durch das Prozeßleitungsrecht vom Richter ermittelten Thatsachen und Beweise sind Mittel für die Entscheidung über das Parteibegehren, nicht Gegenstand der Entscheidung; sie haben rechtliche Bedeutung für die Erreichung des konkreten Prozeßzweckes, nicht aber darüber hinaus. Für dritte Personen ist die Streitverhandlung der Parteien ein rechtlich unerheblicher Vorgang, die Entscheidung selbst nur in Ausnahmsfällen von Bedeutung. Für die Streitparteien ist die Entscheidung Rechtsnorm.

§ 28. Prozeßhandlungen des Richters.

I. Gattungen und Form. Die Prozeßthätigkeit des Gerichtes besteht in Beurkundung und Erklärung. Beurkundet — schriftlich festgestellt — werden die vom Gerichte veranlaßten Zustellungen (§ 110 C.P.O., § 350 und 363 Gesch.O.), der Gang der Verhandlung, der Inhalt des auf den Sachverhalt sich beziehenden Parteivorbringens, und auch die richterlichen Erklärungen. — Die Erklärungen des Richters sind Anordnungen, Verfügungen und Entscheidungen. Anordnungen und Verfügungen sind Willensäußerungen des Richters; die Entscheidung ist Feststellung der Rechtsfolgen eines bestimmten Thatbestandes. Jede Anordnung und Verfügung enthält insofern eine Entscheidung, als auch Willenserklärungen des Richters an einen gewissen Sachverhalt gebunden sind.

Der Form nach ist die Erklärung des Richters Urteil oder Beschluß. — Urteil ist vorgeschrieben für die Entscheidung der Streitsache; alle anderen Anordnungen und Entscheidungen erfolgen durch Beschluß. Das Urteil ist, wenn es sofort nach Schluß der mündlichen Verhandlung gefällt wird, mündlich zu verkünden; das später gefällte und auch das verkündete Urteil ist (außer im Bagatellverfahren § 452) in bestimmter schriftlicher Ausfertigung jeder Partei zuzustellen und wird erst durch diese Zustellung den Parteien gegenüber wirksam. — Beschlüsse, welche während der mündlichen Verhandlung und Beweisaufnahme gefaßt werden, sind mündlich zu verkünden; sie sind in schriftlicher Ausfertigung zuzustellen — den bei der Verkündigung anwesenden Parteien, wenn Rechtsmittel oder das Recht zu sofortiger Exekution zusteht, — den bei der Verkündigung nicht anwesenden Parteien auch, wo es die Leitung des Verfahrens erfordert § 426. Die außerhalb der Tagsatzung gefaßten Beschlüsse sind den Parteien durch Zustellung einer schriftlichen Ausfertigung (Bescheid) bekannt zu geben. Der Bescheid, durch welchen ein Parteiantrag ohne Vernehmung des Gegners abgewiesen wird, ist von amtswegen nur dem Antragsteller, und nur auf dessen Ansuchen auch dem Gegner zuzustellen § 427. Beschlüsse über widerstreitende Anträge, und Beschlüsse; durch welche ein Antrag abgewiesen wird, sind zu begründen § 428.

II. Die Wirkung. Entscheidungen, Verfügungen und Anordnungen kann jenes Gericht, welches sie erlassen hat, im allgemeinen nicht abändern. Das Gericht ist an das Urteil gebunden, sobald es verkündet, oder auch nur in schriftlicher Abfassung zur Ausfertigung abgegeben ist § 416. An Beschlüsse ist das Gericht insoweit gebunden, als dieselben nicht bloß prozeßleitender Natur sind § 425. Die vom Vorsteher eines Gerichtshofes, vom Vorsitzenden des Senates oder von einem beauftragten Richter gefaßten Beschlüsse unterliegen auf Antrag der Abänderung durch den Gerichtshof. — Eine Änderung der erlassenen Verfügung und Entscheidung kann im Instanzenzuge erfolgen. Es können Urteile mit Berufung und Revision, es können Beschlüsse der Gerichte erster Instanz, — es können die einen angefochtenen erstrichterlichen Beschluß abändernden Entscheidungen des Gerichtes II. J. — es können in bestimmten Fällen (§ 519) Beschlüsse des Berufungsgerichtes im Berufungsverfahren mit Rekurs angefochten werden. Die Anfechtung hat in der dafür laufenden Notfrist zu erfolgen. Ausnahmsweise ist Rechtsmittel gegen Beschlüsse ausgeschlossen, oder die Beschwerde gegen Beschlüsse für das Rechtsmittel gegen die nächstfolgende anfechtbare Entscheidung vorbehalten. Ist Rechtsmittel versagt oder versäumt, oder ist auf das Rechtsmittel verzichtet, oder sind die zugelassenen Rechtsmittel erschöpft, so ist der Spruch unabänderlich — (formell) rechtskräftig.

Das in der Streitsache ergangene Urteil (Mandat) begründet eine Gebundenheit des Gerichtes und der Parteien an den Inhalt dieser Entscheidung, so daß dieser Inhalt auch in einem späteren Prozesse nicht mehr abgeändert werden kann (materielle Rechtskraft). Es kann das rechtskräftig Anerkannte oder Zugesprochene nicht mehr bestritten, das rechtskräftig Aberkannte nicht mehr geltend gemacht werden. Es ist die Rechtskraft eines die Streitsache betreffenden Urteiles jederzeit von amtswegen zu berücksichtigen § 240; es steht gegen ein durch Urteil geschlossenes Verfahren die Wiederaufnahmsklage zu, wenn die Partei erst nach dem Schluß der Verhandlung ein über denselben Anspruch früher ergangenes Urteil auffindet oder zu benützen in den Stand gesetzt wird § 530 Z. 6. — Der materiellen Rechtskraft fähig ist das Urteil über den durch Klage oder Widerklage geltend gemachten Anspruch, also auch das Urteil über die Echtheit oder Unechtheit einer Urkunde § 228, das Zwischenurteil über den Grund des Anspruches, dessen Betrag gleichfalls streitig ist § 393. Der Rechtskraft fähig ist das Urteil über ein im Laufe des Prozesses streitig gewordenes Recht oder Rechtsverhältnisse im Falle eines Incidentfeststellungsantrages. Nicht rechtskräftig wird die Feststellung der Wahrheit oder Unwahrheit der für die Entscheidung erheblichen Thatsachen, die Entscheidung über Präjudizial- und Legitimationsfragen, die Entscheidung über Einreden, auch nicht die über rechtsverfolgende Einreden. Doch ist die Entscheidung über den Bestand oder Nichtbestand einer vom Beklagten zur Kompensation geltend gemachten Gegenforderung der Rechtskraft fähig bis zur Höhe des Betrages, mit welchem aufgerechnet werden soll § 411. — Rechtskräftig wird das Urteil nur für und gegen die Parteien des Rechtsstreites. Exekution ist zugelassen a) auf Grund des für bestimmte Personen ergangenen Urteils, soweit durch öffentliche oder öffentlich beglaubigte Urkunden bewiesen wird, daß der im Urteil anerkannte Anspruch, oder die darin festgestellte Verpflichtung von den daselbst genannten Personen auf diejenigen Personen übergegangen ist, von welchen oder wider welche die Exekution beantragt wird § 9 Ex.O. — b) auf Grund des gegen eine offene Handelsgesellschaft oder gegen eine Kommanditgesellschaft ergangenen Spruches in das Vermögen der einzelnen persönlich haftenden Gesellschafter, wenn durch einen Auszug aus dem Handelsregister bewiesen wird, daß derjenige, wider welchen die Exekution geführt werden soll, zur Zeit noch der Gesellschaft als persönlich haftender Gesellschafter angehört § 11 Ex.O.

§ 29. Die Zustellung.

I. Die Vermittlung des Verkehres der Parteien unter einander und des Gerichtes mit den Parteien und dritten Personen (Prozeßbetrieb) ist Sache des Gerichtes. Die Gesch.O. § 378 unterscheidet: amtliche Sendungen an gerichtliche oder behördliche Organe, — Behändigungen, d. h. Sendungen von Vorladezetteln, Ausfertigungen, Benachrichtigungen und Schriftstücken, die von einer gerichtlichen Erledigung nicht begleitet sind, an Parteien und sonstige Beteiligte, auszufolgen eventuell an Personen, an welche Ersatzzustellung zulässig ist, — und Zustellungen, d. i. die Übermittlung einer gerichtlichen Erledigung, oder des von einer gerichtlichen Erledigung begleiteten Schriftstückes.

II. Zustellungsorgane für Zustellungen im Inlande sind die Post, Gerichtsdiener bezw. Organe der um die Zustellung ersuchten Behörden, und Gemeindeorgane. Bei Postzustellung zahlt der Empfänger bestimmte Portogebühren § 353 Gesch.O., bei Zustellung durch Gerichtsdiener außer dem Fall anerkannten Armenrechtes nach M.V. vom

3. Juli 1854 R. 169 eine Zustellungsgebühr § 369 Gesch.O. — Das die Zustellung veranlassende Gericht bestimmt, durch welches Organ die Zustellung zu erfolgen hat § 89, Regel ist für Zustellungen im Inlande im Lokal- und Fernverkehr Zustellung durch die Post, wenn sich am Zustellungsorte ein Postamt befindet, oder mit dem Zustellungsorte eine Ruralpostverbindung besteht. Ist solche Zustellung ausgeschlossen, so ist die Zustellung durch Organe der Gemeinde, bei Unverläßlichkeit oder Unzulänglichkeit dieser Organe oder bei Dringlichkeit durch Gerichtsdiener zu vollziehen § 346 Gesch.O. In den zur Kompetenz der Gewerbegerichte gehörigen Rechtssachen obliegt die Besorgung der Zustellung ausschließlich der Gemeinde § 6 Ges. vom 27. Nvbr. 1896 R. 218.

Zustellungen außerhalb des Sprengels des Prozeßgerichtes, im Gerichtshofsverfahren außerhalb des Gerichtsortes sind, wenn sie nicht durch die Post erfolgen, durch Ersuchen des Bezirksgerichtes des Zustellungsortes zu vollziehen (§ 346 Gesch.O.). — Das Prozeßgericht bestimmt, ob eine Zustellung zu eigenen Handen erforderlich ist § 89. Das die Zustellung vollziehende Gericht bestimmt, ob die Zustellung an Sonn- und Feiertagen und ob sie zur Nachtzeit erfolgen darf § 100. Formfehler in der Zustellung werden durch weitere Verhandlung der betroffenen Partei saniert § 196; ungültig ist die Zustellung nur, wenn zwingende Vorschriften verletzt werden (so § 103 Abs. 3, §§ 104, 106, 108). — Amtliche Zustellung entfällt: a) wenn der Zustellungsempfänger das ihm zuzustellende Schriftstück vor Einleitung des Zustellungsvollzuges unmittelbar bei Gericht erhebt § 114 C.P.O. und 375 Gesch.O. — b) in Prozessen, in welchen beide Parteien durch Advokaten vertreten sind, wenn ein Advokat mit Zustimmung des gegnerischen Advokaten sich zur Besorgung der Zustellung bereit erklärt; es wird in einem solchen Falle dem Advokaten der betreibenden Partei das für ihn und zugleich auch das für den Gegner bestimmte Schriftstück zugestellt und gilt seine Empfangsbestätigung auch als Beurkundung der Zustellung an den Gegner §§ 112, 113 C.P.O. und § 374 Gesch.O. — Bei Zustellung von Zahlungsaufträgen im Mandats- und Wechselverfahren, von Aufträgen zur Übergabe und Übernahme eines Bestandgegenstandes nach § 562, 567, und von bedingten Zahlungsbefehlen kann dem im Gerichtsorte wohnhaften Advokaten die Besorgung der Postzustellung überlassen werden; die Postsendung ist kostenfrei gegen Rückschein auszuführen und der Rückschein dem Gerichte vorzulegen § 354 Gesch.O.

III. Die Zustellung hat zu erfolgen an den Destinatar. Haben mehrere Beteiligte einen gemeinschaftlichen Vertreter, so gilt mit der Übergabe einer Ausfertigung an den Vertreter die Zustellung an alle für vollzogen. Hat ein Beteiligter mehrere zur Empfangnahme von Zustellungen ermächtigte Vertreter, so hat die Zustellung an einen dieser Vertreter zu erfolgen § 90. In Streitsachen eines Kaufmanns kann die Zustellung an den Prokuristen § 93, in Patentsachen an den Patentinhaber oder den Vertreter des Patentes erfolgen § 7 Pat.G. Hat die Partei für den Rechtsstreit Prozeßvollmacht erteilt, so haben die Zustellungen an den Bevollmächtigten zu geschehen § 93. Zustellungen an die in aktiven Dienstleistungen stehenden Personen des Mannschaftsstandes des Heeres, der Marine, der Landwehr und Gendarmerie erfolgen durch den Chef der zunächst vorgesetzten Kommandobehörde § 342, 349 Gesch.O., — Zustellungen in militärischen Gebäuden nach erfolgter Anzeige an den Kommandanten § 92 C.P.O. und § 365 Gesch.O.

Für die am Prozesse Beteiligten erfolgt die Zustellung eventuell an den Zustellungsbevollmächtigten. Als solcher kann in der Regel nur bestellt werden eine am Orte des Prozeßgerichtes wohnhafte erwachsene Person; die Bestellung ist dem Gerichte formlos anzuzeigen § 88 Gesch.O. Haben mehrere Beteiligte einen gemeinschaftlichen Zustellungsbevollmächtigten, so sind diesem so viele Exemplare des Schriftsatzes zu übergeben, als Beteiligte vorhanden sind; von den Beilagen genügt die Zustellung je einer Abschrift § 94; die Exemplare des Schriftsatzes sind den Beteiligten ohne Verzug zu übersenden, die Abschrift der Beilagen ist zur Einsichtnahme und zur Abnahme von Abschriften zu verwahren § 99. Eine Verpflichtung zur Bestellung eines Zustellungsbevollmächtigten besteht 1. wenn das Gericht einer außerhalb des Gerichtshofssprengels des Prozeßgerichtes wohnhaften Partei die Bestellung eines Zustellungsbevollmächtigten aufträgt. Wird der Auftrag nicht befolgt, so können spätere Zustellungen dadurch vollzogen werden, daß die Schriftstücke (rekommandiert § 352 Gesch.O.) der Post übergeben werden. Ist Postzustellung nicht gestattet, so ist die ungehorsame Partei zu verständigen, daß fortan die für sie bestimmten Schriftstücke bei Gericht hinterlegt werden § 96; — 2. im Falle der Streitgenossenschaft. Streitgenossen, welche keinen gemeinschaftlichen Vertreter haben, müssen dem Gerichte einen gemeinschaftlichen Zustellungsbevollmächtigten namhaft machen und zwar als Kläger in der Klage, sonst bei Vornahme der ersten Prozeßhandlung. Als gemeinschaftlicher Zustellungsbevollmächtigter kann eine am Orte des Prozeßgerichtes wohnhafte Person, einer der Streitgenossen aber auch dann bestellt werden, wenn er im Gerichtshofssprengel des Prozeßgerichtes und zwar in einem Orte wohnt, in welchem Postsendungen durch Bedienstete der Post zugestellt werden. Unterlassen Streitgenossen die rechtzeitige Namhaftmachung eines gemeinschaftlichen Zustellungsbevollmächtigten, so ist auf Antrag der Gegenpartei am Gerichtsorte ein solcher zu bestellen § 97. Für den als Streitgenosse zu behandelnden Nebenintervenienten gilt die Hauptpartei insolange als Zustellungsbevollmächtigter, als nicht auf Antrag des Intervenienten vom Gericht ein anderer gemeinschaftlicher Zustellungsbevollmächtigter bestellt wurde § 98. Die gerichtliche Bestellung des Zustellungsbevollmächtigten erfolgt immer auf Gefahr und Kosten der bezüglichen Parteien. Die Bestellung eines Zustellungsbevollmächtigten fordert für gerichtliche Aufkündigung von Bestandverträgen § 562, für die am Zwangsversteigerungsverfahren Beteiligten der § 170 Z. 4 Ex.O.

IV. Zeit und Ort der Zustellung. Postzustellungen erfolgen nach den für die Post gegebenen Bestimmungen auch an Sonn- und Feiertagen, — zur Nachtzeit nur bei gerichtlichem Auftrag § 100; sonstige Zustellungen erfolgen an Sonn- und Feiertagen und zur Nachtzeit bei richterlicher Erlaubnis (§ 31, 32 Ger.O., § 44, 45, 46 Gesch.O.); solche wird erteilt auf Antrag und auch von amtswegen (§ 366 Gesch.O.) und ist auf dem zuzustellenden Schriftstück ersichtlich zu machen § 100. — Die Zustellung hat zu erfolgen in der Wohnung, — in der gewerblichen Betriebsstätte, — im Geschäftslokal oder am Arbeitsplatz, — bei Advokaten und Notaren in der Kanzlei; — anderorts kann die Annahme verweigert werden. In Ermangelung eines geeigneten Zustellungslokales ist dort zuzustellen, wo der Zustellungsempfänger getroffen wird § 101. Wohnungsänderungen sind in der Gerichtskanzlei zu melden (§ 88, 100, 313 Gesch.O.), widrigens Ersatzzustellung durch Hinterlegung bei dem Postamte oder Gemeindevorsteher (§ 104) statthat, wovon lediglich mündliche Mitteilung in der früheren Wohnung gemacht wird § 111.

V. Ersatzzustellung ist jene, bei welcher das Zustellungsorgan das für den Zustellungsempfänger bestimmte Schriftstück einer gesetzlich bezeichneten anderen Person für den Zustellungsempfänger übergiebt. Zustellungen an andere als die gesetzlich bezeichneten Personen sind wirksam, wenn sie dem Adressaten zukommen. Es kann die Zustellung 1. wenn sie in der Wohnung erfolgen soll, bei Abwesenheit des Adressaten erfolgen in der Wohnung an jeden, dem Zustellungsorgan bekannten erwachsenen, zur Familie gehörigen Hausgenossen oder an eine in der Familie dienende erwachsene Person auch ohne deren Zustimmung, eventuell an den in demselben Hause wohnenden Vermieter, oder an die von diesem bestellte Aufsichtsperson, wenn dieselben zur Annahme bereit sind § 102; — 2. wenn die Zustellung im Geschäftslokal oder der gewerblichen Betriebsstätte erfolgen soll, an eine daselbst anwesende erwachsene, zur Familie des Adressaten gehörige, oder in dessen Geschäft oder Gewerbe bedienstete Person; — 3. wenn die Zustellung in der Kanzlei eines Advokaten oder Notars erfolgen soll, an jeden Angestellten oder Bediensteten des Advokaten oder Notars. Die Zustellung an Familienangehörige, Hausgenossen u. s. w. ist unstatthaft, wenn diese Personen an dem Rechtsstreite als Gegner des Zustellungsempfängers beteiligt sind.

Ist die unmittelbare Zustellung und die dargestellte Ersatzzustellung nicht ausführbar, so ist Ersatz der Zustellung bei Postzustellung die Niederlegung des Schriftstückes bei dem Postamte, sonst die Niederlegung bei dem Gemeindevorsteher des Zustellungsortes. Die Hinterlegung ist dem Zustellungsempfänger durch eine an der Eingangsthür zum Zustellungslokal zu befestigende schriftliche Anzeige und durch Mitteilung an die Nachbarschaft bekannt zu geben. Die so geartete Hinterlegung ist Zustellung, daher auf dem Zustellungsschein zu beurkunden § 104 C.P.O., § 367 Gesch.O.

Zustellungen an die zur Vertretung des Ärars berufenen Organe oder andere öffentliche Behörden, an Gemeinden, Korporationen und Anstalten sind an jenen Beamten oder Bediensteten, der zur Empfangnahme der an diese Behörde gerichteten Schriftstücke bestimmt ist, und eventuell an einen im Amts- oder Geschäftslokale anwesenden Beamten oder Diener der Behörde u. s. w. zu bewirken § 105. — Verweigert eine Person, an welche die Zustellung auch ohne deren Zustimmung erfolgen kann, die Annahme, so ist das Schriftstück am Orte der Zustellung zurückzulassen, eventuell beim Postamte oder dem Gemeindevorstand ohne weitere Benachrichtigung zu hinterlegen § 109 C.P.O. und § 367 Gesch.O.

VI. Zustellung zu eigenen Handen. Klagen und alle anderen Schriftstücke, deren Zustellung nach gleichen Vorschriften zu erfolgen hat, sind zu Handen des Beklagten oder des zur Empfangnahme von Klagen ermächtigten Vertreters, in Rechtssachen, welche sich auf den Betrieb des Handelsgewerbes beziehen, eventuell zu Handen des Prokuristen zu bewirken. Kann solche Zustellung nicht bewirkt werden, so ist der Zustellungsempfänger durch Anschlag an der Wohnung, Kanzlei u. s. w. aufzufordern, zu bestimmter Zeit im Lokale der Zustellung gewärtig zu sein; entspricht die Partei dieser Aufforderung nicht, so ist durch Hinterlegung gemäß § 104 zuzustellen § 106. Ist die Wiederholung der Zustellung durch die Post oder den Gerichtsdiener nach den Ortsverhältnissen nicht möglich, so ist mit gerichtlicher Ermächtigung (§ 351, 364 Gesch.O.) die Veranlassung der Zustellung dem Gemeindevorsteher zu überweisen. Kann dieser die Zustellung nicht binnen vier Wochen bewirken, so veranlaßt er die Verständigung des Adressaten durch Anschlag an der Wohnung, und gilt die Zustellung hiermit als erfolgt § 107.

VII. Zustellung an Personen unbekannten Aufenthaltes. Wird glaubhaft gemacht, daß der Aufenthalt des Zustellungsempfängers unbekannt ist, so erfolgt Zustellung durch öffentliche Bekanntmachung, d. h. durch Anschlag des zuzustellenden Schriftstückes an der Gerichtstafel des Prozeßgerichtes. Das Schriftstück gilt sohin als zugestellt nach Ablauf einer 30tägigen, eventuell vom Gericht bestimmten längeren Frist, sofern der Zustellungsempfänger das Schriftstück nicht früher abholt. Die Beschädigung des Anschlages berührt die Gültigkeit der Zustellung nicht § 115. Dieser Vorgang genügt nicht, wenn die Person, deren Aufenthalt unbekannt ist, infolge der Zustellung eine Prozeßhandlung vorzunehmen hat und insbes., wenn das Schriftstück eine Ladung enthält. Es ist in solchem Falle für den Abwesenden ein Kurator zu bestellen, diesem das Schriftstück zuzustellen, und der Abwesende durch ein an der Gerichtstafel zu befestigendes und mindestens einmal im Amtsblatte kundzumachendes Edikt mit dem Beifügen zu verständigen, daß er bis zum eignen Auftreten oder der Namhaftmachung eines Bevollmächtigten als vom Kurator vertreten behandelt werde. Die Zustellung gilt als vollzogen, wenn das Edikt an der Gerichtstafel angeschlagen und das Schriftstück dem Kurator zugestellt ist. Die Kosten trägt mittlerweile die betreibende Partei §§ 117, 118.

VIII. Zustellungen an Personen, welche die Exterritorialität genießen oder sich in der Wohnung eines Exterritorialen befinden, bewirkt das Obersthofmarschallamt, eventuell erfolgt die Zustellung an einen vom Gericht bestellten Kurator. Dieser hat sich mit der Person, welcher zugestellt werden soll, unverzüglich zu verständigen und mittlerweile am Verfahren teilzunehmen. Ist der Aufenthalt der Person unbekannt, so hat der Kurator einen Anschlag an der Gerichtstafel, und wenn die Person infolge der an sie zu bewirkendenden Zustellung zur Wahrung ihrer Rechte eine Prozeßhandlung vorzunehmen hat, und insbes. wenn das Schriftstück eine Ladung enthält, auch die Einschaltung eines Ediktes zu beantragen § 119.

IX. Zustellungen im Auslande. An österreichische Staatsangehörige, welche sich im Auslande aufhalten und dort das Recht der Exterritorialität genießen, bewirkt die Zustellung das Ministerium des Äußeren. Zustellungen an andere Personen im Auslande haben, wenn nicht die Intervention der österreichischen Gesandtschaft oder der österreichischen Konsularbehörde vorgeschrieben ist, mittels Ersuchen an die ausländische Behörde zu erfolgen. Wenn die Bestätigung über die erfolgte Zustellung binnen angemessener Zeit nicht einlangt, oder die Zustellung im Auslande vergeblich versucht wurde, oder das Ausland Rechtshilfe verweigert, ist, wie unter VII. bestimmt, vorzugehen §§ 120, 121.

Dritter Abschnitt.

Ort und Zeit für die Prozeßhandlungen.

§ 30. Der Ort.

Die Prozeßhandlungen werden vorgenommen unter Intervention des Gerichtes. Das Gericht, der beauftragte und ersuchte Richter vollzieht die Amtshandlungen im Gerichtshause. Vorbehalten ist die Anberaumung einer Tagsatzung zur mündlichen Verhandlung außerhalb des Gerichtshauses, wenn so die Verhandlung erleichtert wird, oder Kosten vermieden werden § 132 C.P.O. und § 95 Gesch.O. Vorbedacht ist, soweit notwendig, die Vornahme von Beweishandlungen außerhalb des Gerichthauses.

Vorgenommen werden die Prozeßhandlungen im Gerichtssitze. Für Bezirksgerichte kann der Justizminister die Abhaltung regelmäßiger Gerichtstage (Amtstage) außerhalb des Gerichtssitzes anordnen, der Präsident des Gerichtshofes erster Instanz die Abhaltung eines oder mehrerer außerordentlicher Gerichtstage gestatten § 29 Ger.O. und § 54—60 Gesch.O. Damit soll der Verkehr mit dem Gerichte erleichtert, und in rasch zu ordnenden Sachen die Reise zu Gericht erspart werden. Es können auf den Gerichtstagen Klagen und andere Anträge, die nicht schriftlich erfolgen müssen, zu Protokoll gegeben, schriftliche Eingaben (ausg. Erlag von Geld und Geldeswert) dem Richter eingehändigt, und Beweisaufnahmen und Vergleichsversuche vorgenommen werden. Es kann der Amtstag zur Abhaltung der ersten Tagsatzung, zur Vorbereitung der mündlichen Streitverhandlung im Rechnungsprozesse und gleichen Streitsachen, zur Verhandlung über einstweilige Verfügungen und über Zwischenfälle in anhängigen Rechtssachen verwendet werden. Die mündliche Streitverhandlung kann auf den Amtstag nur angeordnet werden in rasch zu erledigenden Streitsachen, an welchen nur ortsanwesende Personen beteiligt sind, so in Bestand- und Besitzstörungsstreitigkeiten, über Vaterschafts- und Alimentationsklagen, in Streitigkeiten aus dem Arbeits-, Lehr- und Lohnverhältnisse, in Bagatellsachen, und in Rechtssachen, welche die Parteien zusammen anhängig machen (§ 439).

§ 31. Die Zeit.

A. Sonn- und Feiertagsruhe; Gerichtsferien.

I. An Sonntagen und am Weihnachtstage dürfen Tagsatzungen nicht abgehalten werden; an Feiertagen (§ 44 Gesch.O.) sollen Tagsatzungen nur bei Gefahr im Verzuge abgehalten werden § 221. Bei Anberaumung von Tagsatzungen und sonstigen Ladungen ist überdies sorgfältig darauf zu achten, daß niemand an den hohen religiösen Festtagen seines Glaubensbekenntnisses zum Erscheinen vor Gericht genötigt wird § 44 Gesch.O. Juden sind am Sabbath und an ihren Festtagen als Parteien und Zeugen nicht zu Gericht zu laden J.M.V. vom 1. Juli 1897 Z. 22380. — An Sonn- und Feiertagen dürfen Zustellungen, die in anderer Weise als durch die Post bewirkt werden sollen, und Exekutionshandlungen nur mit richterlicher Erlaubnis vorgenommen werden § 100 C.P.O., § 30 Ex.O., § 46 Gesch.O. — Einfluß auf die Funktion der Gerichte nehmen die Gerichtsferien § 222; sie beginnen am 15. Juli und dauern bis 25. August § 47 Gesch.O. Sie nehmen Einfluß 1. auf die Verhandlung bei Gericht. Es dürfen in den Ferien keine Tagsatzungen abgehalten und keine Entscheidungen erlassen (d. h. verkündet, oder als Ersatz der Verkündigung zugestellt) werden § 223. Vorbehalten ist die Überreichung von Schriftsätzen, Anbringen zu Protokoll, die Erlassung von Anordnungen zur Einleitung und Fortsetzung des Verfahrens; — 2. auf den Lauf der Prozeßfristen. Die Ferien hemmen den Fristenlauf; Fristen, deren Anfang in die Ferien fällt, beginnen erst mit dem Ende der Ferien zu laufen. Auf Anfang und Ablauf von Notfristen nehmen die Ferien keinen Einfluß. Ohne Einfluß sind die Ferien in Ferialsachen s. § 224, auf das Mahnverfahren, sowie auf das Exekutionsverfahren mit Einschluß der Verhandlung über die Meistbotverteilung § 223. Vorbehalten ist dem Vorsteher des Gerichtes und dem Vorsitzenden des Senates, noch andere als die gesetzlich bezeichneten Rechtssachen, soweit sie einer schleunigen Erledigung bedürfen, von Fall zu Fall als Ferialsachen zu erklären § 224.

B. Die Fristen.

I. Frist ist ein Zeitraum, der zur Vornahme einer Prozeßhandlung freigelassen ist § 123. Die Zeitbestimmungen für die Geltendmachung gewisser Rechte bei sonstigem Ausschluß derselben (§§ 346, 454, 534, 581, 596), und für die Erfüllung der in einem Richterspruche auferlegten Verbindlichkeiten sind nicht Fristen für Prozeßhandlungen im Sinne des § 123; für sie gelten die Vorschriften über Verlängerung, Wiedereinsetzung, Einfluß der Ferien nicht. Die für den Richter bestimmten Fristen (§ 62 J.N., § 415, 445) betreffen lediglich den Geschäftsgang bei Gericht; die Versäumung berechtigt nicht schon zur Beschwerde wegen Justizverzögerung. Die Bestimmungen über Ladungsfristen, d. h. Zwischenfristen, welche den Parteien offen zu halten sind (§§ 231, 257, 480), sind Ordnungsvorschriften, deren Verletzung einen von den Parteien zu rügenden Mangel des Verfahrens begründet § 196. Von prozessualischer Bedeutung sind die Fristen für die Prozeßhandlungen der Parteien. Diese Fristen sind zu teilen: 1. in gesetzliche und richterliche Fristen. Es sind gesetzliche Fristen jene, deren Dauer unmittelbar vom Gesetz bestimmt wird, — richterliche Fristen jene, welche der Richter nach der Beschaffenheit des einzelnen Falles festsetzt § 123; — 2. in absolut und relativ bestimmte Fristen. Absolut bestimmt ist jene Frist, deren Endtermin kalendermäßig bezeichnet ist; solche Bezeichnung ist zugelassen bei erster Fristbestimmung, geboten bei Fristverlängerung. Bei relativ bestimmten Fristen ist der Fristenablauf zu berechnen; — 3. in verlängerbare und nicht verlängerbare Fristen. Regelmäßig sind richterliche und gesetzliche Fristen verlängerbar. Die gesetzliche Frist, deren Verlängerung untersagt ist, ist Notfrist § 128; der Lauf der Notfrist wird durch Ruhen des Verfahrens § 168 und durch Gerichtsferien nicht beeinflußt § 225; bei Unterbrechung des Verfahrens setzt der Lauf der Notfrist aus § 163. Die in der Ex.O. bestimmten Fristen sind regelmäßig unerstreckbar § 58 Ex.O.

II. Eine an sich zulässige Fristverlängerung kann nicht durch Übereinkunft der Parteien bewirkt, sondern nur auf Antrag vom Gericht bewilligt werden bei Obwalten sehr erheblicher Gründe und Gefahr eines nicht wieder gut zu machenden Schadens. Der Antrag ist vor Ablauf der zu verlängernden Frist anzubringen, der Erstreckungsgrund auf Verlangen des Gerichtes (§ 86 Gesch.O.) glaubhaft zu machen. Über den Antrag kann ohne vorhergehende mündliche Verhandlung entschieden werden; vor Bewilligung wiederholter Fristverlängerung ist jedoch außer dem Fall eines Doppelantrages der Gegner einzuvernehmen. Der Endtermin der verlängerten Frist ist kalendermäßig zu bezeichnen § 128. — Alle Fristen (auch Notfristen), können abgekürzt werden a) durch Vereinbarung der Parteien, welche, um für das Gericht wirksam zu sein, urkundlich nachgewiesen werden muß; b) durch das Gericht auf Antrag einer Partei, wenn sie glaubhaft macht, daß die Kürzung zur Abwendung erheblicher Nachteile geboten erscheint, und der Partei, deren Prozeßhandlung befristet ist, die Vornahme der Prozeßhandlung in der abgekürzten Frist keine Schwierigkeit schafft. Der Antrag kann ohne Einvernehmung des Gegners abgewiesen, aber immer erst nach solcher Einvernehmung bewilligt werden § 129. Über den Antrag auf Verlängerung oder Abkürzung entscheidet, wenn die Frist nicht in einer Entscheidung des Gerichtes bestimmt wurde, der Vorsitzende des Senates.

III. Für die Berechnung der Fristen gilt Folgendes. Die gesetzliche Frist läuft von dem sie bedingenden Ereignisse (Zustellung § 416, Verkündigung des Urteiles § 464, Wegfall des Hindernisses § 148). Die richterliche Frist läuft, wenn bei der Festsetzung nichts anderes bestimmt wurde, mit der Zustellung des die Frist anordnenden Beschlusses an die Partei, welcher die Frist zugute kommt, oder wenn es der Zustellung nicht bedarf (§ 426), mit der Verkündigung des Beschlusses § 124. Bei der Frist, die nach Tagen bestimmt ist, wird der Tag nicht mitgerechnet, an welchem die den Fristenlauf bedingende Ereignung eingetreten ist. Die nach Wochen bestimmte Frist endet mit Ablauf jenes Tages der letzten Woche, welcher durch seine Benennung dem Tage entspricht, an welchem der Fristenlauf begonnen hat; die nach Monaten oder Jahren bestimmte Frist endet an jenem Tage des letzten Monates, der seiner Zahl nach dem Tage entspricht, an welchem die Frist begonnen hat; fehlt dieser Tag im letzten Monat, so endet die Frist am letzten Monatstage § 125. Ist der letzte Tag der Frist ein Sonn- oder Feiertag, so endet die Frist am nächsten Werktag § 126. Die Frist ist gewahrt, wenn das Schriftstück am letzten Tag bei Gericht anlangt, oder auch nur der Post zur Abgabe an das Gericht übergeben ist § 89 Ger.O. — Für die Ergänzung telegraphischer Eingaben gilt § 98 Gesch.O. — Der Fristenlauf wird gehemmt durch Eintritt der Gerichtsferien, doch gilt das nicht für Notfristen, für Fristen in Ferialsachen § 225, und wohl auch nicht für Jahresfristen. Der Fristenlauf wird unterbrochen bei Ruhen des Verfahrens; der Lauf von Notfristen hört damit nicht auf § 168. Laufen die den einzelnen Streitgenossen zur Vornahme derselben Prozeßhandlung zustehenden gesetzlichen oder richterlichen Fristen, wenn auch nur in Folge der von einem Streitgenossen erwirkten Fristverlängerung zu verschiedenen Zeiten ab, so steht allen Streitgenossen die längste Frist offen § 127. Die von einem Intervenienten erwirkte Fristverlängerung gilt auch für die Streitpartei § 19.

C. Die Tagsatzungen.

I. Für Prozeßhandlungen, auf welche der Richter Einfluß nehmen soll, werden Tagsatzungen angeordnet durch Gerichtsbeschluß, und im Gerichtshofsverfahren vom Vorsitzenden des Senates, bezw. dem beauftragten Richter. Die Anberaumung der Tagsatzung kann durch abgesondertes Rechtsmittel nicht angefochten werden § 130; anzufechten ist die Anberaumung mit dem Rechtsmittel gegen die über die Ladung gepflogene Verhandlung. Die Verständigung (Ladung) erfolgt bei Anberaumung der Tagsatzung über Parteiantrag an die betreibende Partei mittels Rubrik, an die Gegenpartei durch Zustellung eines mit der Ausfertigung der Ladung versehenen Exemplares des Schriftsatzes oder der Protokollsabschrift, — bei Anberaumung der Tagsatzung von amtswegen an beide Parteien mittels Rubriken (eventuell telegraphisch § 99 Gesch.O.). Zu Tagsatzungen, welche in mündlich verkündeten gerichtlichen Verfügungen anberaumt werden, sind die Parteien nur insofern besonders zu laden, als weder sie noch ihre Vertreter bei der Verkündigung anwesend waren § 131. Einer Androhung der Ungehorsamsfolgen bedarf es nur, wenn es das Gesetz vorschreibt. — Die Anordnung der Tagsatzung begreift die Bestimmung von Ort, Tag und Stunde für die Verhandlung § 130. Die Tagsatzung beginnt mit dem Aufruf der Sache; dieser hat von amtswegen zu geschehen (§ 170), und darf bei Abwesenheit der Partei nicht vor der in der Ladung bestimmten Stunde erfolgen. Versäumt ist die Tagsatzung, wenn die Partei nicht vor Schluß der Verhandlung erscheint, oder ungeachtet richterlicher Aufforderung nicht verhandelt, oder nach dem Aufruf der Sache, ohne zu verhandeln, sich wieder entfernt, oder wegen Störung von der Verhandlung entfernt wurde § 198, 400. Als versäumt gilt die Tagsatzung auch, wenn bei Prozeßhandlungen, für welche Advokatenzwang vorgeschrieben ist, die Partei ohne Advokaten erscheint § 133 (Vgl. aber § 73), und wenn die Partei, welche einer verständlichen Äußerung nicht fähig befunden wurde, dem Auftrag, einen Bevollmächtigten eventuell Advokaten zu bestellen, nicht entspricht § 185.

II. Eine Erstreckung der Tagsatzung kann nicht durch Parteienvereinbarung, sondern nur durch richterliche Entscheidung stattfinden. Sie kann erfolgen: 1. wenn eine Partei oder beide Parteien durch sehr erhebliche Hindernisse vom Erscheinen, oder von der Aufnahme oder Fortsetzung der Verhandlung abgehalten sind, und ohne Erstreckung die Partei einen nicht wieder gut zu machenden Schaden erleiden würde; — 2. wenn das Gericht an der Aufnahme oder Fortsetzung der Verhandlung verhindert ist; — 3. wenn eine nicht sofort vollziehbare Beweisaufnahme angeordnet, oder behufs Fortsetzung der Verhandlung die Herbeischaffung von Urkunden, Auskunftssachen und Augenscheinsgegenständen notwendig wird; — 4. wenn die Verhandlung aus sonstigen Gründen (z. B. § 158, 200, 259, 379) nicht zum Abschluß gebracht werden kann § 134.

Die wegen Verhinderung des Gerichtes oder wegen Unthunlichkeit der Weiterführung oder Beendigung der Verhandlung notwendige Verlegung der Tagsatzung verfügt das Gericht von amtswegen. Die Verlegung wegen Verhinderung der Partei erfordert regelmäßig einen Antrag; sie erfolgt von amtswegen, wenn bei Gericht offenkundig ist, daß die nicht erschienene Partei durch Naturereignisse oder andere unabwendbare Zufälle am Erscheinen gehindert ist § 402, — sie erfolgt schon vor Abhaltung der Tagsatzung, wenn die Partei wegen Verspätung der Ladung die Verhandlung nicht entsprechend vorbereiten kann. Von solcher Absage der Tagsatzung sind alle Geladenen zu verständigen § 139 C.P.O. und § 341 Gesch.O. — Der Antrag auf Erstreckung ist, auch wenn er von den Parteien einverständlich gestellt wird, zu begründen; der Erstreckungsgrund ist dem Gericht auf Verlangen glaubhaft zu machen. Ein nicht hinreichend begründeter Antrag ist sofort zu verwerfen § 135. Wird der Antrag auf Erstreckung in der Tagsatzung gestellt, so ist er nach Anhörung des Gegners sofort zu erledigen; wird die Erstreckung verweigert, so ist die Verhandlung sofort aufzunehmen und die Partei, wenn sie nicht verhandelt, als ausgeblieben zu behandeln. Wird der Antrag vor der Tagsatzung gestellt, so kann über denselben ohne vorhergehende mündliche Verhandlung entschieden werden; vor wiederholter Erstreckung muß, außer dem Fall eines Doppelantrages, der Gegner einvernommen werden § 135. — Wird die Tagsatzung erstreckt, so ist wo thunlich sofort neue Tagsatzung anzuordnen § 137. In der neuen Tagsatzung ist an das von dem Leiter der Tagsatzung auf Grund des Verhandlungsprotokolles und der sonst zu berücksichtigenden Prozeßakten mündlich auszuführende wesentliche Ergebnis der früheren Verhandlung die Fortsetzung der abgebrochenen Verhandlung anzuknüpfen § 138. Bei einer Veränderung in der Besetzung des Gerichtes hat eine neuerliche Verhandlung stattzufinden § 138, doch behalten auch für diese Verhandlung die Ergebnisse der früheren Verhandlung und zwar selbst im Falle des Ausbleibens einer Partei Geltung § 399.

D. Gemeinsam für Fristen und Tagsatzungen

gilt folgendes. Die Bestimmung von Fristen und die Anberaumung von Tagsatzungen ist prozeßleitende Anordnung; sie fällt, wenn sie nicht während einer mündlichen Verhandlung oder in einer Entscheidung ergeht, im Gerichtshofsverfahren dem Vorsitzenden des Senates zu. Dieser entscheidet auch über den Antrag auf Verlängerung oder Kürzung der Frist und auf Erstreckung der Tagsatzung, ausgenommen es wird der Antrag während einer mündlichen Verhandlung gestellt § 140. — Die Rechtsmittel gegen diese prozeßleitenden Verfügungen sind beschränkt. Es ist Rechtsmittel ausgeschlossen gegen die Verweigerung der Abkürzung einer Frist, — gegen die erste Verlängerung einer Frist, wenn die Verlängerung die Dauer der ursprünglichen Frist nicht überschreitet, — gegen die erste Erstreckung der Tagsatzung, wenn sie die Dauer von vier Wochen (gerechnet von Tagsatzung zu Tagsatzung) nicht überschreitet § 141. Die Partei, welche zur Verlängerung einer Frist oder Erstreckung einer Tagsatzung wenn auch unverschuldet Anlaß giebt, ist auf Antrag des Gegners zum Kostenersatz zu verhalten. Wird eine Tagsatzung durch Nichterscheinen beider Teile vereitelt, so trägt jede Partei die Hälfte der dadurch verursachten Kosten (der Wiederaufnahme des Verfahrens) § 142.

§ 32. Prozessualisches Versäumnis; der Eintritt und die Beseitigung der Folgen.

I. Ein Zwang hat gegen die Streitparteien statt bei Bestand der Voraussetzungen für die Exekution. Als exequierbarer Richterspruch erscheint auch die Auflage eidlicher Angabe Art. 42 C.P.O. § 47 ff. Ex.O. Im Zuge des Streitverfahrens wird wohl die prozessualische Thätigkeit der Zeugen, des Handelsmäklers erzwungen, nicht aber die prozessualische Thätigkeit der Streitparteien. Das Gesetz begnügt sich bei Passivität derselben mit den im voraus bestimmten, oder vom Richter nach sorgfältigem Ermessen zu bestimmenden Rechtsnachteilen. Erzwingbar ist nur die Aufrechterhaltung der durch den Anstand gebotenen und vom Richter als notwendig oder zweckmäßig befundenen Ordnung im Verfahren. Der Richter kann die Rückstellung der zur Einsicht mitgeteilten Urkunden erzwingen § 83, an Stelle der Partei einen Zustellungsbevollmächtigten bestellen, die Verhandlung angemessen einschränken, und Störungen der Verhandlungen abwehren.

II. Die Säumnis der Streitparteien ist Versäumung einer Frist, d. i. die Nichtvornahme einer Prozeßhandlung in der dafür frei gehaltenen Zeit, — oder Versäumung einer Prozeßhandlung in der dafür bestimmten Prozeßlage, — oder Versäumung einer Tagsatzung, d. i. Versäumung aller Prozeßhandlungen, welche in diese Tagsatzung fallen. Die Folgen der Versäumung sind mannigfaltig; sie bewirkt die Annahme eines Geständnisses (§ 254, 396, 398), der Zustimmung (§ 56 Ex.O.), eines Verzichtes, einen Rechtsverlust, die Einbuße einer prozessualischen Begünstigung (§ 96 J.N., § 16 C.P.O.); regelmäßig hat die Versäumung einer Prozeßhandlung den Ausschluß derselben zur Folge § 144.

Die Ungehorsamsfolgen bedürfen nur in den vom Gesetze bezeichneten Fällen der Androhung; — sie treten von selbst ein, wenn nicht das Gesetz ihren Eintritt von einem auf die Verwirklichung der Ungehorsamsfolgen gerichteten Antrag abhängig macht. Immer ist der Eintritt der Ungehorsamsfolgen bedingt von der Gesetzmäßigkeit der Zeitbestimmung, d. i. von der Gesetzmäßigkeit des Beschlusses, mit welchem eine Frist oder Tagsatzung bestimmt wird, und von der Gesetzmäßigkeit der Bekanntmachung dieses Beschlusses. Da der Beschluß auf Anberaumung einer Tagsatzung überhaupt nicht, und der Beschluß, mit welchem eine Frist bestimmt wird, regelmäßig nicht selbständig angefochten werden kann, schafft der Rechtszug gegen die Entscheidung Abhilfe gegen die Gesetzwidrigkeit der Zeitbestimmung. — Ist der Eintritt der Versäumungsfolgen von einem Ungehorsamsantrag bedingt, so kann die versäumte Prozeßhandlung, wenn für dieselbe eine Frist bestimmt war, bis zu dem Tage, an welchem der Ungehorsamsantrag bei Gericht gestellt wird – und wenn die Prozeßhandlung in einer Tagsatzung vorzunehmen war, bis zum Schlusse der über den Ungehorsamsantrang stattfindenden Verhandlung nachgeholt werden § 145.

III. Die Abhilfe gegen die Folgen der Versäumung ist verschieden. In jenen Fällen, in welchen nach der Prozeßlage ein Nachholen der versäumten Prozeßhandlung noch thunlich ist, ist die Feststellung der Voraussetzungen und die Entscheidung über die Gestattung des Nachholens in jene Verhandlung verwiesen, auf welche sich die Versäumung bezieht (§ 279, 283, 289, 335). In anderen Fällen hat ein besonderes Restitutionsverfahren statt. — Es ist auf Antrag die Wiedereinsetzung in den vorigen Stand zu bewilligen, wenn eine Partei (oder deren Vertreter A.B., S. 27) durch ein unvorhergesehenes oder unabwendbares Ereignis am rechtzeitigen Erscheinen bei einer Tagsatzung oder an der rechtzeitigen Vornahme einer befristeten Prozeßhandlung verhindert wurde und die Versäumung für die Partei den Ausschluß der vorzunehmenden Prozeßhandlung zur Folge hatte, — soweit das Gesetz nichts anderes bestimmt § 146.

Restitution ist ausgeschlossen im Verfahren über Besitzstörungsklagen § 460, sie hat nicht statt wegen Versäumung einer Frist oder Tagsatzung im Laufe des Exekutionsverfahrens § 58 Ex.O. Restitution hat nicht statt bei Versäumung der Frist für den Wiedereinsetzungsantrag, — bei Versäumung der zur Verhandlung über den Wiedereinsetzungsantrag anberaumten Tagsatzung § 151, — bei Versäumung der Frist für den Antrag auf Berichtigung des Urteilsthatbestandes oder auf Ergänzung des Urteiles § 420, 423. — Es ist Wiedereinsetzung nicht zulässig bei Versäumung der Frist zur Anbringung von Einwendungen wider die Aufkündigung eines Bestandvertrages bezw. den Auftrag auf Übergabe oder Übernahme des Bestandgegenstandes § 571. In den genannten Fällen ist der

Restitutionsantrag sofort zurückzuweisen; das hat auch zu geschehen, wenn er offenbar verspätet eingebracht wird § 148 Abs. 3, und wenn die Partei die versäumte Prozeßhandlung nach § 145 Abs. 2 unmittelbar nachholen kann § 147 Abs. 2. — Dem Restitutionsantrage ist nicht stattzugeben, wenn er sich auf Umstände stützt, welche die Partei erfolglos als Grund für die Verlängerung der sohin versäumten Frist oder für die Erstreckung der sodann versäumten Tagsatzung geltend gemacht hat § 146 Abs. 2, oder wenn die Partei den Restitutionsgrund als Fristverlängerungs- oder als Erstreckungsgrund geltend zu machen versäumt hat, oder wenn die Verhinderung zu einer Zeit entfallen ist, in welcher die Partei die versäumte Handlung nach § 145 Abs. 2 noch hätte nachholen können. In Rechtsstreitigkeiten aus Wechseln darf zum Nachteile einer Partei, welche im Hauptprozesse in gutem Glauben gehandelt hat, Restitution nicht bewilligt werden, wenn diese Partei in der Zwischenzeit ihre wechselmäßigen Ansprüche an Dritte durch Ablauf der Zeit ganz oder teilweise verloren hat oder doch wegen Kürze der noch übrigen Zeit nicht mehr geltend machen kann § 556.

Der Antrag auf Wiedereinsetzung ist in der Notfrist von 14 Tagen, im Verfahren in Wechselstreitigkeiten und bei Streitigkeiten aus dem Bestandvertrage in der Notfrist von 8 Tagen, gerechnet vom Wegfall des die Versäumung veranlassenden Hindernisses bei jenem Gerichte anzubringen, bei welchem die versäumte Prozeßhandlung vorzunehmen war. Der Antrag ist schriftlich, wo solches zulässig durch Erklärung zu Protokoll zu stellen; in demselben sind die zur Begründung erforderlichen Umstände anzuführen und die Mittel zu ihrer Glaubhaftmachung anzugeben. Zugleich mit dem Antrage ist auch die versäumte Prozeßhandlung, also bei Versäumung einer Frist der befristete Parteiantrag, bei Versäumung einer Tagsatzung dasjenige nachzuholen, was von der säumigen Partei zur Vorbereitung der mündlichen Verhandlung vorzubringen war. Ist der Restitutionsantrag nicht sofort zurückzuweisen, so hat das Gericht — bei Wiedereinsetzung gegen die Versäumung der ersten Tagsatzung der diese Tagsatzung leitende Richter § 37 Z. 5 Ger.O. — nach vorgängiger mündlicher Verhandlung durch Beschluß zu entscheiden § 149. Gegen die Entscheidung, wodurch die Wiedereinsetzung bewilligt wird, ist Rechtsmittel nicht zulässig § 153; vorbehalten ist lediglich die Nichtigkeitsklage. Dem Restitutionswerber ist, gleichviel ob die Wiedereinsetzung bewilligt oder verweigert wird, der Ersatz der Kosten des Restitutionsverfahrens und der Kosten des infolge der Wiedereinsetzung unwirksam gewordenen Verfahrens (im Sinne des § 48 von amtswegen) aufzuerlegen § 154. Die Kostenentscheidung ist anfechtbar. Durch die Bewilligung der Wiedereinsetzung tritt der Rechtsstreit in die Lage zurück, in welcher er sich vor Eintritt der Versäumung befunden hat; ein infolge der Versäumung bereits erlassenes Urteil ist im Falle der Bewilligung der Restitution wieder aufzuheben. Wurde eine Tagsatzung versäumt, so kann bei der über den Antrag auf Wiedereinsetzung anberaumten Tagsatzung die Streitsache, für welche Wiedereinsetzung angesucht ist, gleichzeitig mit dem Restitutionsantrag, oder auch sofort nach Bewilligung des letzteren verhandelt werden § 150.

Der Antrag auf Wiedereinsetzung hemmt den Fortgang des Rechtsstreites nicht; doch kann das Gericht auf Antrag die einstweilige Aussetzung des Rechtsstreites anordnen, wenn dies nötig erscheint, um der voraussichtlich zu bewilligenden Wiedereinsetzung vollen Erfolg zu sichern und dadurch dem Gegner ein erheblicher Nachteil nicht zugefügt wird. Wird der Rechtsstreit zu dieser Zeit in höherer Instanz verhandelt, so ist diese von der Anordnung der Unterbrechung des Verfahrens zu verständigen. Nach Erledigung des Restitutionsantrages ist das unterbrochene Verfahren auf Antrag oder von amtswegen aufzunehmen § 152.

Wird von derselben Partei die Wiedereinsetzung gegen ein infolge Versäumung ergangenes Urteil und die Wiedereinsetzung gegen den Ablauf der Frist zur Berufung wider dieses Urteil begehrt, so ist das Verfahren über letzteren Wiedereinsetzungsantrag bis nach rechtskräftiger Entscheidung (s. § 153) über das erstere Wiedereinsetzungsbegehren zu verschieben § 147.

Vierter Abschnitt.

Schutz gegen Mißbrauch der Prozeßrechte.

§ 33. Die Schutzmittel gegen Mißbrauch.

I. Der Prozeß bezweckt staatlichen Schutz der Privatrechte. Gestattet ist, was diesem Zwecke dienlich ist, gestattet insbesondere den Parteien freier Gebrauch der Angriffs- und Verteidigungsmittel. Abgewehrt ist, was dem Prozeßzwecke hemmend oder hindernd entgegentritt; abgewehrt auch Vereitelung oder Erschwerung der Rechtsdurchsetzung durch Verheimlichung von Vermögen. Anerkannt ist eine Pflicht der Parteien „zu wahrer und vollständiger Angabe des Sachverhaltes“ § 178, worauf der Richter angemessenen Einfluß nehmen soll.

II. Zur Abwehr von Prozeßverzögerung verpflichtet das Gesetz die Parteien zu rechtzeitigem Gebrauch der Angriffs- und Verteidigungsmittel. Versäumte Prozeßhandlungen können im Instanzenzuge nicht eingeholt werden § 482. Verspätetes, noch nicht versäumtes Vorbringen ist bei Verschleppungsabsicht auszuschließen §§ 179, 181, 278; auch rechtzeitiges Vorbringen ist auszuschließen, wenn die Verschleppungsabsicht erkenntlich wird § 275.

III. Zur Abwehr von Mutwillen und Ordnungswidrigkeit dienen Strafen. Eine Ordnungsstrafe ist zu verhängen bei gröberer Ungebühr in Schriftsätzen § 86, — bei solcher Ungebühr in der mündlichen Verhandlung §§ 199 und 200 C.P.O. und § 87 Ger.O., — gegen Zeugen und Sachverständige, welche der Ladung nicht Folge leisten §§ 333, 354 C.P.O. und § 89 Ger.O., — gegen Advokaten, wenn sie thatsächliche Behauptungen und Beweismittel aus grobem Verschulden verspätet vorbringen § 179. — Eine Mutwillensstrafe ist zu verhängen bei Erschleichung des Armenrechtes § 69, — bei mutwilligem Bestreiten der Echtheit einer Urkunde § 313, — bei mutwilliger Verweigerung der Aussage von Zeugen und Sachverständigen §§ 326, 354, — bei mutwilliger Revision § 512, — bei mutwilligem Rekurs gegen den Beschluß eines Gerichtes zweiter Instanz § 528, — bei wissentlich unwahren Angaben in der Verhandlung über die vorläufige Feststellung des Lastenstandes § 168 Ex.O. — Für solche Strafen ist ein Maß bestimmt. Es darf eine Ordnungsstrafe 50 fl., gegen Advokaten, gleichviel ob sie im eigenen oder fremden Namen Prozeß führen, (nach § 200 gegen einen Prozeßbevollmächtigten schlechthin) 100 fl., — eine Mutwillensstrafe 300 fl. nicht übersteigen. Solche Strafen fließen dem Armenfonde des Wohnsitzes der bestraften Person, und wenn diese im Geltungsgebiete der C.P.O. keinen Wohnsitz hat, dem Armenfonde des Ortes zu, in welchem das strafende Gericht seinen Sitz hat. Bei Zahlungsunfähigkeit ist die Geldstrafe in Haft umzuwandeln; diese Haft darf zehn Tage nicht übersteigen § 220. Bei Ausübung der Sitzungspolizei kann sofort Haft bis zu drei Tagen verhängt werden § 199. Strafverfügungen sind von amtswegen zu vollziehen § 220. Die in Ausübung der Sitzungspolizei ergangenen Strafverfügungen sind sofort, andere Strafverfügungen erst nach Rechtskraft des Beschlusses vollstreckbar §§ 201 und 524. — Ein Entschädigungsbetrag kann zuerkannt werden, wenn die unterliegende Partei (offenbar mutwillig) den Prozeß geführt hat § 408, und wenn bei Verhandlung zur Feststellung des Lastenstandes wissentlich unwahre Angaben gemacht wurden § 168 Ex.O.

IV. Zur Abwehr von Gefährde fordert das Gesetz Glaubhaftmachung („Bescheinigung“!) der einen Antrag begründenden Thatsachen. Es ist Glaubhaftmachung die Beistellung liquider, d. i. sofort ausführbarer Beweise, welche den Richter nicht überzeugen, sondern nur für die Wahrannahme geneigt machen sollen. Zulässig sind alle Beweismittel mit Ausschluß eidlicher Vernehmung der Parteien. Glaubhaftmachung ist gefordert, wo es sich um Zulassung eines Prozeßmittels handelt, also in Fällen, wo eine fehlerhafte Wahrannahme für den Gegner keinen Sachnachteil zur Folge hat. Sie ist gefordert zur Begründung der Ablehnung des Richters und der Sachverständigen

§ 22 J.N., § 355 C.P.O.; — zur Erwirkung der Erstreckung einer Tagsatzung § 135, der Verlängerung und Abkürzung einer Frist §§ 128, 129, — der Wiedereinsetzung § 149, — der Aufnahme eines unterbrochenen Verfahrens §§ 156, 164, — der nachträglichen Zulassung einer Prozeßhandlung §§ 263, 289, 538, — zum Antrag auf Edition §§ 303, 308; zur Erwirkung der Beweisaufnahme zur Beweissicherung § 386.

Zur Abwehr von Gefährde ist in vereinzelten Fällen Sicherheitsleistung gefordert, so bei vollmachtsloser Vertretung § 38, — bei Verurteilung zur Entrichtung einer Geldrente wegen Tötung, Körperverletzung und Freiheitsentziehung § 408, — zur Abwehr provisorischer Verfügungen im Besitzstörungsverfahren § 458 und vielfach im Zwangsvollstreckungsverfahren (§§ 44, 220, 229, 266, 304, 306, 390 Ex.O.). Eine besondere Kautionspflicht trifft bezüglich der Prozeßkosten den Kläger, wenn er Ausländer ist. Als Schutzmittel gegen Mißbrauch wirkt endlich die Verpflichtung der Partei zum Ersatze der Prozeßkosten.

§ 34. Sicherheitsleistung.

I. Das Prozeßrecht (die C.P.O. § 56, die Ex.O. §78) fordert als Regel Sicherheitsleistung durch gerichtlichen Erlag von Bargeld oder von solchen inländischen Wertpapieren, welche sich zur Anlegung von Pupillengeldern eignen; in Ermanglung solcher Wertschaft von anderen inländischen an einer Börse notierten Wertpapieren, welche nach richterlichem Ermessen genügende Deckung bieten. Die Wertpapiere dürfen nicht außer Kurs gesetzt (? zur Amortisation aufgerufen), und müssen mit den laufenden Zins- oder Gewinnanteilscheinen und Talons versehen sein. Sie sind nach dem Kurse des Erlagstages zu berechnen. Es genügt bei Papieren, welche sich zur Anlegung von Pupillengeldern eignen, ein Kurswert in der Höhe des sicherzustellenden Betrages; bei jenen Wertpapieren, welche nach richterlichem Ermessen als Deckung gelten, kann ein den sicherzustellenden Betrag übersteigender Kurswert gefordert werden. — Als Wertpapiere, welche nach richterlichem Ermessen Deckung bieten, sind besonders genannt Einlagsbücher einer inländischen Sparkasse (ohne Beschränkung auf jenen Betrag, bis zu welchem Mündelgelder derart fruktifiziert werden können, Mot. 207) und einer inländischen landwirtschaftlichen oder sonstigen Vorschußkasse. Vorbehalten ist dem Richter, eine Sicherheitsleistung mittels einer gesetzliche Sicherheit, (d. i. Sicherheit gemäß § 1374 B.G.B.) bietenden Hypothek an einem inländischen Grundstücke oder durch zahlungsfähige Bürgen, die im Inlande ihren allgemeinen Gerichtsstand haben, zuzulassen, wenn eine andere Art der Sicherheit nicht oder nur schwer beschafft werden kann. — Der gerichtliche Erlag ist Pfand für den sicherzustellenden Anspruch § 56.

II. Die Sicherheitsleistung für die Prozeßkosten. Zur Sicherstellung der Prozeßkosten ist (neben dem vollmachtslosen Vertreter § 38) der Ausländer (eine Person, welche nicht das Staatsbürgerrecht in den Reichsratsländern genießt Art. 29 C.P.O.) verpflichtet, welcher hierlands als Kläger (als Mitkläger, als Intervenient des Klägers §§ 41, 46) auftritt. Die nach der K. Verordn. vom 29. November 1865 R. 127 und den Gesetzen vom 29. März 1873 R. 42 und vom 27. Juni 1878 R. 60 im Inlande zum Geschäftsbetriebe zugelassenen Aktiengesellschaften und Kommandit-A.G. sind den Inländern gleichzuachten. Ein Inländer ist zur Sicherstellung der Prozeßkosten nur verpflichtet gemäß den Bestimmungen über das Exekutions- und Sicherungsverfahren.

Der Ausländer ist zur Sicherstellung der Prozeßkosten nicht verpflichtet: a) wenn er ungarischer Staatsbürger ist und dem stehenden Heere oder der Kriegsmarine angehört, oder bei einer Behörde der gemeinsamen Angelegenheiten angestellt ist Art. 29 C.P.O.; — b) bei Klagen, welche auf Grund des internationalen Frachtvertrages erhoben worden § 56 Ges. vom 14. Oktober 1890 R. 186 ai. 1892; — c) bei Klagen aus dem Ratengeschäfte, ausgenommen das Geschäft ist für den Käufer ein Handelsgeschäft §§ 7 und 10 Ges. vom 27. April 1896 R. 70; — d) gemäß § 57: 1. wenn durch Staatsverträge anderes festgesetzt ist; — 2. wenn nach dem Gesetze des Staates, welchem der Kläger angehört, Österreicher im gleichen Falle von solcher Verpflichtung frei sind, worüber bei

Zweifel bindende Erklärung des Justizministers einzuholen ist; — 3. wenn der Kläger im Geltungsgebiete der C.P.O. ein zur Deckung der Prozeßkosten hinlängliches Vermögen an unbeweglichen Gütern oder an Forderungen besitzt, die auf solchen Gütern bücherlich sichergestellt sind; — 4. bei Klagen in Ehestreitigkeiten; — 5. bei Klagen im Mandats- und Wechselverfahren, bei Widerklagen, sowie bei Klagen, welche infolge einer öffentlichen gerichtlichen Aufforderung angestellt werden; — c) nach § 64 bei Zuerkennung des Armenrechtes.

Der ausländische Kläger ist zur Sicherstellung der Prozeßkosten zu verpflichten auf Antrag des Beklagten, nicht auch des Nebenintervenienten desselben (vergl. § 60 Abs. 3). Den Antrag muß der Beklagte bei sonstigem Ausschluß in der ersten Tagsatzung und vor Einlassung in die Hauptsache stellen. In einem späteren Zeitpunkte kann der Beklagte nur dann Sicherstellung verlangen, wenn der Kläger während des Rechtsstreites die Eigenschaft eines Inländers verliert, oder die Voraussetzung, unter welcher der Ausländer von der Sicherheitsleistung befreit war, wegfällt und nicht schon ein zur Deckung der Prozeßkosten ausreichender Teil des erhobenen Anspruches außer Streit gestellt ist. Auch dieser Antrag muß unverzüglich, d. h. vor jedem einen Verzicht begreifenden Prozeßakt gestellt werden. In dem Antrage auf Kaution ist die Höhe der Sicherheitssumme anzugeben §§ 58, 59. — Der rechtzeitig gestellte Antrag entbindet den Beklagten von der Verpflichtung zur Fortsetzung des Verfahrens in der Hauptsache § 61, doch nicht von der Geltendmachung jener Prozeßeinreden, welche in die erste Tagsatzung verwiesen sind.

Über den Antrag ist nach mündlicher Verhandlung von dem die erste Tagsatzung leitenden Richter, und wenn er im späteren Verfahren gestellt wird (§ 58), von dem Gerichte, bei welchem die Rechtssache hängt, durch Beschluß zu entscheiden. Die Verhandlung betrifft die Kautionspflicht, die Art der Sicherstellung, und die Höhe der Sicherheitssumme, für welche die Kosten maßgebend sind, welche der Beklagte zu seiner Verteidigung wahrscheinlich aufzuwenden haben wird § 60. — Wird der Antrag abgewiesen, so kann das Gericht die Fortsetzung des Verfahrens anordnen, ohne die Rechtskraft des Beschlusses abzuwarten; gegen diese Anordnung hat Rekurs nicht statt § 61. — Wird dem Antrag stattgegeben, so ist der Kläger (Mitkläger, Intervenient) zu verpflichten, in bestimmter Frist einen bestimmten Betrag durch gerichtlichen Erlag (oder in anderer nach § 56 zugelassenen Art) sicherzustellen, oder die Unfähigkeit zur Sicherstellung eidlich zu bekräftigen § 60 Abs. 1. In der Ausfertigung des Beschlusses ist dem Kläger bekannt zu geben, daß im Falle fruchtlosen Ablaufes der bestimmten Frist auf Antrag des Beklagten die Klage für zurückgenommen (der Mitkläger als ausgeschieden, die Intervention als unstatthaft) erklärt, bezw. das vom Kläger eingelegte Rechtsmittel als zurückgezogen angesehen würde. Zur Ableistung des Paupertätseides (nach dem Ges. vom 3. Mai 1868 R. 33, Art. 40 C.P.O.) hat sich der Kläger bei dem Prozeßgerichte zu erbieten; die Eidesleistung kann bei dem Gericht des Aufenthaltes des Klägers erfolgen. Entspricht der Kläger dem an ihn ergangenen Auftrage nicht, so ist auf Antrag des Beklagten die Versäumungsfolge durch Beschluß festzustellen § 60; bis zum Antrag ist Einholung der Versäumung zulässig § 145. Der Beschlußfassung hat eine mündliche oder schriftliche Einvernehmung des Klägers vorauszugehen § 60. Über einen Antrag auf Kostenersatz ist nach mündlicher Verhandlung mit Beschluß zu entscheiden § 237. — Bei rechtzeitigem Erlag der Kaution bezw. Ableistung des Paupertätseides ist das Verfahren in der Hauptsache auf Antrag einer der Parteien (§ 167) fortzusetzen § 62. Die bestellte Sicherheit ist Pfand, das mit Wegfall des Anlasses für die Bestellung nicht hinfällig wird.

Der Beklagte kann Ergänzung der Sicherstellung fordern, wenn sie sich im Laufe des Rechtsstreites unzulänglich erweist; der Antrag ist nicht streithindernd; in dem Beschlusse auf weitere Sicherheit ist eine Leistungsfrist zu bestimmen, nach deren Ablauf Exekution statthaft ist § 62.

§ 35. Der Prozeßkostenersatz.

I. Die Kosten der Prozeßführung bestreitet zunächst jene (Haupt- oder Neben-)Partei, welche sie durch ihre Prozeßthätigkeit veranlaßt. Die Kosten solcher gerichtlichen Handlungen, welche von beiden Parteien gemeinschaftlich veranlaßt, oder vom Gerichte im Interesse beider Parteien auf Antrag oder von amtswegen vorgenommen werden, haben die Parteien gemeinschaftlich zu bestreiten. Bei Aufnahme von Beweisen ist eventuell Kostenvorschuß aufzutragen. Der Anspruch einer Partei auf Ersatz der von ihr bestrittenen Prozeßkosten ist im allgemeinen nach den Bestimmungen der C.P.O. zu beurteilen § 40.

II. Grundsätzlich hat die in dem Rechtsstreite vollständig unterliegende Partei ihrem Gegner alle durch die Prozeßführung (und die Vorbereitung derselben) verursachten Kosten zu ersetzen, welche zu zweckentsprechender Rechtsverfolgung oder Rechtsverteidigung notwendig waren (objektives Ersatzprincip). Ob ein Kostenaufwand so notwendig war, hat das Gericht bei Feststellung des Kostenbetrages ohne Zulassung eines Beweisverfahrens nach sorgfältigem Ermessen zu bestimmen § 41. Als zweckentsprechender Kostenaufwand gelten für jeden Prozeß die Gebühren und Auslagen des die Partei vertretenden Advokaten (§ 42 Abs. 2, 434). Die Notwendigkeit und Zweckmäßigkeit der Mehrkosten, welche durch die Zuziehung eines nicht am Sitze des Prozeßgerichtes oder des ersuchten Richters wohnenden Advokaten entstanden sind, hat das Gericht zu beurteilen. Für die gleichzeitige Vertretung der nämlichen Partei durch mehrere Advokaten gebührt Ersatz wie bei einfacher Vertretung, — ebenso bei successiver Vertretung, wenn nicht ein Wechsel in der Person des Advokaten eintreten mußte § 41. Streitgenossen gelten als selbständige Parteien § 13. Soweit das Maß der Entlohnung der Advokaten und ihrer Kanzleien durch Tarife geregelt ist, hat auch der Gegenpartei gegenüber die Feststellung des Kostenbetrages nach diesen Tarifen zu geschehen § 41. — Für die persönliche Bemühung kann die Partei bei Feststellung der Prozeßkosten eine Vergütung nicht beanspruchen; doch gebührt ihr Ersatz für den durch Zeitversäumnis entstandenen Schaden und für Reiseauslagen, wenn ihr persönliches Erscheinen vor Gericht notwendig war und insbesonders, wenn die Partei bei dem Bezirksgerichte ohne einen Bevollmächtigten erscheint § 42. Advokaten, Notare und Richter liquidieren bei Selbstvertretung die Kosten rechtsfreundlicher Vertretung § 28. Bei Vertretung durch einen Bevollmächtigten, welcher nicht dem Advokaten- oder Notariatsstande angehört, obliegt dem sachfälligen Gegner nur der Ersatz der Staatsgebühren und der durch die Prozeßführung (nicht auch durch Reisen A.B. 22) verursachten notwendigen Barauslagen § 42. Auf die Finanzprokuratur finden die Bestimmungen über Advokaten und deren Stellvertreter Anwendung Art. 32 C.P.O.

III. Wenn jede Partei teils obsiegt, teils unterliegt, so hat jede Partei die von ihr aufgewendeten Kosten selbst zu tragen (Kostenkompensation) oder es sind die Kosten verhältnismäßig zu teilen, wobei der zu ersetzende Betrag ziffermäßig oder im Verhältnis zum Ganzen „bestimmt“ (berechnet) werden kann § 43 Abs. 1. Der Betrag der zu ersetzenden Kosten muß spätestens in der schriftlichen Ausfertigung der Entscheidung festgesetzt sein § 53 Abs. 2. — Im Falle wechselseitigen Obsiegens kann der einen Partei Ersatz der gesamten dem Gegner erwachsenen Prozeßkosten auferlegt werden, wenn der Gegner nur mit einem verhältnismäßig geringen Teil seines Anspruches unterlegen ist und die Geltendmachung dieses Anspruchsteiles keine besonderen Kosten verursacht hat, oder wenn teilweise Sachfälligkeit schwer zu vermeiden war, weil der Betrag der Forderung von der Feststellung durch richterliches Ermessen, von der Ausmittelung durch Sachverständige oder von einer gegenseitigen Abrechnung abhängig war § 43.

IV. Ausnahmsweise ist die Partei, welche obsiegt, kostenersatzpflichtig. Es hat der Kläger dem Beklagten die Prozeßkosten zu ersetzen, wenn der Beklagte den in der Klage geltend gemachten Anspruch sofort in der ersten Tagsatzung anerkannt, zur Erhebung der Klage keinen Anlaß gegeben hat und bei Leistungsklagen auch sofort zahlt § 45. Der Kläger hat dem Beklagten weiter die Prozeßkosten zu ersetzen, wenn er die Klage zurücknimmt oder wenn die Klage als zurückgenommen gilt § 237, 238 und § 60. — Werden thatsächliche Behauptungen und Beweismittel unter Umständen angebracht, aus welchen das Gericht die Überzeugung gewinnt, daß sie die Partei früher geltend zu machen im stande war, und wird durch Zulassung eines solchen Vorbringens (§ 179) die Erledigung des Rechtsstreites verzögert, so kann das Gericht auf Antrag oder von amtswegen der Partei, welche solches Vorbringen gemacht hat, auch wenn sie obsiegt, den Ersatz der Prozeßkosten ganz oder teilweise auflegen § 44.

V. Kosten von Zwischenfällen im Laufe des Verfahrens können auf Antrag oder von amtswegen unabhängig von dem Ausgange des Rechtsstreites jener Partei auferlegt werden, welche den Zwischenfall vermöge ihres Verschuldens oder eines ihr widerfahrenen Zufalles veranlaßt hat § 48. Über solche Kosten ist in dem Beschluß zu erkennen, welcher den Zwischenfall erledigt § 52; ein obsiegliches Urteil in der Streitsache kann zur Wiedererstattung solcher Kosten nicht verpflichten. In einzelnen Fällen ist richterliches Ermessen ausgeschlossen. Es ist der Partei, welche zur Verlängerung einer Frist oder zur Erstreckung einer Tagsatzung Anlaß gegeben hat, Kostenersatz auf Antrag des Gegners aufzuerlegen § 142; — der Partei, welche Wiedereinsetzung beantragt hat, muß Kostenersatz auferlegt werden § 154. Bei Verwerfung des Antrages auf Berichtigung des Urteilsthatbestandes ersetzt der Antragsteller alle Kosten § 422.

Wird ein Verfahren in Folge eines Rechtsmittels oder von amtswegen aufgehoben oder dessen Nichtigkeit ausgesprochen, so sind regelmäßig die Kosten gegenseitig aufzuheben. Bei Verschulden einer Partei kann derselben auf Antrag oder von amtswegen der Ersatz der Kosten des aufgehobenen und des etwaigen Rechtsmittelverfahrens aufgetragen werden § 51. — Die Kosten eines abgeschlossenen Vergleiches sind, wenn nichts anderes vereinbart wird, als gegenseitig aufgehoben anzusehen; gleiches gilt von den Kosten des durch Vergleich erledigten Rechtsstreites, soweit nicht bereits einer Partei deren Ersatz rechtskräftig auferlegt ist. Bleiben Vergleichsverhandlungen erfolglos, so ist die Verpflichtung zum Ersatze der damit verbundenen Kosten von der Entscheidung der Hauptsache abhängig § 47. Außergerichtliche Vergleichsverhandlungen ergeben nicht Prozeßkosten.

VI. Ausnahmsweise sind Dritte kostenersatzpflichtig und zur Vermeidung des Regresses sofort ersatzpflichtig zu erkennen. Es kann dem Gerichte auf Antrag oder von amtswegen Kostenersatz auferlegt werden, wenn das Verfahren in Folge eines Rechtsmittels (auch der Nichtigkeitsklage) oder von amtswegen aufgehoben oder dessen Nichtigkeit ausgesprochen wird und solches veranlaßt ist durch ein offenbar grobes Verschulden des Gerichtes, welches den vorhandenen Aufhebungs- oder Nichtigkeitsgrund nicht beachtet oder die Aufhebung des Verfahrens selbst verursacht hat § 54 und 514. — Gesetzlichen Vertretern, Advokaten und anderen Bevollmächtigten kann auf Antrag oder von amtswegen auferlegt werden, jene Kosten zu tragen oder zu ersetzen, welche sie durch ihr grobes Verschulden verursacht haben. Das gilt insbesondere von den Mehrkosten bei überflüssiger Weitläufigkeit in den Schriftsätzen. Die Entscheidung über diese Ersatzpflicht hat, wenn sie nicht in das Urteil aufgenommen wird, mittels Beschlusses zu erfolgen; vor der Entscheidung ist der beteiligte Vertreter oder Bevollmächtigte zu hören; die Entscheidung ist nach Rechtskraft in das Vermögen dieser Personen vollstreckbar § 49. — Schadens- und Kostenersatz leistet der Zeuge bei ungerechtfertigter Verweigerung der Aussage oder des Eides § 326, — Kostenersatz bei Ausbleiben ohne genügende Entschuldigung § 333. Gleichen Ersatz leisten Sachverständige § 354.

VII. Die Bestimmungen betreffend die Entscheidung über Prozeßkosten sind auch maßgebend für die Entscheidung der Gerichte zweiter und dritter Instanz. Es trägt die beiderseitigen Kosten des Rechtsmittels jene Partei, welche es ohne Erfolg eingelegt hat. Wird in Folge eines Rechtsmittels die angefochtene Entscheidung abgeändert, so ist die neue Entscheidung der Streitsache für die Prozeßkosten aller Instanzen maßgebend. Der Umstand, daß eine Partei Sprüche der unteren Instanz für sich hat, ist für die Frage des Kostenersatzes nicht maßgebend § 50.

VIII. Besteht der zum Kostenersatze verpflichtete Teil aus mehreren Personen, so ist diesen der Kostenersatz nach Kopfteilen, bei erheblicher Verschiedenheit der Beteiligung aber nach dem Verhältnisse dieser Beteiligung aufzuerlegen. Wenn jedoch die zum Kostenersatze verpflichteten Personen nach dem bürgerlichen Rechte in der Hauptsache solidarisch haften (und als solidarisch haftend erkannt werden), so erstreckt sich diese Haftung ohne weiteres auch auf die dem Gegner zu ersetzenden Prozeßkosten; doch haben für Kosten, welche durch die von einzelnen Beteiligten vorgenommenen besonderen Prozeßhandlungen erwachsen sind, die übrigen Beteiligten nicht zu haften § 46. Diese Bestimmung gilt für den Fall der aktiven und passiven Streitgenossenschaft und für den Fall der streitgenössischen

Intervention; — sie gilt auch für andere Interventionsfälle; der Intervenient ersiegt **für sich** den Erlatz seiner Prozeßkosten § 41, — er hat die aus seiner Beteiligung erwachsenen Kosten zu ersetzen.

IX. In jeder Entscheidung (Urteil, Beschluß), welche eine Streitsache für die Instanz vollständig erledigt, ist auch über die Verpflichtung zum Kostenersatze zu entscheiden § 52. Ist über die von einer Partei begehrte Verpflichtung zum Kostenersatze nicht oder unvollständig erkannt, so ist die Entscheidung auf Antrag zu ergänzen § 423, 430. Vor vollständiger Erledigung einer Streitsache kann über den Kostenersatz durch Beschluß enschieden werden, wenn die Ersatzpflicht von dem Ausgange der Streitsache unabhängig ist (§ 48) § 52. In einem Teil- und Zwischenurteile ist, wenn das Gericht nicht in der Lage ist, hinsichtlich des abgeurteilten Anspruches zugleich über die Kosten zu entscheiden, auszusprechen, inwiefern solche Entscheidung dem weiteren Urteile vorbehalten bleibt § 52, 393, 394. Gleichzeitig mit der Entscheidung über die Verpflichtung zum Kostenersatze hat das Gericht außer dem Fall der Kostenkompensation auch den **Betrag** der zu ersetzenden Kosten festzustellen; eine Ausnahme ist zugelassen bei Verkündung des Urteiles oder Beschlusses vor der schriftlichen Ausfertigung desselben; in solchem Falle kann die Festsetzung des Kostenbetrages der schriftlichen Ausfertigung vorbehalten werden § 53.

Die Partei, welche Kostenersatz anspricht, hat **bei sonstigem Verlust des Ersatzanspruches** dem Gerichte rechtzeitig ein Verzeichnis der Kosten samt den zur Bescheinigung der Ansätze und Angaben etwa erforderlichen **Belegen** zu übergeben § 54. Ohne Kostenliquidation kann der Zuspruch von Prozeßkosten auch dann nicht erfolgen, wenn die Kosten von amtswegen (z. B. § 48, 49) oder kraft des Gesetzes (§ 154) einer Partei aufzuerlegen sind; der Richter wird, wo er von amtswegen zum Kostenersatze zu verpflichten hat, die Partei zur Kostenliquidation veranlassen.

Rechtzeitig ist die Kostenliquidation, wenn sie erfolgt vor Schluß der der Entscheidung über den Kostenanspruch vorangehenden mündlichen Verhandlung und wenn die Beschlußfassung ohne solche Verhandlung erfolgen soll, bei Einvernehmung der den Kostenersatz ansprechenden Partei oder gleichzeitig mit dem der gerichtlichen Beschlußfassung zu unterziehenden schriftlichen oder protokollarischen Antrag, — bei Zurücknahme der Berufung oder Revision innerhalb acht Tagen von der Verständigung § 489, 513. Bei Zurücknahme der Klage mittels Schriftsatz ist die Kostenliquidation nicht befristet und mündliche Verhandlung über den Kostenersatz angeordnet § 237. Wird der Kostenersatz während der mündlichen Verhandlung erhoben, so erstreckt sich diese Verhandlung auch auf den Kostenpunkt. In anderen Fällen hat (außer § 237) über die Kostenfrage eine besondere Verhandlung nicht statt, sondern erhält die Gegenpartei mit der Entscheidung über die Kostenfrage eine Ausfertigung des Kostenverzeichnisses zugestellt, um ihre Beschwerde gegen die Entscheidung geltend zu machen. Wird das Verfahren durch mehrere Instanzen fortgesetzt, so hat über die Kostenpflicht jeweilig das Gericht zu entscheiden, vor welchem der Rechtsstreit gerade anhängig ist (Mot. 206); wird dort die Kostenliquidation versäumt, so verliert die Partei den Anspruch auf Ersatz der bezüglichen Prozeßkosten.

X. Die in einem **Urteile** der ersten oder der Berufungsinstanz ergangene Entscheidung über die Prozeßkosten kann gleichzeitig mit der in der Hauptsache ergangenen Entscheidung angefochten werden; wird lediglich die Entscheidung des Kostenpunktes angefochten, so hat das mit Rekurs zu geschehen § 55. Wird wegen der Kosten Rekurs und von der Gegenpartei wegen der Sachentscheidung Berufung erhoben, so sind beide Rechtsmittel gleichzeitig vorzulegen und zu erledigen.

XI. Die Bestimmungen über Kostenzuspruch gelten für alle Prozeßparteien, also auch für den Fiskus (Hfd. vom 27. Dez. 1782 Nr. 110, und 3. August 1785 Nr. 393), für die Konkursmasse (§ 131 Kon.O.), für die Partei mit Armenrecht § 70 und für jene Partei, für welche ein Kurator den Prozeß führt.

§ 36. Das Armenrecht.

I. Auf das Armenrecht im Prozesse hat jener **Inländer** Anspruch, welcher den voraussichtlichen Prozeßaufwand ohne Beeinträchtigung des für ihn und seine Familie erforderlichen notdürftigen Unterhaltes zu bestreiten außer stande ist, — ein Ausländer nur im Falle und nach Maßgabe der Reciprocität, worüber im Zweifel bindende Erklärung des Justizministers einzuholen ist § 63. Das Zeugnis über die Mittellosigkeit ist von dem Vorstand jener Gemeinde auszufertigen, in welcher die Partei zur Zeit ihren Wohnsitz oder (dauernden) Aufenthalt hat und bedarf — außer Gemeinden mit eigenem Statut — der Bestätigung der politischen Bezirksbehörde § 65 u. M.V. vom 23. Mai 1897 R. 130. Beschwerden wegen Verweigerung des Zeugnisses durch den Gemeindevorsteher erledigen die Bezirksbehörden; — Beschwerden gegen die Verweigerung des Zeugnisses in Gemeinden mit eigenem Statut, gegen die Verweigerung der Bestätigung durch die Bezirksbehörde und gegen die von der Bezirksbehörde beschlossene Abweisung einer Beschwerde erledigt die politische Landesbehörde. Diese entscheidet endgültig. Die Beschwerdefrist beträgt 14 Tage § 19 cit. M.V. und § 1 Ges. vom 12. Mai 1896 R. 101. Für Pflegebefohlene kann das Zeugnis von der Pflegschaftsbehörde ausgestellt werden § 65; Verweigerung des Zeugnisses unterliegt sohin den Rechtsmitteln des K.P. vom 9. Aug. 1854 R. 208. — In dem Zeugnisse muß das Einkommen, welches die Partei durch ihren Erwerb oder aus anderen Quellen bezieht, angegeben und unter Namhaftmachung der Personen, für deren Unterhalt die Partei zu sorgen hat, das Unvermögen zur Bestreitung der Prozeßkosten bestätigt werden § 65. Das Zeugnis bedarf neuerlicher Bestätigung, wenn es vor mehr als einem halben Jahr vor Anbringung des Gesuches um Bewilligung des Armenrechtes ausgefertigt und bestätigt wurde § 6 cit. M.V.

Berechtigt zur Entscheidung über die Gewährung des Armenrechtes ist das Prozeßgericht I.J., auch wenn es erst für das Rechtsmittelverfahren angesucht wird. Das Ansuchen kann schriftlich oder (bei der Gerichtskanzlei § 56 Ger.O. und § 319 Gesch.O.) zu Protokoll bei dem Prozeßgericht oder wenn die Partei ihren Wohnsitz oder ständigen Aufenthalt nicht im Sprengel des Prozeßgerichtes hat, bei dem Bezirksgerichte ihres Wohnsitzes oder ständigen Aufenthaltes angebracht werden; dabei ist das Mittellosigkeitszeugnis vorzulegen und die Rechtssache zu bezeichnen, für welche das Armenrecht bewilligt werden soll § 65, eventuell auch die Bitte um Bestellung eines offiziösen Vertreters zu stellen § 64 Z. 3 (S. unten II). Eine Vorprüfung, ob die beabsichtigte Rechtsverfolgung oder Rechtsverteidigung aussichtslos ist, hat nicht statt. Das Ansuchen des Beklagten um Armenrecht ist nicht Verzicht auf die Inkompetenzrüge.

II. Das anerkannte Armenrecht bewirkt: 1. die Befreiung von der Sicherheitsleistung für die Prozeßkosten; — 2. die einstweilige Befreiung (Stundung) von den aus Anlaß des Rechtsstreites zu entrichtenden Stempel- und anderen Staatsgebühren; — 3. die vorschußweise Bestreitung der mit der Prozeßführung verbundenen Barauslagen § 64 Z. 5 aus dem Staatsschatze (aus dem Amtspauschale § 134 Gesch.O.), nicht auch der Kosten, welche durch den Vollzug einer Haft entstehen. Ein Verzeichnis dieser Gebühren und Auslagen ist nach Schluß des Rechtsstreites dem Gebührenamte mitzuteilen, J.M.E. vom 20. Dzbr. 1862 R. 102 und § 136 Gesch.O.; — 4. für Rechtssachen, in welchen die Vertretung durch Advokaten geboten ist, die Bewilligung vorläufig unentgeltlicher Vertretung. Die Bewilligung unentgeltlicher Vertretung muß ausdrücklich begehrt werden im Gesuch um Bewilligung des Armenrechtes oder wenn sich die Veranlassung zur Bestellung eines Advokaten erst später ergiebt, bei Bestand dieser Veranlassung § 66. Die Entscheidung, in welcher diesem Begehren stattgegeben wird, ist in einer einzigen Ausfertigung dem Ausschusse der Advokatenkammer zuzustellen, welche den Advokaten für die arme Partei zu benennen hat, den Namen des bestellten Advokaten in den Beschluß einsetzt und diesen sohin der Partei zustellt § 66 C.P.O. und § 132 Gesch.O. Verweigert der Ausschuß der Advokatenkammer die Bestellung eines unentgeltlichen Vertreters, so steht Beschwerde an das O.L.G. zu § 16 Adv.O. — Der zur unentgeltlichen Vertretung bestellte Advokat leistet Vertretung bei Prozeßhandlungen innerhalb des Sprengels des Gerichtshofes I.J. seines Wohnsitzes. Tritt im Laufe des Rechtsstreites die Notwendigkeit ein, Prozeßhandlungen, für welche Advokatenzwang gilt, außerhalb dieses Gerichtshofssprengels vorzunehmen, so ist hierzu auf Antrag des bestellten Advokaten oder der armen Partei von dem Ausschusse der hiernach zuständigen Kammer ein Advokat des bezüglichen Gerichtshofssprengels

(Substitut Mot. 211) zu bestellen § 67. — 5. für den Fall, als in einer Rechtssache, für welche Advokatenzwang nicht gilt, die Klage bei einem Gerichte außerhalb des Wohnsitzes oder ständigen Aufenthaltes der armen Partei angebracht werden muß, begründet das Armenrecht die Befugnis, die Klage bei dem Bezirksgerichte des Wohnsitzes bezw. Aufenthaltes zu Protokoll zu erklären und zu begehren, daß dieses Protokoll dem Prozeßgerichte übersendet und von diesem für die arme Partei zur unentgeltlichen Wahrung ihrer Rechte bei der mündlichen Verhandlung ein Vertreter bestellt werde § 64. Mit solcher Vertretung sind Beamte der Staatsanwaltschaft oder richterliche oder nichtrichterliche Beamte des Prozeßgerichtes zu betrauen. Der amtliche Vertreter ist von der Übertragung der Vertretung an (also ohne Parteivollmacht) berechtigt zu allen Prozeßhandlungen, zu welchen die einem Advokaten erteilte Prozeßvollmacht ermächtigt § 133 Gesch.O.; die Befugnisse des § 31 Z. 3 und 4 stehen ihnen aber nicht zu; — 6. die Portofreiheit für die Korrespondenz des Gerichtes mit der Partei und dem offiziösen Vertreter und des letzteren mit dem Gerichte. Solche Korrespondenz ist von außen als die Armensache des N. betreffend zu bezeichnen. Eine nachträgliche Eintreibung dieser Gebühren hat nicht statt, Ges. vom 2. Okt. 1865 R. 108.

Das Armenrecht erstreckt sich auch auf das Rechtsmittelverfahren und das in der Rechtssache stattfindende Exekutionsverfahren; wenn jedoch zwischen der rechtskräftigen Beendigung des Prozesses und der Einleitung der Exekution mehr als ein halbes Jahr verstrichen ist, muß das Armenrecht für das Exekutionsverfahren bei dem zur Exekutionsbewilligung zuständigen Gericht besonders erwirkt werden. — Das Armenrecht übergeht nicht auf die Rechtsnachfolger. Falls von Streitgenossen nur einer oder einige das Armenrecht genießen, sind die Stempel- und andere Staatsgebühren von den übrigen Streitgenossen im vollen Betrage zu entrichten § 1 und 2 Ges. vom 23. Mai 1897 R. 130.

III. Das bewilligte Armenrecht erlischt: a) wenn die arme Partei stirbt. Der für die Partei bestellte Vertreter kann Enthebung fordern; — b) wenn die Voraussetzungen für die Bewilligung des Armenrechtes durch Änderung in den Vermögensverhältnissen entfallen. In solchem Falle ist das Erlöschen des Armenrechtes vom Prozeßgericht I.J. von amtswegen oder auf Antrag (der Justizverwaltungsorgane, der Finanzbehörde, des zur Vertretung bestellten Advokaten) durch Beschluß auszusprechen § 68. Dieser Beschluß bewirkt Enthebung des Advokaten von der Vertretung. — c) Nach Art. 33 C.P.O. kann der zur Vertretung der armen Partei bestellte Advokat (nicht auch der gemäß § 64 Z. 4 bestellte Vertreter), wenn die ihm übertragene Vertretung mutwillig oder aussichtslos erscheint, bei dem Gerichte I.J. um Enthebung ansuchen, worüber nach Anhörung der armen Partei mit Beschluß zu entscheiden ist. Mit der rechtskräftigen Bewilligung der Enthebung erlischt das Armenrecht. — Das Erlöschen des Armenrechtes verpflichtet nicht zur Nachzahlung (Vgl. § 71).

Das Armenrecht ist durch Beschluß des Prozeßgerichtes I.J. auf Antrag oder von amtswegen zu entziehen, sobald sich herausstellt, daß die Voraussetzungen schon in der Zeit der Bewilligung nicht vorhanden waren § 68. Diese Entziehung ist Enthebung des zur Vertretung bestellten Advokaten; sie verpflichtet die zum Armenrechte zugelassene Partei auf Antrag zu voller, oder nach dem Stand der Vermögensverhältnisse zu teilweiser Nachzahlung der Beträge, von deren Berichtigung sie einstweilen befreit war. Eine solche Partei ist zunächst zum Ersatz der aus der Staatskasse bestrittenen Barauslagen, dann zur Berichtigung der Gebühren des Advokaten, endlich zur Bezahlung der Stempel und anderen Staatsgebühren zu verpflichten. Der diesfällige Beschluß ist nach Rechtskraft vollstreckbar § 71. Die Einzahlung der vorgeschossenen Auslagen und Gebühren hat das Gericht (Zustellungsabteilung) zu betreiben § 134 Gesch.O. Hat die Partei das Armenrecht durch unwahre Angaben erschlichen, so ist auch eine Mutwillensstrafe zu verhängen § 69, die von amtswegen zu vollziehen ist § 220 (§ 104 Gesch.O.). — Wer in einem Zeugnisse behufs Erwirkung des Armenrechtes wissentlich unrichtige Angaben macht oder Unrichtiges wissentlich bestätigt, haftet für die Beträge, von deren Entrichtung die Partei einstweilen befreit war, für die Kosten einer etwaigen Advokatenvertretung und für allen sonstigen Schaden § 69. Zum Zwecke der Geltendmachung der staatlichen Ansprüche hat das Gericht der Finanzprokuratur Anzeige zu erstatten § 135 Gesch.O.

IV. Über den Antrag auf Bewilligung des Armenrechtes (§ 65), auf Bewilligung unentgeltlicher Vertretung durch einen Advokaten (§ 66), auf Erlöschen und Entziehung des Armenrechtes (§ 68) und auf Verpflichtung zur Nachzahlung bei Entziehung (§ 71) ist ohne vorhergehende mündliche Verhandlung, allenfalls nach Einholung notwendiger Erkundigung zu entscheiden § 72. Die Bewilligung des Armenrechtes bedarf bei Gerichtshöfen I.J. keinen Beschluß des Senates § 37 Ger.O. — Gegen die Entscheidung, durch welche das Armenrecht bewilligt, bezw. ein Advotat für die arme Partei bestellt wird, ist Rechtsmittel ausgeschlossen. In allen bezüglich des Armenrechtes vor Gericht vorzunehmenden Handlungen bedürfen die Parteien einer Vertretung durch einen Advokaten nicht § 72.

V. Das Ansuchen um Bewilligung des Armenrechtes und jeder bezüglich des Armenrechtes zulässige Parteiantrag berechtigt keine Partei zur Verweigerung der Einlassung in den Streit, oder der Fortsetzung der Verhandlung, zum Begehren um Erstreckung von Fristen oder Verlegung von Tagsatzungen. Es kann jedoch im Verfahren vor Gerichtshöfen weder wegen nicht rechtzeitiger Überreichung der Klagebeantwortung noch deswegen, weil die geklagte arme Partei in der ersten zur mündlichen Streitverhandlung bestimmten Tagsatzung ohne Advokaten erscheint, ein Versäumungsurteil gegen die arme Partei erlassen werden, wenn sie ohne Verzug nach Zustellung der Klage um Bewilligung des Armenrechtes angesucht hat, das Gesuch aber noch nicht erledigt ist, oder im Falle der Bewilligung für die arme Partei noch kein Advokat bestellt worden ist § 73.

VI. Das Armenrecht ändert nicht die Entscheidung über die Prozeßkosten; die arme Partei ersiegt deren Ersatz und wird eventuell zu solchem Ersatz verpflichtet. Wird dem Gegner der armen Partei der Ersatz der Prozeßkosten auferlegt, so können die dem Staate zu erstattenden Gebühren und Auslagen durch das Gericht (§ 134 Gesch.O.), die Gebühren und Auslagen des für die arme Partei bestellten Advokaten von diesem „unmittelbar bei dem Gegner eingehoben werden" § 70 Abs. 1, d. h. es ist der Gegner zur Zahlung an den Staat bezw. an den Advokaten zu verpflichten. Dabei kann der Gegner der armen Partei dem Advokaten (persönliche Gegenforderungen und darüber hinaus) lediglich Kosten aufrechnen, deren Ersatz der armen Partei in demselben Rechtsstreite auferlegt wurde § 70 Abs. 2. — Gelangt die arme Partei aus der Prozeßführung zu Zahlungsmitteln, so gilt für die Nachzahlung gleiches wie im Falle der Entziehung des Armenrechtes § 26 M.V. vom 9. Juni 1854 R. 169, § 16 Adv.O.

§ 37. Der Antrag auf Vermögensangabe.

I. Eine Klage auf eidliche Vermögensangabe ist zugelassen nach Art. 42 E.P.O. 1. wenn jemand nach Vorschrift des bürgerlichen Rechtes (Art. 30 E.P.O.) ein Vermögen oder Schulden anzugeben verpflichtet ist; 2. wenn jemand von der Verschweigung oder Verheimlichung eines Vermögens vermutlich Kenntnis hat. — Zur Klage berechtigt ein privatrechtliches Interesse an der Ermittelung des Vermögens- oder Schuldenstandes. Die Klage geht auf urteilsmäßige Verpflichtung, allenfalls unter Vorlage eines Verzeichnisses des Vermögens oder der Schulden anzugeben, was dem Beklagten von diesem Vermögen, von den Schulden, oder von der Verschweigung oder Verheimlichung des Vermögens bekannt ist, und die Richtigkeit und Vollständigkeit der Angabe durch Eid zu bekräftigen. Wird mit der Klage auf Angabe auch die Klage auf Herausgabe dessen verbunden, was der Beklagte aus dem zu Grunde liegenden Rechtsverhältnisse schuldet, so kann die bestimmte Angabe der Leistungen, welche der Kläger beansprucht, bis nach der eidlichen Angabe vorbehalten werden. Wird im Urteile die Verpflichtung zur Manifestation anerkannt, so ist eine den Verhältnissen entsprechende Frist zur Vorlegung oder zur Richtigstellung eines bereits vorliegenden Inventars und zum Eide zu bestimmen § 409, und bei Weigerung nach § 354 Ex.O. zu exequieren.

II. Eine Verpflichtung zum Offenbarungseide begründet der Konkurs. a) Im Falle der Eröffnung der Konkursverhandlung hat der Kridatar ein Vermögens- und Schuldenverzeichnis vorzulegen unter eigenhändiger Unterschrift und mit dem Erbieten zum Eide, „daß er in dem angegebenen Aktivstande nichts verschwiegen und in dem Passivstande nichts erdichtet habe.“ Nach Vollzug der Masseinventur hat der Konkurskommissär über Verlangen des Masseverwalters oder auch nur eines Gläubigers zur Ablegung des Eides Tagsatzung anzuordnen, und hierzu den Kridatar und die im Orte anwesenden Gläubiger zu laden. Der Kridatar kann gegen diese Anordnung binnen drei Tagen Beschwerde bei dem Konkursgerichte erheben, welches endgültig entscheidet. Das vorgelegte Inventar kann der Kridatar bei der Eidestagsatzung berichtigen. Bei Verweigerung verhängt die Konkursinstanz auf Kosten der Masse Haft über den Gemeinschuldner nach Maßgabe der Exekutionsordnung. Die Haft wird durch Beschluß des Konkursgerichtes auf Antrag des Gemeinschuldners oder des Konkurskommissärs behoben bei Ablauf von sechs Monaten, — vor Ablauf dieser Maximalfrist auf Antrag des Schuldners, des Massenverwalters oder des Konkurskommissärs und immer erst nach Anhörung des letztern, wenn weitere Haft nicht begründet erscheint. Von der Aufhebung der Haft ist die Staatsanwaltschaft zu benachrichtigen §§ 96, 97, 99, 100, 101 Kon.O. — b) Im Falle der Nichteröffnung der Konkursverhandlung wegen Unzulänglichkeit des Aktivums ist der Schuldner auf Antrag eines Gläubigers von der Konkursinstanz zum Eide zu verhalten: „daß er von seinem Vermögen nichts verschwiegen habe.“ Von der Verweigerung dieses Eides ist der Staatsanwaltschaft Anzeige zu erstatten § 66 Kon.O.

III. Ein Antrag auf eidliche Angabe (Offenbarungseid) hat weiter statt bei Erfolglosigkeit der Exekution §§ 47—49 Ex.O. Er hat statt: a) wenn die Sachen, wegen deren Herausgabe oder Leistung Exekution geführt wird, beim Verpflichteten nicht vorgefunden werden. Der Verpflichtete ist auf Antrag zu verhalten, unter Eid anzugeben, wo sich diese Sachen befinden, oder daß er sie nicht besitze und auch nicht wisse, wo sie sich befinden; — b) wenn der Vollzug einer Exekution wegen Geldforderungen erfolglos bleibt, weil bei dem Verpflichteten keine Sachen, die in Exekution gezogen werden könnten, oder nur solche Sachen vorgefunden werden, deren Unzulänglichkeit mit Rücksicht auf ihren geringen Wert, oder die daran zu Gunsten anderer Gläubiger bereits begründeten Pfandrechte sich klar ergiebt, oder welche von Dritten in Anspruch genommen werden (§ 37 Ex.O.). Der Verpflichtete ist auf Antrag zu verhalten, ein Verzeichnis seines Vermögens vorzulegen, den Ort, an welchem sich die einzelnen Vermögensstücke befinden, anzugeben, in betreff seiner Forderungen den Grund und die Beweismittel zu bezeichnen und einen Eid zu leisten, daß seine Angaben richtig und vollständig seien, und daß er von seinem Vermögen wissentlich nichts verschwiegen habe. — In beiden Antragsfällen kann das Exekutionsgericht noch andere nach den gegebenen Verhältnissen zur Ausmittlung der herauszugebenden oder in Exekution zu ziehenden Sachen dienliche Umstände in den Offenbarungseid einbeziehen.

Über den Antrag des Gläubigers ist nach Einvernehmung des Verpflichteten mit Beschluß zu entscheiden; die Eidesleistung darf erst nach Rechtskraft des sie anordnenden Beschlusses erfolgen. Die Tagsatzung zur Eidesleistung ist durch Anschlag an der Gerichtstafel bekannt zu machen; die Aussage und Ablegung des Eides hat öffentlich zu erfolgen. Wenn der Verpflichtete bei der Eidestagsatzung nicht erscheint, oder die Leistung der Aussage oder des Eides verweigert, so hat das Exekutionsgericht gegen denselben auf Antrag und Kosten des Gläubigers Haft zu verhängen, welche nach § 360—366 Ex.O. zu vollziehen ist. Die Haft darf in ihrer Gesamtdauer sechs Monate nicht überschreiten § 48 Ex.O.; in der einzelnen Strafverfügung darf die Haft nicht für länger als zwei Monate verhängt werden. Nach Ablauf der in der Strafverfügung angegebenen Haftzeit ist der Verpflichtete von amtswegen aus der Haft zu entlassen § 361 Ex.O., wenn nicht eine neue Strafverfügung erwirkt ist.

Ist im Falle a) der Offenbarungseid abgelegt, so kann auf Antrag desselben betreibenden Gläubigers und wegen desselben Anspruches der Schuldner zur nochmaligen Leistung des Eides nur dann verhalten werden, wenn glaubhaft gemacht wird, daß sich seither die Sachlage in Bezug auf die Innehabung der Sache oder das Wissen des Verpflichteten geändert hat § 49 Abs. 2 Ex.O. Ist im Falle b) der Offenbarungseid geleistet, so ist der Schuldner auch dritten Gläubigern gegenüber zur nochmaligen Eidesleistung nur verpflichtet, wenn glaubhaft gemacht wird, daß er später Vermögen erworben habe. Gleicher Glaubhaftmachung bedarf es, wenn nach Vollstreckung der Maximalhaft neuerlich Haft zur Erzwingung eines Offenbarungseides verhängt werden soll § 49 Abs. 1 Ex.O.

Fünfter Abschnitt.

Das Verfahren im allgemeinen.

§ 38. Die Öffentlichkeit der Verhandlung.

I. Das Gericht verfügt und entscheidet: 1. sofort auf Grundlage des gestellten Antrages (z. B. §§ 550, 557, 558, 562 C.P.O., §§ 3, 55, 402 Ex.O.); — 2. nach amtlicher Erhebung der für die Beschlußfassung entscheidenden Umstände (z. B. § 60 J.N., §§ 72, 473, 509, 526 C.P.O.); — 3. nach mündlicher oder schriftlicher Einvernehmung der Beteiligten (z. B. §§ 128, 136, 165, 303, 308); — 4. regelmäßig nach mündlicher Verhandlung auf schriftlicher Grundlage.

II. Die Verhandlung vor dem erkennenden Gericht, einschließlich der Verkündigung der gerichtlichen Entscheidung erfolgt öffentlich. Als Zuhörer haben erwachsene unbewaffnete Personen Zutritt; Personen, welche vermöge ihres öffentlichen Dienstes Waffen zu tragen verpflichtet sind, darf deswegen der Zutritt nicht verweigert werden § 171. — Ausschluß der Öffentlichkeit ist a) geboten, bei Gefährdung der Sittlichkeit oder der öffentlichen Ordnung, und bei Besorgnis, daß die Öffentlichkeit zur Störung der Verhandlung oder Erschwerung der Sachverhaltsermittlung mißbraucht werden würde; — b) zugelassen auf Antrag auch nur einer der Parteien, wenn die Entscheidung die Erörterung und den Beweis von Thatsachen des (inneren) Familienlebens erfordert. — Der Ausschluß der Öffentlichkeit kann für die ganze Verhandlung oder für einzelne Teile derselben erfolgen; er schließt das Verbot öffentlicher Verlautbarung der Verhandlung in sich. Die Verkündigung des Urteiles muß jedenfalls öffentlich erfolgen § 172, — wenn solche Verkündigung überhaupt statthat § 415. Über einen Antrag auf Ausschluß der Öffentlichkeit ist in nicht öffentlicher Sitzung zu verhandeln. Der Beschluß auf Ausschluß der Öffentlichkeit ist, gleichviel ob er auf Antrag oder von amtswegen ergeht, öffentlich zu verkünden; gegen denselben ist abgesondertes Rechtsmittel nicht zuläſsig § 173. Ungerechtfertigter Ausschluß der Öffentlichkeit begründet Nichtigkeit des Urteils § 477, Z. 7, die von amtswegen zu beachten ist. — Bei Ausschluß der Öffentlichkeit kann jede Partei verlangen, daß außer ihrem Bevollmächtigten drei Personen ihres Vertrauens die Anwesenheit bei der Verhandlung gestattet werde, wenn sie als Zuhörer zuläſsig erscheinen; — es ist, wenn die Öffentlichkeit nicht auf Antrag wegen Erörterung von Thatsachen des Familienlebens ausgeschlossen wird, der Zutritt gestattet wirklich angestellten Richtern, Conceptsbeamten der Staatsanwaltschaft und des Justizministeriums und Advokaten § 174.

Nicht öffentlich ist die der Beschlußfassung über einen Antrag vorausgehende Einvernehmung oder Anhörung einer oder beider Parteien, — die außerhalb einer Verhandlung vor dem erkennenden Gericht stattfindende Einvernehmung von Parteien, Zeugen, Sachverständigen und anderen Personen § 175, — die Beratung und Abstimmung der Richter § 413 (zu welcher die im Vorbereitungsdienste stehenden Auskultanten und Rechtspraktikanten zugezogen werden können § 181 Gesch.O.) und die mündliche Verhandlung im Exekutionsverfahren § 59 Ex.O.

§ 39. Mündliche Streitverhandlung.

I. Vor dem erkennenden Gerichte ist der Rechtsstreit mündlich zu verhandeln. Die mündliche Verhandlung wird nach Aufruf der Sache von dem Vorsitzenden eröffnet. In derselben haben die Parteien ihre Anträge zu stellen und zu begründen. Die Begründung hat mündlich zu geschehen; das Ablesen schriftlicher Aufsätze ist unzulässig. Nimmt die Partei im Vortrage auf Schriftstücke (Schriftsätze, Protokolle, briefliche Beweise) Bezug, so sind diese nur insoweit vorzulesen, als diese Schriftstücke dem Gerichte oder dem Gegner noch unbekannt sind, oder als es auf deren wörtliche Fassung ankommt § 177. — In den Vorträgen haben die Parteien die zur Begründung ihrer Anträge und zur Bekämpfung der gegnerischen Anträge erforderlichen thatsächlichen Umstände der Wahrheit gemäß, vollständig und bestimmt anzugeben, die zur Feststellung ihrer Angabe nötigen Beweise anzubieten, sich über die vom Gegner vorgebrachten thatsächlichen Angaben und Beweise mit Bestimmtheit zu erklären, die Ergebnisse der geführten Beweise darzulegen und sich über die Beweisführungen des Gegners mit Bestimmtheit auszusprechen § 178. Vorbehalten sind den Parteien auch die das Streitverhältnis betreffenden rechtlichen Ausführungen § 177.

In einer erstreckten Tagsatzung hat der Richter (Vorsitzende) zunächst die wesentlichen Ergebnisse der früheren Verhandlung auf Grund des Verhandlungsprotokolles und der sonst zu berücksichtigenden Prozeßakten mündlich vorzuführen und hieran die Fortsetzung der Verhandlung anzuknüpfen § 138. Die Ergebnisse einer nicht von dem erkennenden Gerichte erfolgten Beweisaufnahme sind in der mündlichen Verhandlung zu geeigneter Zeit darzulegen § 287. Bei Veränderung in der Besetzung des Gerichtes ist die mündliche Verhandlung mit Benützung der Klage, der zu den Akten gebrachten Beweise und des Verhandlungsprotokolles von neuem durchzuführen § 412.

Die mündliche Verhandlung nach vorausgegangenem vorbereitenden Verfahren § 262, — die mündliche Berufungsverhandlung § 486 und die mündliche Revisionsverhandlung § 513 beginnt mit dem Vortrage eines Berichterstatters.

II. Die mündliche Verhandlung ist bis zu ihrem Schlusse ein Ganzes; es können bis zum Schlusse derselben neue Umstände und Beweise vorgebracht werden, wenn sie sich auf den Gegenstand dieser Verhandlung beziehen. Saumsal und Chikane ist abzuwehren. Wenn Behauptungen und Beweismittel unter Umständen vorgebracht werden, aus welchen das Gericht die Überzeugung gewinnt, daß die Partei imstande war, dieselben früher geltend zu machen und durch Zulassung solchen Vorbringens die Erledigung des Rechtsstreites verzögert wird, so kann das Gericht der säumigen Partei, auch wenn sie obsiegt, Kostenersatz auferlegen § 44. — Es kann das Gericht neue Behauptungen und Beweismittel unstatthaft erklären, wenn sie offenbar in der Absicht, den Prozeß zu verschleppen nicht früher vorgebracht wurden und deren Zulassung die Erledigung des Prozesses erheblich verzögern würde. Fällt dem Advokaten einer Partei hierbei grobes Verschulden zur Last, so kann gegen denselben auch eine Ordnungsstrafe verhängt werden § 179.

§ 40. Prozeßleitungs- und Aufklärungsrecht des Gerichtes.

I. Die Parteien bestimmen, welche Rechte sie angriffs- und verteidigungsweise geltend machen wollen, — über welche Ansprüche sie Urteil begehren. Den Parteien obliegt auch die Begründung ihrer Anträge durch Anführung der entscheidenden Thatsachen und der erheblichen Beweise. — Dem Gericht obliegt, für die Ordnung im Verfahren zu sorgen, die Verhandlung übersichtlich und einfach zu gestalten; — ihm steht aber auch eine Einflußnahme auf den Inhalt der Verhandlung und des Parteivorbringens (materielles Prozeßleitungs- und Aufklärungsrecht) zu. Im Gerichtshofsverfahren sind die Prozeßleitungsbefugnisse an den Vorsitzenden und den Senat verteilt.

II. Prozeßleitung des Vorsitzenden. — Der Vorsitzende eröffnet und leitet die mündliche Verhandlung; er schließt sie, wenn die Rechtssache vollständig erörtert ist. Er erteilt das Wort und kann es demjenigen entziehen, der seinen Anordnungen nicht Folge leistet, — er vernimmt die Personen, welche zur Aufklärung oder zum Zwecke der Beweisführung auszusagen haben — er verkündet die Entscheidungen; er hat Sorge zu tragen, daß die Sache erschöpfende Erörterung finde, doch überflüssige Weitläufigkeit und unerhebliche Nebenverhandlung abzuwehren, — er hat somit thunlich vorzusorgen, daß die Verhandlung ohne Unterbrechung zu Ende geführt werde § 180. Muß die Fortsetzung einer bereits begonnenen Verhandlung auf eine spätere Tagsatzung verlegt werden, so hat der Vorsitzende womöglich die neue Tagsatzung sofort zu bestimmen (§ 137) und alle Verfügungen zu treffen bezw. durch den Senat beschließen zu lassen, die erforderlich sind, um die Streitsache bei der nächsten Tagsatzung erledigen zu können. Er kann insbesondere den Parteien auftragen, binnen bestimmter Frist die als Beweismittel zu benützenden Urkunden zur Einsicht für den Gegner bei Gericht zu erlegen, und Namen und Wohnort einzuvernehmender Zeugen bekannt zu geben. Wenn die Partei, ohne diesem Auftrage nachzukommen, die geforderten Beweismittel erst bei der fortgesetzten Verhandlung vorbringt, so kann der Senat auf Antrag oder von amtswegen solches Vorbringen für unstatthaft erklären, falls durch dasselbe die Fortführung (der Abschluß) der Verhandlung verzögert würde § 181.

Bei der mündlichen Verhandlung hat der Vorsitzende durch Fragestellung oder in anderer Weise (!) darauf hinzuwirken, daß die für die Entscheidung erheblichen thatsächlichen Angaben gemacht, — ungenügende Angaben über die zur Begründung oder Bekämpfung des Anspruches geltend gemachten Umstände vervollständigt, — die Beweismittel bezeichnet, — die angebotenen Beweise ergänzt, — überhaupt alle Aufschlüsse gegeben werden, welche zur wahrheitsmäßigen Feststellung des Thatbestandes der von den Parteien behaupteten Rechte und Ansprüche notwendig erscheinen. — Wenn eine Partei in ihrem Vortrage von dem Inhalte eines von ihr überreichten Schriftsatzes abweicht, oder die Vorträge der Parteien mit sonstigen von amtswegen zu berücksichtigenden Prozeßakten nicht im Einklange stehen, hat der Vorsitzende darauf aufmerksam zu machen. Ebenso hat er die Bedenken hervorzuheben, welche in Ansehung der von amtswegen zu berücksichtigenden Punkte obwalten. Außer dem Vorsitzenden können auch die anderen Senatsmitglieder an die Parteien die zur Ermittlung des Streitverhältnisses und zur Feststellung des Thatbestandes geeigneten Fragen richten § 182. Es kann überdies jede Partei zur Aufklärung des Sachverhaltes über alle den Gegenstand des Rechtsstreites oder der mündlichen Verhandlung betreffenden, für die Prozeßführung erheblichen Umstände und insbesondere auch über das Vorhandensein und die Beschaffenheit der zur Prozeßführung dienlichen Urkunden, Auskunftssachen und Augenscheinsgegenstände an die anwesende Gegenpartei oder deren Vertreter Fragen durch den Vorsitzenden stellen lassen, oder mit dessen Zustimmung unmittelbar stellen § 184.

Kraft des materiellen Prozeßleitungsrechtes kann der Vorsitzende: 1. die Parteien (den Pflegebefohlenen, den Gemeinschuldner, die persönlich haftenden Gesellschafter, die Streitgenossen § 373) zum persönlichen Erscheinen bei der mündlichen Verhandlung auffordern; — 2. verfügen, daß die Parteien in ihren Händen befindliche Urkunden, auf welche sich die eine oder andere Partei berufen hat, Akten (eines gerichtlichen oder Verwaltungsverfahrens), Auskunftssachen oder Augenscheinsgegenstände, — daß sie Stammbäume, Pläne, Risse und sonstige (zur Veranschaulichung dienende) Zeichnungen, daß sie (die Übersicht erleichternde) Zusammenstellungen (auch wenn solche erst anzufertigen sind, Mot. 240) vorlegen und eine bestimmte Zeit bei Gericht belassen; — 3. die Herbeischaffung der bei einer öffentlichen Behörde oder bei einem Notar verwahrten Urkunden, auf welche sich eine der Parteien bezogen hat, die Herbeischaffung der Auskunftssachen und Augenscheinsgegenstände veranlassen; — 4. die Vornahme eines Augenscheines unter Zuziehung der Parteien und die Begutachtung von Sachverständigen anordnen, und Personen als Zeugen laden, von welchen nach der Klage oder dem Gange der Verhandlung erhebliche Aufklärung zu erwarten ist. — Die amtliche Beschaffung von Urkunden und die amtliche Ladung von Zeugen darf nicht erfolgen, wenn sich beide Parteien dagegen erklären § 183. Erhebungen im Umfange des § 183 können auch vor Beginn der mündlichen Verhandlung angeordnet werden, wenn zu besorgen ist, daß sich anderenfalls für die Entscheidung wichtige Umstände nicht mehr feststellen ließen oder ein Beweismittel nicht mehr oder nur unter erheblich schwereren Bedingungen benützt werden könnte § 183.

Ist eine ohne Bevollmächtigten erschienene Partei einer verständlichen Äußerung über den Verhandlungsgegenstand nicht fähig, so hat der Vorsitzende die Tagsatzung auf kurze Zeit zu erstrecken und die Partei anzuweisen, sich in der neuen Tagsatzung durch einen Bevollmächtigten, erforderlichenfalls durch einen Advokaten vertreten zu lassen, widrigens sie als ausgeblieben angesehen würde, da wiederholte Erstreckung aus diesem Grunde nicht statt hat. Gleich ist vorzugehen, wenn der Bevollmächtigte der Partei zu verhandeln unfähig und die Partei selbst nicht anwesend ist, oder zur Verhandlung nicht zugelassen werden darf. Ist ein gesetzlicher Vertreter verhandlungsunfähig, so hat der Vorsitzende wegen Bestellung eines geeigneten Bevollmächtigten die erforderlichen Aufträge zu erteilen § 185.

Wird eine prozeßleitende Anordnung, oder die Zulässigkeit der vom Vorsitzenden oder einem Mitgliede des Senates gestellten Frage bestritten, so entscheidet der Senat. Gegen die Entscheidung des Senates ist abgesondertes Rechtsmittel nicht zulässig. Gleiches gilt für den Beschluß, durch welchen neues Vorbringen als verschleppend (§ 179) oder als verspätet (§ 181) ausgeschlossen, und über die Zulässigkeit von Parteifragen entschieden wird § 186.

III. Prozeßleitung durch den Senat.

1. Das Gericht kann mehrere bei ihm anhängige Rechtsstreitigkeiten (das Berufungsgericht mehrere Berufungssachen) zu gemeinsamer Streitverhandlung verbinden, wenn sie zwischen den nämlichen Personen geführt werden, oder die nämliche Person verschiedenen Klägern oder verschiedenen Beklagten als Prozeßgegner gegenübersteht, und durch die Vereinigung voraussichtlich die Erledigung vereinfacht oder beschleunigt, oder der Prozeßaufwand gemindert wird. Die Verbindung bewirkt, daß Behauptungen und Beweise, welche für mehrere Rechtssachen erheblich sind, nur einmal ausgeführt werden müssen. Ob solcher Vorteil erreichbar ist, wird sich frühestens in der ersten Tagsatzung, eventuell nach der schriftlichen Klagebeantwortung, oder bei Beginn der mündlichen Streitverhandlung erkennen lassen. Bedarf die einzelne der verbundenen Rechtssachen noch einer besonderen Erörterung, so löst sich die Verbindung auf und schließt die Sonderverhandlung an die früher gemeinschaftliche Verhandlung an. Jede der verbundenen Streitsachen ist selbständig zu erledigen; gemeinschaftliches Urteil ist nur zulässig, wenn gemeinschaftlich verhandelte Rechtsstreitigkeiten zwischen denselben Parteien zu entscheiden sind § 187.

2. Das Gericht kann getrennte Verhandlung anordnen für die mehreren in der Klage geltend gemachten Ansprüche (für den Haupt- und Nebenanspruch, — im Falle subjektiver Klagenhäufung § 11 Z. 2, — bei objektiver Klagenhäufung § 227), — für die von dem Beklagten geltend gemachte Gegenforderung. Ergeben sich bei der Begründung oder Bekämpfung desselben Anspruches mehrere selbständige Streitpunkte, oder werden in Ansehung desselben Anspruches mehrere selbständige Angriffs- und Verteidigungsmittel geltend gemacht, so kann die Verhandlung zunächst auf einen oder einige dieser Streitpunkte beschränkt werden. Insbesondere kann abgesonderte Verhandlung angeordnet werden über den Grund des Anspruches, dessen Betrag gleichfalls bestritten ist § 393, und über die Prozeßeinreden der Unzuständigkeit, der Streithängigkeit und der Rechtskraft § 189.

3. In gesetzlich bestimmten Fällen verfügt das Gericht eine Unterbrechung (Aussetzung) des Verfahrens:

a) Es ist das Verfahren auszusetzen über Anzeige der Verwaltungsbehörde von der Erhebung eines positiven Kompetenzkonfliktes beim Reichsgerichte Art. 11 C.P.O., Ges. vom 18. April 1869 R. 44. Wird sohin das Civilgericht als zuständig erkannt, so ist das Verfahren auf Antrag fortzusetzen. — Es hat der Civilrichter auf Ersuchen des Strafgerichtes, bei welchem eine Verhandlung wegen unredlichen Vorganges bei Kreditgeschäften anhängig ist, jederzeit mit dem die fragliche Forderung betreffenden Verfahren innezuhalten Art. 11 C.P.O. und § 11 Ges. vom 28. Mai 1881 R. 47, und nach Wegfall des Grundes das Verfahren fortzusetzen.

b) Es kann eine Unterbrechung auch von amtswegen angeordnet werden, wenn die Entscheidung des Rechtsstreites von dem Bestehen oder Nichtbestehen eines Rechtsverhältnisses abhängt, welches Gegenstand eines anderen anhängigen Rechtsstreites ist, oder welches in einem anhängigen Verwaltungsverfahren festzustellen ist § 190; — ferner wenn sich im Laufe des Rechtsstreites (außer im Verfahren über Besitzstörungsklagen § 457) der Verdacht einer strafbaren Handlung ergiebt, deren Ermittlung und Aburteilung für die Entscheidung des Rechtsstreites von maßgebendem Einfluß ist. Diese Aussetzung verfügt das Gericht bei der mündlichen Verhandlung mit Beschluß, der sofort anfechtbar ist. Das unterbrochene Verfahren ist auf Antrag oder von amtswegen aufzunehmen § 191.

c) Es kann Unterbrechung des Verfahrens auf Antrag angeordnet werden bei Streit über die Zulässigkeit der Nebenintervention und im Falle der Hauptintervention § 190, ferner bei Verhandlung über Wiedereinsetzung § 152. Die Aufnahme des Verfahrens erfolgt auf Antrag oder von amtswegen § 190.

d) Es kann das Gericht erster Instanz die weitere Verhandlung über die Klage aussetzen, wenn es ein für die Entscheidung der Hauptsache wesentliches Recht oder Rechtsverhältnis durch Zwischenurteil für nicht begründet erkannt hat § 393. Die eventuelle Fortsetzung des Verfahrens erfolgt auf Antrag.

Die Anordnung des Gerichtes betreffend die Verbindung oder Trennung des Verfahrens kann durch Rechtsmittel nicht angefochten werden; anfechtbar ist außer dem Fall des § 393 die Anordnung der Unterbrechung des Verfahrens.

Aller Art prozeßleitende Anordnungen des Senates können auf Antrag oder von amtswegen wieder aufgehoben werden. Die Aufhebung kann nicht mehr verfügt werden, wenn der Senat durch ein von ihm gefälltes Urteil (! §§ 393, 392) gebunden ist, oder die Anordnung (der Aussetzung!) zum Gegenstand der Entscheidung einer höheren Instanz geworden ist § 192.

§ 41. Sühneversuch.

Das Gericht kann bei der mündlichen Verhandlung, (das Bezirksgericht auf Antrag in Rechtssachen bis 500 fl. schon vor Anbringung der Klage § 433) eine gütliche Beilegung des Rechtsstreites oder die Herbeiführung eines Vergleiches über einzelne Streitpunkte versuchen. Im Eheverfahren ist Vergleichsversuch geboten (§§ 3, 14 Verordn. vom 9. Dezember 1897 R. 283). Der Inhalt des Vergleiches ist auf Antrag ins Verhandlungsprotokoll einzutragen. Mit Zustimmung der Parteien kann die Vergleichsverhandlung oder die (schriftliche) Aufnahme des Vergleiches einem beauftragten oder ersuchten Richter übertragen werden. Inwieweit wegen Vergleichsvorschlägen oder anhängiger Vergleichsverhandlungen die Verhandlung aufgeschoben werden könne, ist nach den Bestimmungen über die Erstreckung von Fristen und Tagsatzungen (§ 128 und 134?) zu beurteilen § 204. — Vorbehalten ist der Abschluß eines von einem vereinbarten Eide (nicht auch von einer anderweitigen Beweisführung) bedingten gerichtlichen Vergleiches; es kann von einem Eid über streitige Thatsachen die Anerkennung eines Rechtsverhältnisses, und die Übernahme zu einer Leistung oder Unterlassung abhängig gemacht werden. Im bedingten Vergleiche muß die Tagsatzung, bei welcher der Eid abzulegen ist, oder doch die Frist bestimmt werden, innerhalb welcher die eidespflichtige Partei um Bestimmung dieser Tagsatzung einzuschreiten hat, und jedenfalls auch das Gericht, bei welchem die Ablegung des Eides erfolgen soll. Bei Versäumung erscheint Wiedereinsetzung vorbehalten. Die Ablegung des Eides erfolgt vor dem richterlichen Beamten, welcher von dem Vorsteher des im Vergleiche genannten Gerichtes damit betraut wird § 205. Den Parteien sind auf ihr Ansuchen und ihre Kosten zu erteilen Ausfertigungen des Vergleiches bezw. des den Vergleich enthaltenden Verhandlungsprotokolles, und des über die Eidesablegung aufgenommenen Protokolles § 206.

§ 42. Schluß der Verhandlung.

Der Vorsitzende hat die Verhandlung für geschlossen zu erklären, wenn das Gericht die Streitsache oder den abgesondert zu erledigenden Antrag, über welchen die Verhandlung stattfindet, vollständig erörtert und auf Grund der aufgenommenen Beweise zur Entscheidung reif erachtet. Die Beweisaufnahme ist also ein Teil der einheitlichen mündlichen Verhandlung. — Vor Vollendung der Beweisaufnahme kann die Verhandlung für geschlossen erklärt werden, wenn nur mehr die Beweisaufnahme durch einen ersuchten Richter aussteht und beide Parteien auf die Verhandlung über das Ergebnis der Beweisaufnahme verzichten, oder das Gericht eine solche Verhandlung entbehrlich erachtet. In solchem Falle ist innerhalb acht Tagen nach Einlangen der Beweisaufnahme die Entscheidung zu fällen und den Parteien schriftlich bekannt zu geben § 193. Der Schluß der Verhandlung bewirkt den Ausschluß weiteren Vorbringens und Verlust der Inanspruchnahme von Kostenersatz (§ 54); die Kosten der Beweisaufnahme sind vor dem ersuchten Richter zu liquidieren.

Das Gericht kann die Wiedereröffnung einer bereits geschlossenen Verhandlung anordnen, a) wenn die Entscheidung eine Aufklärung oder Ergänzung des Vorgebrachten fordert, — b) wenn erst nach Schluß der Verhandlung das Gericht eine Thatsache als beweisbedürftig erkannt hat; — c) wenn die Verhandlung vor der Beweisaufnahme durch den ersuchten Richter geschlossen wurde und die Ergebnisse der Beweisaufnahme oder die bei der Beweisaufnahme abgegebenen Parteierklärungen eine weitere Verhandlung notwendig machen § 194. Die wiedereröffnete Verhandlung ist Ergänzungsverhandlung über den zu erledigenden Antrag. Eine Änderung in der Person der Richter erfordert Neuverhandlung § 412.

§ 43. Sitzungspolizei.

Die Aufrechthaltung der Ruhe und Ordnung obliegt bei der mündlichen Verhandlung dem Gerichte, im Gerichtshofsverfahren dem Vorsitzenden und dem Senate, — bei Amtshandlungen außerhalb der mündlichen Verhandlung dem beauftragten oder ersuchten Richter §§ 197, 203. Abzuwehren ist

1. Störung der Verhandlung durch Äußerung des Beifalles und der Mißbilligung und durch unangemessenes Betragen — durch Ermahnung, wiederholte Störung durch Entfernung von der Verhandlung §§ 197, 198;

2. gröbere Ungebühr, insbesondere Beleidigung der Mitglieder des Gerichtes, einer Partei, eines Vertreters, Zeugen oder Sachverständigen, vorbehaltlich der strafgerichtlichen oder disciplinaren Verfolgung, durch eine Ordnungsstrafe bis 50 fl.;

3. Widersetzlichkeit gegen die zur Erhaltung der Ruhe und Ordnung getroffenen Anordnungen durch Verhängung von Haft bis zu drei Tagen § 199.

Bei mündlicher Verhandlung vor dem Gerichtshof ist die Ermahnung dem Vorsitzenden § 197, — die Verhängung der Ordnungsstrafe § 199, die Entfernung einer an der Verhandlung beteiligten Person § 201, und wohl auch die Verhängung von Haft dem Senate zugewiesen.

Die „Entfernung einer an der Verhandlung beteiligten Person“ (der Haupt- und Nebenpartei, des gesetzlichen Vertreters, vergl. § 200) kann erst nach vorausgegangener Androhung und nach Erinnerung an die Rechtsfolgen dieser Maßregel angeordnet werden; es kann eine solche Person als ausgeblieben behandelt werden § 198.

Besondere Rechtsfolgen begründet die Ordnungswidrigkeit eines „Prozeßbevollmächtigten“ (§ 34). Dieser kann (von dem Senate) bei Störung der Verhandlung und Ungebühr mit „Verweis- oder einer Geld(Ordnungs-)strafe bis 100 fl.„ belegt, es kann ihm bei Fortsetzung des ungehörigen Benehmens oder Widersetzlichkeit gegen die zur Wahrung der Ruhe und Ordnung getroffenen Anordnungen das Wort entzogen und die Partei aufgefordert werden, einen anderen Bevollmächtigten zu bestellen. Wird deswegen eine Erstreckung der Tagsatzung notwendig, so hat der Bevollmächtigte die Kosten der vereitelten Tagsatzung und der Erstreckung zu tragen. Gröbere Ungebühr von Advokaten und Advokaturskandidaten ist überdies der Disciplinarbehörde anzuzeigen § 200.

Macht sich eine in Strafsachen der Militärgerichtsbarkeit unterstehende Person einer sonst mit Ordnungsstrafe oder Haft zu bestrafenden Handlung schuldig, so ist die Bestrafung durch die nächste Militärbehörde zu erwirken § 202.

Disciplinarbeschlüsse sind sofort vollstreckbar § 201. Der Rekurs hat (abweichend vom § 524) keine aufschiebende Wirkung; sofort zulässig ist also auch Versäumungsurteil.

§ 44. Protokolle.

Das Gesetz unterscheidet Protokolle als Ersatz der Schriftsätze (s. oben § 27 II.), Protokolle über die mündliche Verhandlung und Protokolle über Amshandlungen außerhalb der mündlichen Verhandlung.

I. Über jede mündliche Verhandlung ist ein Protokoll aufzunehmen (das Verhandlungsprotokoll). Dieses Protokoll hat zu enthalten:

1. nach § 207 (vergl. § 75) die Identitätsangaben und zwar a) die Benennung des Gerichtes, die Namen der Richter, des Schriftführers und des allenfalls beigezogenen Dolmetsches, — die Angabe der Zeit und des Ortes der Verhandlung, — die Angabe, ob die Verhandlung öffentlich oder mit Ausschluß der Öffentlichkeit gepflogen wurde, — die Namen der Parteien und ihrer Vertreter, sowie die kurze Bezeichnung des Streitgegenstandes, — die Benennung der Personen, welche als Parteien, deren Vertreter oder Bevollmächtigte zur Verhandlung erschienen sind.

2. nach § 208 die Angaben über den Gang der Verhandlung. Es sind festzustellen:

a) die Parteierklärungen, welche eine Einschränkung oder Abänderung des Klagebegehrens, — eine ausdrückliche Anerkennung der Schuld oder eines Teiles derselben, — eine Verzichtleistung auf den geltend gemachten Anspruch oder einen Teil desselben, und eine Verzichtleistung auf Rechtsmittel enthalten, — die Erklärungen über die beantragte eidliche Vernehmung einer Partei; — nach § 383 das Anerbieten zu eidlicher Aussage; nach § 30 im bezirksgerichtlichen Verfahren die Bevollmächtigung zu Prozeßhandlungen; — b) die während der Verhandlung gestellten Anträge, welchen vom Gerichte nicht stattgegeben wurde und die bis zum Schlusse der Tagsatzung nicht zurückgezogen wurden, insoweit sie die Hauptsache betreffen, oder für den Gang oder die Entscheidung des Prozesses von Erheblichkeit sind; — c) die bei der Verhandlung gefällten und verkündeten gerichtlichen Entscheidungen, und jene Anordnungen und Verfügungen des Vorsitzenden, wider welche ein Rechtsmittel zulässig ist. — Die Protokollierung der Erklärungen und Anträge der Parteien entfällt, wenn sie in besonderen Schriftstücken dem Protokolle angeschlossen werden, — die Protokollierung der gerichtlichen Entscheidungen, wenn sie gleichzeitig mit der Verkündigung in schriftlicher Fassung dem Protokolle beigelegt werden. Zu protokollieren sind auch zustande gebrachte Vergleiche § 204;

3. nach § 209 „den Inhalt des auf den Sachverhalt sich beziehenden beiderseitigen Vorbringens in gedrängt zusammenfassender Darstellung“ mit Angabe der für streitig gebliebene Anführungen angebotenen Beweismittel, soweit nicht eine Niederschrift der Partei dem Protokolle beigelegt wird § 265.

4. wenn die mündliche Verhandlung die Beweisaufnahme umfaßt, den wesentlichen Inhalt der Aussage der Zeugen, der Sachverständigen, der vernommenen Partei und das Ergebnis des gerichtlichen Augenscheines (§§ 343, 367, 380, 370).

Die Protokollierung des Verhandlungsinhaltes (Z. 3) ist geboten, um dem einmal Vorgebrachten dauernde Bedeutung, — Bedeutung auch für den Fall einer späteren Versäumnis zu wahren, — um sicherzustellen, daß das Gericht auf Grund vollständiger Kenntnis des Verhandlungsinhaltes urteilt und um bei Berufung die Wiederholung der Verhandlung unter erschwerten Umständen zu ersparen. — Die Protokollierung erfolgt bei einfachem Thatbestand nach Beendigung der Parteiverhandlung in der Art, daß der Vorsitzende bezw. der

Einzelrichter in Gegenwart der Parteien den aus ihren Vorbringen sich ergebenden Sachverhalt in übersichtlicher Zusammenfassung darlegt, und diese Darstellung (Resumé), soweit thunlich, unter Bezugnahme auf den Inhalt der Prozeßakten (vom Schriftführer ohne förmliches Diktat) zu Protokoll gebracht wird. Bei zusammengesetztem Thatbestand hat das Gericht das Verfahren so zu ordnen, daß in sachgemäßer Reihenfolge ein Streitpunkt nach dem anderen zur Erörterung gelangt, und folgt der erschöpfenden Erörterung eines jeden Streitpunktes die Protokollierung des wesentlichen Inhaltes des darauf bezüglichen Parteivorbringens. Eine Protokollierung während der Verhandlung kann stattfinden, wenn die Umstände eine frühere Beurkundung notwendig oder zweckmäßig erscheinen lassen § 211; insbesondere, wenn es notwendig erscheint, einzelne Teile des thatsächlichen Vorbringens und der Beweisanbietungen ausführlicher (eventuell wörtlich) in das Protokoll aufzunehmen § 209; die Protokollierung der einzelnen Parteivorträge (Successivprotokoll) ist ausgeschlossen § 210. Wird eine Vertagung notwendig, so ist bei jeder Tagsatzung das während derselben Vorgebrachte besonders zu protokollieren § 209.

Bei der Protokollierung ist nach Thunlichkeit auf die vorbereitenden Schriftsätze, auf die Akten eines vorbereitenden Verfahrens, sowie auf die Darstellung des Sachverhaltes in einer Ausfertigung des Beweisbeschlusses Bezug zu nehmen; es genügt, wenn alle erheblichen Abweichungen von dem Inhalte der vorbereitenden Schriftsätze und der Akten eines vorbereitenden Verfahrens protokolliert werden § 210. Die Protokollierung solcher Abweichungen kann durch kurze Niederschriften der Anwälte ersetzt werden; Protokollsentwürfe sind zurückzuweisen § 210. Im bezirksgerichtlichen Verfahren kann, wenn sich die Notwendigkeit eines Beweisbeschlusses ergiebt, von der Protokollierung des Parteivorbringens abgesehen und dessen Darstellung der Ausfertigung des Beweisbeschlusses vorbehalten werden § 444; es kann, wenn die mündliche Verhandlung bei einer Tagsatzung zum Abschluß gebracht wird, die Darstellung des Parteivorbringens dem Urteilsthatbestande vorbehalten werden § 445. In Bagatellsachen entfällt die im § 209 vorbedachte Protokollierung.

II. Protokolle, welche außerhalb der mündlichen Verhandlung (im vorbereitenden, im Beweisverfahren) aufgenommen werden, haben zu enthalten die Identitätsangaben des § 207, die Angaben über den Gang der Verhandlung gemäß § 208, — eine kurze Darstellung der Amtshandlung und eine gedrängte (jedenfalls vollständige) Angabe des Inhaltes des thatsächlichen Vorbringens der Streitteile und dritter zugezogener Personen § 216.

III. Die Protokollierung ist Sache des Gerichtes; den Parteien (den an der Verhandlung beteiligten Zeugen § 343, Sachverständigen § 367) ist eine Anteilnahme gewahrt; die Weigerung der Partei, am Protokollierungsakte teilzunehmen, hindert die Vornahme der Beurkundung nicht § 210. Das aufgenommene Protokoll ist den Parteien zur Durchsicht vorzulegen oder vorzulesen. Erscheint über Erinnerung der Partei eine Richtigstellung notwendig, so hat sie im Anhange zum Protokoll zu geschehen. Bleiben die Erinnerungen der Partei unberücksichtigt, so kann sie gegen die bezüglichen Angaben des Protokolles Widerspruch einlegen. Der Widerspruch ist im Anhange zum Protokoll zu bemerken oder bei Vertretung durch Advokaten durch Beischluß einer kurzen Niederschrift zum Protokolle festzustellen § 212. Das Protokoll ist von den Parteien (wohl auch von den Zeugen und Sachverständigen) zu unterschreiben § 212; der Name von Analphabeten ist vom Schriftführer beizusetzen. Hat sich die Partei vor der Protokollierung entfernt, oder verweigert sie die Unterfertigung, so sind diese Vorgänge und die von der Partei dafür geltend gemachten Gründe im Anhange zu Protokoll anzugeben. Dem Protokolle hat der Vorsitzende, bei dessen Verhinderung das älteste Senatsmitglied, oder der die Verhandlung leitende Einzelrichter, der Schriftführer und der etwa beigezogene Dolmetsch seine Unterschrift beizusetzen § 213. — Gegen Beschlüsse und Verfügungen betreffend die Protokollierung ist abgesondertes Rechtsmittel ausgeschlossen; doch kann im Gerichtshofsverfahren gegen die bezüglichen Anordnungen des Vorsitzenden Einsprache erhoben und Beschluß des Senates veranlaßt werden § 214.

IV. Das in Gemäßheit der gesetzlichen Vorschriften errichtete Protokoll liefert, soweit nicht ausdrücklicher Widerspruch einer Partei vorliegt, vollen Beweis über den Verlauf und den Inhalt der Verhandlung. Gegenbeweis bleibt vorbehalten § 292, entfällt aber bei Mitfertigung des Protokolles (vergl. § 294). — Die Beobachtung der für die mündliche Verhandlung vorgeschriebenen Förmlichkeiten kann nur durch das Protokoll bewiesen werden. Gegenbeweis erscheint hier schlechthin ausgeschlossen (vergl. § 196). Die Beweiskraft der protokollarischen Beurkundung wird durch einen Wechsel in der Person eines Richters nicht berührt § 215.

V. Der Inhalt des Verhandlungsprotokolles und seiner Beilagen (§§ 208, 210, 212) und der außerhalb einer mündlichen Verhandlung von einem beauftragten oder ersuchten Richter aufgenommenen und dem erkennenden Gerichte vorliegenden Protokolle und Beilagen ist von amtswegen zu beachten. Es schließt an die durch das Protokoll festgestellten Ergebnisse der früheren Verhandlung die weitere Verhandlung in der erstreckten Tagsatzung § 138, — in gleicher Weise auch die Neuverhandlung im Falle eines Richterwechsels § 412; — es schließt an die durch Protokoll festgestellten Ergebnisse des der Streitverhandlung vorausgegangenen vorbereitenden Verfahrens die Streitverhandlung § 262; — es ist das Ergebnis einer außerhalb der Streitverhandlung erfolgten Beweisaufnahme auf Grund der betreffenden Akten und Protokolle bei der mündlichen Verhandlung darzulegen § 287; — es hat das Berufungsgericht seine Verhandlung an den aktenmäßigen Inhalt der Verhandlung in erster Instanz anzuknüpfen § 486; — es hat das Gericht, welchem die Rechtssache vom Berufungsgericht wegen Unzuständigkeit des Gerichtes erster Instanz überwiesen wird, die neue Verhandlung an die aktenmäßigen Ergebnisse der früheren Verhandlung anzuschließen § 467.

VI. Abgesondert von dem Verhandlungsprotokoll ist bei Gerichtshöfen über die Beratung und Abstimmung des Senates ein Protokoll aufzunehmen (s. § 186 Gesch.O.).

§ 45. Mängel des Verfahrens.

Der durch die Verletzung einer das Verfahren und insbesondere die Form einer Prozeßhandlung regelnden Vorschrift begründete Mangel (Verfahrensmangel, im Gegensatze vom Mangel des Prozeßstoffes und der Prozeßvoraussetzungen) ist in der Regel verzichtbar. Es kann ein solcher Mangel von der dadurch beschwerten Partei nicht mehr geltend gemacht werden, wenn sich dieselbe in die weitere Verhandlung eingelassen hat, ohne den Mangel zu rügen, obwohl ihr derselbe bekannt war oder bekannt sein mußte. Unverzichtbar ist die Verletzung einer Vorschrift, deren Einhaltung die C.P.O. als Erfordernis eines gewissen prozessualischen Erfolges darstellt § 196. Es kann eine Frist, deren Lauf von einer Zustellung bezw. von Zustellung einer gewissen Art bedingt ist (§§ 416, 550), nur durch solche Zustellung in Lauf kommen; es ist unverzichtbar die Rüge der Nichteinhaltung einer Notfrist (§ 471 Z. 2), die Rüge der Verletzung einer das Verfahren betreffenden Vorschrift, welche von amtswegen zu wahren ist (§§ 477, 412); es sind unverzichtbar jene Erfordernisse, von welchen die Zulässigkeit einer Prozeßhandlung bedingt ist (§ 147 Abs. 1, § 148 Abs. 3). — Die Rüge des Mangels erfolgt in der für die Parteihandlungen vorgeschriebenen Form; erfolgt die Rüge während einer mündlichen Verhandlung, und wird derselben nicht sofort durch Behebung der behaupteten Verletzung entsprochen, so ist sie im Protokolle zu bemerken.

§ 46. Akten.

I. Jede (Haupt- und Neben-)Partei kann ihre Anträge mit den ihr auf Veranlassung ihres Gegners zugestellten Schriftstücken (Eingaben samt Beilagen) begründen; sie kann, wenn diese Schriftstücke in Verlust geraten sind und sich auch kein Exemplar derselben bei Gericht befindet, bei Gericht den Auftrag erwirken, daß ihr der Gegner gestatte, auf ihre Kosten von den in seinen Händen befindlichen Urkunden Abschriften zu nehmen § 218. Der Auftrag ist nach M.V. vom 3. Dezember 1897 Nr. 44 Ver.Bl. vollstreckbar.

II. Alle Schriftstücke (Eingaben mit Beilagen, Protokolle mit Anschlüssen, die auf die Zustellung bezüglichen Beurkundungen, die Urschriften der Entscheidungen und sonstige den Rechtsstreit betreffende Schriftstücke), welche dieselbe Rechtssache betreffen, werden bei Gericht unter einer gemeinsamen Bezeichnung vereinigt (§ 261 ff. Gesch.O. — Gerichtsakten). — Die (Haupt- und Neben-)Parteien (und ihre Bevollmächtigten) können in sämtliche, ihre Rechtssache betreffenden bei Gericht befindlichen Akten (Prozeßakten) — mit Ausschluß der Entwürfe zu Urteilen und Beschlüssen (der Grundlagen der Beratung) § 182 Gesch.O., der Protokolle über die Beratung und Abstimmung und solcher Schriftstücke, welche ein Disciplinarverfahren enthalten — Einsicht nehmen, und sich davon auf ihre Kosten Abschriften und Auszüge erteilen lassen (vergl. § 56 Ger.O.). Dritten Personen können beide Parteien einverständlich gestatten, Einsicht zu nehmen und Abschriften zu erheben; bei Abgang solcher Zustimmung kann solches der Gerichtsvorsteher bei Ausweis eines rechtlichen Interesses gestatten.

Die von einer Partei dem Gerichte übergebenen Schriftstücke (nicht auch Schriftsätze) sind dieser Partei über Begehren wieder auszufolgen, wenn der Zweck der Aufbewahrung bei Gericht entfallen ist § 219 C.P.O. und § 88 Gesch.O.

§ 47. Unterbrechung und Ruhen des Verfahrens.

I. Das Verfahren in einem anhängigen Rechtsstreite (§ 232) kann vor Abschluß durch ein rechtskräftiges Urteil einen zeitweiligen Stillstand erleiden. Das Gesetz unterscheidet Unterbrechung und Ruhen des Verfahrens. Das Ruhen des Verfahrens ist der auf gemeinsamem Willen oder gemeinsamer Unthätigkeit der Parteien beruhende Stillstand. — Unterbrechung ist an sich ein unabhängig von dem Willen des Gerichtes und den Parteien eintretender Stillstand, doch begreift das Gesetz darunter auch den vom Gerichte angeordneten Stillstand, den Zustand, welchen Art. 11 Z. 2 C.P.O. als Einstellung, § 393 entsprechend als Aussetzung des Verfahrens bezeichnet.

Das durch Anordnung des Gerichtes unterbrochene Verfahren wird nach Wegfall des Grundes auf Antrag und auch von amtswegen aufgenommen (s. oben § 40, III Z. 3). Die Aufnahme des unabhängig von dem Willen der Prozeßsubjekte unterbrochenen Verfahrens wird durch einen Aufnahmeantrag eingeleitet.

II. Unabhängig von dem Willen der Prozeßsubjekte tritt eine Unterbrechung des Verfahrens ein:

1. bei Tod der Partei (des an Stelle der Partei eingetretenen Intervenienten § 19, des Intervenienten mit der Stellung eines Streitgenossen § 20, eines der materiellen Streitgenossen § 14) vor rechtskräftiger Entscheidung der Streitsache, auch in den zu beschleunigenden (Besitz- und Bestand-)Prozessen, wenn die verstorbene Partei weder durch einen Advokaten, noch durch eine andere mit Prozeßvollmacht ausgestattete Person vertreten war. Aufgenommen wird das Verfahren von und gegen den Verlassenschaftskurator und von den Rechtsnachfolgern der verstorbenen Partei durch einen Aufnahmeantrag gemäß § 164. — Will aber der Gegner der verstorbenen Partei die Aufnahme des Verfahrens durch die Rechtsnachfolger bewirken, so hat er bei dem Gerichte, bei welchem die Rechtssache zur Zeit des Todes der Partei anhängig war, die Ladung dieser Rechtsnachfolger zu beantragen. Über diesen Antrag sind die Rechtsnachfolger zur Verhandlung über die Aufnahme des Verfahrens und zugleich zur Verhandlung der Hauptsache oder zur Fortführung dieser Verhandlung zu laden. Die Ladung, in welcher die im Falle der Versäumung eintretenden Folgen anzukündigen sind § 165 Abs. 3, ist nach den für Klagen geltenden Vorschriften (§§ 106, 107) zuzustellen § 155. Erscheint in der Tagsatzung: *a*) keiner der geladenen Rechtsnachfolger, so ist das Verfahren bei genügender Bescheinigung der behaupteten Rechtsnachfolge auf Antrag des Gegners vom Gericht durch Beschluß als von den Rechtsnachfolgern aufgenommen zu erklären. Nach Verkündung des Beschlusses kann bei derselben Tagsatzung gleich das Verfahren in der Hauptsache aufgenommen werden § 156. Wird das Verfahren in der Hauptsache nicht sofort aufgenommen,

weil die Rechtskraft des Beschlusses abgewartet werden will, oder weil eine befristete Prozeßhandlung aussteht, so ist in der über die Verpflichtung zur Aufnahme des Verfahrens ergehenden Entscheidung der Zeitpunkt anzugeben, mit welchem das Verfahren als aufgenommen zu gelten hat § 166 Abs. 1; es ist der Zeitpunkt zu bestimmen, von welchem ab „alle bei Eintritt der Unterbrechung bereits angeordneten richterlichen Fristen, sowie die durch frühere Prozeßhandlungen veranlaßten gesetzlichen Fristen von selbst zu laufen beginnen" (Mot. 234), bezw. Ladung zur Verhandlung der Streitsache zulässig erscheint. Es kann als solcher Zeitpunkt bestimmt werden die Rechtskraft des Beschlusses über den Antrag auf Verpflichtung zur Aufnahme des Verfahrens, und wenn ein Rekurs gegen den verkündeten Beschluß aussichtslos erscheint, für eine befristete Prozeßhandlung der betreibenden Partei der Zeitpunkt der Verkündung, für die an eine Frist gebundene Prozeßhandlung der Rechtsnachfolger der Zeitpunkt der Zustellung des Beschlusses. — β) Erscheinen die geladenen Rechtsnachfolger oder einzelne derselben bei der Tagsatzung, bestreiten aber alle Erschienenen oder einzelne von ihnen die Verpflichtung, in den Prozeß einzutreten, so hat das Gericht nach mündlicher Verhandlung über die Verpflichtung zur Aufnahme des Verfahrens zu entscheiden. Entscheidet das Gericht im Sinne der Verpflichtung zur Aufnahme, so kann in der nämlichen Tagsatzung das Verfahren in der Hauptsache aufgenommen oder fortgesetzt werden; das hat insbesondere zu geschehen, wenn ein Rekurs gegen den verkündeten Beschluß aussichtslos erscheint § 157. Wird die Hauptsache nicht schon in der nämlichen Tagsatzung aufgenommen, so ist in der Entscheidung auf Verpflichtung zur Aufnahme des Verfahrens wie im Falle α der Zeitpunkt zu bestimmen, in welchem das Verfahren als aufgenommen zu gelten hat (§ 166 Abs. 1). Bestreiten die geladenen Rechtsnachfolger die Verpflichtung zum Eintritt in den Prozeß nicht, so entfällt die Entscheidung, nicht aber die Bestimmung des Gerichtes über den Zeitpunkt der Fortsetzung des Verfahrens.

Stirbt die Partei nach rechtskräftiger Entscheidung der Streitsache, so ist der Spruch von den Erben und gegen die Erben exequierbar, wenn die Rechtsnachfolge durch öffentliche oder öffentlich beglaubigte Urkunden bewiesen wird; andernfalls muß der Bewilligung der Exekution die Erwirkung eines Urteiles vorausgehen §§ 9 u. 10 Ex.O. — Stirbt der Exekut nach Bewilligung der Exekution (der Exekution zur Sicherung § 370 Ex.O.), so kann diese, sobald eine Erbeserklärung angebracht oder ein Nachlaßkurator ernannt ist, in Ansehung des hinterlassenen Vermögens ohne neuerliche Bewilligung in Vollzug gesetzt oder fortgeführt werden. Sonst muß der betreibende Gläubiger zu diesem Behufe die Bestellung eines einstweiligen Vertreters bei dem zur Verlaßabhandlung oder zur Exekutionsbewilligung zuständigen Gericht beantragen. — Die bei Lebzeiten des Verpflichteten begonnene Exekution auf Liegenschaften kann ohne vorherige Bestellung eines einstweiligen Nachlaßvertreters fortgeführt werden, wenn die zur Einleitung der Zwangsverwaltung oder Zwangsversteigerung notwendige bücherliche Anmerkung noch vor dem Tode des Verpflichteten erfolgt ist § 34 Ex.O. Die Aufschiebung der Exekution kann angeordnet werden, wenn die Einberufung der Verlassenschaftsgläubiger bewilligt wird § 42 Z. 6 Ex.O.

Dem Tod der Prozeßpartei steht gleich die Auflösung der juristischen Person, eines Vereines, einer Gesellschaft mit formeller Parteifähigkeit. Eine Prozeßvollmacht kann hier den Stillstand des Prozesses nicht ausschließen. Der Prozeß ist von oder gegen denjenigen aufzunehmen, welcher die frühere Prozeßpartei in diesem Ereignungsfalle zu vertreten berufen ist;

2. wenn eine Partei die Prozeßfähigkeit verliert, oder wenn der gesetzliche Vertreter einer Partei stirbt oder dessen Vertretungsbefugnis aufhört, ohne daß die Partei prozeßfähig geworden ist, und wenn die von dieser Veränderung betroffene Person (die Partei, der gesetzliche Vertreter) weder durch einen Advokaten noch durch eine andere mit Prozeßvollmacht ausgestattete Person vertreten war. Die Aufnahme des unterbrochenen Verfahrens wird eingeleitet durch einen Aufnahmeantrag des gesetzlichen Vertreters gemäß § 164, — oder durch einen Antrag des Gegners auf Ladung des gesetzlichen Vertreters bezw. des neuen gesetzlichen Vertreters § 158, der wie der Antrag auf Ladung der Rechtsnachfolger einer verstorbenen Partei zu behandeln ist (§ 166 Abs. 1);

3. bei Eröffnung des Konkurses über das Vermögen einer Partei nach Maßgabe

der Konkursordnung § 159. Die Konkursordnung (Ges. vom 25. Dez. 1868 R. 1 ai. 69) bestimmt, inwiefern eine Unterbrechung des anhängigen Verfahrens statthat, und wie ein unterbrochenes Verfahren fortzusetzen ist; — sie unterscheidet wie folgt. War der Gemeinschuldner in einem vermögensrechtlichen Streite Kläger, so ist die Gläubigerschaft befugt, an dessen Stelle in den Prozeß einzutreten; ihr läuft vom Tage der Konkurseröffnung die ganze Frist zur Einbringung von Rechtsmitteln und Einwendungen § 10 Kon.O. — War der Kridatar Geklagter, so ist zu unterscheiden: a) Betrifft der Prozeß einen Anspruch, welcher nicht zum Konkurse anzumelden ist, so bleibt das bisher verhandelnde Gericht zuständig und tritt der Masseverwalter an Stelle des Kridatars in den Prozeß ein § 138 Kon.O. — b) Betrifft der Prozeß einen Konkursanspruch und ist im Momente der Konkurseröffnung eine Entscheidung in der Hauptsache in erster Instanz bereits ergangen, so wird der Prozeß durch die Anmeldung des Anspruches zum Konkurse nicht unterbrochen; an die Stelle des Kridatars tritt der Masseverwalter, welchem die Rechtsmittelfrist erst vom Tage der Konkurseröffnung zu rechnen ist. — Ist der Prozeß zur Zeit der Konkurseröffnung noch nicht bis zu einer Notfrist für Rechtsmittel vorgeschritten, so wird er durch die Konkurseröffnung unterbrochen, und ist die Forderung zum Konkurse anzumelden. Wird sie dort für liquid erkannt, so entfällt weiteres Verfahren; wird sie aber bei der Liquidierungstagfahrt bestritten, so ist der durch die Konkurseröffnung unterbrochene Prozeß wieder aufzunehmen und zwar mit Klage bei der Konkursinstanz, gerichtet gegen die bestreitenden Gläubiger bezw. den Masseverwalter. Die Wiederaufnahme ermöglicht eine Bezugnahme auf die Verhandlung vor der Eröffnung des Konkurses §§ 7 und 134 Kon.O.

Nach dem Ges. vom 16. März 1884 R. 36 ist zur Anfechtung von Rechtshandlungen eines zahlungsunfähigen Schuldners berechtigt außerhalb des Konkursverfahrens der einzelne Gläubiger, nach Eröffnung des Konkurses über das Vermögen des Schuldners aber nur die Gläubigerschaft, vertreten durch den Masseverwalter. Der durch die Anfechtungsklage eines Gläubigers eingeleitete Prozeß wird durch die Eröffnung des Konkurses über das Vermögen des zahlungsunfähigen Schuldners unterbrochen. Dem Masseverwalter ist vorbehalten, in einem solchen Prozeß an Stelle des Gläubigers einzutreten, oder die Fortsetzung des Verfahrens abzulehnen, in welchem Falle der unterbrochene Anfechtungsprozeß von jeder Partei, jedoch nur rücksichtlich der Prozeßkosten, wieder aufgenommen und fortgesetzt werden kann. Der Anfechtungskläger kann die Erklärung des Masseverwalters bei dem Konkursgerichte betreiben. Die Fortsetzung des unterbrochenen Verfahrens hat der Masseverwalter bezw. die Partei nach § 164 C.P.O. durch einen Aufnahmeantrag beim Prozeßgerichte einzuleiten;

4. bei Wechsel in der Person des Advokaten. — Wenn der Advokat einer Partei stirbt oder die Vertretung fortzuführen unfähig wird, so tritt (auch bei Bestellung eines einstweiligen Vertreters nach § 28 Adv.O.) eine Unterbrechung insoweit ein, als die Vertretung durch Advokaten gesetzlich geboten ist. Der von der Partei neu bestellte Advokat hat dem Gegner seine Bestellung unter Vorlegung der Vollmacht (§ 160 Abs. 2) und gleichzeitiger Aufnahme des Verfahrens gemäß § 164 anzuzeigen. Es kann auch der Gegner bei dem Gerichte, bei welchem der Rechtsstreit zur Zeit der Unterbrechung anhängig war, den Auftrag auf Bestellung eines Advokaten binnen bestimmter Frist erwirken. In dem Auftrage, welchen im Gerichtshofsverfahren der Vorsitzende des Senates erläßt, sind die im Falle der Versäumung eintretenden Folgen anzukündigen § 165 Abs. 3. Wird der neue Vertreter nicht innerhalb der festgesetzten Frist dem Gerichte unter Vorlegung der Vollmacht bekannt gegeben, so ist mit Ablauf der Frist das Verfahren als aufgenommen anzusehen. Es beginnt von da ab der Lauf der durch die Unterbrechung des Verfahrens gestörten gesetzlichen und richterlichen Fristen; es steht der betreibenden Partei zu, Anberaumung der Tagsatzung zur mündlichen Verhandlung bezw. zur Fortsetzung derselben zu begehren. Die säumige Partei treffen alle Rechtsnachteile, welche die C.P.O. mit der Nichtbestellung eines Advokaten im Anwaltsprozesse verbindet. Es ist die säumige Partei in der Tagsatzung, auch wenn sie selbst erscheint, als ausgeblieben zu behandeln, ein von der Partei selbst eingebrachter Schriftsatz sofort zurückzuweisen § 160. — Bei Verlust des Rechtes des Advokaten, sich selbst zu vertreten (§ 28), wird das Verfahren nicht unterbrochen; weitere Eingaben sind, wenn sie nicht von einem Advokaten mitgefertigt

sind, nach § 37 zurückzuweisen; das Erscheinen zur Verhandlung ohne Anwalt begründet auf Antrag des Gegners Versäumnisfolgen § 133;

5. bei Einstellung der Amtsthätigkeit des Gerichtes. — Hört infolge eines Krieges oder eines anderen Ereignisses die Thätigkeit eines Gerichtes auf, so wird das Verfahren in allen bei diesem Gerichte anhängigen Rechtssachen für die Dauer dieses Zustandes unterbrochen. Nach Wegfall des Hindernisses kann jede Partei die Aufnahme des Verfahrens erwirken § 161.

6. Befindet sich eine Partei zu Kriegszeiten im Militärdienste, oder hält sie sich an einem Orte auf, welcher von dem Verkehr mit dem Gerichte, bei welchem die Rechtssache anhängig ist, durch obrigkeitliche Anordnung, durch Krieg oder andere Ereignisse abgeschnitten ist, und ist zugleich zu besorgen, daß diese Umstände die Prozeßführung zu Ungunsten der abwesenden Partei beeinflussen könnten, so kann selbst in dem Falle, daß die abwesende Partei durch eine mit Prozeßvollmacht ausgestattete Person (einen Advokaten § 155 Abs. 1 und § 158 Abs. 1) vertreten ist, die Unterbrechung des Verfahrens bis zur Beseitigung des Hindernisses auf Antrag oder von amtswegen angeordnet werden. Über solchen beim Prozeßgericht schriftlich oder zu Protokoll gestellten Antrag entscheidet das Gericht ohne vorhergehende mündliche Verhandlung, allenfalls nach Einholung der notwendigen Erkundigungen. Nach Wegfall des Hindernisses kann jede Partei die Aufnahme des Verfahrens gemäß § 164 erwirken § 162.

III. Die Wirkung der Unterbrechung ist vollständiger Prozeßstillstand bis zur Behebung des Hindernisses. Es kann keine Ladung zur Streitverhandlung erfolgen; die etwa schon früher für die Zeit nach Eintritt der Unterbrechung ergangene Ladung verliert ihre Wirksamkeit; es hört der Lauf einer jeden Frist zur Vornahme einer Prozeßhandlung auf; mit Aufnahme des Verfahrens beginnt die volle Frist von neuem zu laufen. Die während der Unterbrechung von einer Partei in Ansehung der Streitsache vorgenommene Prozeßhandlung ist der anderen Partei gegenüber ohne rechtliche Wirkung, doch kann bei einer nach Schluß der mündlichen Verhandlung eintretenden Unterbrechung die Fällung und Verkündigung der auf Grund dieser Verhandlung zu erlassenden Entscheidung § 163, — bei Schluß der Verhandlung vor Vollendung der Beweisaufnahme nach § 193 die Zustellung der auf Grund dieser Verhandlung zu erlassenden Entscheidung erfolgen; es wird aber diese Entscheidung nicht rechtskräftig, weil die Rechtsmittelfrist nicht läuft.

IV. Die Aufnahme des unterbrochenen Verfahrens wird, sofern nicht, wie in II. dargestellt, anderes angeordnet ist, durch den Antrag von Seite der behinderten Partei oder von Seite des Gegners derselben auf Anberaumung einer Tagsatzung zur mündlichen Verhandlung oder zur Fortsetzung der mündlichen Verhandlung, wenn aber die Unterbrechung während des Laufes einer Frist zur Vornahme einer Prozeßhandlung eintrat, durch den Antrag auf neuerliche Bestimmung einer Frist für diese Prozeßhandlung eingeleitet. Dieser Aufnahmeantrag ist bei dem Gerichte zu stellen, bei welchem die Rechtssache zur Zeit des Eintrittes der Unterbrechung anhängig war; in demselben ist das Erlöschen des Unterbrechungsgrundes glaubhaft zu machen. Die Entscheidung über den Antrag erfolgt ohne vorhergehende mündliche Verhandlung, doch kann das Gericht vor dieser Entscheidung den Gegner einvernehmen §§ 164, 165. In der Entscheidung, durch welche dem Aufnahmeantrag stattgegeben wird, ist vom Gerichte der Zeitpunkt zu bestimmen, mit welchem das Verfahren als aufgenommen zu gelten hat § 166 Abs. 2. Das Gericht kann bestimmen, daß das Verfahren vor Rechtskraft dieser Entscheidung aufgenommen gelte, also sofort Tagsatzung zur mündlichen Verhandlung bezw. zur Fortsetzung der mündlichen Verhandlung anberaumen, und wenn eine befristete Prozeßhandlung aussteht, die Frist als von der Zustellung der Entscheidung laufend erklären, wenn der Rekurs gegen die Entscheidung aussichtslos erscheint; — das Gericht kann aber auch bestimmen, daß das Verfahren erst mit Rechtskraft der Entscheidung als aufgenommen zu gelten habe, also erst von da ab der Fristenlauf zu rechnen bezw. Ladung zur Streitverhandlung zulässig sei. In der dem Antrage auf Aufnahme stattgebenden Entscheidung sind den Parteien auch die im Falle der Versäumung eintretenden Folgen anzukündigen § 165 Abs. 3.

Die Bestimmungen über Aufnahme eines unterbrochenen Verfahrens sind sinngemäß auch anzuwenden, wenn ein ausgesetztes Verfahren von amtswegen oder auf Antrag fortzuführen ist § 167.

V. Ruhen des Verfahrens tritt ein: a) wenn es von den Parteien (oder Prozeßbevollmächtigten § 34) vereinbart wird. Die Vereinbarung ist von dem Zeitpunkte wirksam, in welchem sie dem Gerichte von beiden Parteien angezeigt wird; mündliche Anzeige ist in den Gerichtsakten zu vermerken § 88 Gesch.O. Das Ruhen begründet die Rechtswirkungen der Unterbrechung, nur der Lauf von Notfristen ist nicht gehemmt. Das Ruhen dauert so lange, bis von einer der Parteien die Anberaumung einer Tagsatzung zur mündlichen Verhandlung, und wenn das Verfahren während des Laufes einer Frist eingestellt wurde, die neuerliche Fristbestimmung für die Prozeßhandlung beantragt wird. Wird ein solcher Antrag vor Ablauf von drei Monaten, gerechnet von der Anzeige der Vereinbarung, oder vor Ablauf der allenfalls vereinbarten längeren Zeit gestellt, so ist er von amtswegen oder auf Begehren des Gegners ohne Verhandlung zurückzuweisen, bezw. die etwa erfolgte Anberaumung der Tagsatzung oder Fristbestimmung als unwirksam zu erklären; — b) wenn bei einer zur mündlichen Verhandlung (nicht lediglich zur Beweisaufnahme §§ 254, 289) anberaumten Tagsatzung (auch der ersten Tagsatzung § 230, der Tagsatzung im vorbereitenden Verfahren § 254) keine der Parteien (im Anwaltsprozesse kein bevollmächtigter Advokat) erscheint § 170, bezw. wenn bei der wegen Ausfalles der Klagebeantwortung auf Antrag des Klägers anberaumten Tagsatzung der Kläger ausbleibt § 398. Auch in diesem Falle kann das Verfahren nicht vor Ablauf von drei Monaten wieder aufgenommen werden, ausgenommen es wird wegen der Versäumung Restitution erwirkt § 170 Abs. 1. Wenn das Ruhen des Verfahrens durch Vereinbarung oder Versäumung von Prozeßbevollmächtigten veranlaßt wird, hat das Gericht von der Anzeige der Vereinbarung bezw. dem Ausbleiben von der Tagsatzung auch noch die Parteien selbst zu verständigen und ihnen die Folgen des Ruhens des Verfahrens bekannt zu geben § 170 Abs. 2; diese Anzeige hat nicht statt, wenn die Parteien an der Versäumung beteiligt sind § 137 Gesch.O.

Zweiter Titel.

Das Verfahren vor den Gerichtshöfen erster Instanz.

Erster Abschnitt.

Das Verfahren bis zum Urteile.

§ 48. Der Gang des Verfahrens.

Eingeleitet wird der Prozeß durch Klage. Wird diese nicht wegen Mangels bestimmter Voraussetzungen durch Senatsbeschluß abgewiesen, so ordnet der Vorsitzende Tagsatzung zur mündlichen Verhandlung an. Diese erste Tagsatzung findet vor dem Vorsitzenden des Senates oder vor einem von diesem beauftragten Mitgliede des Senates statt und hat einen gesetzlich beschränkten Inhalt; sie schließt mit Beendigung des Streites, mit Vertagung desselben oder mit Bestimmung der Frist zur schriftlichen Klagebeantwortung, neben welcher eine besondere Verhandlung über die in der ersten Tagsatzung angemeldeten Prozeßeinreden angeordnet werden kann. Wird die schriftliche Klagebeantwortung versäumt, so ist Versäumungsurteil zulässig. Wird die Klagebeantwortung rechtzeitig überreicht, so bestimmt der Vorsitzende die Tagsatzung zur mündlichen Streitverhandlung, eventuell ordnet der Senat auf Antrag oder von amtswegen ein vorbereitendes Verfahren an, nach dessen Abschluß die mündliche Verhandlung der Streitsache statthat. Ist sofort über die Klagebeantwortung mündliche Verhandlung anberaumt, so bleibt den Parteien vorbehalten, diese Verhandlung durch (weitere) besondere Schriftsätze vorzubereiten. Das Vorbereitungsverfahren und die mündliche Verhandlung umfaßt auch den Beweis. Der mündlichen Verhandlung folgt die gerichtliche Entscheidung mit Beschluß, in der Streitsache mit Urteil.

I. Die Vorbereitung der mündlichen Streitverhandlung.

§ 49. Die Klage.

I. Der Prozeß erfordert eine Klage. Die Klage ist Antrag auf Prozeß und auf Urteil über einen bestimmten Privatrechtsanspruch. Im Gerichtshofsverfahren ist die Klage schriftlich anzubringen. Dieser Schriftsatz ist Vorbereitung der mündlichen Verhandlung § 78, — in gewisser Beziehung ist er bestimmender Schriftsatz. Es ist die Klage Prozeßbegründungsakt § 232, ein Antrag, welcher den Kläger inhaltlich bindet § 235; sie ist Prozeßgrundlage, maßgebend für den Inhalt der Streitverhandlung und für das Urteil.

II. Der Kläger hat in der Klage das Recht, welches er gegen den Beklagten in Anspruch nimmt, genau zu bestimmen; er hat sein Begehren zu begründen durch Anführung von Thatsachen, deren Subsumtion unter die Rechtsnorm das Begehren rechtfertigt. Dem Kläger obliegt überdies die genaue Bezeichnung der Beweismittel für seine thatsächlichen Behauptungen §§ 78, 226.

1. Das Klagebegehren bestimmt sich nach dem Rechtsverhältnisse und dem Ziele der Klage. Die Klage fordert die Verpflichtung des Geklagten zu einer Leistung (zur Abgabe einer Willenserklärung § 59 J.N., § 367 Ex.O., zur Vermögensangabe, Vorlage einer gemeinschaftlichen Urkunde Art. 42, 43 C.P.O.), Duldung oder Unterlassung, die Feststellung eines Verhältnisses, die Schaffung eines neuen rechtlichen Verhältnisses (Teilung, Ehetrennung), die Beseitigung der vom Gegner erwirkten Grundlage einer Exekution (Nichtigkeits- und Wiederaufnahmsklage und Klage auf Anfechtung eines Schiedsspruches), allenfalls eine bestimmte prozessualische Maßregel (§§ 36, 37 Ex.O.). Man unterscheidet nach dem Begehren Feststellungsklagen, welche die urteilsmäßige Anerkennung des in der Klage geltend gemachten Anspruches bezielen und durch die Bejahung und Verneinung des Begehrens zu erledigen sind, daher, abgesehen von einer Eintragung in die Grundbücher, keine Exekution bewirken, und Leistungsklagen, welche eine Auflage bezielen, bei deren Nichterfüllung Zwang statthat. Der Kläger muß sich auf die Bitte um urteilsmäßige Feststellung seines Anspruches beschränken, wenn aus der Anerkennung seines Anspruches eine sofortige Leistungspflicht des Beklagten nicht folgt. Ergiebt sich aus der Anerkennung des klägerischen Anspruches eine sofortige Leistungspflicht des Beklagten, so kann der Kläger Anerkennung und Kondemnation begehren, er kann sich aber auch mit der Feststellung seines Anspruches begnügen und die Erwirkung der Kondemnation vorbehalten. Ausnahmsweise verpflichtet das Gesetz zur Vereinigung des Begehrens um Feststellung und Kondemnation und zwar im Syndikatsprozeß (§ 600), und in der Klage, mit welcher von einem Gläubiger (außerhalb des Konkurses) Rechtshandlungen des zahlungsunfähigen Schuldners angefochten werden Art. 11 Z. 4 C.P.O.

Wird Kondemnation verlangt, so ist die beanspruchte Leistung in der Klage bestimmt zu bezeichnen §§ 226, 405, auch wenn der Umfang des Anspruches vom Richter nach freiem Ermessen zu bestimmen ist (Art. 27 H.G.B., §§ 273, 408 C.P.O.). Das Begehren muß die Haupt- und die Nebensache (Nebengebühr, causa rei), d. i. die Accessionen des Klagegegenstandes (Früchte, Zugehör) und des Klagerechtes (Zinsen, Ersatz) bestimmt bezeichnen § 405. Die Accessionen der Klage, die Prozeßkosten, dürfen allerdings auch nur auf Begehren zuerkannt werden, doch entscheidet für den Zuspruch nicht die darauf in der Klage gestellte Bitte, sondern die rechtzeitige Kostenliquidation § 52. Die Kondemnation beschränkt sich auf die zur Zeit der Urteilsschöpfung bereits fällige Leistung; zugelassen ist die Verpflichtung zur Leistung von Alimenten, welche erst nach Erlassung des Urteiles fällig werden § 406.

2. Die Kenntnis der Rechtsnorm und sicherer Anwendung derselben wird bei dem Richter vorausgesetzt. Das enthebt den Kläger von der rechtlichen Begründung seines Anspruches; damit entfällt auch die Notwendigkeit der technischen Bezeichnung der Klage. Vorbehalten bleibt dem Kläger, die Gründe für eine ihm vorteilhafte rechtliche Beurteilung in der mündlichen Verhandlung auszuführen; in einen vorbereitenden Schriftsatz sind Rechtsausführungen nicht aufzunehmen § 78. Ist im einzelnen Fall fremdes Recht, ein nicht in der Form des Gesetzes bekannt gemachtes Statut oder Privilegium, oder eine dem Richter fremde Gewohnheit entscheidend, so trifft den Kläger die Anführungsverbindlichkeit und eine mit der Ermittlungspflicht des Richters konkurrierende Beweispflicht § 271.

3. Das historische Fundament, die Anführung der Thatsachen, welche den Entstehungsgrund des geltend gemachten Anspruches bilden, ist Erfordernis einer jeden, auch der dinglichen Klage. Der Kläger hat nicht alle Existenzbedingungen des Anspruches (Entstehung, Fortdauer und Rechtswirksamkeit desselben), sondern nur jene Thatsachen anzuführen, welche an sich geeignet sind, den erhobenen Anspruch in der Person des Klägers entstanden, und gegen den Beklagten gerichtlich verfolgbar erscheinen zu lassen. Der Kläger hat anzuführen:

a) die Thatsachen, aus welchen nach dem Gesetze regelmäßig das behauptete Recht entsteht (die specifisch rechtserzeugenden Thatsachen). Es genügt die Ausführung der Entstehung des Rechtes, weil das entstandene Recht zu seiner Fortdauer keiner besonderen Voraussetzungen bedarf. Welche Thatsachen zur Begründung des Rechtes erforderlich sind, bestimmt die dafür maßgebende Norm; nach Lage der Verhältnisse sind rechtserzeugend Negativen und Thatsachen, welche regelmäßig rechtshindernd oder rechtsaufhebend wirken. Rechtserzeugend sind auch die ein bestehendes Recht erweiternden Thatsachen, so Thatsachen, durch welche der Betrag einer bestehenden Forderung erhöht, eine bedingte oder betagte Forderung in eine unbedingte, unbetagte verwandelt wird;

b) die Thatsachen, welche das Recht für den Kläger gegen den Beklagten entstanden darstellen (Aktiv- und Passivlegitimation). Diese Rechtsbeziehung ergiebt sich regelmäßig aus den für die Entstehung des Klageanspruches maßgebenden Thatsachen. Eine besondere Substantiierung erfordert die aktive Sachlegitimation, wenn der Kläger ein auf ihn übergangenes Recht geltend macht, oder wenn die Geltendmachung des Klageanspruches von Voraussetzungen (Eigentum, Miteigentum) abhängt, — die passive Sachlegitimation in gleichen Fällen, also wenn ein Recht gegen eine Person geltend gemacht wird, die nicht ursprünglich verpflichtet war, oder wenn die Geltendmachung des Rechtes gegen den Beklagten von Voraussetzungen (z. B. den Besitz des praedium serviens) abhängt. Den Ausweis besonderer Voraussetzungen erfordert insbesondere die Klage auf Zurückforderung einer Schenkung nach §§ 951—953 B.G.B., und die Klage, mit welcher vom Gläubiger Rechtshandlungen seines Schuldners nach Zulaß des Ges. vom 16. März 1884 N. 36 angefochten werden;

c) die Thatsachen, zufolge welcher der Klageanspruch derzeit gerichtlich verfolgbar erscheint. Bedingt ist die Statthaftigkeit der Klage normal durch die civilrechtliche Nativität, d. i. jene Beschaffenheit des klagbaren Rechtes, zufolge welcher es derzeit bereits klageweise verfolgbar erscheint. Eine vor diesem Zeitpunkte angebrachte Klage ist im allgemeinen verfrühte Klage, auf welche der Richter derzeit Urteil zu verweigern hat. Das Prozeßrecht gestattet aber Klagen, welche durch die prozessualische Situation geboten erscheinen, — der § 228 Feststellungsklagen bei Bestand eines rechtlichen Interesses an alsbaldiger gerichtlicher Entscheidung.

III. Das Klagebegehren steht zur Klagebegründung im richtigen Verhältnisse, wenn aus der Subsumtion des Klagefaktums unter die Rechtsnorm das Begehren in vollem Umfange, und nicht mehr als begehrt, folgt. Die Schlüssigkeit ist gestört: α) wenn zu wenig begehrt ist. Dem Kläger bleibt vorbehalten, den derzeit nicht geltend gemachten Anspruch später zur Aburteilung zu bringen; auf die überflüssige Mehrung der Prozeßkosten ist im späteren Prozesse Bedacht zu nehmen; — β) wenn zu viel begehrt ist (re, tempore, loco, causa). Zufrühfordern bewirkt derzeitige Abweisung der Klage, sofern nicht der Anspruch im Zuge des Streites fällig wird, — anderes Zuvielfordern Entscheidung gemäß dem Rechte des Klägers mit Verneinung des unberechtigten Anspruches.

§ 50. Feststellungsklagen.

I. Der § 228 läßt zu a) Klage auf Feststellung des Bestehens oder Nichtbestehens eines Rechtsverhältnisses oder eines Rechtes, über welches der Civilrichter zu entscheiden berufen ist; b) Klage auf Anerkennung (Feststellung) der Echtheit einer (Privat-)Urkunde (vgl. § 310); c) Klage auf Feststellung der Unechtheit einer (öffentlichen oder einer Privat-) Urkunde. Bedingt ist die Zulässigkeit solcher Klage von dem Bestande eines rechtlichen Interesses an der alsbaldigen Feststellung; bei Abgang solchen Interesses ist das Klagebegehren abzuweisen. Das Urteil über die Feststellungsklage genießt Rechtskraft. Behufs Beurteilung der Zuständigkeit ist auch in der Feststellungsklage der Wert der Streitsache anzugeben, in der Klage auf Feststellung der Echtheit oder Unechtheit einer Urkunde die Höhe des Interesses an der alsbaldigen Feststellung.

II. Die Feststellungsklage des § 228 tritt an die Stelle: 1. der Aufforderung bei einem vorzunehmenden Bau Art. 37 C.P.O. Die dem Besitzer einer unbeweglichen Sache oder eines dinglichen Rechtes gemäß §§ 340—342 B.G.B. zustehende Berechtigung, das Verbot einer beabsichtigten Bauführung bei Gericht zu erwirken, hat nicht mehr statt, wenn der Bauführer nach der Bauordnung um die Erteilung der Baubewilligung angesucht hat und der angeblich gefährdete, zur Baukommission gehörig und rechtzeitig geladene Besitzer bei derselben nicht erschienen ist oder gegen die begehrte Baubewilligung keine Einwendung erhoben hat; — 2. an Stelle der Aufforderung: a) bei Nichteinwilligung der Verwaltungsbehörde in die Einantwortung des Nachlasses eines rechnungspflichtigen Beamten nach Hofd. vom 6. März 1789 Nr. 984 J.G.S. und § 156 K.P. vom 9. Aug. 1854 R. 208; — b) bei Androhung oder Verhängung der Abnahme eines gepachteten Staatsgutes nach Pat. vom 31. Dez. 1800 Nr. 514 J.G.S., in welchem Falle die Feststellungsklage binnen 45 Tagen nach der Exmission zu erheben ist; — c) aus Anlaß eines Ersatzerkenntnisses der Civilverwaltungsbehörde gegen rechnungspflichtige Beamte nach Pat. vom 16. Jän. 1786 Nr. 516. Der Beamte hat, wenn er in der Provinz wohnt, wo die Verwaltungsbehörde ihren Sitz hat, binnen 6 Wochen, sonst binnen 12 Wochen von der Zustellung des administrativen Ersatzerkenntnisses Klage zu erheben. Bei solchen Klagen (Z. 2) bedarf es des Nachweises eines Interesses an der alsbaldigen Feststellung nicht, und kann der Richter, im Gerichtshofsverfahren der Vorsitzende auf Antrag des Klägers oder von amtswegen verfügen, daß der Beklagte in seinem Besitz befindliche, den Gegenstand des Rechtsstreites betreffende Urkunden und Akten vorlege: es kann das Gericht auf Antrag oder von amtswegen die Herbeischaffung der den Streit betreffenden bei einer öffentlichen Behörde oder einem Notar verwahrten Urkunden veranlassen Art. 38 C.P.O.; — 3. der Aufforderung nach § 48 Abs. 2 Gb.O. Wird eine bücherliche Vormerkung aus dem Grunde gelöscht, weil die Rechtfertigungsklage nicht in gehöriger Zeit angebracht wurde, so kann der Eigentümer der Liegenschaft oder des bücherlichen Rechtes auf Feststellung des Nichtbestehens des vorgemerkt gewesenen Rechtes klagen, und im Falle eines günstigen Erkenntnisses durch Anmerkung desselben im Grundbuche einer wiederholten Bewilligung der Vormerkung vorbeugen Art. 39 C.P.O.

III. Die Vorschriften der §§ 1—6 und des § 9 des Ges. vom 6. Juni 1887 R. 72, betreffend die Wirkungen und die Anfechtbarkeit der von Behörden des stehenden Heeres, der Kriegsmarine und der Landwehr gegen eine im Dienstverbande stehende Person auf administrativem Wege gefällten Ersatzerkenntnisse gelten fort Art. 11 C.P.O. — Es kann der zum Ersatz Verurteilte das Ersatzerkenntnis durch die im administrativen Wege zugelassenen Rechtsmittel anfechten; er kann aber auch gegen das Ersatzerkenntnis erster und höherer Instanz binnen zwei Wochen nach der Zustellung bei der Behörde, welche das Erkenntnis gefällt hat, Einsprache erheben, welche die Verweisung der Ersatzforderung auf den ordentlichen Rechtsweg bewirkt. Die Ersatzklage des Ärars ist bei dem nach der J.N. zuständigen Gerichte anzubringen und nur durch die civilrechtliche Verjährung zeitlich begrenzt. — Ausnahmsweise hat der Ersatzpflichtige die Aufhebung des administrativen Ersatzerkenntnisses im ordentlichen Rechtswege mit Klage zu bewirken, wenn der zu ersetzende Schade in einem Abgange an dem urkundlich festgestellten Bestande an barem Gelde, Wertpapieren oder Vorräten besteht und die Verurteilung zum Ersatze gegen eine solche Person erfolgt, welche sich nach der Überzeugung der entscheidenden Behörde einer nach dem Strafgesetze zu ahndenden Handlung, oder einer Verletzung derjenigen Dienstpflichten schuldig gemacht hat, welche ihr in Beziehung auf die Verwaltung, Einnahme, Ausgabe, Erhebung, Ablieferung oder den Transport der abgehenden Gegenstände oblagen. Nicht vorausgesetzt ist, daß die Schuld durch ein Straf- oder Disciplinarerkenntnis festgestellt sei. Die Anfechtungsklage hat der Ersatzpflichtige binnen drei Monaten nach Zustellung des Ersatzerkenntnisses bei jenem Gerichtshof erster Instanz anzubringen, bei welchem oder in dessen Sprengel er zur Zeit der Zustellung seinen allgemeinen persönlichen Gerichtsstand hatte. Die Frist zur Klage kann nur mit Zustimmung des Gegners verlängert, es kann bei Versäumung derselben Wiedereinsetzung nach der C.P.O. erteilt werden. Wird das Ersatzerkenntnis nicht rechtzeitig angefochten, so ist es gerichtlich exequierbar § 1 Z. 12 Ex.O. Die in einem rechtskräftigen Straferkenntnisse auferlegte Ersatzleistung ist unanfechtbar.

§ 51. Objektive Klagenhäufung.

Der Kläger kann mehrere Ansprüche gegen denselben Beklagten in derselben Klage geltend machen, auch wenn diese Ansprüche in keinem thatsächlichen oder rechtlichen Zusammenhange stehen, wenn 1. für „sämtliche Ansprüche“ das Prozeßgericht zuständig, also die Zuständigkeit des Gerichtes für alle Ansprüche und auch für jeden einzelnen Anspruch begründet ist. Klagenhäufung ist ausgeschlossen, wenn der einzelne Anspruch 500 fl. nicht erreicht, der Gesamtanspruch aber 500 fl. übersteigt, — wenn für einen Anspruch die Zuständigkeit des Gerichtshofes, für den anderen die des Bezirksgerichtes begründet ist; — sie ist ausgeschlossen für Rechtssachen der allgemeinen und der besonderen Gerichtsbarkeit und zwar schlechthin an Orten, wo für jede Art dieser Gerichtsbarkeit besondere Gerichte (Senate) bestehen, aber auch anderorts nach § 446; — 2. wenn weiter für sämtliche Ansprüche „dieselbe Art des Verfahrens zulässig ist“ § 227. Ist für einen Anspruch ein besonderes Verfahren geboten (Besitzverfahren § 454, Wechselverfahren § 555, Bestandverfahren § 560, der Syndikatsprozeß § 600), so darf er diesem Verfahren nicht entzogen, es dürfen mit dieser Rechtssache andere Rechtssachen nicht verbunden werden. Das Bagatellverfahren hat statt über „Klagen bis 50 fl.“; werden Ansprüche über 50 fl. eingeklagt, so entfällt das Bagatellverfahren. — Fehlen die Voraussetzungen des § 227, so ist die Klage zur Bestimmung einer Tagsatzung nicht geeignet zurückzustellen; nur wenn in der Besitzstörungsklage auch ein Entschädigungsanspruch geltend gemacht wird, ist das Besitzstörungsverfahren einzuleiten, die Verhandlung über den Entschädigungsanspruch aber auszuschließen § 457. — Ein mehrfaches Begehren aus demselben Faktum, die mehrfache Begründung desselben Anspruches begründet keine Klagenhäufung.

Über die mehreren in derselben Klage geltend gemachten Ansprüche ist gemeinsam zu verhandeln, sofern das Gericht nicht getrennte Verhandlung anzuordnen findet. Bei gemeinsamer Verhandlung ist Teilurteil zugelassen, wenn einzelne der mehreren Ansprüche durch ausdrückliche Anerkennung des Beklagten oder Verzicht des Klägers außer Streit gestellt sind § 391 Abs. 1 und § 394 Abs. 2. Die objektive Klagenhäufung beruht auf dem freien Entschluß des Klägers; der Beklagte kann solche Häufung nicht hindern, auch nicht fordern; — das Gericht kann mehrere Rechtsstreitigkeiten zwischen den nämlichen Personen zu gemeinsamer Verhandlung verbinden und damit die Erledigung in einem (Gesamt-) Urteile ermöglichen; es begründet aber diese Vereinigung nicht Einheit des Streites; es ist die Erledigung der einzelnen Streitsache nicht Teilurteil.

§ 52. Subjektive Klagenhäufung.

I. Das Auftreten mehrerer Kläger oder mehrerer Beklagten in demselben Rechtsstreite nennt man subjektive Klagenhäufung, — Streitgenossenschaft, obwohl die Mitkläger und Mitbeklagten nicht notwendig gemeinsam streiten. Die Streitgenossenschaft ist die Verbindung mehrerer Streitsachen zu einem Prozeß (§ 13); sie ist eine aktive, wenn mehrere Kläger, eine passive, wenn mehrere Beklagte sind.

II. Streitgenossenschaft hat statt in den in anderen Gesetzen (außer der C.P.O.) besonders bezeichneten Fällen § 11. — Liquidierungs- und Vorrechtsklagen im Konkurse sind gegen die bestreitenden Gläubiger als Streitgenossen zu erheben § 124 Kon.O.; — im Prozesse auf Nichtigerklärung eines Zwangsausgleiches haben die Beteiligten als Streitgenossen des klagenden oder geklagten Teiles einzutreten § 242 Kon.O. Beiderlei Prozesse gehören zum Konkursgericht. Die im internationalen Verkehre am Transport beteiligten Bahnen sind von der zum Rückgriff berechtigten Bahn in derselben Klage zu belangen bei dem Gerichte des Wohnsitzes einer der belangten Bahnen Art. 51 und 53 Ges. vom 14. Okt. 1890 R. 186 ai. 1892. —

Mehrere durch dieselbe Ereignung im Eisenbahnverkehr Geschädigten können ihre Ersatzansprüche in derselben Klage geltend machen bei dem Handelsgerichte (Senate), in dessen Sprengel die Ereignung eingetreten ist, oder die geklagte Unternehmung ihren Sitz hat § 3 Ges. vom 5. März 1869 R. 27. — Im Syndikatsprozesse können der Staat und der schuldtragende Beamte als Streitgenossen belangt werden bei dem für solche Klagen zuständigen Oberlandesgerichte § 9 Ges. vom 12. Juli 1872 R. 112. — Aus einem Wechsel verpflichtete Personen können bei dem Gerichte des Zahlungsortes als Streitgenossen geklagt werden § 93 J.N.

Besondere Fälle der Streitgenossenschaft statuiert die Ex.O. und zwar für Exscindierungsklagen § 37, — für die von mehreren Personen im Zwangsverwaltungs- und Zwangsversteigerungsverfahren erhobenen Widersprüche gegen die Verteilung des Überschusses einer Zwangsverwaltung bezw. gegen die Verteilung des Meistbotes §§ 128, 232, 286, — für die gegen den betreibenden Gläubiger und den Verpflichteten erhobene Klage zur Geltendmachung von Pfand- und Vorzugsrechten § 258.

III. Gemäß der C.P.O. können mehrere Personen gemeinsam klagen und geklagt werden:

1. wenn sie in Ansehung des Streitgegenstandes in Rechtsgemeinschaft stehen;

2. wenn sie aus demselben thatsächlichen und rechtlichen Grunde berechtigt oder verpflichtet sind. In beiden Fällen gilt bei passiver Streitgenossenschaft der besondere Gerichtsstand des § 93 J.N.

3. wenn gleichartige, auf einem im wesentlichen gleichartigen thatsächlichen und rechtlichen Grunde beruhende Ansprüche oder Verpflichtungen den Gegenstand des Rechtsstreites bilden (gleichartige Ansprüche aus gleichartigen Bestand- oder Lieferungsverträgen mit mehreren Personen), in diesem Falle aber nur dann, wenn zugleich die Zuständigkeit des Gerichtes hinsichtlich jedes einzelnen Beklagten (örtlich und sachlich, d. h. für jeden geltend gemachten Anspruch) begründet ist (uneigentliche Streitgenossenschaft) § 11.

4. Es können der Hauptschuldner und der Bürge gemeinschaftlich (bei dem Gerichte des Hauptschuldners § 93) geklagt werden, soweit nicht die Beschaffenheit der eingegangenen Bürgschaft (§ 1348 B.G.B.) im Wege steht § 12.

IV. Begründet wird einseitige und zweiseitige Streitgenossenschaft von der Klageseite, indem ein Kläger mehrere gemeinsam zu klagen sich entschließt, oder mehrere Personen sich zu gemeinsamer Klage verbinden. — Dem Beklagten steht nicht zu, einen Dritten als Streitgenossen beizuziehen, doch hat dessen Intervenient unter der Voraussetzung des § 20 die Stellung eines Streitgenossen; — ihm steht nicht zu, die Verhandlung über die Klage zu verweigern, bis mehrere gemeinsam klagen oder mit ihm noch andere geklagt werden; es berechtigt eine so geartete Verteidigung nicht zur Streitablehnung, sondern bewirkt eventuell Abweisung der Klage mangels aktiver oder passiver Klagelegitimation, das auch in dem Falle, wo das Gesetz fordert, daß alle Beteiligten gemeinsam klagen oder gemeinsam geklagt werden (notwendige Streitgenossenschaft). — Der Richter kann wohl abgesondert angebrachte Klagen zu gemeinsamer Verhandlung verbinden § 187, doch damit nicht Streitgenossenschaft begründen; er kann dritte Personen zur Teilnahme als mitstreitender Teil nur laden im Falle des § 242 Kon.O.; — er kann bei subjektiver Klagenhäufung die Einleitung des Streites nur verweigern wegen Unzuständigkeit des Gerichtes § 230. Im Laufe des Prozesses tritt Streitgenossenschaft außer dem Falle streitgenössischer Intervention ein, wenn an Stelle der Prozeßpartei mehrere Rechtsnachfolger in den Rechtsstreit eintreten § 155. Mitunter kann auch einer der Beteiligten mit Rechtswirksamkeit für alle klagen und geklagt werden (§ 523 B.G.B.).

Die Streitgenossenschaft ist gemeinsames Verfahren (ein Prozeß § 13) über mehrere selbständige Streitsachen (einfache Streitgenossenschaft), im Falle des § 14 aber einheitliches Verfahren über die mehreren Klagen (besondere, materielle Streitgenossenschaft).

V. Bei einfacher Streitgenossenschaft ist jeder Streitgenosse dem Gegner gegenüber im Prozesse derart selbständig, daß die Handlungen und Unterlassungen des einen Streitgenossen dem anderen weder zum Vorteile noch zum Nachteile gereichen § 13. Jeder Streitgenosse kann demnach besondere Angriffs- und Verteidigungsmittel gebrauchen; jeder Streitgenosse kann einen Advokaten für sich bestellen und die daraus erwachsenen Kosten beanspruchen, doch sind bei einheitlichem Interesse der Streitgenossen die durch Beiziehung mehrerer Advokaten entstandenen Mehrkosten nicht zuzuerkennen § 41 Abs. 3. Jeder Streitgenosse kann, weil Partei, nicht Zeuge sein. Das Urteil kann für jeden Streitgenossen verschieden sein. Die von einem Streitgenossen eingelegten Rechtsmittel wirken nicht für die anderen.

Wegen der Gemeinsamkeit des Verfahrens bewirkt die Einwendung der Unzuständigkeit oder der Unzulässigkeit des Rechtsweges die Einstellung des Verfahrens für alle, — die Einrede der Streithängigkeit und rechtskräftiger Entscheidung bald für alle, bald nur für einen. Die einem Streitgenossen zustehende Frist ist allen Streitgenossen offen § 127. Jeder einzelne Streitgenosse kann den Prozeß betreiben § 15 Abs. 1, §§ 279, 335; er kann bei Versäumung des gemeinschaftlichen Gegners Urteil wegen Säumnis beantragen (§§ 396, 398), das unterbrochene und ruhende Verfahren fortsetzen (§§ 164, 169).

Die Gemeinsamkeit des Verfahrens entfällt infolge richterlicher Prozeßleitung bei Verschiedenheit der Angriffs- und Verteidigungsmittel § 188, — bei Dispositivakten, d. i. bei Vergleich, Anerkenntnis, Verzicht, — bei partieller Kontumaz; es kann gegen jenen der mehreren Beklagten, welcher im Anwaltsprozesse in der ersten Tagsatzung nicht erscheint oder die schriftliche Klagebeantwortung nicht rechtzeitig erstattet, es kann gegen jenen Streitgenossen, der eine Tagsatzung zur mündlichen Streitverhandlung ausläßt, Versäumungsurteil erwirkt werden. Die für einen Streitgenossen durch Tod, durch Verlust der Prozeßfähigkeit oder durch Wechsel des gesetzlichen Vertreters und durch Konkurs begründete Unterbrechung des Verfahrens wirkt nur für den davon betroffenen Streitgenossen.

VI. Im Falle der besonderen (materiellen) Streitgenossenschaft, d. i. dann, wenn die Wirkung des zu fällenden Urteiles sich kraft der Beschaffenheit des streitigen Verhältnisses oder kraft gesetzlicher Vorschrift auf sämtliche Streitgenossen erstreckt, bilden die Streitgenossen eine einheitliche Streitpartei § 14; sie sind Vertreter eines gemeinschaftlichen Interesses; eine prozessualische Selbständigkeit besteht nur bezüglich der Frage, ob ein einzelner Streitgenosse zur Teilnahme an dem Prozesse berechtigt sei. Die wirksamen Prozeßhandlungen eines Streitgenossen haben die Wirkung der Prozeßhandlungen eines gemeinsamen Vertreters, soweit sie ihrer Natur nach die prozessualische Lage verbessern, also eine günstigere Entscheidung des Rechtsstreites herbeizuführen geeignet sind. Insoweit kann jeder Streitgenosse zum Vorteile aller und auch gegen den Willen der anderen Streitgenossen Angriffs- und Verteidigungsmittel geltend machen und Beweismittel gebrauchen. Jeder Streitgenosse kann die zulässigen Rechtsmittel gebrauchen, auch jener, der vor dem ersten Richter unthätig geblieben ist. Dispositivakte (Vergleich, Anerkenntnis, Verzicht) stehen nur allen Streitgenossen zu. Teilung des Verfahrens ist ausgeschlossen.

Wird eine Frist oder ein Termin von einzelnen Streitgenossen versäumt, so sind die säumigen Streitgenossen als durch die nichtsäumigen vertreten anzusehen. Es sind zu jeder auf Antrag eines Streitgenossen oder des Gegners anberaumten weiteren Tagsatzung auch jene Streitgenossen zu laden, welche eine frühere in derselben Rechtssache abgehaltene Tagsatzung versäumt haben § 15 Abs. 2. Der Antrag, gegen die Streitgenossen wegen Säumnis das Urteil zu fällen, ist zurückzuweisen, wenn auch nur betreff eines der Streitgenossen der Nachweis der Ladung fehlt oder bei Gericht offenkundig ist, daß einer der Streitgenossen durch Naturereignisse oder einen anderen unabwendbaren Zufall am Erscheinen gehindert ist § 402.

VII. Eine Vereinfachung des schriftlichen Verkehrs ergiebt sich nur, wenn die Streitgenossen einen gemeinschaftlichen Vertreter haben, oder für sie ein gemeinschaftlicher Zustellungsbevollmächtigter bestellt ist.

Haben die Streitgenossen einen gemeinschaftlichen Vertreter, so wird mit der Übergabe einer einzigen Ausfertigung, Ladung, Protokollsabschrift oder nur eines Schriftsatzexemplars an diesen Vertreter die Zustellung an alle für vollzogen angesehen § 90. — Bei Bestellung eines gemeinschaftlichen Zustellungsbevollmächtigten sind diesem so viele Exemplare des zuzustellenden Schriftstückes zn übergeben, als Beteiligte vorhanden sind; von Beilagen genügt die Übergabe je einer Abschrift jeder Beilage § 94.

Die Bestellung eines Zustellungsbevollmächtigten ist im Falle der Streitgenossenschaft geboten. Es haben Streitgenossen als Kläger in der Klage, sonst bei Vornahme der ersten Prozeßhandlung einen Zustellungsbevollmächten dem Gerichte namhaft zu machen; geschieht das nicht, so ist auf Antrag des Gegners ein Zustellungsbevollmächtigter vom Gericht zu bestellen.

§ 53. Erfordernisse der Klageschrift.

Die Klageschrift hat neben den materiellen Erfordernissen zu enthalten:

1. die Bezeichnung des Gerichtes. Betrifft die Klage einen Gegenstand der Handels-, See- oder Berggerichtsbarkeit, so ist, wenn dem Gerichtshofe, bei welchem die Klage angebracht wird, neben der besonderen auch die allgemeine Gerichtsbarkeit zusteht, ersichtlich zu machen, daß Verhandlung bei dem Handels- oder Bergsenate beantragt wird. Ist die Zuständigkeit von dem Werte des Streitgegenstandes abhängig und die Klage nicht auf eine Geldsumme gerichtet, so ist der Wert des Streitgegenstandes in der Klage anzugeben § 56 J.N., § 226 C.P.O. — Eine Vereinbarung über die Zuständigkeit muß in der Klage urkundlich nachgewiesen werden § 104 J.N.; urkundlicher Nachweis ist auch gefordert, wenn bei dem Gerichte des Erfüllungsortes geklagt wird § 88 J.N.;

2. die Bezeichnung der Parteien nach Vor- und Zuname, Beschäftigung, Wohnort und Parteistellung;

3. die Angabe der für die Parteien handelnden gesetzlichen bezw. bevollmächtigten Vertreter. Der gesetzliche Vertreter hat außer dem Fall der Gerichtskundigkeit die Vertretungsbefugnis und die im einzelnen Falle nötige besondere Ermächtigung zur Prozeßführung nachzuweisen § 4; der bevollmächtigte Vertreter hat die Vollmacht zur Prozeßführung vorzulegen § 30.

4. die Bezeichnung des Streitgegenstandes;

5. die Angabe der Beweismittel, welche der Kläger zur Bewahrheitung seiner Behauptungen zu benutzen beabsichtigt. Zeugen sind zu benennen; auf Urkunden ist gemäß § 77 Bezug zu nehmen (s. oben § 27 II.).

Vorbehalten ist dem Kläger, in der Klage gewisse die Beschaffung des Verhandlungs- und Beweismateriales bezielende prozeßleitende Anordnungen zu beantragen. Er kann schon in der Klage den Antrag stellen: a) daß dem Beklagten bei der Ladung zur ersten Tagsatzung oder zur mündlichen Streitverhandlung aufgetragen werde, gewisse, dem Kläger zur Beweisführung nötig scheinende, im Besitze des Beklagten befindliche Urkunden, Auskunftssachen und Augenscheinsgegenstände zur Verhandlung mitzubringen; — b) daß das Gericht gewisse Urkunden, Auskunftssachen und Augenscheinsgegenstände, welche sich in

Verwahrung einer öffentlichen Behörde oder eines Notars befinden, für die erste Tagsatzung oder die mündliche Verhandlung herbeischaffe, — c) daß die in der Klage namhaft gemachten Zeugen zur ersten Tagsatzung oder zur mündlichen Streitverhandlung geladen werden § 229. — Vorbehalten ist dem Kläger eine vorgreifende Beweisaufnahme § 384, die bücherliche Anmerkung der (Hypothekar- und der Anfechtungs-)Klage zu erwirken Art. 13 Z. 7 und 8 Ex.O.

Die Klage bedarf der Unterschrift des zur Prozeßführung legitimierten Advokaten § 75; ist der Kläger zur Selbstvertretung im Anwaltsprozesse berechtigt (§ 28), so hat er außer dem Falle der Gerichtskundigkeit darüber Nachweis zu liefern. Auszufertigen ist die Klageschrift nach den §§ 80 und 81 (s. oben § 27).

§ 54. Die Prozeßvoraussetzungen.

I. Die Klage ist der Antrag auf Prozeß und auf Urteil über einen bestimmten Rechtsanspruch; sie bewirkt die Verpflichtung des Gerichtes zur Verhandlung und zum Urteil, die Verpflichtung des Beklagten auf die Klage Recht zu geben bei Bestand der Voraussetzungen für ein gültiges und zulässiges Verfahren. Der Mangel dieser Voraussetzungen bewirkt die Verweigerung der Einleitung des rechtlichen Verfahrens, — die Berechtigung des Beklagten, die Verhandlung über die Klage abzulehnen, — die Verweigerung des Urteiles über den Klageanspruch, — in beschränktem Umfange die Anfechtbarkeit des formell rechtskräftigen Spruches. Die Bedingungen der Gültigkeit des Verfahrens sind *absolute*, jene der Zulässigkeit des Verfahrens *relative Prozeßvoraussetzungen*.

II. Es sind *absolute Prozeßvoraussetzungen*: 1. die Zulässigkeit des Rechtsweges. Unzulässig ist der Rechtsweg auch, wenn dem geltend gemachten Anspruche das Klagerecht versagt ist; — 2. die Eignung zum Richteramte (§ 19 Z. 1 J.N.); — 3. die Gerichtsbarkeit für die Klagsache; — 4. die Parteifähigkeit; — 5. die Prozeßfähigkeit bezw. gesetzliche Vertretung; — 6. die Prozeßvollmacht; — 7. die materiellen Klageerfordernisse (Urteilsbegehren und Begründung § 226); — 8. die Rechtsschutzbedürftigkeit, welche fehlt bei Streithängigkeit und rechtskräftiger Entscheidung § 240.

Der Mangel einer absoluten Prozeßvoraussetzung begründet *Nichtigkeit des Prozesses*, daher der Mangel gleichmäßig über Parteirüge und von amtswegen zu beachten ist. Das Gericht hat bei Inhabilität eines Richters jede Beteiligung desselben an der Verhandlung und insbesondere jede Einflußnahme auf die Entscheidung auszuschließen. Bei Erkenntnis des Mangels einer anderen Prozeßvoraussetzung hat das Gericht die Einleitung des rechtlichen Verfahrens, und wenn der Mangel erst später erkannt wird, das Urteil eventuell noch in höherer Instanz zu verweigern, wenn nicht der Mangel mittlerweile behoben ist. Der Prozeß wird saniert bei Mangel der Prozeßfähigkeit durch Genehmigung der Prozeßführung seitens des Vertreters § 477 Abs. 2, — bei Mangel der Prozeßvollmacht durch Nachtrag derselben bezw. Ratihabition (vergl. § 38), — der Mangel der materiellen Klageerfordernisse durch Beschaffung derselben. Die Nichtigkeit, welche auch nicht im Instanzenzuge erkannt wurde, wird durch das Urteil geheilt. Ausnahmsweise kann eine rechtskräftige Entscheidung angefochten werden und zwar durch Antrag der obersten Administrativbehörde bei Mangel der Gerichtsbarkeit § 42 J.N., durch Nichtigkeitsklage bei Inhabilität des Richters und bei Mangel der Vertretung § 529 und durch Wiederaufnahmsklage, wenn contra rem judicatam entschieden wurde § 536 Z. 6.

III. *Relative Prozeßvoraussetzungen* sind Mängel, welche den Richter weiter bestimmen, die Einleitung des rechtlichen Verfahrens zu versagen bezw. den Beklagten berechtigten, die Verhandlung über die Klage abzulehnen oder die Verweigerung von Urteil zu fordern. — Es hat der Richter die Einleitung des rechtlichen Verfahrens zu versagen bei sachlicher und örtlicher Inkompetenz; es kann der Beklagte die Verhandlung ablehnen wegen Befangenheit des Richters (§ 22 J.N.) und wegen Mangels der Klagskaution (§ 61); er kann die Verweigerung des Urteiles verlangen wegen sachlicher oder örtlicher Unzuständigkeit, doch muß er solche Verteidigung unverzüglich geltend machen, widrigenfalls sie verloren geht § 239.

§ 55. Die Klageerledigung.

I. Die Klage hat der Vorsitzende des Senates, welchem sie zugewiesen ist, zu prüfen; — er hat, wenn sie geeignet befunden wird, die Tagsatzung zur mündlichen Verhandlung (erste Tagsatzung) zu bestimmen § 230 und nach Antrag des Klägers § 229 eventuell von amtswegen § 183 die Beistellung der Beweise zu verfügen, welche sich auf die der ersten Tagsatzung vorbehaltenen Fragen beziehen § 229 Abs. 3. Gegen die Anordnung der Tagsatzung und gegen die Beweisanordnungen ist Rechtsmittel nicht zulässig §§ 130 und 257. — Hindern Formgebrechen die ordnungsmäßige geschäftliche Behandlung der Klageschrift, so hat der Vorsitzende vorerst die Beseitigung derselben anzuordnen §§ 84, 85 C.P.O. und § 89 Gesch.O.

Findet der Vorsitzende, daß die Klage wegen (sachlicher oder örtlicher) Unzuständigkeit (Unzulässigkeit des Rechtsweges, — gesetzwidriger Klagenhäufung § 227), wegen Mangels der Prozeßfähigkeit oder der erforderlichen gesetzlichen Vertretung auf Seiten des Klägers oder des Beklagten (oder wegen Mangels der besonderen Ermächtigung zur Prozeßführung) unzulässig sei, so hat er die Entscheidung des Senates einzuholen, ob über die Klage das rechtliche Verfahren einzuleiten, oder die Klage als zur Bestimmung einer Tagsatzung ungeeignet zurückzustellen sei § 230. — Wegen Mangels der Prozeßfähigkeit, der gesetzlichen Vertretung und der erforderlichen besonderen Ermächtigung zur Prozeßführung darf, wenn der Mangel beseitigt werden kann (§ 6), die Anordnung der ersten Tagsatzung nicht verweigert werden, doch sind von dem Gericht die bezüglichen Vorkehrungen zu treffen, damit schon in der ersten Tagsatzung festgestellt erscheint, ob sich der Mangel beseitigen läßt § 118 Gesch.O. Die vom Gerichtshofe gemäß § 60 J.N. eingeleitete gerichtliche Erhebung des Wertes des Streitgegenstandes schiebt die Anberaumung der ersten Tagsatzung nicht auf; es sind diese Erhebungen einem Mitgliede des Senates oder des Gerichtshofes zu übertragen und spätestens bis zum Ablauf der halben Frist für die Klagebeantwortung zum Abschluß zu bringen. Auf Grund der Erhebungen hat das Gericht in nicht öffentlicher Sitzung über die Zuständigkeit Beschluß zu fassen, und sohin die Klage eventuell an das Bezirksgericht abzutreten § 117 Gesch.O. — Zurückzuweisen ist die Anfechtungsklage, wenn das Begehren nicht dem § 35 des Ges. vom 16. März 1884 R. 36 entspricht, Art. 11 C.P.O., — die Syndikatsklage, wenn nicht in betreff des angesprochenen Ersatzes ein bestimmtes Begehren gestellt ist § 10 Ges. vom 12. Juli 1872 R. 112 und § 600.

Erscheint die Klage zulässig, so hat der Vorsitzende die erste Tagsatzung anzuordnen und dazu die Parteien zu laden, den Kläger mittels Rubrik, den Beklagten durch den §§ 106 und 107 entsprechende Zustellung des mit der Ausfertigung der Ladung versehenen Schriftsatzes. Die Ladung des Beklagten muß, soweit sie nicht bereits an einen Advokaten ergeht, auch die Aufforderung enthalten, rechtzeitig einen Advokaten als Vertreter zu bestellen mit der Bekanntgabe, welche Nachteile das Gesetz mit der Nichtbestellung eines Advokaten und mit dem Versäumen der ersten Tagsatzung verbindet § 131. Ohne solche Belehrung ist die Ladung nicht ordnungsmäßig erfolgt und Versäumungsurteil ausgeschlossen § 402 Z. 2.

II. Bei Bestimmung der Tagsatzung ist dem Beklagten die zur Vorbereitung der Verhandlung nötige Zeit offen zu halten; normal sollen ihm von der Zustellung der Klage bis zur Tagsatzung 14 Tage offen bleiben. Die Tagsatzung kann auf einen späteren Zeitpunkt (gerechnet vom Anschlag des Ediktes § 117) angeordnet werden, wenn der Aufenthalt des Beklagten unbekannt ist; sie kann auf einen näheren Zeitpunkt, allenfalls so bestimmt werden, daß zwischen der Zustellung und der Tagsatzung nur ein Zeitraum von 24 Stunden (ein Tag) liegt, wenn der Kläger darauf anträgt und der Beklagte sich im Gerichtsorte aufhält oder doch diesen Ort in kurzer Zeit erreichen kann § 231. Jedenfalls ist, wenn Anlaß vorliegt, darauf Bedacht zu nehmen, daß dem Beklagten die Ladung des Auktors zur ersten Tagsatzung möglich bleibt § 22.

III. Dem Vorsitzenden (§ 37 Z. 8 Ger.O.) obliegt die Benachrichtigung des Obersthofmarschallamtes von der Anbringung einer Schuldklage gegen Hofdiener Hofd. vom

31. August 1803 Nr. 625, — bei Klagen wegen Geldforderungen gegen einen im Justizdienste stehenden Beamten und Diener die Benachrichtigung des vorgesetzten Oberlandesgerichtes bezw. der Oberstaatsanwaltschaft, und wenn der Beamte bei einer Centralstelle dient, des Justizministeriums J.M.V. vom 23. November 1896 Z. 23995, — die Verständigung der vorgesetzten Militärbehörde von einer Schuldklage, welche auf Grund einer mit dem Ehrenworte verbürgten Zahlungszusicherung gegen einen Offizier (Ges. vom 20. Mai 1869 R. 78), — gegen einen dem Aktivstande angehörigen, zur Dienstleistung einberufenen Offizier der Landwehr (Ges. vom 2. April 1885 R. 93) gerichtet ist; — bei Klagen gegen eine Gemeinde oder einen Bezirk die Benachrichtigung des übergeordneten autonomen Organs (M.E. vom 29. April 1864 Z. 3562, vom 18. Oktober 1880 Z. 14681 —, vom 6. Oktober 1885 Z. 16074 und Art. 6 Z. 1 C.P.O.); — die Benachrichtigung der Disciplinarbehörde von der Überreichung einer Syndikatsklage § 12 Ges. vom 12. Juli 1872 R. 112. Verpflichtet ist der Vorsitzende auch zur Anzeige von Officialdelikten § 84 Str.P.O.

§ 56. Die Prozeßbegründung. Der Zwischenantrag auf Feststellung.

I. Durch die Anbringung der Klage wird die Rechtssache bei Gericht anhängig. Die Anhängigkeit bewirkt die Zuständigkeit des Gerichtes für den ganzen Streit, wenn sie in diesem Zeitpunkte begründet war §§ 29, 41, 65 J.N.; sie genügt zur Wahrung der Frist für die Klage § 232.

II. Die ordnungsmäßige Zustellung der Klageschrift an den Beklagten bewirkt die Streitanhängigkeit (Rechtshängigkeit der Streitsache, das Prozeßverhältnis); die Prozeßsubjekte sind an die Klage gebunden, die Streitparteien von einem neuen Rechtsbande — der Prozeßobligation — umschlungen. Dem Beklagten erwächst die Nötigung, sich zu verteidigen, wenn er nicht unverteidigt verurteilt werden will; es erwächst ihm für den Fall des Obsiegens der Anspruch auf Kostenersatz, — gegen den klagenden Ausländer der Anspruch auf Kostensicherstellung. Die Streitanhängigkeit begründet:

1. eine Gebundenheit des Klägers an das Prozeßgericht. Diese bewirkt: a) daß das Wahlrecht des Klägers unter mehreren zuständigen Gerichten erlischt § 102 J.N.; — b) daß während der Dauer der Streithängigkeit über den geltend gemachten Anspruch weder bei demselben, noch bei einem anderen Gerichte ein Rechtsstreit durchgeführt werden kann. Eine wegen desselben Anspruches angebrachte Klage ist auf Antrag und auch von amtswegen (jedoch nicht ohne Anberaumung einer ersten Tagsatzung § 118 Gesch.O.) zurückzuweisen § 233, eine mit demselben Ansprüche begründete (Kompensations-)Einrede ist zurückzuweisen; — c) daß der Beklagte (nicht auch dessen Intervenient) berechtigt wird, bei dem Gerichte der Klage in der für Klagen bestimmten Form eine Widerklage nach § 96 J.N. anzubringen. Die Widerklage wird durch spätere Zurücknahme der Vorklage nicht vereitelt (anders ein Feststellungsantrag s. unter IV.); die Berechtigung zur Widerklage erlischt mit dem Schlusse der Verhandlung über die Vorklage in erster Instanz § 233;

2 eine Gebundenheit an die Klage in mehrfacher Beziehung: a) Es hat die Veräußerung der im Streite befangenen Sache oder Forderung auf den Prozeß (daher wohl auch auf den Streiterfolg) keinen Einfluß; der Erwerber ist nicht berechtigt, ohne Zustimmung des Gegners als Hauptpartei in den Prozeß einzutreten § 234; er ist auch nicht berechtigt zur Hauptintervention. Die Sachlegitimation gilt also durch solche Veräußerung nicht alteriert, obwohl das Urteil von und gegen Rechtsnachfolger der Streitparteien nur bei qualifiziertem Nachweis der Rechtsnachfolge exequiert werden kann § 9 Ex.O. — b) Es bewirkt die Streithängigkeit die Unzulässigkeit der Klageänderung. Der Kläger kann die überreichte Klage bis zur Zustellung an den Beklagten beliebig ändern (Klagsnachtrag), soweit dadurch die Zuständigkeit des Prozeßgerichtes nicht ausgeschlossen wird. Ist aber die Klage dem Beklagten bereits zugestellt, so bedarf die Klageänderung der Einwilligung des Gegners oder der Zulassung durch das Gericht. Die Einwilligung des Gegners ist anzunehmen, wenn er ohne Einspruch über die

geänderte Klage verhandelt; das Gericht kann trotz Einspruchs die Klageänderung zulassen, wenn daraus eine erhebliche Erschwerung oder Verzögerung der Verhandlung nicht zu besorgen ist. Das die Entscheidung vorbereitende Verfahren ist auf die in den vorbereitenden Schriftsätzen geltend gemachten Ansprüche und Gegenansprüche beschränkt § 252; im Berufungsverfahren ist Klageänderung auch mit Einwilligung des Beklagten unzulässig § 483. — Zugelassen ist die Klageverbesserung. Es ist als solche anzusehen, wenn ohne Änderung des Klagegrundes (des Charakters der dinglichen Klage, des Entstehungsgrundes bei Forderungsklagen) α) die thatsächlichen Angaben der Klage und die in derselben angebotenen Beweise geändert, ergänzt, erläutert oder berichtigt werden, — β) das Klagebegehren (ohne Änderung des Klagegrundes) in der Hauptsache oder in Beziehung auf Nebenforderungen beschränkt, — γ) statt des ursprünglich geforderten Gegenstandes (wegen eingetretener Veränderungen) ein anderer Gegenstand oder das Interesse gefordert wird. Zugelassen ist eine Erweiterung des Klagebegehrens in den §§ 407 und 408; zulässig ist der Übergang von der Feststellungs- zur Leistungsklage § 406, — ein Übergang von der Leistungs- zur Festellungsklage, wenn ein rechtliches Interesse verfrühte Klage rechtfertigt. — c) Die Streithängigkeit übt Einfluß auf die Zurücknahme der Klage. Der Kläger kann die Klage nach Zustellung an den Beklagten nur gegen Ersatz der diesem erwachsenen Kosten zurücknehmen; er kann die Klage vor der ersten Tagsatzung, und wenn der Beklagte bei derselben nicht erscheint, auch in dieser Tagsatzung ohne Zustimmung des Beklagten, — mit solcher Zustimmung bis zur Verkündigung bezw. Zustellung des Urteiles erster Instanz zurücknehmen. Die Zurücknahme erfolgt durch Zustellung eines Schriftsatzes, bei der mündlichen Verhandlung durch Erklärung zu Protokoll. Bei Zurücknahme gilt die Klage als nicht angebracht, sie kann daher vorbehaltlich der Einrede eines erklärten Verzichtes auf den geltend gemachten Anspruch später wieder angebracht werden; der Ersatz der Kosten der früheren Klage ist nicht Voraussetzung für die neuerliche Klage. Über den Antrag des Beklagten auf Kostenersatz entscheidet in der ersten Tagsatzung der zur Abhaltung dieser Tagsatzung berufene Richter § 37 Z. 6 Ger.O., sonst nach vorhergehender mündlicher Verhandlung der Senat § 237; der Antrag ist an keine Frist gebunden.

III. Das Prozeßverhältnis übt Rückwirkung auf das materielle Rechtsverhältnis. Es bewirkt 1. die Anbringung der Klage: a) Wahrung der civilrechtlichen Klagefrist; b) die Unterbrechung der Verjährung (§ 1497 B.G.B., — anders Art. 80 W.O.); c) die Unterbrechung der Ersitzung (§ 1497 B.G.B.); d) das Wiederaufleben des durch Zinsenrückstand in der Höhe der Kapitalsschuld erloschenen Zinsenanspruches § 1335 B.G.B.; e) die Vererblichkeit unvererblicher Ansprüche § 94, 1325 B.G.B.; — 2. die Zustellung der Klage an den Beklagten: a) die Unterbrechung der Wechselverjährung Art. 80 W.O.; b) eine gesteigerte Haftung des Beklagten. Es haftet der mit einer dinglichen Klage belangte redliche Besitzer für verschuldete Schädigung, für verschuldeten Abgang der Sache, und auch für den zufälligen Untergang, wenn er in mutwilliger Prozeßverzögerung wurzelt, ferner für den Zuwachs und die von da ab bezogenen oder nach den Verhältnissen des Klägers beziehbaren Früchte §§ 338, 378 B.G.B. — Es haftet der mit einer persönlichen Klage auf Herausgabe einer Sache Belangte für die von der Zustellung der Klage erzielten und erzielbaren Früchte und jedenfalls für omnis culpa. — Es haftet der auf eine Geldsumme Belangte für Prozeßzinsen in der gesetzlichen Höhe, wenn nicht vertragsmäßig höhere Zinsen gebühren. Die Praxis berechnet dem Kläger solche Zinsen in Anschluß an § 1334 B.G.B. schon von der Anbringung der Klage; — c) bei Bereicherungsklagen die Beurteilung der Existenz und des Umfanges der Bereicherung nach der bei Zustellung der Klage gegebenen Sachlage §§ 1424, 1437, 1447 B.G.B., Art. 83 W.O.; — d) den Verlust des Rechtes bei Korrealobligationen einem anderen Mitgläubiger zu zahlen, bezw. einen anderen Mitschuldner zu belangen §§ 891, 892 B.G.B.

IV. Für Ansprüche, welche von dem Kläger oder Beklagten erst im Laufe des Prozesses (sei es auch schon in der schriftlichen Klagebeantwortung oder in einem besonderen vorbereitenden Schriftsatz) erhoben werden, tritt die Streithängigkeit erst mit dem Zeitpunkte ein, in welchem diese Ansprüche bei der mündlichen Verhandlung geltend gemacht werden § 232; es begründet die Geltendmachung eines Wechselanspruches in der mündlichen Verhandlung auch die Unterbrechung der wechselrechtlichen Verjährung Art. 45 C.P.O. — Die Regel des § 232 über Begründung der Streithängigkeit gilt für die Erweiterung des Klageanspruches, für die Klageänderung, für den vom Beklagten zur Aufrechnung geltend gemachten Gegenanspruch, und insbesondere für den in einem Zwischenantrag auf Feststellung geltend gemachten Anspruch.

Es kann der Kläger und der Beklagte nach §§ 236 und 259 ohne Zustimmung des Gegners bis zum Schlusse der mündlichen Verhandlung (in I. J.), über welche das Urteil ergeht, den Antrag stellen, daß ein im Laufe des Prozesses streitig gewordenes Rechtsverhältnis oder Recht, von dessen Bestehen oder Nichtbestehen die Entscheidung über das Klagebegehren ganz oder teilweise abhängt, welches daher der Richter als eine die Entscheidung bedingende Vorfrage prüfen müßte, ohne für seine Rechtsanschauung Rechtskraft zu schaffen, in dem über die Klage ergehenden oder in einem vorausgehenden Urteile (§ 393 Abs. 2) festgestellt werde. Ein solcher Antrag ist ausgeschlossen: a) wenn über den Gegenstand des neuen Antrages nur in einem besonderen, für Angelegenheiten dieser Art ausschließlich vorgeschriebenen Verfahren verhandelt werden kann, — wohl auch, wenn für den Klageanspruch ein besonderes auf den Feststellungsanspruch nicht anwendbares Verfahren (Besitz, Bagatellverfahren) vorgeschrieben ist; b) wenn die Vorschriften über die sachliche Zuständigkeit der Gerichte der beantragten Entscheidung entgegenstehen. Es fordert der Zwischenantrag auf Feststellung Urteil über ein Element des Anspruches; es ist solcher Antrag zulässig, wenn das Prozeßgericht für eine auch den Feststellungsantrag umfassende Klage zuständig erscheint. Die Entscheidung über die Zulässigkeit des Zwischenantrages kann bis zur Entscheidung der Hauptsache verschoben und der Beschluß auf Abweisung in das Urteil über die Hauptsache aufgenommen werden. Über den Bestand oder Nichtbestand des präjudiziellen Rechtsverhältnisses ist mit Urteil zu entscheiden und zwar in dem die Hauptsache erledigenden Endurteil oder in einem Zwischenurteil.

§ 57. Die erste Tagsatzung.

I. Die erste Tagsatzung ist Tagsatzung zur mündlichen Verhandlung (§ 230), aber mit begrenztem Zweck. Es soll festgestellt werden, ob der Streit durchgeführt werden muß, und welche Hindernisse sich der Streitverhandlung entgegenstellen. Wegen des begrenzten Zweckes findet die erste Tagsatzung vor dem Vorsitzenden des Senates oder vor einem von diesem beauftragten Mitgliede des Senates statt. Die Verhandlung ist öffentlich § 120 Gesch.O. Der die Verhandlung leitende Richter ist erkennender Richter; er entscheidet in gewissen Fällen die Streitsache durch Urteil; er entscheidet über bestimmte Anträge und eventuell auch über die Einstellung des Verfahrens. Für die Verhandlung wird (gegen den § 27, § 75 Z. 3, § 131 und auch § 73) Vertretung durch Advokaten nicht geboten erachtet.

Es ist Gegenstand der ersten Tagsatzung: der Vergleichsversuch, — die Anmeldung der Einrede der Unzuständigkeit, der Unzulässigkeit des Rechtsweges, der Streithängigkeit und der rechtskräftig entschiedenen Streitsache, — die Entgegennahme der Erklärung des benannten Auktors, — der Antrag auf Sicherheitsleistung für die Prozeßkosten, — der Antrag auf Gestattung der Klageänderung, — der Antrag auf Zurückweisung der Klage wegen Prozeßunfähigkeit eines der Streitteile und wegen mangelnder Berechtigung der als (gesetzlicher) Vertreter einschreitenden Person — und die Erledigung der Streitsache auf Grund eines Anerkenntnisses oder eines Verzichtes, oder in Folge der Versäumnis. — Der Mangel der Prozeßfähigkeit und der Berechtigung der als Vertreter einschreitenden Person, und die durch Vereinbarung nicht zu beseitigende Unzuständigkeit kann in der ersten Tagsatzung auch von amtswegen der Erörterung unterzogen werden. — Alles andere Vorbringen ist von der ersten Tagsatzung ausgeschlossen.

Von dem für die erste Tagsatzung geeigneten Vorbringen ist auf die erste Tagsatzung beschränkt: a) der Antrag auf Sicherheitsleistung für die Prozeßkosten; der

Antrag muß, außer dem Fall des § 58 in der ersten Tagsatzung (vor der Einlassung in die Hauptsache) gestellt werden § 49; — β) die Einrede der Unzuständigkeit. Nach der ersten Tagsatzung kann nur eine durch Vereinbarung der Parteien nicht zu beseitigende Unzuständigkeit berücksichtigt werden § 240.

II. Nicht alles für die erste Tagsatzung bestimmte Vorbringen kann auch schon in dieser Tagsatzung erledigt werden. Der mit der ersten Tagsatzung betraute Einzelrichter ist a) berufen, auf Antrag oder von amtswegen eine gütliche Beilegung des Rechtsstreites oder die Herbeiführung eines Vergleiches über einzelne Streitpunkte zu versuchen; — b) angewiesen, wenn eine Einigung in Ansehung der Übernahme des Prozesses durch den benannten Auktor zu stande kommt, auf Antrag den Beklagten sofort durch Beschluß von der Klage zu entbinden §§ 23 und 231; — c) durch § 397 angewiesen, die Streitsache auf Grund eines Anerkenntnisses, eines Verzichtes, oder in Folge Versäumnisses durch Urteil zu erledigen; — d) er ist angewiesen über den Antrag auf Sicherheitsleistung für die Prozeßkosten zu verhandeln und zu entscheiden, daher auch berechtigt, bei Abweisung des Antrages die Fortsetzung der Verhandlung noch vor Rechtskraft des Abweisungsbeschlusses anzuordnen § 61; — e) über den in der ersten Tagsatzung gestellten Antrag auf Gestattung der Klageänderung zu entscheiden; — f) auf Antrag und auch von amtswegen über die Einstellung des Verfahrens wegen Mangels der Prozeßfähigkeit oder der erforderlichen gesetzlichen Vertretung einer der Parteien zu verhandeln und zu entscheiden.

Die durch Parteivereinbarung nicht zu beseitigende Unzuständigkeit, die Unzulässigkeit des Rechtsweges, die Streithängigkeit und die Rechtskraft eines die Streitsache betreffenden Urteiles sind jederzeit von amtswegen zu berücksichtigen § 240. Dem Beklagten kommt zu, diese Einreden bei der ersten Tagsatzung anzumelden, doch entscheidet über dieselben nicht der die erste Tagsatzung leitende Richter, sondern der Senat und zwar nach vorhergegangener mündlicher Verhandlung § 261; dem Senat ist auch vorbehalten zu bestimmen, ob diese Verhandlung von der Streitverhandlung abgesondert oder mit derselben verbunden werden soll § 260, 189. Über die durch ausdrückliche Vereinbarung der Parteien nicht zu beseitigende Unzuständigkeit kann aber auch schon bei der ersten Tagsatzung verhandelt und ein Beschluß über die Einstellung des Verfahrens gefaßt werden § 239 Abs. 3.

III. Die erste Tagsatzung kann erstreckt werden. Erfolgt die Erstreckung, weil der Beklagte zu erscheinen verhindert ist, oder weil er verhindert ist, die Einreden anzumelden oder die Anträge zu stellen, zu deren Anbringung die erste Tagsatzung bestimmt ist, so gilt auch die erstreckte als erste Tagsatzung und können noch alle Anträge eingebracht werden, welche in die erste Tagsatzung verwiesen sind. — Erfolgt die Erstreckung, weil die Verhandlung in der ersten Tagsatzung nicht zu Ende geführt werden kann, dann hat sich die erstreckte Tagsatzung auf die Erledigung der noch ausstehenden Punkte zu beschränken § 242. — Wird die erste Tagsatzung von beiden Teilen versäumt, so bewirkt das Ruhen des Verfahrens § 168; — wird sie nur von einem Teile versäumt, so steht dem erschienenen Teile der Antrag auf Erlassung des Versäumungsurteiles zu § 396. Wird ein solcher Antrag nicht gestellt, so ist die Tagsatzung nach dem Ergebnisse der einseitigen Verhandlung zu erledigen, also eventuell die schriftliche Klagebeantwortung anzuordnen und für die Streitverhandlung ausgeschlossen zu behandeln, was in die erste Tagsatzung verwiesen ist.

IV. Gegen die in der ersten Tagsatzung gefällten Urteile hat Berufung, gegen Beschlüsse Rekurs statt, für welche § 516 nicht gilt. — Die Entscheidung über Kostenersatz, wenn die Klage vor oder bei der ersten Tagsatzung zurückgenommen wird, erfolgt ohne Beschlußfassung des Senates § 37 Ger.O.

§ 58. Die schriftliche Klagebeantwortung.

I. Ergiebt die erste Tagsatzung keine Streiterledigung, so ist in derselben dem Beklagten die Erstattung einer schriftlichen Klagebeantwortung binnen bestimmter vier Wochen nicht überschreitenden Frist aufzutragen; eine schriftliche Ausfertigung dieses Beschlusses ist den bei der Tagsatzung anwesenden Parteien nicht zuzustellen § 79 Ger.O. Die Klagebeantwortung hat sich auch auf die in der ersten Tagsatzung vorgebrachten und unerledigt gebliebenen streitablehnenden Einreden zu beziehen, wenn nicht der Senat über Bericht eine abgesonderte Verhandlung dieser Einreden angeordnet hat § 243. Von einer solchen Anordnung sind die Parteien durch Zustellung der Ladung zur Verhandlung zu verständigen; dem Beklagten erwächst daraus nicht das Recht, die Verhandlung in der Hauptsache zu verweigern § 260.

II. Die Klagebeantwortung „hat mittels vorbereitenden Schriftsatzes zu geschehen" § 243. Der Inhalt wird durch die Klage, die Ergebnisse der ersten Tagsatzung und die Vorschriften über den Inhalt der vorbereitenden Schriftsätze bestimmt. Es hat der Schriftsatz zu enthalten den Antrag, welchen der Beklagte bei der mündlichen Verhandlung zu stellen beabsichtigt; — die Erklärung über die Wahrheit, Richtigkeit und Vollständigkeit des in der Klageschrift enthaltenen thatsächlichen Vorbringens und über die Zulässigkeit der vom Kläger bezeichneten Beweismittel; — die Darstellung jener Verhältnisse, deren sich der Beklagte zur Begründung seines und zur Bekämpfung des gegnerischen Antrages bedienen will und die Angabe der Beweismittel zur Bewahrheitung der eigenen und zur Widerlegung der gegnerischen Behauptungen. Rechtsausführungen sollen ausgeschlossen bleiben § 78.

Das Begehren des Beklagten ist gerichtet auf Abweisung der Klage, oder gänzliche oder teilweise Abweisung des Klagebegehrens. Kondemnation kann der Beklagte nur fordern bezüglich der Prozeßkosten, für deren Zuspruch rechtzeitige Kostenliquidation maßgebend ist § 52.

Die Abweisung der Klage kann der Beklagte fordern auf Grund der in der ersten Tagsatzung angemeldeten und noch nicht erledigten Prozeßeinreden und schlechthin wegen Mangels jener Prozeßvoraussetzungen, welche jederzeit auch von amtswegen zu berücksichtigen sind (§ 240).

Die Bitte um Abweisung des Klagebegehrens kann der Beklagte begründen durch Bestreitung des rechtlichen, durch Bestreitung des thatsächlichen Klagefundamentes und durch Einreden.

Die Bestreitung der rechtlichen Begründung des klägerischen Anspruches ist, wenn lediglich rechtliche Deduktion, der mündlichen Verhandlung vorbehalten.

Über die vom Kläger zur Begründung seines Begehrens vorgebrachten thatsächlichen Angaben hat sich der Beklagte der Wahrheit gemäß und bestimmt zu erklären § 178. Ausdrücklich zugestandene Thatsachen werden dadurch beweisfrei, widersprochene Behauptungen beweisbedürftig. Wenn der Beklagte den Besitz der zurückgeforderten Sache vor Gericht leugnet und dessen überwiesen wird, muß er dem Kläger deswegen allein schon den Besitz abtreten § 376 B.G.B. — Vorbehalten ist dem Beklagten, das Klagefaktum zu berichtigen und zu ergänzen. Berichtigung des Faktums ist Widerspruch mit einem den Gegenbeweis erleichternden Zusatz. Die Ergänzung der thatsächlichen Angaben des Gegners ist Geständnis mit rechtserheblichem Zusatz; betrifft dieser Zusatz die Entstehung des gegnerischen Anspruches, so ist er Widerspruch, betrifft er den Fortbestand oder die Geltendmachung des gegnerischen Anspruches, so hat er die Natur einer Einrede.

Vorbehalten sind dem Beklagten Einreden, d. i. Thatsachen, welche auch bei Wahrannahme der Klagebegründung das Klagebegehren ausschließen. Der Beklagte kann Thatsachen geltend machen: 1. mit welchen er die Existenz des klägerischen Rechtes leugnet (rechtsverneinende Einreden) und zwar a) Thatsachen, welche die Entstehung des klägerischen Rechtes hindern (rechtshindernde Thatsachen), so: α) der Abgang der allgemeinen (normal existent gedachten) Voraussetzung der Rechtsentstehung; β) der Bestand solcher Thatsachen, an welche das Recht eine Ausnahme von der Regel der Rechtsentstehung knüpft; γ) sofern sich die Klage auf eine gesetzliche Vermutung (Interimswahrheit) gründet, ein Umstand, welcher die gesetzliche Annahme ausschließt; δ) gegenüber den die Klagelegitimation begründenden Thatsachen, ein Umstand, welcher ausnahmsweise die Berechtigung des Klägers oder die Verpflichtung des Beklagten ausschließt; — b) Thatsachen, welche den Untergang des entstandenen Rechtes bewirken (rechtsaufhebende Thatsachen). Diesen Thatsachen werden rechtsbeschränkende und keimzerstörende Thatsachen gleichgestellt. Der Beklagte kann 2. solche Thatsachen geltend machen, welche das Klagerecht unwirksam erscheinen lassen oder in seiner Wirksamkeit hemmen. Hemmung auf Zeit bewirkt einstweilige Abweisung der Klage (verzögerliche Einrede), Hemmung für immer endgültige Abweisung der Klage (zerstörliche Einrede). Die aus einem Gegenrechte des Beklagten abgeleiteten Einreden sind rechtsverfolgende Einreden; hervorzuheben ist davon die anspruchverfolgende Einrede der Kompensation, welche, wenn wirksam erhoben, als rechtsvernichtende Thatsache wirkt.

III. Vorbehalten ist dem Beklagten, in der Klagebeantwortung gewisse die Beschaffung des Verhandlungs- und Beweismaterials bezielende prozeßleitende Anordnung zu beantragen § 243 (s. § 56) und auch nebenher eine vorgreifende Beweisaufnahme zu erwirken. — Vorbehalten ist dem Beklagten auch, einen Zwischenfeststellungsantrag § 259 (s. § 56, IV), und den Antrag auf Einleitung eines vorbereitenden Verfahrens zu stellen § 243.

IV. Die Klagebeantwortung ist in gleicher Form in der Gerichtskanzlei zu überreichen, wie die schriftliche Klage. Die schriftliche Klagebeantwortung ist vorbereitender Schriftsatz, Anmeldung der Verteidigung, welcher sich der Beklagte in der mündlichen Verhandlung bedienen will; sie ist aber auch bestimmender Schriftsatz. Wird die Klagebeantwortung nicht rechtzeitig eingebracht, so ist nach Verwerfung der etwa vom Beklagten in der ersten Tagsatzung angemeldeten prozeßhindernden Einreden auf Antrag des Klägers Versäumungsurteil zu erlassen § 398. Wird die Klagebeantwortung rechtzeitig eingebracht, so sind die in derselben enthaltenen Erklärungen und thatsächlichen Angaben bei der Urteilsfällung zu berücksichtigen, auch wenn der Beklagte die mündliche Streitverhandlung versäumt § 399.

V. Wird die Klagebeantwortung rechtzeitig überreicht, so ist nach Beseitigung etwaiger Formgebrechen (§ 85) Tagsatzung zur mündlichen Streitverhandlung, oder ein die mündliche Streitverhandlung vorbereitendes Verfahren anzuordnen. Die Anberaumung der Tagsatzung zur mündlichen Streitverhandlung ist Sache des Vorsitzenden; über die Einleitung eines vorbereitenden Verfahrens entscheidet der Senat. Es hat der Vorsitzende solche Senatsentscheidung bei Erledigung der Klagebeantwortung einzuholen, wenn die Klagebeantwortung darauf anträgt, oder wenn der Vorsitzende selbst die Einleitung eines solchen Verfahrens geboten oder zweckmäßig erachtet.

Wird die Klagebeantwortung nicht in der dafür bestimmten ersten oder erstreckten Frist überreicht, so erscheint sie ausgeschlossen. Die verspätete Klagebeantwortung ist von amtswegen zurückzuweisen. Eine Zustellung an den Kläger hat zu erfolgen, wenn sie die in der ersten Tagsatzung angemeldeten Prozeßeinreden begründet und diese Einreden zu abgesonderter Verhandlung verwiesen wurden, oder wenn sie Prozeßmängel ausführt, welche der Richter bei Erlassung des Versäumungsurteiles auch von amtswegen zu berücksichtigen hat. Für solche Verhandlung hat die verspätete Klagebeantwortung den Charakter eines besonderen vorbereitenden Schriftsatzes.

§ 59. Besondere vorbereitende Schriftsätze.

Wird die Streitverhandlung ohne vorgängiges vorbereitendes Verfahren angeordnet, so können die Parteien in der Zeit zwischen Anberaumung und Beginn der Streitverhandlung noch Anträge auf Beschaffung von Beweisen für die mündliche Streitverhandlung stellen (§ 229), über welche der Vorsitzende die nötigen Verfügungen ohne Aufschub zu erlassen hat; sie können sich auch in dieser Zwischenzeit durch besonderen vorbereitenden Schriftsatz in der Klage und Klagebeantwortung noch nicht enthaltene Anträge, Angriffs- und Verteidigungsmittel, Behauptungen und Beweise, welche sie in der mündlichen Streitverhandlung geltend machen wollen, in der für vorbereitende Schriftsätze bestimmten Form mitteilen § 258.

Der Kläger kann seine Klage nach Zulaß des § 235 verbessern, insbesondere sein Klagebegehren einschränken und durch weitere Thatsachen und Beweise begründen; er kann die vom Beklagten geltend gemachten Einreden und Beweise beantworten, gegen den Beweis des Beklagten Gegenbeweis anbieten, den Einreden Repliken entgegenstellen d. h. neue Thatsachen geltend machen, welche die Einwendungen als nicht entstanden oder als nicht wirksam darstellen, und dafür Beweise anbieten. — Der Beklagte kann in diesem Wege seine Klagebeantwortung vervollständigen. — Vorbehalten bleibt, in diesem Schriftsatz einen Antrag auf Feststellung gemäß § 236 und 259 zu stellen.

Die im § 258 vorbedachte weitere Vorbereitung der mündlichen Streitverhandlung ist fakultativ; die Unterlassung solcher Vorbereitung macht nicht kostenpflichtig und berechtigt nicht zur Zurückweisung des Vorbringens in der mündlichen Streitverhandlung; doch ist auf das dem Gegner vor der Tagsatzung durch vorbereitenden Schriftsatz mitgeteilte Vorbringen auch bei Ausbleiben in der Tagsatzung zur mündlichen Streitverhandlnng Bedacht zu nehmen § 399. — Der besondere vorbereitende Schriftsatz kann die Einleitung eines vorbereitenden Verfahrens veranlassen § 258.

§ 60. Das vorbereitende Verfahren.

I. Ein die mündliche Streitverhandlung vorbereitendes Verfahren kann auf Parteiantrag oder von amtswegen angeordnet werden nach § 245:

1. in den Rechtsstreitigkeiten, in welchen über eine erhebliche Zahl von streitigen Ansprüchen oder Gegenansprüchen und Erinnerungen zu verhandeln ist, wie in Streitigkeiten, welche die Richtigkeit einer Rechnung, eine Vermögensauseinandersetzung oder ähnliche Verhältnisse betreffen (Ersatzklagen, Kompensations-, Retentionseinrede u. s. w. Mot. 258);

2. wenn das in den vorbereitenden Schriftsätzen enthaltene thatsächliche Vorbringen von solchem Umfange oder von solcher Art ist, daß sich die vorgängige Ordnung und Sichtung desselben behufs Beschleunigung und Vereinfachung der mündlichen Streitverhandlung als geboten darstellt;

3. wenn die Aufnahme der von den Parteien über bestrittene aber erheblich erscheinende Thatumstände angebotenen Beweise während der mündlichen Streitverhandlung vor dem Prozeßgerichte nicht möglich ist, oder eine solche Beweisaufnahme die mündliche Streitverhandlung voraussichtlich erheblich erschweren oder unverhältnismäßig verzögern würde, insbesondere, wenn sich die Parteien auf Zeugen berufen, welche weder am Sitze des Prozeßgerichtes noch in dessen Nähe wohnen, oder wenn es zur Ermittlung der Wahrheit dienlich erscheint, namhaft gemachte Zeugen außerhalb der Verhandlung an Ort und Stelle zu vernehmen § 245.

II. Anzuordnen ist vorbereitendes Verfahren 1. vor Anberaumung der Tagsatzung zur mündlichen Streitverhandlung auf Grund des Inhaltes der Klage und Klagebeantwortung § 244; — 2. nach Anberaumung dieser Tagsatzung: a) auf Antrag des Klägers, wenn er innerhalb einer Woche nach Zustellung der Klagebeantwortung angebracht wird § 246; — b) auf Antrag oder von amtswegen, wenn in der Zeit zwischen der Anberaumung und dem Beginn der Streitverhandlung die Parteien durch besonderen vorbereitenden Schriftsatz Beweise für die Streitverhandlung ankündigen, bezüglich deren Aufnahme eine der Voraussetzungen des § 245 Z. 3 zutrifft § 258; — 3. während der mündlichen Streitverhandlung nach Anhörung der Parteien, wenn die Streitverhandlung die Notwendigkeit der im § 245 Z. 3 angeführten Beweisaufnahmen ergiebt.

Über die Anordnung des vorbereitenden Verfahrens entscheidet der Senat, allenfalls nach Einholung der erforderlichen Aufklärung. Gegen die Anordnung und Versagung des vorbereitenden Verfahrens, sowie gegen den Beschluß, mit welchem eine Ergänzung desselben angeordnet wird, ist Rechtsmittel ausgeschlossen § 247, 256. In dem Beschluß auf vorbereitendes Verfahren ist der Inhalt dieses Verfahrens zu bestimmen, und der beauftragte Richter zu bezeichnen, vor welchem das Verfahren stattfinden soll. Zu bestellen ist dazu ein Mitglied des Gerichtes (kein Auskultant § 3 Ger.O.), wenn thunlich ein Mitglied des zur Entscheidung berufenen Senates § 247, 282 (niemals ein Laienrichter) und § 139 Gesch.O.;

bei Verhinderung des bestellten Richters hat der Vorsteher des Gerichtshofes ein anderes Gerichtsmitglied zur Durchführung des Verfahrens zu bestellen.

Das vorbereitende Verfahren ist mündliche nicht öffentliche Verhandlung mit Advokatenzwang § 175, 248. Der beauftragte Richter bestimmt die erste und bei Erstreckung die neue Tagsatzung, er hat in diesem Verfahren die Befugnisse und Obliegenheiten des Vorsitzenden des Erkenntnisgerichtes. Er kann alle in diesem Verfahren zulässigen Beweisaufnahmen — nicht auch die Vernehmung der Parteien als Zeugen — anordnen und entweder selbst ausführen oder durch einen ersuchten Richter ausführen lassen und bei Beweisaufnahme durch einen ersuchten Richter die erforderliche Ergänzung und Vervollständigung veranlassen § 249, 286.

III. Das vorbereitende Verfahren ist bestimmt zur Vorbereitung der Entscheidung — oder zur Aufnahme von Beweisen.

Ein die Entscheidung vorbereitendes Verfahren hat statt in den Fällen des § 245 Z. 1 und 2 und im Falle des § 246. Es hat das erst während der mündlichen Streitverhandlung eingeleitete vorbereitende Verfahren Beweisaufnahmen nach § 245 Z. 3 zur Voraussetzung, beschränkt sich aber nicht auf jene Beweisaufnahmen, wegen welcher die Rechtssache zum vorbereitenden Verfahren verwiesen wurde (§ 253), sondern hat den Rechtsstreit selbst oder einen oder mehrere selbständige Streitpunkte zum Gegenstande, bezüglich welcher der Sachverhalt in gleicher Weise ermittelt werden soll wie bei vorbereitendem Verfahren nach § 245 Z. 2.

A. In dem die Entscheidung vorbereitenden Verfahren hat der beauftragte Richter das für die Streitsache erhebliche Prozeßmaterial zu sammeln, nach rechtlichen Gesichtspunkten zu ordnen und möglichst spruchreif zu gestalten, dabei jene Beweise aufzunehmen, deren Aufnahme während der mündlichen Streitverhandlung unthunlich ist, oder diese Verhandlung erheblich erschweren oder unverhältnismäßig verzögern würde, oder deren Aufnahme zur Sicherung der Beweise notwendig erscheint. Das Verfahren ist verschieden gestaltet und zwar

a) wenn der Rechtsstreit zum vorbereitenden Verfahren verwiesen ist, weil über eine erhebliche Zahl von Ansprüchen oder Gegenansprüchen und Erinnerungen zu verhandeln ist (§ 245 Z. 1), so hat der beauftragte Richter im vorbereitenden Verfahren über die einzelnen von den Parteien geltend gemachten Ansprüche und Gegenansprüche, Angriffs- und Verteidigungsmittel, Erinnerungen und Erläuterungen in der von ihm zu bestimmenden Reihenfolge abgesondert mündlich zu verhandeln (— Punktensachen!) und auf Grund dieser Verhandlung zu Protokoll festzustellen (Resumé): 1. welche Ansprüche und Gegenansprüche erhoben und welche Angriffs- und Verteidigungsmittel geltend gemacht werden; — 2) welche von diesen Ansprüchen und Gegenansprüchen, Angriffs- und Verteidigungsmittel unbestritten und welche streitig sind; — 3) in Ansehung der bestrittenen Ansprüche u. s. w. das vollständige Sachverhältnis nach dem Vorbringen der Parteien darzustellen unter Angabe der von den Parteien bezeichneten Beweismittel, der geltend gemachten Beweiseinreden und der darüber abgegebenen Erklärungen. Der Richter hat dafür zu sorgen, daß die Urkunden, auf welche sich die Parteien für bestrittene Thatsachen bezogen haben, und welche nach dem Ergebnisse der Verhandlung zur Beweisführung dienlich erscheinen, von den Parteien vorgelegt werden, eventuell hat er nach Maßgabe der C.P.O. (§ 183, 229 Z. 2) solche Urkunden selbst herbeizuschaffen. Gleiches gilt für Auskunftssachen und Augenscheinsobjekte, welche vor Gericht gebracht werden können. Eine Aufnahme von Beweisen hat nur stattzufinden, wenn die Beweisaufnahme während der mündlichen Verhandlung unthunlich wäre, oder diese Verhandlung erheblich erschweren oder unverhältnismäßig verzögern würde, oder wenn die Beweisaufnahme zur Sicherung des Beweises notwendig erscheint § 250;

b) wenn der Rechtsstreit wegen der Beschaffenheit des thatsächlichen Vorbringens zum vorbereitenden Verfahren verwiesen wurde (§ 245 Z. 2), hat der beauftragte Richter in Ansehung aller nach dem Inhalte der vorbereitenden Schriftsätze bestrittenen Ansprüche, Angriffs- und Verteidigungsmittel durch Einvernehmung der Parteien — oder im Wege der mündlichen Verhandlung das vollständige Sachverhältnis zu ermitteln, und dieses unter Anführung der Beweismittel, der geltend gemachten Beweiseinreden und der über Beweismittel und Beweiseinreden abgegebenen Erklärungen zu Protokoll festzustellen. Das Beweisverfahren ist wie im Falle a vorzubereiten bezw. zu anticipieren § 251. — Eine gleiche Ermittlung des Sachverhaltes und Beweisfeststellung hat zu erfolgen, wenn das vorbereitende Verfahren während der mündlichen Streitverhandlung angeordnet wird, und zwar nach dem Auftrag für den ganzen Rechtsstreit oder für einen oder mehrere selbständige Streitpunkte § 246.

In jedem die Entscheidung vorbereitenden Verfahren darf über die in den vorbereitenden Schriftsätzen, — im Falle des § 246 über die bei der mündlichen Streitverhandlung geltend gemachten Ansprüche und Gegenansprüche nicht hinausgegangen werden; Erweiterung des Klagebegehrens und anspruchverfolgende Einrede sind also ausgeschlossen. Vorbehalten ist den Parteien, zur Begründung und Bekämpfung der geltend gemachten Ansprüche neue Behauptungen anzuführen und neue Beweise anzubieten. Die Ermittlungen, protokollarischen Feststellungen und Beweisaufnahmen erstrecken sich auch auf die angemeldeten streithindernden Einreden, falls über dieselben nicht abgesonderte Verhandlung angeordnet wurde. — Im Protokolle über die vorbereitende Verhandlung ist auf die in den vorliegenden Schriftsätzen (Klage, Klagebeantwortung, besonderer vorbereitender Schriftsatz) bereits enthaltenen Parteierklärungen Bezug zu nehmen und wenn ein Anspruch vom Gegner anerkannt wird, von der Protokollierung der vorangegangenen, diesen Anspruch betreffenden Verhandlungen abzusehen § 252.

B. Ist vorbereitendes Verfahren zur Aufnahme von Beweisen angeordnet § 245 Z. 3, so hat der beauftragte Richter (wo es trotz der vorbereitenden Schriftsätze notwendig erscheint) vorerst durch thunlichst mündliche Einvernehmung der Parteien das Sachverhältnis soweit zu ermitteln, als zu gründlicher Beweisaufnahme notwendig ist. Das Ergebnis dieser Einvernehmung ist zu Protokoll festzustellen und die Protokollierung durch die Bezugnahme auf den Inhalt der vorbereitenden Schriftsätze zu vereinfachen. An die Sachverhaltsermittlung schließt sich die Beweisaufnahme, wobei sich der Richter auf jene Beweise (nicht auf jene einzelnen Beweismittel) zu beschränken hat, wegen welcher die Rechtssache zum vorbereitenden Verfahren verwiesen wurde § 253. Beweisaufnahmen darüber hinaus sind auch dann nicht vorzunehmen, wenn sie zur Sicherung des Beweises notwendig erscheinen; den Parteien bleibt vorbehalten, eine dringliche Beweisaufnahme bei dem dafür zuständigen Gerichte zu bewirken. Die aufgetragene Beweisaufnahme entfällt bei Parteigeständnis zu Protokoll.

IV. Das vorbereitende Verfahren kann nicht mit Versäumnisurteil abschließen, doch können in diesem Verfahren Versäumungsfolgen begründet werden. — Bleibt ein Teil oder bleiben beide Teile bei einer bloß zur Beweisaufnahme bestimmten Tagsatzung aus, so bewirkt das die Rechtsfolgen des § 289. — Bleiben bei einer nicht bloß zur Beweisaufnahme, sondern zur Feststellung des Sachverhaltes (§ 250, 251) bezw. zur Ermittlung des Sachverhältnisses als Grundlage der Beweisaufnahme (§ 253) bestimmten Tagsatzung beide Teile aus, so bewirkt das Ruhen des Verfahrens. Bleibt bei solcher Tagsatzung ein Teil aus, so ist das Vorbringen der erschienenen Partei zu Protokoll festzustellen und eine neue Tagsatzung anzuordnen. Zu der neuerlichen Tagsatzung ist die ausgebliebene Partei auf Antrag des Gegners unter Mitteilung einer Abschrift des Protokolles mit dem Beifügen zu laden, daß bei neuerlichem Ausbleiben die in der Protokollsabschrift enthaltenen thatsächlichen Angaben für wahr gehalten werden und die über angebotene oder vorgelegte Beweismittel abzugebenden Erklärungen nicht mehr nachgeholt werden dürfen. Erfolgt die neuerliche Ladung ohne Mitteilung einer Protokollsabschrift, so kann die neuerlich ausbleibende Partei die Erklärung über die zu Protokoll festgestellten thatsächlichen Behauptung, und über die angebotenen oder vorgelegten Beweismittel in der mündlichen Streitverhandlung nachholen § 254 (263).

Das vorbereitende Verfahren darf durch Verweigerung der Mitwirkung der erschienenen Partei nicht vereitelt werden. Es kann die im vorbereitenden Verfahren vor dem beauftragten Richter erschienene Partei eine trotz Aufforderung des Richters unterlassene oder verweigerte Erklärung über Thatsachen, über vorgelegte oder angebotene Beweise in der mündlichen Streitverhandlung nicht mehr nachtragen. Es können nach einem die Entscheidung vorbereitenden Verfahren neue Ansprüche, Behauptungen, Beweismittel und Beweiseinreden, welche sich auf die im vorbereitenden Verfahren erörterten Teile des Rechtsstreites beziehen (§ 246), in der mündlichen Streitverhandlung im Falle gegnerischen Einspruches nur geltend gemacht werden, wenn die Partei glaubhaft macht, daß sie von dem Bestande dieser Ansprüche, sowie von den neu vorgebrachten Behauptungen, Beweismitteln und Beweiseinreden zur Zeit des vorbereitenden Verfahrens keine Kenntnis hatte § 263.

V. Die im vorbereitenden Verfahren von dem beauftragten Richter gefaßten Beschlüsse können im allgemeinen nicht durch Rekurs angefochten werden § 516; Abhilfe schafft der Vorsitzende des Senates. Dieser ist berufen, die während des vorbereitenden Verfahrens vom beauftragten Richter erlassenen Anordnungen und Beschlüsse über Parteiantrag abzuändern und aufzuheben; der Antrag kann mündlich (zu Protokoll, und wenn der Vorsitzende der Beschwerde sofort stattgiebt, ohne Protokollierung § 146 Gesch.O.) angebracht werden; vor der Entscheidung kann der beauftragte Richter gehört, es können auch andere Erhebungen eingeleitet werden. Etwaige Verzögerungen hat der Vorsitzende auf Anzeige oder von amtswegen abzustellen. Gegen die Entscheidung des Vorsitzenden ist Rechtsmittel ausgeschlossen. Hat der beauftragte Richter Anträge auf Aufnahme von Beweisen oder Herbeischaffung von Urkunden, Auskunftssachen oder Augenscheinsgegenständen zurückgewiesen, so können diese Anträge — wenn nicht schon der Vorsitzende Abhilfe geschaffen hat — in der Streitverhandlung vor dem Prozeßgericht erneuert werden § 255.

Nach thunlichst beschleunigter Durchführung des vorbereitenden Verfahrens sind die gesamten Akten dem Vorsitzenden des Senates, vor welchem die Streitverhandlung stattfinden soll, zu übergeben. Der Vorsitzende, und auf dessen Antrag der Senat, kann eine Ergänzung des vorbereitenden Verfahrens anordnen; der Senat beschließt hierüber in nicht öffentlicher Sitzung. Gegen den Beschluß auf Ergänzung ist Rechtsmittel ausgeschlossen. Ist Ergänzung nicht erforderlich oder beschafft, so hat der Vorsitzende von amtswegen Tagsatzung zur mündlichen Streitverhandlung anzuberaumen § 256.

II. Die mündliche Streitverhandlung.

§ 61. Die mündliche Streitverhandlung.

I. Nach rechtzeitig überreichter Klagebeantwortung § 244, bezw. nach Abschluß des vorbereitenden Verfahrens § 256 hat der Vorsitzende des Senates die Tagsatzung zur mündlichen Streitverhandlung von amtswegen anzuberaumen. Ein Parteiantrag auf Anberaumung solcher Tagsatzung ist notwendig, wenn die Prozeßeinreden der Unzulässigkeit des Rechtsweges, der Unzuständigkeit, der Streithängigkeit oder der Rechtskraft durch abgesonderte Entscheidung und ohne sofortigen Übergang zur Verhandlung der Hauptsache abgewiesen wurden; der Antrag erfordert Rechtskraft des über die Prozeßeinrede gefaßten Beschlusses § 261. Bei Versäumung der schriftlichen Klagebeantwortung wird Tagsatzung zur Fällung des Versäumungsurteiles nur auf Antrag des Klägers anberaumt § 398.

Die Tagsatzung zur Streitverhandlung ist so anzuberaumen, daß den Parteien von der Zustellung der Ladung mindestens acht Tage zur Vorbereitung der Streitverhandlung offen bleiben. Bei der Anberaumung dieser Tagsatzung hat der Vorsitzende zugleich über die in der Klage und Klagebeantwortung gestellten Anträge auf Beschaffung von Beweismitteln (§ 229, 243) die nötigen Anordnungen zu erlassen, wenn diese Anträge nicht schon bei Anberaumung der ersten Tagsatzung, weil auf Fragen dieser Tagsatzung bezüglich (§ 229), oder durch ein eingeleitetes vorbereitendes Verfahren (§ 250) ihre Erledigung gefunden haben. Von den über diese Anträge ergangenen Anordnungen sind beide Streitteile ohne Aufschub zu verständigen. Gegen die diesfällige Anordnung ist Rechtsmittel unzulässig; es ist den Parteien vorbehalten, ihre Einwendungen gegen die getroffenen Anordnungen in den mündlichen Streitverhandlungen vorzubringen, bezw. die Anträge, welchen der Vorsitzende nicht stattgegeben hat, in dieser Verhandlung zu erneuern § 257.

II. Die Streitverhandlung erfolgt nach den allgemeinen Vorschriften über die mündliche Verhandlung §§ 176 fol.; sie begreift den gesamten Streitstoff; sie umfaßt auch die Beweisaufnahme, soweit sie nicht schon im vorbereitenden Verfahren erfolgt ist § 276, und außer dem Fall des § 193 auch die Erörterung der Ergebnisse der Beweisaufnahme § 259. Während der mündlichen Verhandlung kann der Kläger und der Beklagte auch ohne Zustimmung des Gegners den Antrag auf Feststellung eines im Laufe des Prozesses streitig gewordenen Rechtes oder Rechtsverhältnisses stellen, von dessen Bestehen oder Nichtbestehen die Entscheidung über das Klagebegehren ganz oder zum Teile abhängt, wenn solcher Feststellung nicht die für den Gegenstand gebotene Verfahrensart oder die sachliche Unzuständigkeit des Gerichtes entgegensteht.

III. Die Prozeßeinreden der Unzuständigkeit, der Unzulässigkeit des Rechtsweges, der Streithängigkeit und der rechtskräftig entschiedenen Streitsache sind bei der ersten Tagsatzung anzumelden. Wegen einer durch Vereinbarung nicht zu beseitigenden Unzuständigkeit kann schon bei der ersten Tagsatzung die Einstellung des Verfahrens beschlossen werden § 239. Es kann die Einrede solcher Unzuständigkeit, die Einrede der Unzulässigkeit des Rechtsweges, der Streitanhängigkeit oder der rechtskräftig entschiedenen Streitsache auch nach der ersten Tagsatzung geltend gemacht werden; solches Prozeßhindernis ist jederzeit auch von amtswegen zu berücksichtigen. Das Vorbringen solcher Einreden berechtigt nicht, die Streiteinlassung, und wenn solche Einreden erst bei der mündlichen Streitverhandlung vorgebracht werden, die weitere Teilnahme an der Verhandlung zu verweigern. Über diese Einreden ist nach vorgängiger mündlicher Verhandlung durch Beschluß zu entscheiden § 260. Dem Gericht (Senat) ist vorbehalten, schon vor der Streitverhandlung die abgesonderte Verhandlung über solche Einreden anzuordnen, wozu Tagsatzung von amtswegen anzuberaumen ist, oder solches Prozeßhindernis im Laufe der mündlichen Streitverhandlung, allenfalls als besonderen Streitpunkt (§ 189) am passenden Platz zur Verhandlung zu bringen § 261.

Der Beschluß, mit welchem die Einrede der Unzulässigkeit des Rechtsweges, der Unzuständigkeit, der Streithängigkeit und der Rechtskraft abgewiesen wird, ist, a) wenn über diese Einreden in Verbindung mit der Hauptsache verhandelt wurde, nicht besonders auszufertigen (auch nicht besonders zu verkündigen), sondern in die über die Hauptsache ergehende Entscheidung aufzunehmen § 261 Abs. 1; — b) wenn über diese Einreden bei der Streitverhandlung abgesondert verhandelt wurde, wohl zu verkünden, aber nicht besonders schriftlich auszufertigen, sofern der Senat ohne Rücksicht auf die Rechtskraft dieses Beschlusses die Verhandlung zur Hauptsache sogleich aufzunehmen findet. Die wegen Aufnahme der Verhandlung zur Hauptsache ergehende Anordnung ist nicht anfechtbar § 261 Abs. 2. — Wird der Ausspruch über die Prozeßeinreden in die über die Hauptsache ergehende Entscheidung aufgenommen, so kann er nicht selbständig, sondern nur mit dem gegen die Entscheidung in der Hauptsache zustehenden Rechtsmittel angefochten werden (Vgl. § 471 Z. 6).

Werden prozeßhindernde Einreden durch abgesonderte Entscheidung abgewiesen, ohne daß sogleich zur Verhandlung der Hauptsache übergegangen wurde, so ist die Verhandlung zur Hauptsache bis zur Rechtskraft des Beschlusses über die Prozeßeinreden ausgesetzt; nach der Rechtskraft des Beschlusses kann jeder Streitteil die Anberaumung der Tagsatzung zur mündlichen Streitverhandlung beantragen § 261 Abs. 4.

IV. Ist der mündlichen Streitverhandlung ein vorbereitendes Verfahren vorausgegangen, so ist das Parteivorbringen in der mündlichen Streitverhandlung nach § 254 und 263 beschränkt (s. oben § 60 IV). — Die Ergebnisse eines die Entscheidung vorbereitenden Verfahrens (§ 250, 151) sind bei der Streitverhandlung auf Grund der Protokolle durch ein Mitglied des Senates (§ 122 Gesch.O.) vorzutragen; daran sind die Parteiverhandlungen anzuschließen § 262. Bei vorbereitendem Verfahren zur Beweisaufnahme ist das Ergebnis der gepflogenen Beweisaufnahmen nach ergangenem Beweisbeschluß durch ein Mitglied des Senates mitzuteilen § 262 Abs. 2. — Bei jeder Art vorbereitenden Verfahrens können die dort aufgenommenen Protokolle auf Antrag und von amtswegen ganz oder zum Teile durch ein Mitglied des Se=

nates oder den Schriftführer vorgelesen werden § 262, 287. Im vorbereitenden Verfahren abgehörte Zeugen und einvernommene Sachverständige sind in der mündlichen Streitverhandlung neuerlich einzuvernehmen, wenn es zur Behebung begründet erscheinender Einwendungen gegen die Vollständigkeit oder Richtigkeit der stattgefundenen Beweisaufnahme oder zu wahrheitsgemäßer Feststellung eines erheblichen Sachverhaltes notwendig erscheint § 264.

V. Zur Erleichterung der Protokollierung kann der Vorsitzende anordnen bezw. gestatten, daß Anträge und Erklärungen, welche nach § 208 und 209 in das Verhandlungsprotokoll aufzunehmen sind, daß Widersprüche gegen das Verhandlungsprotokoll § 212 und wohl auch Rügen von Verfahrensmängeln § 196 von der Partei schriftlich abgegeben werden. Die Niederschrift muß sofort in der mündlichen Verhandlung geschehen; die Schriftstücke bilden Anlagen des Protokolles; sie sind stets vorzulesen; über die Richtigkeit des Inhaltes ist vom Senat zu entscheiden. Der Beschluß, mit welchem schriftliche Feststellung aufgetragen oder zugelassen wird, und die über die Richtigkeit der schriftlichen Feststellung ergehende Entscheidung ist durch Rechtsmittel nicht anfechtbar § 265.

III. Der Beweis und das Beweisverfahren.

§ 62. Die Grundlagen des Beweisrechtes.

I. Der Richter hat festzustellen, welche Rechtsfolgen sich aus der Subsumtion eines konkreten Thatbestandes unter die Rechtsnorm ergeben. Die Kenntnis der Rechtsnorm und die Fähigkeit zur Feststellung der Rechtsfolgen, welche sich aus einem Thatbestand ergeben, wird bei dem Richter vorausgesetzt; — der Thatbestand ist von den Parteien auszuführen. Es obliegt den Parteien, die zur Begründung ihrer Anträge erforderlichen Thatsachen anzuführen, und für ihre Angaben die nötigen Beweise anzubieten, wobei sie der Richter kraft seines Prozeßleitungsrechtes unterstützt (§ 182, 183) und wo er dazu angewiesen ist (im Eheprozeß, in Streitigkeiten bezüglich militärischer Ersatzerkenntnisse § 5 Ges. vom 6. Juni 1887 R. 72 und Art. 11 C.P.O.) ergänzt.

Thatsachen, welche die Streitsache betreffen, gelten, wenn willkürliche Privatrechte in Frage sind, bei gerichtlichem Geständnis als festgestellt; bestrittene Thatsachen sind außer dem Falle der Gerichtskundigkeit formell zweifelhaft und zu beweisen. **Beweis** ist die Begründung der richterlichen Überzeugung von der Wahrheit einer streitigen Behauptung; **Beweisführung** die auf die Herstellung der richterlichen Überzeugung gerichtete Thätigkeit der Prozeßsubjekte; **Beweismittel** ist, was geeignet ist, dem Richter die Überzeugung von der Wahrheit einer prozessualischen Behauptung zu beschaffen (Sachen und Aussagen); **Beweisgrund** jener Umstand, welcher die Wahrannahme rechtfertigt (eigene Wahrnehmung, glaubwürdiger Bericht). Die C.P.O. unterscheidet Beweis durch Urkunden, durch Zeugen, durch Sachverständige, durch Augenschein und durch Vernehmung der Parteien.

II. Die C.P.O. enthält Bestimmungen über die Benützung der Beweismittel vor Gericht, sieht aber im allgemeinen von Vorschriften über die Bewertung der Beweise ab. Das Gericht hat unter sorgfältiger Berücksichtigung der Ergebnisse der gesamten Verhandlung und Beweisführung nach freier Überzeugung zu beurteilen, ob eine thatsächliche Angabe für wahr zu halten sei oder nicht; es hat in gleicher Weise zu entscheiden, welchen Einfluß es auf die Beurteilung des Falles hat, wenn eine Partei die Beantwortung von Fragen verweigert, welche durch den Vorsitzenden oder ein Mitglied des Senates (§ 182) oder mit gerichtlicher Zustimmung von der Gegenpartei an sie gestellt wurden. Die Umstände oder Erwägungen, welche für die Überzeugung des Gerichtes maßgebend waren, sind in der Begründung der Entscheidung anzugeben § 272. Fehlt solche Angabe, so erscheint die Überprüfung der Entscheidung vereitelt, daher der Spruch nichtig § 477 Z. 9.

Ausnahmsweise gelten **Beweisregeln**; solche enthält die C.P.O. in den §§ 292 bis 295 und im § 310 Abs. 1 (dazu Art. 9) für Urkunden und § 215 für Verhandlungsprotokolle. Wahrannahme ist geboten bei ausdrücklichem Geständnis § 266, und in den Ungehorsamsfällen der §§ 254, 396, 399 und 442.

Anspruchstaxation ohne Beweis gestattet § 273. Wenn feststeht, daß einer Partei der Ersatz eines Schadens oder des Interesses gebührt, oder daß sie sonst eine Forderung zu stellen hat, der Beweis über den streitigen Betrag aber gar nicht oder nur mit unverhältnismäßigen Schwierigkeiten zu erbringen ist, so kann das Gericht auf Antrag und von amtswegen selbst mit Übergehung eines von der Partei angebotenen Beweises den Betrag nach freier Überzeugung festsetzen. Der Festsetzung des Betrages kann eine eidliche Vernehmung einer der Parteien über die für die Bestimmung des Betrages maßgebenden Umstände vorausgehen. Gleiche Taxation gestatten §§ 168 und 394 Ex.O., § 6 Ges. vom 6. Juni 1887 R. 27 betreffend die Ersatzklagen des Militärärars, und § 112 des Patentgesetzes vom 11. Januar 1897 R. 30. — Weiter geht Art. 27 H.G.B., § 29 des Markenschutzgesetzes vom 6. Januar 1890 R. 19, § 62 des Urheberschutzgesetzes vom 26. Dezember 1895 R. 197 nnd § 109 des Patentgesetzes; in diesen Fällen entscheidet richterliches Ermessen nicht bloß über den Betrag, sondern auch über den Bestand der Forderung.

III. Der Beweis ist: 1. ein schleuniger oder langsamer Beweis, je nachdem die Beweisaufnahme vor dem erkennenden Gerichte oder vor einem beauftragten oder ersuchten Richter erfolgt. Der Beweis, dessen Aufnahme ein Hindernis von ungewisser Dauer entgegensteht, oder dessen Ausführbarkeit zweifelhaft ist, oder dessen Aufnahme im Auslande erfolgen soll, ist verzögerlicher Beweis, dessen Berücksichtigung befristet werden kann § 279; — 2. ein einfacher oder zusammengesetzter, je nachdem der Beweis einer Thatsache durch dasselbe oder durch verschiedene Beweismittel hergestellt wird; — 3. ein ordentlicher, welcher nach der Regel angetragen und aufgenommen wird, und ein außerordentlicher, welcher vorgreifend, zur Sicherung aufgenommen wird § 384.

IV. Von dem Beweise unterscheidet sich die Glaubhaftmachung (Bescheinigung!) dadurch, daß diese den Richter nicht überzeugen, sondern unverzögerlich zur Wahrannahme prozeßrechtlich relevanter Thatsachen geneigt machen soll § 274. Die Glaubhaftmachung erfolgt ohne Mitwirkung des Gegners, durch die in der C.P.O. zugelassenen Beweismittel mit Ausschluß der eidlichen Vernehmung der Partei. — Glaubhaftmachung erscheint gefordert, wo das Gesetz ein „Darlegen“ verlangt (§ 303); — fordert das Gesetz „Ausweis“ (§ 104 J.N., § 4 C.P.O.), so ist glaubwürdige Urkunde vorzulegen.

§ 63. Beweislast, Beweiseinreden, Gegenbeweis.

Die C.P.O. anerkennt eine Beweislast (§ 374), eine Verpflichtung der Partei zum Beweise streitiger Behauptungen. Zu beweisen hat jede Partei die zur Begründung ihrer Anträge erforderlichen thatsächlichen Umstände §§ 78, 178, der Kläger insbesondere die Klagebegründung (§ 226) und die Repliken, der Beklagte die Einreden (§ 243) und Dupliken. Versäumt die Partei, ihrer Beweispflicht zu genügen, so ist ihre Behauptung bei der Entscheidung nicht für wahr zu halten; der etwa diesfalls von der Gegenpartei angebotene Beweis ist unerheblich und nicht zuzulassen § 276. Liegt aber ein Beweis dem Richter vor, so ist unentscheidend, welche Partei den Beweis in Antrag gebracht hat, weil der Richter das Gesamtergebnis der Verhandlung und Beweisführung seiner Entscheidung zu Grunde zu legen hat.

Dem Gegner des Beweisführers ist vorbehalten, dem Beweise entgegenzutreten: a) mit Bestreiten der den Beweiswert bedingenden Thatsachen; b) mit der Behauptung von Thatsachen, welche den Beweiswert zerstören (Beweiseinreden § 250); c) mit Gegenbeweis (Beweis zur Widerlegung der thatsächlichen Behauptungen des Gegners § 78 Z. 2). Der Gegenbeweis stellt den vom Probanten für die Wahrheit seiner Behauptung vorgebrachten Gründen gleichwertige Gründe gegen die Wahrheit derselben entgegen und schließt dadurch die Wahrannahme aus.

Die Beweislast bezieht sich auf den Thatbestand, und nur ausnahmsweise auf die maßgebende Rechtsnorm. Der Beweis von Thatsachen entfällt, wenn sie unerheblich, also für den Bestand oder Nichtbestand des Anspruches unentscheidend sind; er entfällt für relevante Thatsachen, wenn sie nicht bestritten, oder nicht bestreitbar, oder zufolge gesetzlicher Bestimmung bis zum Beweise des Gegenteils für wahr zu halten sind. Erleichtert ist die Beweislast durch Zulassung mittelbarer Beweisführung.

§ 64. Beweis der Rechtsnorm.

Es gelten als dem Richter bekannt alle Gesetze, welche wenn auch nur für einen Teil der im Reichsrate vertretenen Länder kundgemacht sind. Ist für die Entscheidung fremdes Recht, eine dem Richter fern liegende Gewohnheit, ein Statut oder Privileg, welches nicht wie ein inländisches Gesetz kundgemacht ist, maßgebend, so ist, wo nötig, von der Partei darauf Bezug zu nehmen und die Rechtsnorm festzustellen, wenn sie dem Gerichte nicht bekannt ist (infolge Offenkundigkeit, gerichtlicher Berufsthätigkeit, Studium des Richters [!], Mot. 265). Bei der Feststellung einer solchen Rechtsnorm ist das Gericht zunächst auf die von den Parteien angebotenen Beweise verwiesen, doch darauf nicht beschränkt. Es kann das Gericht die zur Ermittlung der Rechtsnorm nötig scheinenden Erhebungen von amtswegen einleiten, und wenn erforderlich, das Einschreiten des Justizministeriums in Anspruch nehmen § 271.

§ 65. Befreiung von der Beweislast.

I. Keines Beweises bedürfen die von einer Partei behaupteten Thatsachen, wenn sie von dem Gegner ausdrücklich gerichtlich gestanden werden. Es ist gerichtliches Geständnis jenes, welches vor dem erkennenden Gericht, oder zu Protokoll eines beauftragten oder ersuchten Richters, oder in einem vorbereitenden Schriftsatz erklärt ist. Unwesentlich ist, ob die gestandene Thatsache vom Gegner des Gestehenden oder von diesem selbst vorgebracht ist, wenn sie nur, wie bei Geständnis vorausgesetzt, dem Erklärenden nachteilig erscheint. Gerichtliches Geständnis bewirkt Wahrannahme ohne richterliche Überzeugung. Zur Wirksamkeit des Geständnisses ist Annahme seitens des Gegners nicht erforderlich § 266.

Das gültige Geständnis erfordert: a) ein der Parteidisposition unterliegendes Streitverhältnis. Unwirksam ist das Geständnis des Bestandes eines Ehehindernisses, eines Ehetrennungsgrundes, die Behauptung der Mutter, daß ihr Kind unehelich sei (§§ 99, 115, 158 B.G.B.); — b) Willens- und Dispositionsfähigkeit (Prozeßfähigkeit). Für die Prozeßpartei gesteht wirksam der gesetzliche und der bevollmächtigte Vertreter. Das Geständnis des Prozeßbevollmächtigten kann durch Erklärung des gleichzeitig bei Gericht anwesenden Mandanten unwirksam werden. Erklärungen des Intervenienten sind für die Hauptpartei nur wirksam, wenn sie mit Prozeßhandlungen derselben nicht im Widerspruche stehen § 19. Das Geständnis eines Streitgenossen wirkt nicht für die übrigen § 13.

Nach sorgfältigem Ermessen hat das Gericht zu beurteilen: a) inwiefern ein gerichtliches Geständnis durch demselben von der Partei beigefügte Zusätze und Einschränkungen aufgehoben oder in seinen Wirkungen beeinträchtigt wird (qualifiziertes Geständnis); b) welchen Einfluß ein Widerruf auf die Wirksamkeit des Geständnisses hat § 266. — Das Geständnis bewirkt Beweisentlastung für den vorliegenden Prozeß; ob das in einem früheren Prozesse abgelegte Geständnis auch für einen späteren Prozeß entlastend wirke, wird vom Richter zu beurteilen sein.

II. Beweis ist erforderlich für streitige Thatsachen § 277. Die von der Partei zur Begründung ihrer Anträge vorgebrachten Thatsachen werden streitig durch Widerspruch der Gegenpartei. Ausdrücklicher und besonderer Widerspruch der einzelnen Umstände des gegnerischen Vorbringens ist nicht gefordert; der Richter hat nach Erwägung des gesamten Inhaltes der Erklärung des Gegners zu beurteilen, ob thatsächliche Behauptungen als nicht bestritten oder als beweisbedürftig anzusehen seien § 267, und Zweifel durch sein Fragerecht zu beheben § 182. In gleicher Weise hat der Richter zu beurteilen, ob die Erklärung mit Nichtwissen oder Nichterinnern, gleichviel ob sie sich auf eigene oder fremde Handlungen bezieht, als eine Erklärung anzusehen ist, welche die Annahme eines Geständnisses ausschließt, oder ein Geständnis in sich schließt § 267.

III. Des Beweises nicht bedürftig sind Thatsachen, welche bei Gericht offenkundig sind § 269. Als offenkundig erscheinen Thatsachen und Vorgänge, welche in dem Bereiche, in welchem der Richter lebt, auf Grund von Wahrnehmung oder glaubwürdiger Bestätigung als wahr gelten (Volkskundigkeit), und Thatsachen, welche dem Gerichte von Behörden bekannt gemacht wurden, oder aus einem gerichtlichen Vorgange gewiß sind (Gerichtskundigkeit). Offenkundige Thatsachen sind zu behaupten, aber nicht zu beweisen. Erscheint die Notorietät zweifelhaft, so ist der Beweis der entscheidenden Thatsache — nicht Beweis der Notorietät — zuzulassen; ergiebt der zugelassene Beweis die Offenkundigkeit, so ist diese entscheidend. — Jene Kenntnis und Lebenserfahrung, welche bei Männern, die der Staat zur Verwaltung des Richteramtes beruft, vorausgesetzt wird, verwertet der Richter unbeirrt durch Parteivorbringen wie seine Rechtskenntnis.

IV. Wenn die Entscheidung von dem Beweise und der Zurechnung einer strafbaren Handlung abhängt, ist der Civilrichter an den Inhalt eines hierüber ergangenen Strafurteiles gebunden § 268. In gleicher Weise wird sich der Civilrichter an die Thatsachenfeststellung des Strafrichters gebunden halten bei einem Freispruch, welcher die der Anklage zu Grunde gelegte Thatsache als unwahr erkennt. Ein Freispruch wegen Mangels an Beweisen läßt für den Civilrichter die Beweisfrage offen.

§ 66. Mittelbare Beweisführung. Außergerichtliches Geständnis.

I. Der Beweis einer Thatsache kann auch mittelbar durch Nachweisung solcher Thatsachen geführt werden, aus welchen sich durch richtige Schlußfolgerung die Wahrheit der zu beweisenden Thatsache ergiebt. Der Schluß von der bewiesenen auf die beweisbedürftige Thatsache muß nicht zwingend, doch muß er verläßlich sein.

II. Eine mittelbare Beweisführung liegt vor bei Berufung auf ein außergerichtliches Geständnis; der Beweis des Geständnisses ist erheblich für den Inhalt desselben. Das außergerichtliche Geständnis kann sein Willenserklärung und Wissenserklärung.

Die Willenserklärung kann sein vertragsmäßige Feststellung eines Anspruches, Verzicht auf die Begründung des Angriffes (Anerkennungsvertrag), — oder Willenserklärung des Inhaltes, von dem Prozeßrechte der Verteidigung durch Bestreitung keinen Gebrauch machen zu wollen, also Verzicht auf den Beweis des Angriffes (Geständnisvertrag). Der Vertrag fordert Geständniswillen und Annahme der diesfälligen Erklärung; er kann nach Maßgabe des Civilrechtes auch durch einen gesetzlichen oder bevollmächtigten Vertreter abgeschlossen werden. Die rechtliche Bedeutung des Vertrages bestimmt sich nach Civilrecht.

Wissenserklärung ist das außergerichtliche Geständnis, wenn die Partei über ihr nachteilige Umstände Auskunft erteilt. Inwiefern zufolge eines außergerichtlichen Thatsachengeständnisses die Notwendigkeit des Beweises der gestandenen Thatsache entfalle, hat das Gericht zu beurteilen § 266. Der Richter wird sich von der Wahrheit der gestandenen Thatsache überzeugt halten, wenn das Geständnis im Bewußtsein eines rechtlichen Interesses eines Dritten an dieser Auskunft von einer auskunftsfähigen Person zu ihrem Nachteile abgelegt wurde. Auskunftsfähig ist eine Person auf Grund eigener Wahrnehmung oder verläßlicher Erkundigung. Das Bewußtsein von der rechtlichen Bedeutung der Aussage ist gerichtlich erklärten Verschwendern aberkannt, und fehlt jugendlichen Personen. Ein Geständnis, bei welchem der Nachteil des Gestehenden ein bloß scheinbarer sein kann, ist nicht glaubwürdig, daher auch das Geständnis von Eheungültigkeits- und Ehetrennungsgründen unwirksam erklärt ist (§§ 99, 115 B.G.B.). Das Geständnis wird entkräftet durch den Beweis der Unwahrheit und der Unglaubwürdigkeit. Ein vor dem Gemeindevermittlungsamte abgelegtes Geständnis ist im Prozesse schlechthin unwirksam, § 4 Ges. vom 21. September 1869 R. 150.

§ 67. Gesetzliche Vermutungen.

Nach § 270 bedürfen Thatsachen, für deren Vorhandensein das Gesetz eine Vermutung aufstellt, keines Beweises. Die Bestimmung paßt für die vom Gesetze aufgestellten Interimswahrheiten, d. h. für jene Fälle, in welchen das Gesetz gebietet, eine Thatsache bis zum Beweise des Gegenteils für wahr zu halten (z. B. §§ 23, 518, 1232, 1237 B.G.B., Hofd. vom 10. April 1839 Nr. 355 J.G.S. betreffend den Gesindelohn). Das Gesetz bedient sich bei Aufstellung solcher die Beweislast regelnden Bestimmungen der Bezeichnung „vermuten", obwohl die Bestandteile einer gesetzlichen Vermutung fehlen.

Gesetzliche Vermutungen sind Anordnungen, nach welchen bei Bestand einer Thatsache eine andere für den Prozeß erhebliche Thatsache als wahr anzunehmen ist, obwohl diese (vermutete Thatsache) aus jener (dem Indiz, Vermutungsgrund) nur mit Wahrscheinlichkeit folgt. Der Vermutungsgrund ist im Streitfalle zu beweisen, daher die gesetzliche Vermutung nicht vom Beweise befreit, sondern lediglich den Beweis durch Änderung des Beweissatzes erleichtert.

Die gesetzliche Vermutung ist normal eine einfache (widerlegbare), also der Gegenbeweis vorbehalten, daß im vorliegenden Falle der Schluß von dem Vermutungsgrunde auf die vermutete Thatsache unzulässig sei (z. B. §§ 24 und 278, 138, 155, 163, 924, 1427, 1429, 1430 B.G.B.). Ausnahmsweise ist die gesetzliche Vermutung eine qualifizierte (unwiderlegbare, z. B. Art. 274 H.G.B.), bei welcher der Gegner wohl zum Beweise des Nichtbestandes der Prämisse, nicht aber auch zum Beweise der Unstatthaftigkeit der Schlußfolgerung zugelassen wird. — Der die gesetzliche Vermutung ausschließende Beweis kann auch durch Vernehmung der Parteien gemäß §§ 371 ff. geführt werden § 270 (s. aber Art. 6 E.P.O.).

In die Form von Vermutungen sind vom Gesetze gekleidet: a) Dispositivbestimmungen, welche anordnen, was die Partei bei ausreichendem Vorbedacht verfügt hätte (vergl. §§ 209, 607, 620, 1084 B.G.B.); — b) Auslegungsregeln (vergl. §§ 479, 667, 675, 683, 1029 B.G.B.); — c) die Motive der gesetzlichen Anordnung (z. B. §§ 388, 1297 B.G.B.); — d) Anordnungen, mit welchen die Partei in einer Annahme, einem Fürwahrhalten unterstützt wird (z. B. §§ 1030, 1033 B.G.B.).

§ 68. Die Beweisaufnahme.

I. In den vorbereitenden Schriftsätzen haben die Parteien die Beweise zu bezeichnen. Berufen sich die Parteien auf Beweise, deren Aufnahme während der mündlichen Verhandlung unthunlich erscheint, so ist vorbereitendes Verfahren zur Beweisaufnahme anzuordnen § 245. Im Zuge der mündlichen Streitverhandlung haben die Parteien die Beweise anzubieten und ist über die Zulässigkeit und Erheblichkeit derselben zu verhandeln. Der angebotene Beweis ist entweder zuzulassen oder zurückzuweisen. Zurückzuweisen ist der Beweis, wenn er unerheblich erscheint § 275, oder wenn er zur Feststellung des Forderungsbetrages nach § 273 entbehrt werden kann, oder wenn das Gericht die Überzeugung gewonnen hat, daß der Beweis nur in Verschleppungsabsicht angeboten wurde §§ 179, 181, 275. Die Zurückweisung ist im Verhandlungsprotokolle festzustellen § 208 Z. 2, die Beweisverweigerung wegen Verschleppungsabsicht im Urteilsthatbestande anzuführen § 417. Auch ohne Parteiantrag kann das Gericht die Vornahme eines Augenscheines, die Begutachtung durch Sachverständige und die Vernehmung der Parteien als Zeugen anordnen §§ 183, 371; es kann von amtswegen die Herbeischaffung von Urkunden und die Ladung von Zeugen veranlassen, wenn nicht beide Parteien sich dagegen erklären § 183.

II. Die Beweisaufnahme hat regelmäßig (also immer, wenn nicht anderes notwendig ist) vor dem erkennenden Gerichte stattzufinden; Ausnahmen haben statt, wenn Beweise bereits im vorbereitenden Verfahren aufgenommen werden und eine Erneuerung entbehrlich erscheint (§ 264), und wenn das Gericht in Gemäßheit der C.P.O. eine Beweisaufnahme außerhalb der Verhandlungstagsatzung anordnet. Die Beweisaufnahme, welche nicht, wie regelmäßig der Urkundenbeweis, mit der Streitverhandlung verbunden ist, sondern einen besonderen Prozeßakt bildet, also der Beweis durch Zeugen, durch Sachverständige, der Augenschein, die Vernehmung der Parteien, und schlechthin jeder nicht vor dem Prozeßgericht aufzunehmende Beweis ist durch Beweisbeschluß anzuordnen. In diesem sind die streitigen Thatsachen, über welche der Beweis zu erheben ist, und die Beweismittel genau zu bezeichnen. Der Beschluß ist bei widersprechenden Anträgen zu begründen § 428 (§ 141 Gesch.O.); er ist prozeßleitende Anordnung, daher abgesondertes Rechtsmittel auch in betreff der angeordneten Modalität der Beweisaufnahme ausgeschlossen § 291, — er ist nicht bindend, also auch über Parteiantrag abänderbar und nicht notwendig auszuführen; — er ist nicht präjudizierlich, daher das Gericht an die dem Beweisbeschlusse zu Grunde liegende Auffassung im weiteren Verlaufe des Streites nicht gebunden § 277. — Der Beweisbeschluß bedarf schriftlicher Ausfertigung nur, wenn die Beweisaufnahme durch einen beauftragten und ersuchten Richter erfolgen soll; dabei ist der aus der Verhandlung sich ergebende Sachverhalt insoweit in die Ausfertigung aufzunehmen, als es zu vollständiger Durchführung der Beweisaufnahme notwendig erscheint § 277, wenn das nicht durch Mitteilung der Verhandlungsakten entbehrlich wird (§ 141 Gesch.O.).

Im Zuge desselben Instruktionsverfahrens können wiederholt Beschlüsse auf Beweisaufnahme gefaßt werden. Das ist unbedenklich, wenn die Beweisaufnahme sogleich bei der Verhandlung ausführbar ist, wofür die Parteien durch Stellung | von Zeugen und Sachverständigen zur Verhandlung vorsorgen können § 288. Muß aber die Streitverhandlung wegen der Beweisaufnahme erstreckt werden, so ist sie thunlichst zu konzentrieren, also erst nach vollständiger Erörterung des Sachverhaltes ein erschöpfender Beweisbeschluß zu fassen. Die einer so vollständigen Beweisaufnahme folgende Verhandlung vor dem erkennenden Gerichte soll dann lediglich die Erörterung der Ergebnisse der Beweisaufnahme zum Gegenstande haben; — sie kann entfallen und die Verhandlung mit dem Beweisbeschluß geschlossen erklärt werden, wenn nur mehr Beweisaufnahme durch einen ersuchten Richter aussteht und die Parteien auf die Verhandlung über die Beweisaufnahme verzichten, oder wenn das Gericht (vorweg, nicht nachträglich) solche Erörterung für entbehrlich hält § 193; — sie soll von den Parteien nicht zur Geltendmachung neuer Thatsachen und Beweismittel mißbraucht werden. Die bei einer solchen Tagsatzung zur Erörterung der Ergebnisse der Beweisaufnahme von den Parteien vorgebrachten Anführungen und Beweisanbietungen sollen auf Antrag oder von amtswegen als unstatthaft erklärt werden, wenn das neue Vorbringen nicht durch die Ergebnisse der stattgefundenen Beweisaufnahme veranlaßt ist und offenbar in der Absicht, den Prozeß zu verschleppen, nicht früher vorgebracht wurde § 278.

III. Soll die angeordnete Beweisaufnahme vor dem erkennenden Gericht, aber nicht sofort, sondern in einer erstreckten Tagsatzung stattfinden, so ist im Beweisbeschluß die Tagsatzung zur Beweisaufnahme und zugleich zur Fortsetzung der mündlichen Streitverhandlung zu bestimmen § 281. — Soll die Beweisaufnahme durch einen beauftragten Richter erfolgen, so ist dazu ein Mitglied des Gerichtes, in der Regel ein Mitglied des zur Entscheidung berufenen Senates, zu bestellen § 282. Wird der beauftragte Richter an dem Vollzuge des Auftrages verhindert, so hat der Vorsteher des Gerichtes ein anderes Mitglied des Gerichtes mit dem Auftrage zu betrauen (§ 247). — Soll die Beweisaufnahme durch einen ersuchten Richter erfolgen, so hat der Vorsitzende das Ersuchsschreiben zu erlassen. Eine Beweisaufnahme im Auslande ist nach den dafür geltenden Vorschriften zu erwirken § 36 J.N.; dabei kann dem Beweisführer auf seinen Antrag die Besorgung der Übermittlung des Ersuchsschreibens überlassen, — es kann auf Antrag des Beweisführers auch von der Erlassung des Ersuchschreibens abgesehen und der Beweisführer ermächtigt werden, eine dem Gesetze des fremden Staates entsprechende öffentliche Urkunde über die Beweisaufnahme zu beschaffen. In diesem Falle hat der Beweisführer den Gegner wenn möglich von Ort und Zeit der Beweisaufnahme so zeitig zu benachrichtigen, daß letzterer seine Rechte bei der Beweisaufnahme wahrzunehmen vermag. Ist die Benachrichtigung unterblieben, so hat das Gericht nach sorgfältiger Erwägung aller Umstände zu entscheiden, ob und inwieweit der Beweisführer zur Benützung der aufgenommenen Beweise in der mündlichen Verhandlung berechtigt sei. Für die Vorlegung der Akten über die Beweisaufnahme ist, wenn die Besorgung des Ersuchschreibens oder die Erwirkung der Beweisaufnahme dem Beweisführer überlassen wird, von amtswegen im Beweisbeschlusse eine Frist zu bestimmen, nach deren Ablauf auf Antrag einer Partei die Verhandlung ohne Rücksicht auf die ausstehende Beweisaufnahme fortgesetzt wird. Bei der fortgesetzten Verhandlung kann der Beweis nur dann benützt werden, wenn dadurch das Verfahren nicht verzögert wird § 283. — Eine gleiche Frist für die Beweisaufnahme mit gleicher Rechtsfolge hat das Gericht auf Antrag im Beweisbeschlusse zu bestimmen, wenn der Aufnahme des Beweises ein Hindernis von ungewisser Dauer entgegensteht, oder die Ausführbarkeit einer Beweisaufnahme zweifelhaft ist und schlechthin, wenn die Beweisaufnahme im Ausland zu erfolgen hat § 279.

Bei Beweisaufnahme durch einen beauftragten oder ersuchten Richter ist die Tagsatzung zur Fortsetzung der mündlichen Verhandlung (bezw. Erörterung der Ergebnisse der Beweisaufnahme) bei Erlassung des Beweisbeschlusses, eventuell vom Vorsitzenden nach Einlangen der Beweisakten von amtswegen anzuberaumen und den Parteien bekannt zu geben § 281. Bei befristeter Beweisaufnahme erfolgt die Anordnung der Verhandlung auf Parteiantrag § 279 (dazu § 277 Z. 2 Gesch.O.).

IV. Die zum Vollzuge des Beweisbeschlusses nötigen Vorkehrungen sind von dem Vorsitzenden des Senates bezw. dem mit der Beweisaufnahme betrauten Richter von amtswegen zu veranlassen. Die Parteien haben (außer dem Fall des § 341 Abs. 2) ein Recht darauf, zu der Beweisaufnahme zugezogen zu werden; sie können an Zeugen und Sachverständige durch den Richter oder mit dessen Zustimmung direkt Fragen stellen, welche sie zur Aufklärung oder Vervollständigung der Aussage, zur Aufklärung des Streitverhältnisses oder der für die Beweiskraft der Aussagen wesentlichen Verhältnisse dienlich erachten § 289.

Mit der Beweisaufnahme ist, soweit dies nach Lage der Sache geschehen kann, vorzugehen, auch wenn keine der verständigten Parteien erschienen ist § 289. Das gilt auch, wenn von dem erkennenden Gerichte Tagsatzung zur Beweisaufnahme und zugleich zur Fortsetzung der mündlichen Streitverhandlung angeordnet ist § 281. Das erkennende Gericht wird nach der Beweisaufnahme bei Ausbleiben einer Partei nach den Bestimmungen über Kontumaz im fortgesetzten Termine vorgehen, also auf Antrag der erschienenen Partei Urteil fällen und dabei auf die zu den Akten gebrachten Beweise bedacht nehmen, — bei Ausbleiben beider Parteien nach der Beweisaufnahme das Verfahren als ruhend behandeln. Ist das Verfahren durch Urteil abgeschlossen, so können die Folgen der Versäumung nur durch förmliche Restitution beseitigt werden (§ 149). Anderenfalls kann das erkennende Gericht, es kann, solange die Beweisaufnahme noch nicht vollendet ist, der damit betraute Richter eine Ergänzung der Beweisaufnahme zulassen, wenn die Partei glaubhaft macht, daß sie durch ein unvorhergesehenes Hindernis vom Erscheinen abgehalten wurde, ihr Ausbleiben eine wesentliche Unvollständigkeit der Beweisaufnahme zur Folge hatte, und die Ergänzung ohne wesentliche Verzögerung des Rechtsstreites erfolgen kann § 289. — Ist zur Beweisaufnahme die Anwesenheit der Partei, z. B. wegen Vorlegen einer Urkunde, Vorzeigen einer Sache, Feststellung des zu besichtigenden Gegenstandes oder der zu vernehmenden Person notwendig, so ist bei Ausbleiben des Probanten der Beweis als verloren zu behandeln (§ 144), bei Ausbleiben des Probaten die Folge des Nichterscheinens nach § 272 zu würdigen.

Das Prozeßgericht kann (auch für Beweisaufnahme im vorbereitenden Verfahren oder durch einen damit betrauten Richter) auf Antrag gestatten, daß die Beweisaufnahme von einem oder mehreren beeideten Stenographen aufgezeichnet werde. Die Beeidigung entfällt, wenn ein gerichtlicher Beamter als Stenograph bestellt wird. Die Bestellung des Stenographen erfolgt auf Vorschlag des Antragstellers vom Vorsitzenden oder dem mit der Beweisaufnahme betrauten Richter. Die Übertragung der stenographischen Aufzeichnung ist binnen 48 Stunden abzugeben und den Akten beizuschließen. Das Stenogramm macht die protokollarische Feststellung der Beweisaufnahme nicht entbehrlich. Die Kosten der Beiziehung von Stenographen trägt der Antragsteller ohne Anspruch auf Ersatz; haben beide Parteien übereinstimmend die stenographische Aufzeichnung beantragt, so bestreiten sie die Kosten gemeinschaftlich § 40, und hat der Sieger Anspruch auf Ersatz des von ihm bestrittenen Kostenteiles § 280.

V. Der Richter, welcher eine Beweisaufnahme infolge eines Auftrages oder Ersuchens vollzieht, hat schlechthin die Befugnisse, welche bei Beweisaufnahme vor dem erkennenden Gerichte dem Vorsitzenden zustehen; er ist weiter zu allen auf die Beweisaufnahme sich beziehenden richterlichen Verfügungen berechtigt, welche nicht ausdrücklich dem Prozeßgerichte vorbehalten sind § 284 wie: die Bewilligung stenographischer Aufzeichnung § 280, die Ergänzung einer bereits vollendeten Beweisaufnahme § 289, der Ausschluß von Zeugen, deren Vernehmung fruchtlos versucht wurde § 335. Die Bewilligung von Zwangsmaßregeln gegen ungehorsame Zeugen steht dem erkennenden Gerichte, aber auch dem um die Beweisaufnahme ersuchten Richter zu § 325. Der mit der Beweisaufnahme betraute Richter ist insbesondere ermächtigt, ein anderes Gericht um die Beweisaufnahme zu ersuchen, wenn es die Durchführung (oder Vollendung) der ihm übertragenen Beweisaufnahme fordert oder auch nur sachgemäß erscheinen läßt § 285. — Ergiebt sich bei der Beweisaufnahme vor einem beauftragten oder ersuchten Richter ein Streit, von dessen Erledigung die Fortsetzung der Beweisaufnahme abhängt und zu dessen Entscheidung der mit der Beweisaufnahme betraute Richter nicht berechtigt erscheint, so hat dieser Richter die Entscheidung des Prozeßgerichtes einzuholen § 285.

Die von dem beauftragten oder ersuchten Richter vorgelegten Akten über die Beweisaufnahme hat der Vorsitzende zu prüfen. Dieser hat die etwa erforderlichen Verbesserungen und Vervollständigungen zu veranlassen, sohin die Parteien von dem Einlangen der Akten zu verständigen und ihnen Einsichtnahme derselben offen zu halten § 286, und zugleich auch die Tagsatzung zur mündlichen Streitverhandlung anzuordnen, wenn diese Tagsatzung nicht schon im Beweisbeschluß angeordnet wurde § 281. In der Zwischenzeit von der Verständigung bis zur Tagsatzung kann jede Partei die Behebung einzelner (d. h. bestimmt bezeichneter) Mängel der Beweisaufnahme und die Ergänzung derselben beantragen. Über diesen Antrag entscheidet der Vorsitzende. Die nötigen Ergänzungen können auch bei der mündlichen Streitverhandlung angeordnet, sie können auch bei dieser Verhandlung selbst vorgenommen werden § 286.

Das Ergebnis der von einem beauftragten oder ersuchten Richter gepflogenen Beweisaufnahme hat der Vorsitzende bei der mündlichen Verhandlung zu geeigneter Zeit darzulegen. Erachtet eine Partei, daß diese Darlegung in erheblichen Punkten von dem Inhalte der Akten abweiche, so kann sie das Vorlesen des vollen Inhaltes fordern. Den Parteien ist unbenommen, schon vor dieser Darlegung des Vorsitzenden auf den Inhalt der Beweisaufnahmeakten Bezug zu nehmen § 287.

VI. Gegen Beschlüsse, durch welche: a) angebotene Beweise, — oder bei einer Verhandlung zur Erörterung der Ergebnisse der Beweisaufnahme vorgebrachte neue thatsächliche Angaben und Beweismittel zurückgewiesen, — b) Beweisaufnahme angeordnet, oder einem beauftragten oder ersuchten Richter übertragen, — c) Fragen der Parteien bei der Beweisaufnahme zurückgewiesen, — d) die Benützung des an eine Frist gebundenen Beweises nach Ablauf der Frist bewilligt oder ausgeschlossen, — e) eine beantragte Korrektur der Beweisaufnahme eines beauftragten oder ersuchten Richters verweigert wird, ist abgesondertes Rechtsmittel unzulässig. — Beschlüsse, durch welche α) die stenographische Aufzeichnung einer Beweisaufnahme gestattet, — β) dem Beweisführer die Bestellung eines Ersuchschreibens um Beweisaufnahme im Auslande übertragen, γ) die Beweisaufnahme im Auslande befristet, und δ) die Ergänzung oder Wiederholung einer Beweisaufnahme angeordnet wird, sind schlechthin unanfechtbar § 291.

A. Der Beweis durch Urkunden.

§ 69. Begriff, Bedeutung, Beweiskraft.

I. Urkunden im Sinne der C.P.O. sind Schriftstücke, deren Inhalt zum Beweise dient, im Gegensatze zu Auskunftssachen § 318, welche durch ihre Gestaltung beweisen sollen. Es sind Auskunftssachen Denkmäler, Grenzzeichen, Marksteine, Aich- und Heimpfähle und ähnliche Zeichen, ferner Kerb- und Spannhölzer, welche die Parteien für ihren Verkehr erwiesenermaßen gebraucht haben. Inwieweit durch Auskunftssachen Beweis geliefert werde, hat das Gericht nach sorgfältiger Erwägung aller Umstände zu beurteilen. Für den Gebrauch der Auskunftssachen als Beweismittel sind bald die Vorschriften über Sachverständigenbeweis, bald jene über gerichtlichen Augenschein, oder jene über briefliche Urkunden maßgebend. Die Vorschriften der §§ 303—309 über die Erwirkung der Vorlegung von Urkunden gelten auch für Auskunftssachen.

II. Die brieflichen Urkunden dienen im allgemeinen zum Beweise; bei Abgang von Urkunden kann der Beweis auch in anderer Weise erbracht werden. Ist aber die Urkunde die von den Parteien gewählte oder vom Gesetze geforderte Form für eine Erklärung von rechtlicher Bedeutung, so muß bei Abgang der Urkunde der Beweis über den Bestand und Inhalt derselben zugelassen werden, wozu die Beweismittel der C.P.O. gebraucht werden können, sofern nicht besonderer Beweis gefordert (§ 722 B.G.B.), oder an den Verlust der Urkunde Rechtsverlust geknüpft ist (Art. 73 V.O.). — Für den Beweis durch Urkunden gelten zur Sicherung des Verkehres bestimmte Beweisregeln; sie sind verschieden für öffentliche und für Privaturkunden.

III. Öffentliche Urkunden sind: a) Urkunden, welche im Geltungsgebiete der C.P.O. von einer öffentlichen Behörde (einer Staats-, Landes-, Bezirks- oder Gemeindebehörde oder einem anderen öffentlichen Organe) innerhalb der Grenzen ihrer Amtsbefugnisse, — oder von einer mit öffentlichem Glauben versehenen Person (Notar, Matrikenführer) innerhalb des ihr zugewiesenen (sachlichen und örtlichen) Geschäftskreises in der vorgeschriebenen Form errichtet sind; — b) Urkunden, welche im Auslande von solchen öffentlichen Organen innerhalb der Grenzen ihrer Amtsbefugnisse errichtet wurden, die einer Behörde unterstehen, welche im Geltungsgebiete der C.P.O. ihren Sitz hat § 292; — c) im Auslande errichtete Urkunden, welche am Orte ihrer Errichtung als öffentliche Urkunden gelten, wenn Gegenseitigkeit gilt und diese Urkunden mit der vorgeschriebenen Beglaubigung (des österr. Gesandten, des Konsuls Hfd. vom 22. Januar 1838 Nr. 249 J.G.S.) versehen sind. Für die von Gerichten und Behörden in Bosnien und der Herzegowina ausgestellten Urkunden ist die Beglaubigung entbehrlich; M.V. vom 3. August 1887 R. 99; — d) Urkunden, welche durch besondere Vorschriften als öffentliche Urkunden erklärt § 293, oder den öffentlichen Urkunden gleichgestellt sind Art. 7 C.P.O.

Öffentliche Urkunden begründen vollen Beweis dessen, was darin von der Behörde amtlich verfügt oder erklärt, oder von der Behörde oder Urkundsperson bezeugt wird. Das von dem Beamten über die in seinen Amtskreis fallende Wahrnehmung in amtlicher Form und mit Bezug auf den Amtseid ausgestellte Zeugnis ist Beweis der Wahrnehmung der Urkundsperson; diese Wahrnehmung bezieht sich auf die im Prozesse streitige Thatsache, oder auf eine Mitteilung darüber; der Wert einer so beurkundeten Mitteilung ist für sich zu prüfen. — Vorbehalten ist gegen öffentliche Urkunden der Beweis der Unrichtigkeit des bezeugten Vorganges, oder der bezeugten Thatsache, oder der unrichtigen Beurkundung.

IV. Andere als die bezeichneten öffentlichen Urkunden sind Privaturkunden. Für Privaturkunden bestimmt die C.P.O.: 1. im Art. 7 Z. 2, daß unberührt bleiben die Vorschriften des bürgerlichen Rechtes (Art. 30), durch welche die Beweiskraft von Privaturkunden von bestimmten Erfordernissen abhängig gemacht ist. Diese Privaturkunden müssen auch fortan, um beweiskräftig zu sein, die gesetzlichen Förmlichkeiten haben. Es bleibt Erfordernis a) für Privaturkunden rechtsgeschäftlichen Inhaltes die Unterschrift zur Perfektion des Geschäftes (§ 884 B.G.B.); — β) eines Schuldscheines, d. i. der Empfangsbestätigung über ein Darlehen die eigenhändige Schrift und Unterschrift des Ausstellers, wobei das Schreiben des Scheines durch Mitfertigung von zwei Zeugen ersetzt wird (§ 1001 B.G.B., § 114 A.G.O.); — γ) der schriftlichen Erklärung des letzten Willens eigenhändige Schrift und Unterschrift, wobei eigenhändige Schrift nur durch drei Testamentszeugen ersetzt wird (§§ 578, 579 B.G.B.); — δ) für Urkunden in geringfügigen Grundbuchssachen die umständliche Mitfertiguug von zwei Zeugen (Ges. v. 5. Juni 1890 R. 109). Für diese Urkunden gilt auch weiter der Ausschluß des Gebrauches der hebräischen Sprache und der hebräischen Buchstaben, (Hofd. v. 22. Oktober 1814 Nr. 1106 und vom 19. Februar 1846 Nr. 938 J.G.S.), und gilt die Unterschrift vollzogen mit der Fertigung des Zunamens (der Firma). — Als fortgeltend muß auch behandelt werden die Bestimmung des bürgerlichen Rechtes, nach welcher für gewisse Fälle eine Privaturkunde nicht zureicht (so Art. 174 und 208 H.G.B., Ges. vom 25. Juli 1871 R. 76); — 2. im Art. 7 Z. 3, daß unberührt bleiben sollen die Vorschriften des bürgerlichen Rechtes, durch welche für das Datum einer Urkunde ein von der Erklärung des Ausstellers verschiedener Beweis gefordert wird (§ 56 Grdb.O.); — 3. im § 294, daß Privaturkunden, sofern sie von den Ausstellern unterschrieben oder mit ihren gerichtlich oder notariell beglaubigten Handzeichen versehen sind, vollen Beweis dafür begründen, daß die in denselben enthaltenen Erklärungen von den Ausstellern herrühren. Ist aber die Urkunde an Stelle der Unterschrift mit gedruckter oder gestempelter Zeichnung versehen, das Handzeichen nur privat beglaubigt, die ganze Urkunde gedruckt, der Name des Ausstellers bloß im Kontexte genannt, dann ist im Streitfalle erst zu beweisen, daß die in der Urkunde enthaltene Erklärung vom Aussteller herrühre. — Die Bedeutung der in der Urkunde enthaltenen Erklärung bestimmt sich nach dem Verhältnisse derselben zum Beweissatze. Enthält die Urkunde eine für den Prozeß erhebliche Willenserklärung (dispositive, wirkende Urkunde), so wirkt sie infolge richterlicher Wahrnehmung Beweis für und gegen jedermann und ist nur jene Verteidigung zugelassen, welche gegen den fraglichen Willensakt möglich erscheint, so die Berufung auf Zwang, Irrtum, Simulation. Enthält die Urkunde ein Geständnis, so hat der Richter zu beurteilen, inwiefern zufolge des außergerichtlichen Geständnisses die Notwendigkeit des Beweises entfalle § 266; enthält sie ein Zeugnis über prozeßerhebliche Thatsachen, so ist sie nicht geeignet, die gerichtliche Vernehmung des Ausstellers als Zeugen entbehrlich zu machen (s. aber § 383).

§ 70. Formelle Beweiserfordernisse der Urkunden.

Die Beweiskraft der Urkunde ist bedingt von der Echtheit und Unverfälschtheit.

I. Echt ist die Urkunde, wenn sie von demjenigen herrührt, der als Aussteller derselben erscheint.

Urkunden, welche sich nach Form und Inhalt als öffentliche Urkunden darstellen, haben die Vermutung der Echtheit für sich. Findet das Gericht infolge Bestreitens oder ohne solches die Echtheit zweifelhaft, so kann es den Aussteller zu einer Erklärung über die Echtheit veranlassen § 310. Solcher Beschluß ist unanfechtbar § 319. Kann der Zweifel nicht auf diese Art beseitigt werden, so obliegt dem Probanten der Beweis der Echtheit § 310. Ob die von einer ausländischen Behörde oder einer mit öffentlichem Glauben versehenen Person des Auslandes errichtete Urkunde ohne näheren Beweis als echt anzusehen sei, hat das Gericht nach den Umständen des Falles zu beurteilen. Als Beweis der Echtheit genügt die im Verkehr mit diesem Staate vorgeschriebene Beglaubigung (§ 293) und jedenfalls die Beglaubigung durch das Ministerium des Äußeren oder einen österreichisch-ungarischen Gesandten oder Konsul § 311.

Bei Privaturkunden muß die Echtheit, wenn sie vom Gegner bestritten wird, bewiesen werden. Der Gegner des Beweisführers hat sich nach der Vorlage der Urkunde über die Echtheit zu erklären § 178; er ist zu solcher Erklärung aufzufordern § 298. Unterläßt der Produkt, sich über die Echtheit der Urkunde zu erklären, so gilt die Echtheit als unbestritten, sofern sich die Bestreitungsabsicht nicht aus den weiteren Erklärungen ergiebt. Ist die Echtheit bestritten, so beweist der Produzent, wenn die Urkunde mit der Unterschrift des Ausstellers versehen ist, lediglich die Echtheit dieser Unterschrift, weil daraus nach § 294 folgt, daß die in der Urkunde enthaltene Erklärung vom Aussteller herrühre. Bei Abgang der dem § 294 entsprechenden Unterzeichnung hat der Probant im Bestreitungsfalle die Echtheit der in der Urkunde enthaltenen Erklärung zu beweisen § 312. Bei mutwilligem Bestreiten der Echtheit ist eine Mutwillensstrafe (§ 220) zu verhängen § 313.

Zum Beweise der Echtheit oder Unechtheit dienen alle in der C.P.O. zugelassenen Beweismittel. Der Beweis kann erbracht werden durch Vernehmung der Parteien, durch Zeugen, welche die Echtheit bestätigen, oder die ihnen bekannte Handschrift des Ausstellers anerkennen sollen, und durch Vergleichung der Handschriften. Als Vergleichungsschriften können nur Schriftstücke benützt werden, deren Echtheit unbestritten ist oder doch ohne erhebliche Verzögerung dargethan (bewiesen) werden kann. Die Bestimmungen über Editionspflicht gelten auch für die Vergleichungsschriften. Mangelt es an solchen, so kann der Partei (der am Prozesse beteiligten Person), über deren Handschrift der Beweis der Echtheit hergestellt werden soll, das Niederschreiben eines Diktates vor Gericht oder einem beauftragten oder ersuchten Richter aufgetragen werden; das Niedergeschriebene ist den Verhandlungsakten beizulegen. Welchen Einfluß es auf den Beweis hat, wenn die Partei dem Auftrage nicht Folge leistet oder offenbar mit verstellter Schrift schreibt, ist richterlicher Beurteilung überlassen § 314. Die Schriftenvergleichung kann das Gericht allein oder mit Beiziehung von Sachverständigen vornehmen; immer ist das Ergebnis derselben vom Gerichte nach freier Überzeugung zu würdigen § 315. Gegen die Anordnungen betreffend die Durchführung der Schriftenvergleichung ist Rechtsmittel unzulässig § 319.

II. Verfälscht ist die Urkunde, wenn der Inhalt derselben gegen den Willen des Ausstellers abgeändert wurde (§ 316). Die Echtheit der Urkunde begründet die Annahme der Unverfälschtheit derselben; vorbehalten bleibt dem Produkten, die Fälschung des Inhaltes zu beweisen. Solcher Beweis kann entfallen, wenn die Veränderungen des Inhaltes aus der Urkunde ersichtlich sind und nach Ermessen des Gerichtes die Glaubwürdigkeit derselben aufheben § 296. Vorbehalten bleibt dem Produzenten zu beweisen, daß die Änderungen vom Aussteller herrühren; solches ist anzunehmen, wenn der Produkt die Urkunde nicht bestreitet.

Den Einfluß sonstiger „äußerer Mängel“ der Urkunde (Merkmale der Vernichtung, Mangel verläßlicher Verbindung der mehreren Blätter der Urkunde) hat der Richter frei zu würdigen § 296.

Urkunden, deren Echtheit bestritten ist, oder deren Inhalt verändert sein soll, können bis zur rechtskräftigen Erledigung des Prozesses bei Gericht zurückbehalten werden, sofern nicht ihre Ausfolgung an eine andere Behörde im öffentlichen Interesse erforderlich ist § 316.

III. Beweis macht die Urkunde, d. h. die Urschrift, an welcher die gesetzliche Form, die Echtheit und Glaubwürdigkeit festgestellt werden kann. Bei öffentlichen Urkunden ist der Urschrift gleich die „Ausfertigung“, d. h. eine Abschrift, welche da, wo die Urschrift von der Behörde oder Urkundsperson, welche sie errichtet hat, zurückbehalten werden soll, im Verkehre die Urschrift ersetzen soll und daher auch in bestimmter öffentlicher Form ausgefertigt sein muß, so die schriftliche Ausfertigung der Urteile § 417 und Beschlüsse §§ 426, 427, der Vergleichsprotokolle § 206, der Notariatsakte § 92 Not.O. vom 25. Juli 1871 R. 75. Der Ausfertigung steht gleich ein „Auszug“, d. i. eine Ausfertigung, welche nur einzelne Stücke des Inhaltes der öffentlichen Urkunde wiedergiebt, so der Auszug aus dem Urteile § 418.

Bei Privaturkunden kann Ersatz der Urschrift beschafft werden durch gerichtliche Erneuerung der Urkunde. Wird eine Privaturkunde unleserlich oder schadhaft, so kann deren Inhaber und jeder andere Beteiligte vom Aussteller der Urkunde (nicht von dem Rechtsnachfolger) begehren, daß dieselbe auf Kosten des Antragstellers gerichtlich erneuert werde. Hierzu sind alle Personen zu laden, wider welche die Urkunde zum Beweise dienen soll. Die gerichtliche Erneuerung erfolgt, da sie vom Aussteller zu fordern ist, durch Wiederholung des Ausstellungsaktes vor Gericht. Im Falle der Weigerung kann der Aussteller zu solcher Erneuerung nur im Wege der Klage verhalten werden. Das Klagerecht gegen den Aussteller gewährt § 317; einer anderweitigen civilrechtlichen Begründung der Klage bedarf es nicht. Zur Rechtssicherung gegen andere Personen als den Aussteller der Urkunde dient die Feststellungsklage.

Abschriften sind der Urschrift an sich nicht gleichwertig. Ob der Abschrift, auf welche sich der Beweisführer beruft, Glauben beizumessen sei, hat das Gericht nach freiem Ermessen zu beurteilen. Zu würdigen sind dabei die für die Unterlassung der Vorlegung der Urschrift geltend gemachten Gründe, und die Beschaffenheit der Abschrift, insbesondere die Beglaubigung, das Alter und der Ursprung der Abschrift § 299. Öffentliche Beglaubigung stellt fest, daß die Abschrift den Inhalt der Urkunde getreu und vollständig wiedergiebt. Durch Alter und Ursprung ausgezeichnet erscheinen archivalische Abschriften, d. h. die vor jedem Anlaß zum vorliegenden Streit zur Ergänzung eines öffentlichen oder Familienarchives angefertigten Abschriften.

§ 71. Das Beweisverfahren.

I. Der Urkundenbeweis ist regelmäßig im Laufe der mündlichen Verhandlung § 300 (auch bei der ersten Tagsatzung § 239, im vorbereitenden Verfahren § 257) ohne besonderen Beweisbeschluß aufzunehmen. Angeboten wird der Beweis durch Berufung der Partei auf genau bezeichnete Urkunden; es ist Beweisanbietung der Beischluß einer Abschrift derselben oder eines Auszuges zu einem vorbereitenden Schriftsatz § 77 Abs. 1, die Berufung auf die Urkunde in einem solchen Schriftsatz § 77 Abs. 2, auch wenn sohin die Urkunde auf Verlangen zur Einsicht bei Gericht niedergelegt oder unter Advokaten von Hand zu Hand mitgeteilt wird § 82. 33. Solche Bezugnahme verpflichtet zur Vorlage § 304 Z. 1. Gemeinschaftliches, d. h. einseitig unverzichtbares Beweismittel wird die Urkunde durch Beweisantretung, d. i. durch die Vorlage bei Gericht. Unabhängig von dem Willen beider Parteien wird der Urkundenbeweis dadurch, daß das Gericht Einsicht nimmt § 298. Der Gang des Beweisverfahrens gestaltet sich verschieden.

II. Beruft sich die Partei auf Urkunden, welche sich in ihren Händen befinden, so hat sie sie vorzulegen und zwar in der Regel derart, daß das Gericht und die Gegenpartei von dem ganzen Inhalte der Urkunde Einsicht nehmen können. Bezieht sich die Urkunde auf verschiedene Rechtsverhältnisse und ist für den Streit nur eines derselben von Belang, so kann das Gericht, nachdem es von dem ganzen Inhalt der Urkunde Einsicht genommen hat, auf Antrag anordnen, daß dem Gegner der Eingang, der Schluß, das Datum und die Unterschrift und außerdem nur jene Stellen zur Einsicht vorgewiesen werden, welche für den Gegenstand des Streites erheblich sind. — Der Gegner des Beweisführers ist zur Erklärung über die vorgelegte Urkunde aufzufordern § 298.

Vorzulegen ist die Urschrift; nach Lage der Verhältnisse genügt die Vorlage einer Abschrift. Unerläßlich ist die Vorlage der Urschrift für die Erledigung der Klage mit Mandat. — Vorzulegen ist die Urkunde in der mündlichen Verhandlung. Steht solcher Vorlegung ein erhebliches Hindernis entgegen, oder erscheint sie wegen der Wichtigkeit der Urkunde und der Besorgnis ihres Verlustes oder ihrer Beschädigung bedenklich, so kann das Gericht auf Antrag oder von amtswegen anordnen, daß die Urkunde einem beauftragten oder ersuchten Richter vorgelegt werde § 300. Gegen solchen Beschluß ist Rechtsmittel ausgeschlossen § 319. In dem Beschlusse sind die Umstände zu bestimmen, welche durch das über die Amtshandlung des beauftragten oder ersuchten Richters aufzunehmende Protokoll zu bestätigen sind; es kann auch angeordnet werden, daß eine Abschrift oder ein Auszug der Urkunde mit dem Protokolle vorzulegen ist. Der beauftragte oder ersuchte Richter hat die Tagsatzung zur Vorlage der Urkunde anzuordnen und davon auch den Gegner des Beweisführers rechtzeitig zu verständigen. Wird die Urkunde in dieser Tagsatzung nicht vorgelegt, so kann der Fortgang des Prozesses durch die Rücksicht auf dieses Beweismittel nicht weiter aufgehalten werden § 300; spätere unverzögerliche Benützung der Urkunde ist nicht ausgeschlossen (§ 279).

III. Bezieht sich die Partei auf eine bei einer öffentlichen Behörde oder bei einem

Notar verwahrte Urkunde, so kann sie schon in der Klage § 229 bezw. Klagebeantwortung § 243, in einem besonderen vorbereitenden Schriftsatz § 258, sie kann auch noch während der mündlichen Verhandlung den Antrag stellen, daß das Gericht die Vorlage der Urkunde veranlasse, — allerdings nur dann, wenn sich die Partei die Urkunde nicht selbst zu beschaffen vermag § 301. Der über den Parteiantrag gefaßte Beschluß unterliegt keinem Rechtsmittel § 319.

IV. Beruft sich die Partei auf eine *in den Händen des Gegners befindliche Urkunde*, so kann sie beantragen, daß das Gericht dem Gegner die Vorlage der Urkunde auftrage. Das Gesetz statuiert eine Verpflichtung des Gegners (des streitg. Intervenienten) zur Vorlage von Urkunden, welche sich in seinen Händen § 303, in seinem Besitze § 307 befinden, d. h. wohl von Urkunden, über welche er rechtlich verfügen kann.

Die Vorlage der Urkunde kann *nicht verweigert* werden (unbedingte Vorlagepflicht), 1. wenn der Gegner selbst auf die Urkunde zum Zwecke der Beweisführung im Prozesse *Bezug* genommen hat; 2. wenn der Gegner nach bürgerlichem Rechte zur Ausfolgung oder Vorlage der Urkunde verpflichtet ist; 3. wenn die Urkunde ihrem Inhalte nach eine beiden Teilen gemeinschaftliche ist. Nach § 304 gilt als gemeinschaftlich eine Urkunde insbesondere für jene Personen, in deren Interesse sie errichtet ist, oder deren gegenseitigen Rechtsverhältnisse darin bekundet sind, dann die über ein Rechtsgeschäft zwischen den Beteiligten oder zwischen einem derselben und dem gemeinschaftlichen Vermittler des Geschäftes gepflogenen schriftlichen Verhandlungen. — Die Vorlage anderer Urkunden *kann verweigert werden* (bedingte Vorlagepflicht), *wenn* der Inhalt Angelegenheiten des Familienlebens betrifft (insofern sie nicht den Gegenstand des Streites bilden), — wenn der Gegner durch die Vorlage eine Ehrenpflicht verletzen würde; — wenn das Bekanntwerden der Urkunde (des Inhaltes) der Partei oder dritten Personen zur Schande gereichen, oder die Gefahr strafgerichtlicher Verfolgung zuziehen würde; — wenn die Partei durch die Vorlage der Urkunde eine staatlich anerkannte Pflicht zur Verschwiegenheit, von der sie nicht gültig entbunden ist, oder ein Kunst- oder Geschäftsgeheimnis verletzen würde, oder wenn andere gleich wichtige Gründe die Verweigerung der Vorlage rechtfertigen § 305. Betreffen die zur Verweigerung der Vorlage berechtigenden Gründe nur einzelne Teile des Inhaltes, so ist ein beglaubigter *Auszug* der Urkunde vorzulegen § 306, dessen Vervollständigung vom Gericht nach Einsicht der Urkunde (§ 298) veranlaßt werden kann.

Der Antrag auf Verpflichtung des Gegners zur Vorlage einer Urkunde kann in der mündlichen Verhandlung, er kann im vorbereitenden Verfahren und in der Zeit von der Anberaumung bis zum Beginn der Streitverhandlung gestellt werden § 303. Der Antrag in der Klage, der Klagebeantwortung oder in einem besonderen vorbereitenden Schriftsatz, daß dem Gegner aufgetragen werde, gewisse Urkunden zur Verhandlung mitzubringen (§ 229, 243, 258), ist ein Vorbereitungsakt, welcher erst in der mündlichen Verhandlung die endgültige Erledigung findet § 257. In dem Antrage auf Verpflichtung zur Vorlage hat die Partei eine *Abschrift* der vom Gegner vorzulegenden Urkunde beizubringen, oder wenn sie dies nicht vermag, *den Inhalt der Urkunde möglichst genau und vollständig anzugeben*, — die Thatsachen anzuführen, welche durch die vorzulegende Urkunde bewiesen werden sollen, und die Umstände *darzulegen*, welche den Besitz der Urkunde seitens des Gegners wahrscheinlich machen. Vor der Entscheidung über den Antrag ist der Gegner (eventuell sind auch die bei der mündlichen Verhandlung anwesenden Personen, wenn sie verwertbare Auskunft geben können) zu hören, oder wenn der Antrag außerhalb der mündlichen Verhandlung gestellt wird, mündlich oder schriftlich einzuvernehmen § 303. Leugnet der Gegner den Besitz der Urkunde und erachtet das Gericht die durch die Urkunde zu beweisenden Thatsachen erheblich und zugleich die Verpflichtung zur Vorlage als bestehend, so kann das Gericht die Vernehmung und eidliche Abhörung des Gegners zu dem Zwecke beschließen, um zu ermitteln, ob der Gegner die Urkunde besitze oder doch wisse, wo dieselbe zu finden sei, oder ob die Urkunde nicht etwa von ihm oder auf seine Veranlassung, um sie dem Beweisführer zu entziehen, beseitigt oder zur Benützung untauglich gemacht worden sei § 307. Die Entscheidung über den Antrag auf Vorlage und der

Beschluß auf Vernehmung und eidliche Abhörung kann durch abgesondertes Rechtsmittel nicht angefochten werden § 319.

Die vom Gerichte anerkannte Verpflichtung des Gegners zur Vorlage einer Urkunde bezw. zur Auskunft über die Urkunde bedarf keiner Exekution. Das Gericht hat nach sorgfältiger Würdigung aller Umstände zu ermessen, welchen Einfluß es auf die Beurteilung des Falles hat, wenn der Gegner dem Auftrage zur Vorlage nicht nachkommt, — wenn er bezüglich des Besitzes der Urkunde die eidliche Aussage verweigert, — oder wenn aus seiner Aussage hervorgeht, daß die Urkunde absichtlich beseitigt oder zur Benützung untauglich gemacht worden ist; es hat das Gericht zu ermessen, ob in diesen Fällen die Angaben des Beweisführers über den Inhalt der Urkunde als erwiesen anzusehen seien § 307. Gleiche Rechtsfolge ist anzunehmen, wenn der Gegner von der besonderen Verhandlung über den Vorlageantrag ausbleibt, oder die ihm aufgetragene schriftliche Äußerung nicht erstattet.

V. Beruft sich eine Partei zur Beweisführung auf eine Urkunde, welche sich in der Hand eines Dritten befindet, so hat ein Zwischenantrag auf Vorlage nur statt, wenn der Dritte nach bürgerlichem Recht zur Herausgabe und Vorlage der Urkunde verpflichtet, oder die Urkunde nach ihrem Inhalte eine für den Beweisführer und den Dritten gemeinschaftliche ist. In diesem Falle kann der Beweisführer bei dem Prozeßgerichte den Antrag stellen, der dritte Besitzer der gemäß § 303 bezeichneten Urkunde sei zu verpflichten, die Urkunde innerhalb einer bestimmten Frist auf Kosten des Beweisführers bei dem Prozeßgerichte behufs Benützung bei der mündlichen Verhandlung zu hinterlegen. Über den Antrag ist nach Anhörung des Gegners und des angeblichen dritten Besitzers der Urkunde zu entscheiden; die Anhörung kann in der für die mündliche Verhandlung bestimmten oder in einer besonderen Tagsatzung erfolgen. Dem Antrage kann, wenn der als Besitzer der Urkunde genannte Dritte den Besitz leugnet, nur stattgegeben werden, wenn der Antragsteller glaubhaft macht (§ 274), daß sich die Urkunde in der Hand des Dritten befindet (s. IV) § 308, die durch die Urkunde zu erweisenden Umstände erheblich erscheinen § 307 und über die Pflicht zur Herausgabe der Urkunde kein Streit besteht § 309. Der Beschluß des Gerichtes auf Hinterlegung der Urkunde beim Prozeßgericht (eventuell einem beauftragten oder ersuchten Richter § 300) unterliegt dem Rekurse und ist nach Eintritt der Rechtskraft und Ablauf der bestimmten Vorlagefrist vollstreckbar (§ 346 und 354 Ex.O.). Bei Zurückweisung des Antrages sind dem angeblichen Besitzer der Urkunde auf Verlangen die durch das Verfahren verursachten Kosten zu ersetzen § 308.

Vermag die Partei nicht glaubhaft zu machen, daß sich die Urkunde in der Hand des Dritten befinde, oder ist die Entscheidung über die Pflicht zur Herausgabe und Vorlage der Urkunde von der Ermittlung und Feststellung streitiger Umstände bedingt, so muß der Beweisführer (bei dem für den Besitzer der Urkunde zuständigen Gericht) auf Herausgabe bezw. Vorlage der Urkunde klagen. Wegen solchen Streites über die Editionspflicht kann das Prozeßgericht, wenn es die durch die Urkunde zu erweisenden Umstände für erheblich hält, das Verfahren auf Antrag bis zum Ablauf der gleichzeitig dem Beweisführer zur Vorlegung der Urkunde zu bestimmenden Frist (nach § 190) aussetzen. Nach fruchtlosem Ablauf der (verlängerbaren) Frist ist die Verhandlung auf Antrag einer der Parteien fortzusetzen und der ausstehende Beweis in der fortgesetzten Verhandlung nur zu benützen, wenn dadurch das Verfahren nicht verzögert wird § 279. Der Gegner des Beweisführers kann noch vor Ablauf der für die Vorlegung der Urkunde bestimmten Frist die Fortsetzung der Verhandlung beantragen, wenn die Klage des Beweisführers schon erledigt ist, oder der Beweisführer die Erhebung der Klage, oder die Betreibung des Prozesses oder die Exekution verzögert § 309. Der Beschluß auf Aussetzung und auf Fortsetzung des ausgesetzten Verfahrens ist nicht anfechtbar § 319. Die Vorlage der Urkunde erfolgt stets auf Kosten des Beweisführers § 309. Die Ersatzpflicht des Editionspflichtigen, welcher die Urkunde vernichtet oder für die Beweisführung unbrauchbar macht, bestimmt sich nach Civilrecht.

Eine im bürgerlichen Rechte begründete Vorlagepflicht kann schlechthin mit Klage, eventuell präparatorisch für einen einzuleitenden Prozeß geltend gemacht werden; das gilt insbesondere für gemeinschaftliche Urkunden Art. 43 E.P.O. — Gemeinschaftliche Urkunden sind auch die auf Veranlassung einer Partei im Prozesse zugestellten Schriftstücke. Bei Verlust derselben kann, wenn sich kein Exemplar bei Gericht befindet, von der Partei der gerichtliche Auftrag erwirkt werden, daß der Gegner Abschrift gestatte. § 218. Der diesfällige Auftrag erscheint vollstreckbar.

VI. Eine bei Gericht vorgelegte Urkunde bleibt in der Hand des Vorlegers; es können jedoch Urkunden, deren Echtheit bestritten ist, oder deren Inhalt verändert sein soll, bis zur rechtskräftigen Erledigung des Prozesses bei Gericht zurückbehalten werden, sofern nicht die Ausfolgung an eine andere Behörde im Interesse der öffentlichen Ordnung erforderlich ist § 316.

§ 72. Der Bücherbeweis.

I. Das ordnungsmäßig geführte Tagebuch des Handelsmäklers, die beglaubigten Auszüge aus demselben und die Schlußnoten, welche bei Taggeschäften lediglich der Mäkler unterzeichnet, bei Lieferungsgeschäften aber die Gegenpartei mitfertigen soll, ohne daß diese Mitfertigung Bedingung der Perfektion des Geschäftes und der Beweiskraft der Urkunde ist, liefern in der Regel den Beweis für den Abschluß des Geschäftes und dessen Inhalt; sie liefern Beweis für die Partei und für den Mäkler. Der Richter hat jedoch nach seinem durch die Erwägung aller Umstände geleiteten Ermessen zu entscheiden, ob dem Inhalte des Tagebuches und der Schlußnoten ein geringeres Gewicht beizulegen sei. Der Richter kann sich dazu bestimmt finden durch die Weigerung der Annahme bezw. Mitunterzeichnung der Schlußnote seitens der Partei, durch die bei der Führung des Tagebuches vorgefallenen Unregelmäßigkeiten, durch den Widerspruch des Tagebuches und der Schlußnoten mit anderen Beweismitteln. Zur Feststellung des Inhaltes und der ordnungsmäßigen Führung des Tagebuches ist das Gericht berechtigt, im Laufe des Rechtsstreites auch ohne Parteiantrag die Vorlegung des Tagebuches zu verordnen. Die Vorlage ist gegen den Mäkler erzwingbar; sie kann nur bei dem Gerichte des Ortes (§ 120 J.N.) veranlaßt werden, wo sich das Tagebuch befindet. Die Umstände bestimmen sohin den Richter, die eidliche Bestärkung durch den Mäkler oder andere Beweise von den Parteien zu fordern. Diese Ergänzung bezw. dieser Ersatz des Beweises kann nur durch die nach der C.P.O. zulässigen Beweismittel stattfinden. Die eidliche Bestärkung durch den Mäkler ist eidliche Zeugenaussage über die gebuchte Thatsache (Art. 7 Z. 5 und § 295 C.P.O.).

II. Bezüglich der Beweiskraft der Handelsbücher (§ 295) ist zu unterscheiden.

1. Die Bücher eines österreichischen Kaufmannes vollen Rechtes bezw. einer Handelsgesellschaft liefern für den buchführenden Kaufmann über Handelssachen regelmäßig einen unvollständigen Beweis, vorausgesetzt, daß sie nach Inhalt (Art. 28 H.G.B.) und Form (Art. 32 H.G.B.) ordnungsmäßig geführt sind, Art. 34 H.G.B. Nach Lage der Umstände kann der Richter den ordnungsmäßig geführten Büchern weniger Glauben beilegen und vom Buchbeweis absehen, wenn nicht verläßlicher Ergänzungsbeweis angeboten ist; er kann auch den Buchbeweis als an sich zureichend erkennen. Unregelmäßigkeiten bei der Buchführung hat der Richter frei zu würdigen; bei der Prüfung der Buchführung ist der Richter auf die Untersuchung der gerügten Mängel nicht beschränkt (Art. 38 H.G.B.). Nach Art. 34 H.G.B. liefern die Handelsbücher „unter Kaufleuten" Beweis ohne zeitliche Beschränkung, — nach § 19 Einf.G. zum H.G.B. „gegen Nichtkaufleute" (auch Kaufleute minderen Rechtes) nur für 18 Monate von der Entstehung „der im Buche als unberichtigt offen gebliebenen Post".

2. Den Büchern der Kaufleute minderen Rechtes kommt gleiche Beweiskraft zu, doch gegen Vollkaufleute und andere Personen nur während der bezeichneten Präklusivfrist von 18 Monaten. Gefordert ist, daß die Bücher dem Art. 32 H.G.B. entsprechen und den Stand der Geschäfte, nicht auch die Lage des Vermögens ersichtlich machen.

3. Den Büchern der nach dem Gef. vom 9. April 1873 R. 70 konstituierten Erwerbs- und Wirtschaftsgenossenschaften kommt, wenn deren Unternehmung

auch nur teilweise Handelsgeschäfte zum Gegenstande hat und mit der Steuer für Vollkaufleute belegt ist, die Beweiskraft der Bücher der Kaufleute vollen Rechtes, andernfalls die Beweiskraft der Bücher der Kaufleute minderen Rechtes zu, „zur Nachweisung der Forderungen der Genossenschaft aus den ihr gesetzlich gestatteten Geschäften" (§ 22 cit. G.).

4. Den Büchern der in Gemäßheit der bestehenden Gesetze errichteten und der Aufsicht der Staatverwaltung unterstehenden Anstalten, welche nach ihren statutarischen Zwecken Kreditgeschäfte betreiben, ist „das den Handelsbüchern unter Kaufleuten eingeräumte Maß der Beweiskraft zugestanden zur Nachweisung ihrer Forderungen aus statutenmäßigen Geschäften" Verordnung vom 28. Oktober 1865 R. 110. — Einzelnen Kreditinstituten sind weiter reichende Begünstigungen zugestanden. Es machen die Bücher einzelner solcher Institute (der österr. Bodenkreditanstalt M.V. vom 1. Juni 1864 R. 49, der böhm. Hypothekenbank M.V. vom 26. Dezember 1864 R. 99) und die Auszüge aus den Büchern über den Betrag der Forderung vollen Beweis. Den Büchern der österreichisch-ungarischen Bank und den mit der Firma der Bank unterzeichneten Auszügen kommt die Beweiskraft öffentlicher Urkunden zu (Ges. vom 21. Mai 1887 R. 51); gleiche Beweiskraft kommt zu allen von der Kreditanstalt für Handel und Gewerbe ausgestellten Urkunden (M.V. vom 6. November 1855 R. 186, § 63).

5. Die Beweiskraft der im Auslande geführten Bücher ist nach österreichischem Rechte zu beurteilen; doch kommt solchen Büchern Beweiskraft nicht im größeren Maße und nicht auf längere Dauer zu, als an jenem Orte, wo die Bücher geführt werden, den in Österreich geführten Handelsbüchern eingeräumt ist, § 295. Die Form der Handelsbücher bestimmt sich nach dem Gesetze des Ortes, wo sie geführt werden, doch genügt zu materieller Reciprocität, daß die Bücher den Anforderungen des österreichischen Gesetzes entsprechen.

III. Inwiefern die über den Betrieb einer Wirtschaft (Landwirtschaft, Bergbauunternehmen), eines Gewerbes oder einer anderen geschäftlichen Unternehmung geführten Bücher Beweis machen, hat das Gericht nach sorgfältiger Erwägung der Umstände zu ermessen, § 295.

IV. Den Handelsbüchern ist Beweiskraft zuerkannt auch gegen den buchführenden Kaufmann. Die Art der Vorlegung und die Rechtsfolge ihrer Nichtvorlegung bestimmt das H.G.B. Art. 7 Z. 4 C.P.O. – Es kann der Richter im Laufe eines Rechtsstreites (nicht vorher zur Begründung der Klage und nachher zur Ermittelung von Exekutionsobjekten) auf Antrag einer Partei, auch wenn diese nicht Kaufmann ist, der Gegenpartei die Vorlegung der Handelsbücher auftragen, Art. 37 H.G.B. Die Vorlage der Korrespondenz kann nur nach Zulaß der C.P.O. veranlaßt werden. Der Antrag ist zu stellen in der mündlichen Verhandlung oder außerhalb derselben; in demselben ist die Behauptung, welche durch die Bücher der Gegenpartei festgestellt werden soll, genau zu bestimmen, und das vorzulegende Buch zu bezeichnen. Eine Darlegung der Umstände, welche den Besitz des Buches seitens des Gegners wahrscheinlich machen, erscheint nur notwendig, wenn das vorzulegende Buch vom Kaufmann nicht geführt werden muß, oder die gesetzliche Aufbewahrungszeit bereits verstrichen ist. Über den Antrag ist nach Einvernehmung des Gegners, oder nach Anhörung der Parteien in der mündlichen Verhandlung mit Beschluß zu entscheiden, § 303 C.P.O. — Werden die Bücher, deren Vorlegung der Richter anordnet, nicht vorgelegt, so ist zum Nachteil des Weigernden der behauptete Inhalt der Bücher für erwiesen anzunehmen. — Eine Verpflichtung zur Mitteilung der Handelsbücher zur vollständigen Kenntnisnahme von ihrem vollen Inhalt besteht: a) im Konkurse §§ 87 und 105 Konk.O.; — b) in Erbschafts- und Gütergemeinschaftsangelegenheiten, sowie in Gesellschaftssachen, in welchen Fällen die gesamten kaufmännischen Aufzeichnungen der Art. 28—30 H.G.B. als gemeinschaftliche Urkunden erscheinen, deren Mitteilung über Gesuch nach Einvernehmung des Gegners, und wenn das Verhältnis, mit welchem der Antrag auf Mitteilung begründet wird, streitig ist, im Laufe des Rechtsstreites oder vor demselben über Klage erfolgt, Art. 40 H.G.B., Art. 43 C.P.O.

B. Der Beweis durch Zeugen.

§ 73. Die Zeugnispflicht.

I. Zeugen sind die am Prozesse unbeteiligten Personen, welche über die Wahrnehmung einer für die Entscheidung erheblichen Thatsache unter Wahrheitspflicht vor Gericht Auskunft geben sollen. Am Prozeß Beteiligte werden als Parteien vernommen § 371 fol. Inhalt des Zeugnisses ist die Wahrnehmung, gleichviel ob diese zufällig erfolgte, oder von den Beteiligten veranlaßt wurde (vergl. aber § 322), ob die Wahrnehmung Fachkenntnisse erfordert (§ 350) und ob sie im Amte erfolgte. Der Zeugenbeweis ist ohne Rücksicht auf den Betrag und die Beschaffenheit der Streitsache zugelassen und nur ausgeschlossen, wenn das Gesetz bestimmten Urkundenbeweis fordert. Das Gesetz anerkennt Ausnahmen von der allgemeinen Zeugnispflicht.

II. Als unzulässige Zeugen sind von amtswegen auszuschließen § 320: 1. Personen, welche zur Mitteilung ihrer Wahrnehmungen unfähig sind, oder welche zur Zeit, auf welche sich ihre Aussage beziehen soll, zur Wahrnehmung der zu beweisenden Thatsache unfähig waren; — 2. Geistliche (einer staatlich anerkannten Religionsgesellschaft, Ges. vom 20. Mai 1874 § 68) in Ansehung dessen, was ihnen in der Beichte oder sonst unter dem Siegel geistlicher Amtsverschwiegenheit anvertraut wurde; — 3. Staatsbeamte, wenn sie durch ihre Aussage das ihnen obliegende Amtsgeheimnis verletzen würden, insofern sie der Pflicht zur Geheimhaltung nicht durch ihre Vorgesetzten entbunden sind. — Über die Unzulässigkeit der Zeugenschaft hat das Prozeßgericht zu entscheiden.

III. Nach § 321 darf ein Zeuge die Aussage verweigern: 1. über Fragen, deren Beantwortung dem Zeugen, seinem Ehegatten und einer Person, mit welcher er in gerader Linie oder in der Seitenlinie bis zum zweiten Grade verwandt oder verschwägert, oder mit welcher er durch Adoption verbunden ist, ferner seinen Pflegeeltern oder Pflegekindern, sowie seinem Vormunde oder Mündel zur Schande gereichen oder die Gefahr einer strafgerichtlichen Verfolgung zuziehen würde; — 2. über Fragen, deren Beantwortung dem Zeugen oder einer der in Ziffer 1 bezeichneten Personen einen unmittelbaren vermögensrechtlichen Nachteil zuziehen würde. Die durch Ehe begründete Angehörigkeit (Eheverhältnis und Schwägerschaft) befreit von der Zeugnispflicht, auch wenn das Eheverhältnis nicht mehr besteht. — Zu besorgender vermögensrechtlichen Nachteil berechtigt nicht Zeugnis zu verweigern über Errichtung und Inhalt von Rechtsgeschäften, bei welchen der Zeuge als Urkundsperson (Geschäftszeuge) beigezogen worden ist, — über Thatsachen, welche die durch das Ehe- und Familienverhältnis bedingten Vermögensangelegenheiten betreffen, — über Geburten, Verheiratungen und Sterbefälle der in Ziffer 1 bezeichneten Angehörigen, — endlich über Handlungen, welche der Zeuge in betreff des streitigen Rechtsverhältnisses als Rechtsvorgänger oder Vertreter einer der Parteien vorgenommen hat, § 322; — 3. in Bezug auf Thatsachen, über welche der Zeuge nicht würde aussagen können, ohne eine ihm obliegende staatlich anerkannte Pflicht zur Verschwiegenheit zu verletzen, insofern er hievon nicht gültig entbunden ist. Es erscheinen so zur Verweigerung der Aussage berechtigt: Beamte, welche nicht der Kategorie der Staatsbeamten angehören, Advokaten, Notare, Ärzte, Hebammen, Seelsorger staatlich anerkannter Konfessionen, in Ansehung solcher Thatsachen, welche ihnen im Berufe bekannt geworden und ihrer Natur nach geheim zu halten sind; — 4. in Ansehung dessen, was dem Zeugen in seiner Eigenschaft als Advokat von seiner Partei anvertraut wurde; — 5. über Fragen, welche der Zeuge nicht würde beantworten können, ohne ein Kunst- oder Geschäftsgeheimnis zu offenbaren.

Der Richter ist verpflichtet, den Zeugen vor der Vernehmung zu belehren, über welche Fragen die Aussage verweigert werden darf § 339. Eine Aussage ohne solche Belehrung erscheint nicht unbrauchbar. Der Zeuge, welcher die Aussage ganz oder über einzelne Fragen verweigern will, hat die Gründe der Weigerung anzugeben, und wenn Widerspruch erfolgt, glaubhaft zu machen. Die motivierte Weigerung kann in der zur Zeugenvernehmung bestimmten Tagsatzung, sie kann auch schon vor dieser Tagsatzung schriftlich oder zu Protokoll erfolgen. Die schon vor der Tagsatzung erklärte Weigerung ist den Parteien wenn thunlich noch vor der Tagsatzung bekannt zu geben § 323. Über die Rechtmäßigkeit der Weigerung entscheidet das Gericht bez. der mit der Beweisaufnahme betraute Richter mittels Beschluß, allenfalls nach vorausgegangener Anhörung der Parteien. Bei schriftlicher Weigerung und bei der allfälligen Verhandlung über die Rechtmäßigkeit der Weigerung bedarf der Zeuge rechtsfreundlicher Vertretung nicht; die schriftliche oder protokollarische Äußerung desselben ist auch zu berücksichtigen, wenn er bei der zur Vernehmung als Zeuge anberaumten Tagsatzung nicht erscheint § 324. Gegen die Entscheidung über die Rechtmäßigkeit der Weigerung einer Aussage steht den Parteien abgesondertes Rechtsmittel nicht zu § 349.

IV. Die Zeugnispflicht ist Pflicht zur Aussage unter Eid § 325. Kein Zeuge ist berechtigt, die Ableistung des geforderten Eides zu verweigern, auch nicht ein Zeuge des § 321. Bei Mitgliedern des Kaiserhauses gilt eine an Eidesstatt abgegebene schriftliche Erklärung für die wirkliche Ableistung des Eides Art. 6 Z. 2 C.P.O. Bei der Beeidigung sind die Bestimmungen des Ges. vom 3. Mai 1868 R. 33 zu beobachten Art. 40 C.P.O., daher sich der Richter mit Handschlag zu begnügen hat bei Personen, welchen nach ihrer Konfession der Eid erlassen ist Hofd. vom 10. Januar 1816 Nr. 1201. — Unbeeidet kann die Vernehmung erfolgen, wenn beide Parteien auf die Beeidigung verzichten § 336; die Aussage gilt sohin der beeideten Aussage gleich.

Ausgeschlossen vom Zeugeneide sind: 1. Zeugen, welche wegen falschen Zeugnisses (s. auch § 377) oder falschen Eides verurteilt worden sind; — 2. welche zur Zeit ihrer Abhörung das 14. Lebensjahr noch nicht zurückgelegt haben: — 3. Personen, welche wegen mangelnder Verstandesreife oder wegen Verstandesschwäche von dem Wesen und der Bedeutung des Eides keine genügende Vorstellung haben § 336.

V. Wird die Aussage oder der Eid ungerechtfertigt verweigert, so kann der Zeuge auf dem Wege der zur Erzwingung einer Handlung zulässigen Exekution von amtswegen (doch auf Kosten des Probanten) durch Geldstrafen oder durch Haft zur Aussage verhalten werden. Über die Einleitung der Exekution und die Anordnung der einzelnen Zwangsmittel entscheidet das Prozeßgericht und auch der um die Zeugenvernehmung ersuchte Richter nach Anhörung des Zeugen. Die Haft darf nicht über den Zeitpunkt der Beendigung des Prozesses in der Instanz verlängert werden, und in keinem Falle sechs Wochen überschreiten § 325. Ob bei Weigerung der Aussage oder des Eides, oder bei deshalb wider den Zeugen eingeleiteten Zwangsmaßregeln das Verfahren in der Hauptsache fortzusetzen oder auszusetzen sei, hat das Prozeßgericht zu entscheiden, welches der mit der Beweisaufnahme betraute Richter von solchen Vorfällen unverzüglich zu benachrichtigen hat. Die Entscheidung kann ohne vorgängige mündliche Verhandlung erfolgen § 326; sie kann durch Rechtsmittel nicht angefochten werden § 349. — In allen Fällen ungerechtfertigter Weigerung ist der Zeuge beiden Parteien zum Ersatze aller dadurch verursachten Kosten und des durch die Vereitelung oder Verzögerung der Beweisführung verursachten Schadens verpflichtet; mutwillige Weigerung rechtfertigt auch eine Mutwillensstrafe (§ 326). Die Entscheidung über Schadenersatz erfolgt im Prozeßwege; — über Kostenersatz entscheidet das Prozeßgericht; Mutwillensstrafe ist auch der mit der Beweisaufnahme betraute Richter zu verhängen berechtigt § 326.

VI. Den Wert der Zeugenaussage hat der Richter nach sorgfältiger Erwägung der Umstände, welche auf die Unbefangenheit des Zeugen und die Glaubwürdigkeit seiner Aussage von Einfluß sind, nach freier Überzeugung zu würdigen § 327. — Ob die Aussage von Zeugen allein oder in Verbindung mit anderen Umständen zureicht, eine thatsächliche Angabe für wahr zu halten, hat der Richter nach dem Gesamtergebnisse der Verhandlung und Beweisführung zu beurteilen und über die für seine Beurteilung maßgebenden Umstände in der Begründung der Entscheidung Rechenschaft zu geben § 272.

§ 74. Das Beweisverfahren.

I. Die Parteien haben den Namen und Wohnort der Zeugen und die von ihnen zu bestätigenden Thatsachen in den vorbereitenden Schriftsätzen § 78 (in der Klage § 226, der Klagebeantwortung § 243, eventuell in einem besonderen vorbereitenden Schriftsatz § 258) zu bezeichnen. Werden in den vorbereitenden Schriftsätzen Zeugen für erheblich erscheinende Thatsachen genannt, deren Vernehmung die mündliche Streitverhandlung erschweren oder verzögern würde, so kann im Gerichtshofverfahren Beweisaufnahme im vorbereitenden Verfahren angeordnet werden § 245 Ziffer 3. Andernfalls haben die Parteien in der mündlichen Verhandlung die zur Feststellung ihrer Angaben nötigen Beweise anzubieten § 178; in der ersten Tagsatzung jene Beweise, die sich auf Gegenstände dieser Tagsatzung beziehen, — die für die Streithandlung erheblichen Beweise in dem die Entscheidung vorbereitenden Verfahren § 250, 251, oder in der mündlichen Streitverhandlung. Der Kläger kann schon in der Klage den Antrag auf Ladung bestimmter Zeugen zur ersten Tagsatzung, beide Teile können in den vorbereitenden Schriftsätzen Anträge auf Ladung von Zeugen zur mündlichen Streitverhandlung stellen § 229, 243, 258; sie können in der mündlichen Verhandlung diese Anträge erneuern § 257 und neue Beweisanträge stellen, wozu sie eventuell der Richter veranlaßt § 182. Die Parteien können Zeugen zur Verhandlung vor dem erkennenden Gerichte mitbringen § 288; der Vorsitzende kann Personen als Zeugen laden, von welchen nach der Klage oder dem Gange der Verhandlung Aufklärung über erhebliche Thatsachen zu erwarten ist, doch ist solche Ladung (außer dem Falle des § 5, Ges. vom 6. Juni 1887 R. 72, betreffend die Anfechtung militärischer Ersatzerkenntnisse) ausgeschlossen, wenn sich beide Parteien dagegen erklären § 183.

II. Das Gericht hat den angebotenen Beweis zurückzuweisen, wenn er unerheblich erscheint § 275, und wenn die genannten Zeugen unzulässig sind § 320; es kann den angebotenen Beweis als unstatthaft erklären, wenn er offenbar in der Absicht, den Prozeß zu verschleppen, nicht früher vorgebracht wurde, und dessen Zulassung die Erledigung des Prozesses erheblich verzögern würde § 179, insbesondere wenn die Partei bei Verlegung der Verhandlung dem Auftrage, binnen bestimmter Frist Namen und Wohnort der Zeugen bekannt zu geben, aus Verschleppungsabsicht nicht nachgekommen ist § 181. — Den erheblich erscheinenden Beweis hat das Gericht zuzulassen. Der Beweisbeschluß enthält die streitigen Thatsachen, über welche Beweis zu erheben ist und die Bezeichnung der zugelassenen Zeugen, nach Bedarf auch die Darstellung des für die Beweisaufnahme erheblichen Sachverhaltes § 277. Der zugelassene Beweis ist von amtswegen aufzunehmen. Das Ausbleiben der Parteien hindert die Beweisaufnahme nicht § 289. Die Partei kann auf den Zeugen, welchen sie vorgeschlagen hat, verzichten; ist aber der Zeuge bereits zur Vernehmung (also über gerichtliche Ladung) erschienen, so kann der Gegner die Vernehmung und wenn sie bereits begonnen hat, die Fortsetzung der Vernehmung fordern § 345. Ein Verzicht auf eine bereits abgelegte Aussage ist wirkungslos.

III. Soweit die Beweisaufnahme nicht in die erste Tagsatzung oder ein vorbereitendes Verfahren fällt, hat der Regel nach die Vernehmung der Zeugen vor dem erkennenden Gerichte zu erfolgen. — Durch einen beauftragten oder ersuchten Richter kann die Beweisaufnahme erfolgen: 1. wenn die Vernehmung des Zeugen an Ort und Stelle der Ermittlung der Wahrheit förderlich erscheint; — 2. wenn die Beweisaufnahme vor dem erkennenden Gerichte erheblichen Schwierigkeiten unterliegen — oder wenn sie 3. unverhältnismäßige Zeugengebühren verursachen würde, sofern nicht eine Partei den die Kosten der Beweisaufnahme durch einen ersuchten Richter übersteigenden Aufwand ohne Anspruch auf Ersatz zu bestreiten sich bereit erklärt, wobei dem Vorsitzenden vorbehalten bleibt, vorschußweisen Barerlag einer entsprechenden Deckung binnen bestimmter Frist aufzutragen. Ein solcher Auftrag ist nicht anfechtbar (§ 349); — 4. wenn der Zeuge am Erscheinen vor dem erkennenden Gerichte verhindert ist.

Es sind durch einen beauftragten oder ersuchten Richter in ihrer Wohnung zu vernehmen a) Zeugen, welche infolge Krankheit, Gebrechlichkeit oder aus anderen Gründen vor Gericht nicht erscheinen können, b) jene Zeugen, welche infolge bestehender Anordnungen nicht verpflichtet sind, zur Abgabe des Zeugnisses in bürgerlichen Rechtssachen im Gerichtshause zu erscheinen. Infolge von Staatsverträgen sind Konsularfunktionäre in ihrer Wohnung abzuhören, oder zur schriftlichen Abgabe des Zeugnisses zuzulassen Art. 8 C.P.O. Die Mitglieder des Kaiserhauses sind als Zeugen durch den Obersthofmarschall und außer Wien durch den Präsidenten des Kreis- oder Landesgerichtes ihres Aufenthaltsortes zu vernehmen § 328.

Stehen die Zeugen vor Gericht, so ist sofort nach dem Beweisbeschluß zur Vernehmung derselben zu schreiten und daran die Fortsetzung der Streitverhandlung anzuschließen, andernfalls sind die zur Beweisaufnahme erforderlichen Vorkehrungen und Ladungen vom Vorsitzenden zu veranlassen § 288 (s. § 68).

IV. Die Ladung der Zeugen ist vom Vorsitzenden oder dem mit der Beweisaufnahme betrauten Richter auszufertigen § 288. Der Beschluß auf Ladung ist unanfechtbar § 349. Die Ladungsurkunde enthält die Benennung der Parteien, eine kurze Bezeichnung des Gegenstandes der Vernehmung, die Aufforderung, zur Ablegung des Zeugnisses bei der nach Zeit und Ort bestimmten Tagsatzung zu erscheinen (bez. der Vernehmung in der Wohnung zu bestimmter Zeit gewärtig zu sein), die gesetzlichen Bestimmungen über die Zeugengebühren (§ 346) und die gesetzlichen Folgen des Ausbleibens (§ 333) § 329. Die Ladung erfolgt a) an die in aktiver Dienstleistung stehenden Personen der bewaffneten Macht mittels eines an das vorgesetzte Kommando gerichteten Ersuchens (§ 342 Gesch.O.); — b) an örtlich selbständige Kommandanten der Gendarmerie, der Militärpolizei- und der Sicherheitswache durch unmittelbare Zustellung, die Ladung anderer Mitglieder dieser Körper durch Ersuchen des Vorgesetzten um Zustellung der Ladung; — c) an Zeugen, welche im öffentlichen Amte oder Dienste stehen, sofern voraussichtlich die Anordnung einer Stellvertretung notwendig wird, unter gleichzeitiger Benachrichtigung des Vorgesetzten. Eine gleiche Benachrichtigung hat zu erfolgen, wenn Angestellte oder Bedienstete einer mit mechanischen Motoren betriebenen Transportanstalt, wenn Berg-, Hütten- oder Walzwerkarbeiter oder im Privatforstdienste stehende Personen zu laden sind § 331 (§ 313 Gesch.O.). Zur Sicherung der dem Zeugen gebührenden Entschädigung kann der Vorsitzende bezw. der mit der Beweisaufnahme betraute Richter dem Beweisführer vorschußweisen Erlag der voraussichtlichen Zeugengebühren binnen bestimmter Frist auftragen. Bei nicht rechtzeitigem Erlag kann die Ausfertigung der Ladung unterbleiben und die Verhandlung auf Antrag des Gegners ohne Rücksicht auf die ausstehende Beweisaufnahme fortgesetzt werden § 332. Gegen den Beschluß, durch welchen Vorschuß aufgetragen und die Fortsetzung der Verhandlung angeordnet wird, ist Rechtsmittel unzulässig § 349. Bei der fortgesetzten Streitverhandlung kann der Beweis durch den Zeugen nur noch berücksichtigt werden, wenn dadurch das Verfahren nicht verzögert wird § 279. Gleich ist vorzugehen, wenn der Richter auf Ansuchen des Zeugen anordnet, daß ein zur Bestreitung der Reise zu Gericht ausreichender Vorschuß geleistet werde § 346.

V. Bleibt der ordnungsmäßig geladene Zeuge bei der zur Vernehmung bestimmten Tagsatzung ohne genügende Entschuldigung aus, so ist er vom Gerichte bezw. dem mit der Beweisaufnahme betrauten Richter durch Beschluß zum Ersatze aller durch sein Ausbleiben verursachten Kosten zu verpflichten, gleichzeitig mit einer Ordnungsstrafe zu belegen und neuerlich zu laden. Bei wiederholtem Ausbleiben ist die Ordnungsstrafe innerhalb des gesetzlichen Ausmaßes (von 50 fl., § 220) zu verdoppeln und die zwangsweise Vorführung des Zeugen anzuordnen § 333. Gegen die Anordnung der Vorführung ist Rechtsmittel ausgeschlossen § 349. Wenn der Zeuge nachträglich sein Ausbleiben genügend entschuldigt, sind die verhängten Ordnungsstrafen aufzuheben und können die dem Zeugen auferlegten Kosten ganz oder teilweise erlassen werden. Bleiben in aktiver Dienstleistung stehende Personen der bewaffneten Macht, Kommandanten der Gendarmerie, der Militärpolizei- oder Sicherheitswache oder Mitglieder dieser Körper unentschuldigt aus, so hat der Richter wohl die Verpflichtung zum Kostenersatze auszusprechen, dagegen die Bestrafung und Vorführung durch den Vorgesetzten dieser Personen zu erwirken (Just.M.Verordn.Bl. 1897 S. 232). Jeder ungehorsame Zeuge haftet überdies für allen den Parteien durch die von ihm verschuldete Vereitelung oder Verzögerung der Beweisführung verursachten Schaden § 333. —

Die Feststellung der vom Zeugen im Falle des Ausbleibens, sowie im Falle ungerechtfertigter Verweigerung der Aussage (§ 333 und 326) zu ersetzenden Kosten muß in der Präklusivfrist von acht Tagen nach Rechtskraft des die Kostenpflicht feststellenden Beschlusses unter Vorlage eines Kostenverzeichnisses und der zur Bescheinigung erforderlichen Belege angesucht werden. Die Feststellung des Kostenbetrages erfolgt ohne vorausgegangene mündliche Verhandlung; im Falle der Weigerung der Aussage entscheidet darüber das Prozeßgericht, andernfalls auch der beauftragte oder ersuchte Richter § 326 und 334.

VI. Wurde die Vernehmung eines Zeugen vergeblich versucht und steht zu besorgen, daß die Wiederholung des Versuches weitere Prozeßverzögerung verursachen würde, so hat das erkennende Gericht auf Antrag nach Anhörung des Gegners eine Frist für die Beweisaufnahme zu bestimmen, nach deren fruchtlosem Ablauf die Verhandlung auf Antrag einer der Parteien ohne Rücksicht auf den angebotenen Beweis fortzusetzen ist § 335; — die Befristung des Beweises ist durch Rechtsmittel nicht anfechtbar § 349. Bei der fortgesetzten mündlichen Verhandlung kann solcher Zeugenbeweis nur berücksichtigt werden, wenn dadurch das Verfahren nicht verzögert wird § 335.

VII. Die Vernehmung des Zeugen zerfällt in die unbeeidete Befragung und die Abhörung.

Zu befragen ist der Zeuge vor allem über Namen, Alter, Religion, Beschäftigung und Wohnort, — erforderlichenfalls auch über solche Umstände, welche seine Glaubwürdigkeit in der vorliegenden Sache, insbesondere seine Beziehungen zu den Parteien betreffen § 340. Vorbehalten ist Befragung über die persönlichen Verhältnisse des Zeugen, über die Zulässigkeit seiner Abhörung oder Beeidigung und über den Umstand, ob er eine für die Ermittlung des Sachverhaltes dienliche Aussage abzulegen vermöge § 337. Bei dieser Befragung ist dem Zeugen bekannt zu geben, über welche Fragen die Aussage verweigert werden darf § 339. Auf Grund dieser Befragung kann das erkennende Gericht, — nicht auch der beauftragte oder ersuchte Richter — nach Anhörung der Parteien beschließen, daß die Abhörung des Zeugen zu unterbleiben habe. Gegen solchen Beschluß findet abgesondertes Rechtsmittel nicht statt § 349.

Die Abhörung des Zeugen erfolgt — außer dem Fall des § 336 — unter Eid. Die Beeidigung erfolgt regelmäßig vor der Abhörung; das erkennende Gericht und der mit der Zeugenvernehmung betraute Richter kann aber, bestimmt durch das Ergebnis der vorausgegangenen Befragung und insbesondere, wenn ein zur Verweigerung der Aussage berechtigter Zeuge sich der Aussage nicht entschlägt, die Entscheidung über die Beeidigung bis nach erfolgter Abhörung des Zeugen verschieben; dabei ist der Zeuge vor der Abhörung an die Pflicht zur Angabe der Wahrheit, an die Heiligkeit und Bedeutung des vorbehaltenen Eides und die strafrechtlichen Folgen einer falschen Aussage zu erinnern. Nach der Abhörung kann entschieden werden, daß die Beeidigung wegen der Unerheblichkeit oder des geringen Maßes der Glaubwürdigkeit der Aussage unterbleibe. Die von dem mit der Zeugenvernehmung betrauten Richter unterlassene Beeidigung kann von dem erkennenden Gerichte nachgeholt werden § 338. Über die Beeidigung gefaßte Beschlüsse können durch Rechtsmittel nicht angefochten werden § 349. Die Befragung und Abhörung obliegt dem Vorsitzenden bezw. dem zur Beweisaufnahme berufenen Richter. Dieser hat bei der Abhörung an den Zeugen „über diejenigen Thatsachen, deren Beweis durch seine Aussage hergestellt werden soll, sowie zur Erforschung des Grundes, auf welchem das Wissen des Zeugen beruht, die geeigneten Fragen zu stellen.“ Ein gleiches Fragerecht steht bei Vernehmung vor dem erkennenden Gerichte auch den übrigen Richtern zu § 340. Den zum Zeugenverhör geladenen Parteien steht zu, durch den Richter und mit Zustimmung desselben unmittelbar an die Zeugen jene Fragen zu stellen, welche sie zur Aufklärung und Vervollständigung der Aussage, sowie zur Aufklärung des Streitverhältnisses oder der für die Beweiskraft der Aussagen wesentlichen Verhältnisse dienlich erachten § 289. In Ansehung jener Personen, welche durch bestehende Anordnungen (also nach § 328, Abs. 2 und 3) nicht verpflichtet sind, das Zeugnis im Gerichtshause abzugeben, ist das Fragerecht der Parteien durch rechtzeitige Mitteilung schriftlicher Fragen an den mit der Vernehmung betrauten Richter auszuüben. Unzulässige und unangemessene Fragen sind zurückzuweisen

§ 342. Unzulässig erscheinen Fragen über den Umfang des Beweisbeschlusses bezw. des Beweisauftrages. Die Entscheidung des mit der Beweisaufnahme betrauten Richters über die Zulässigkeit von Fragen kann durch das erkennende Gericht abgeändert werden; es kann die Antwort auf eine von diesem Gericht als unzulässig erkannte Frage im weiteren Laufe des Verfahrens und bei der Entscheidung unberücksichtigt bleiben § 342. — Bei Mehrheit von Zeugen ist jeder Zeuge in Abwesenheit der später abzuhörenden Zeugen zu vernehmen. Die Reihenfolge der Vernehmung bestimmt der Vorsitzende bezw. der mit der Vernehmung betraute Richter. Vor Beendigung der Vernehmung aller geladenen Zeugen darf sich keiner der Zeugen ohne richterliche Erlaubnis entfernen; ein Zeuge, der sich unerlaubt voreilig entfernt, trägt gleiche Folgen, wie der nicht erschienene Zeuge. Zeugen, deren Aussagen von einander abweichen, können einander gegenübergestellt werden § 339. Gegen die bei der Vernehmung der Zeugen gefaßten Beschlüsse findet abgesondertes Rechtsmittel nicht statt § 349.

VIII. Die Aussage des Zeugen ist nach ihrem wesentlichen Inhalte, wo nötig nach ihrem Wortlaute zu protokollieren, die Aufzeichnung den bei der Vernehmung anwesenden Parteien und der Zeugen zur Einsicht vorzulegen oder auf Verlangen vorzulesen. Im Protokolle ist zu bemerken, ob der Zeuge vor oder nach seiner Abhörung beeidet wurde, oder die Beeidigung unterblieben ist oder der Entscheidung des erkennenden Gerichtes vorbehalten wurde, ob die Parteien und welche derselben bei der Abhörung zugegen waren, und ob und welche Einwendungen gegen das Protokoll erhoben wurden § 343. Das Protokoll ist von den Parteien und auch von den Zeugen zu unterschreiben §§ 212 und 216.

IX. Der Abhörung der Zeugen folgt die Fortsetzung der mündlichen Streitverhandlung §§ 276, 281, — bei Beweisaufnahme außerhalb der Verhandlungstagsatzung eine Tagsatzung zur Erörterung der Ergebnisse der Beweisaufnahme § 278, eventuell sofort das Urteil, wenn die Verhandlung schon vor der Beweisaufnahme durch einen ersuchten Richter geschlossen wurde § 193. Das erkennende Gericht kann in allen Fällen die wiederholte Vernehmung von Zeugen anordnen, insbesondere wenn es die vom beauftragten oder ersuchten Richter genehmigte Weigerung der Aussage oder der Beantwortung einzelner Fragen für unzulässig erkennt, wenn Zeugen nicht vollständig oder nicht ordnungsmäßig vernommen wurden, wenn die Aussage an Unklarheit, Unbestimmtheit oder Zweideutigkeit leidet, oder wenn der Zeuge selbst eine Ergänzung oder Berichtigung der Aussage notwendig erachtet. Bei wiederholter Vernehmung des Zeugen kann angeordnet werden, daß der Zeuge statt nochmaliger Beeidigung die Richtigkeit seiner weiteren Aussage unter Berufung auf den früher abgelegten Eid versichere § 344.

X. Der vom Gericht geladene Zeuge hat Anspruch auf Ersatz der notwendigen Reisekosten in den Ort der Vernehmung und zurück und der Kosten des Aufenthaltes daselbst; eine Entschädigung für Zeitversäumnis kann nur jener Zeuge begehren, welchem aus solcher Versäumnis ein empfindlicher Abbruch an seinem täglichen Erwerbe erwächst. Gleichen Anspruch hat der ungeladen vor Gericht erschienene Zeuge, wenn er zur Zeugenschaft zugelassen wird. Den Anspruch hat der Zeuge bei sonstigem Verlust binnen 24 Stunden nach seiner Vernehmung geltend zu machen § 346. Die Vergütung wird geleistet gemäß der J.M.V. vom 17. September 1897 N. 221. Die Bemessung der Vergütung und die wegen Auszahlung derselben erforderlichen Verfügungen besorgt der damit betraute Beamte der Gerichtskanzlei § 313 Gesch.O. Die Parteien können in die Gebührenberechnung Einsicht nehmen; den Parteien und den Zeugen steht zu, nach der erfolgten Bemessung die Entscheidung des Gerichtes zu begehren. Das Gericht entscheidet über solchen Antrag, der mündlich gestellt werden kann, ohne vorhergehende mündliche Verhandlung, allenfalls nach Einvernehmung der Beteiligten. Die gerichtliche Entscheidung ist unanfechtbar § 347.

XI. Anzeigen, Gesuche und Rekurse der Zeugen können schriftlich oder zu Protokoll erklärt werden § 348.

C. Der Beweis durch Sachverständige.

§ 75. Die Verwendung und Berufung von Sachverständigen.

I. Sachverständige sind Personen, welche besondere wissenschaftliche, technische oder durch gewerbliche Übung erlangte Kenntnisse besitzen. Sie sind für den Prozeß von Bedeutung: a) als Urkundspersonen, wenn sie bestellt sind, im Bereiche ihres Fachwissens Zeugnisse mit öffentlichem Glauben auszustellen; — b) als sachverständige Zeugen, auf welche sich die Partei für eine bereits gemachte Wahrnehmung beruft, und welche dann nur als Zeugen in Betrachtung kommen § 350 (also nicht ablehnbar sind § 355); — c) als Hilfsorgane, deren sich der Richter bei Amtshandlungen bedient, welche fachkundigen Beistand fordern, so beim Augenschein § 368, bei der Schriftenvergleichung § 315, bei Verhandlung mit Personen, welche der Gerichtssprache unkundig sind § 207. Die Auswahl solcher Hilfspersonen und die Bewertung ihrer Hilfe ist dem Richter freigelassen; — d) für den Sachverständigenbeweis, welcher nach Bedarf von amtswegen § 183, oder zur Feststellung streitiger Thatsachen auf Parteiantrag zuzulassen ist.

II. Über die Notwendigkeit des Beweises durch Sachverständige entscheidet das erkennende Gericht. Es wird solchen Beweis anordnen, wenn die Feststellung streitiger Thatsachen Fachkenntnisse erfordert, oder die Verwendung erfahrener Hilfspersonen aus Rücksichten der Schicklichkeit geboten erscheint. Bei Ausübung der Kausalgerichtsbarkeit kann das Gericht in Fällen, in welchen der Gegenstand seiner Beurteilung Fachkenntnisse erfordert, oder das Bestehen geschäftlicher Gebräuche in Frage kommt, ohne Zuziehung von Sachverständigen entscheiden, wenn die eigene Fachkunde oder das eigene Wissen der Richter die Zuziehung überflüssig macht § 364.

Über die Anzahl der Sachverständigen und die Auswahl derselben entscheidet das erkennende Gericht nach Einvernehmung der Parteien im Beweisbeschluß § 351. Wird die Beweisaufnahme einem beauftragten oder ersuchten Richter übertragen, so kann ihm die Bestimmung der Zahl und die Auswahl der Sachverständigen überlassen werden. Es kann dieser Richter die Auswahl ohne vorgängige Vernehmung der Parteien vornehmen, wenn es zur Vermeidung von Verzögerung und Kosten dienlich erscheint, doch sind zur Ermöglichung der Ablehnung den Parteien die bestellten Sachverständigen in der Ladung zur Beweisaufnahme bekannt zu geben § 352. Bei Bestellung der Sachverständigen ist, wenn nicht die Umstände anders gebieten, auf die für Gutachten der erforderlichen Art öffentlich (nicht gerade gerichtlich) bestellten Sachverständigen Bedacht zu nehmen. An Stelle der bereits bestellten sind andere Sachverständige zu berufen, wenn dazu infolge von Einwendungen, bei Verhinderung u. s. w. Anlaß gegeben ist § 351. Die Entscheidung über die Zahl der Sachverständigen und der Beschluß, durch welchen die Bestellung der Sachverständigen dem beauftragten (oder ersuchten) Richter überlassen wird, ist unanfechtbar § 366.

III. Sachverständige können von den Parteien wie Richter *abgelehnt* werden; doch begründet der Umstand, daß der Sachverständige in derselben Rechtssache als Zeuge vernommen wurde, die Ablehnung nicht. Zur Mitteilung von Ablehnungsgründen ist der Sachverständige nicht verpflichtet (vgl. § 22 Ger.O.). Die Ablehnung *nach Beginn* der Beweisaufnahme bezw. nach Erstattung der schriftlichen Begutachtung ist nur zu berücksichtigen, wenn die Partei die Versäumung rechtfertigt; sie ist, wenn die Beweisaufnahme durch einen damit betrauten Richter schon vollendet ist, bei dem erkennenden Gerichte anzubringen § 355. Die Entscheidung über die außerhalb einer Tagsatzung eingebrachte Ablehnung erfolgt ohne vorgängige mündliche Verhandlung, doch ist der Ablehnungsgrund auf Verlangen des Gerichtes glaubhaft zu machen § 356. Gegen den Beschluß, durch welchen die Ablehnung verworfen wird, ist Rechtsmittel vorbehalten; gegen den Beschluß, welcher der Ablehnung stattgiebt, ist Rechtsmittel ausgeschlossen § 366.

IV. Der Bestellung zum Sachverständigen Folge zu leisten *sind verpflichtet*: 1. jene, welche zur Erstattung von Gutachten der erforderten Art öffentlich bestellt sind; — 2. welche die Wissenschaft, die Kunst oder das Gewerbe, deren Kenntnis Voraussetzung der geforderten Begutachtung ist, öffentlich als Erwerb ausüben; — 3. jene, welche zu solcher (erwerblicher) Ausübung öffentlich angestellt oder ermächtigt sind. — Die Enthebung kann derjenige begehren, welcher als Zeuge zur Verweigerung der Aussage berechtigt wäre, — der öffentliche Beamte, wenn ihm die Verwendung als Sachverständiger aus dienstlichen Rücksichten untersagt ist, oder wenn er durch besondere Anordnung der Pflicht, sich als Sachverständiger verwenden zu lassen, enthoben ist § 353.

Die bestellten Sachverständigen haben vor Beginn der Beweisaufnahme den Sachverständigeneid zu leisten (Ges. vom 3. Mai 1868 R. 33), und wenn sie bereits allgemein vereidet sind, unter Berufung auf diesen Eid auszusagen. Von der Beeidigung kann bei Verzicht beider Parteien abgesehen werden § 358. — Unbegründetes Nichterscheinen und ungerechtfertigte Verweigerung der Aussage begründet Kostenpflicht, eine Ordnungs- bezw. Mutwillensstrafe und Schadenersatzpflicht; ein Zwang zum Gutachten hat nicht statt; es kann an Stelle des ungehorsamen ein anderer Sachverständiger bestellt werden § 354.

§ 76. Das Verfahren im Sachverständigenbeweis.

I. Die Parteien haben in den vorbereitenden Schriftsätzen den Beweis für ihre Anführungen zu bezeichnen §§ 78, 226, 243; es steht ihnen frei, Personen, welche sie als Sachverständige vorschlagen wollen, zur Verhandlung vor dem erkennenden Gerichte mitzubringen; — in der mündlichen Verhandlung haben sie den Beweis anzubieten § 275 durch Bezeichnung der Umstände, über welche ein Gutachten eingeholt werden soll. — Den angebotenen Beweis hat das Gericht zurückzuweisen, wenn er unerheblich erscheint § 275, oder als unstatthaft zu erklären, wenn er in Verschleppungsabsicht nicht früher vorgebracht wurde und dessen Zulassung die Prozeßerledigung erheblich verzögern würde § 179. — Der Vorsitzende kann auch von amtswegen eine Begutachtung anordnen, welche durch eine entgegenstehende Parteierklärung nicht ausgeschlossen werden kann § 183. Der von der Partei angebotene Beweis ist verzichtbar, doch kann der Gegner die Durchführung der angeordneten Beweisaufnahme verlangen, wenn die Beweisaufnahme bereits begonnen hat, die Erstattung schriftlicher Begutachtung bereits aufgetragen wurde, oder die Sachverständigen bereits bei Gericht erschienen sind.

Soweit die Beweisaufnahme nicht in das vorbereitende Verfahren fällt, wird sie im Zuge der mündlichen Streitverhandlung beschlossen und in der Regel auch bei dieser Verhandlung durchgeführt. Ist die Beweisaufnahme in der mündlichen Streitverhandlung unthunlich, so wird sie einem beauftragten oder ersuchten Richter übertragen; gegen diese Anordnung ist abgesondertes Rechtsmittel nicht zulässig § 291.

II. Zur Erstattung des Gutachtens sind die Sachverständigen wie Zeugen, und zugleich auch die Parteien (§ 289) vor Gericht zu laden. Die Beweisaufnahme erfolgt auch bei Ausbleiben der Parteien; das Erscheinen der Parteien ist notwendig, wenn das zu besichtigende Objekt festzustellen ist. In der Tagsatzung werden die Sachverständigen zuerst beeidet oder durch Bezugnahme auf den allgemein abgelegten Eid zur Wahrheit verpflichtet, und sohin ohne weitere Vernehmung zur Beantwortung der ihnen vorzulegenden Fragen veranlaßt, wozu ihnen die bei Gericht befindlichen Gegenstände, Aktenstücke und Hilfsmittel mitzuteilen sind § 359. Sind zur Abgabe des Gutachtens mehrere Sachverständige bestellt, so können diese sich über das Gutachten verständigen und es gemeinsam erstatten. Bei Verschiedenheit der Meinung hat jeder Sachverständige seine Ansicht mit Begründung besonders darzulegen § 361. Das Gutachten ist wie eine Zeugenaussage zu protokollieren § 367. Kann eine gründliche und erschöpfende Begutachtung nicht sogleich in der Tagsatzung erfolgen, so kann für die Abgabe des Gutachtens eine besondere Tagsatzung bestimmt, oder die Überreichung eines schriftlichen Gutachtens in bestimmter Frist angeordnet werden § 360.

Das erkennende Gericht und der mit der Beweisaufnahme betraute Richter kann auch sofort schriftliche Begutachtung anordnen § 357, gegen welchen Beschluß abgesondertes Rechtsmittel nicht statt hat. Bei solcher Art Begutachtung erfolgt eine vorläufige Ladung der Sachverständigen zu Gericht nur zum Zwecke der nötigen Beeidigung. Die Sachverständigen werden angewiesen, das Gutachten über die denselben vorgelegten Fragen innerhalb bestimmter Frist mit ihrer Unterschrift bei Gericht einzureichen. — Von dem Einlangen eines schriftlichen Gutachtens (§§ 357, 360) sind die Parteien zu benachrichtigen; diesen steht zu, das Gutachten einzusehen, und sofort bei dem mit der Beweisaufnahme betrauten Richter die Behebung von Mängeln oder eine etwa nötige Ergänzung zu beantragen. Die Sachverständigen sind verpflichtet, das schriftliche Gutachten vor Gericht eventuell bei der mündlichen Verhandlung zu erläutern § 357.

Das Gutachten ist stets zu begründen. In jenen Fällen, in welchen der Abgabe des Gutachtens die Besichtigung von Personen, Sachen, Örtlichkeiten u. dergl. vorausging und deren Beschaffenheit für das Verständnis und die Würdigung des Gutachtens von Belang ist, ist dem Gutachten ein Befund, d. i. eine Beschreibung der besichtigten Gegenstände vorauszuschicken. — Erscheint das Gutachten ungenügend, oder wurden von den Sachverständigen verschiedene Ansichten ausgesprochen, so kann das Gericht und auch der mit der Beweisaufnahme betraute Richter auf Antrag oder von amtswegen eine neuerliche Begutachtung durch dieselben, oder durch andere Sachverständige oder mit Beiziehung anderer Sachverständigen anordnen. Gleiche Anordnung ist zulässig, wenn ein Sachverständiger nach Abgabe des Gutachtens abgelehnt wurde § 362.

III. Der Beweisaufnahme folgt die Fortsetzung der mündlichen Verhandlung bezw. eine Tagsatzung zur Erörterung der Ergebnisse der Beweisaufnahme; es folgt ihr das Urteil, wenn bei der Zuweisung der Beweisaufnahme an einen ersuchten Richter die mündliche Verhandlung geschlossen erklärt wurde, § 193. Der aufgenommene Beweis ist frei zu würdigen § 272.

IV. Der Sachverständige hat Anspruch auf Ersatz der Kosten und Barauslagen, auf Entschädigung für Zeitversäumnis, und auf Entlohnung für seine Mühewaltung (J.M.V. vom 17. September 1897 R. 221 § 26 ff.). Die Gebühren der Sachverständigen sind in der gleichen Frist wie Zeugengebühren zu liquidieren (§ 2 cit. M.V.); für die Bemessung gilt § 347. — Die Kosten der vom Vorsitzenden angeordneten Begutachtung haben beide Parteien gemeinschaftlich zu bestreiten; die siegreiche Partei hat Anspruch auf Ersatz.

§ 77. Der Beweis durch Augenschein.

„Zur Aufklärung der Sache" kann das Gericht auf Antrag und auch von amtswegen, — zur Ermittelung des Streitverhältnisses und zur Feststellung des Thatbestandes kann auch der Vorsitzende des Senates die Vornahme eines Augenscheines allenfalls unter Zuziehung eines oder mehrerer Sachverständigen anordnen §§ 368 und 183. Der von amtswegen angeordnete Instruktionsaugenschein steht dem über Parteiantrag zugelassenen Beweisaugenschein völlig gleich. Den Augenschein soll das erkennende Gericht selbst aufnehmen (vergl. § 132); wenn jedoch solche Beweisaufnahme erheblichen Schwierigkeiten unterliegt, darf sie auch einem beauftragten oder ersuchten Richter übertragen und diesem auch die Bestellung der Sachverständigen überwiesen werden. Gegen solchen Beschluß ist Rechtsmittel ausgeschlossen. Entsteht vor dem beauftragten oder ersuchten Richter ein Streit über das Objekt des Augenscheines, so ist die Entscheidung dem erkennenden Gerichte vorbehalten. Verursacht der Augenschein einen Kostenaufwand, so kann dem Beweisführer vorschußweiser Erlag eines Deckungsbetrages aufgetragen und eventuell die Verhandlung ohne Rücksicht auf den ausstehenden Beweis fortgesetzt werden § 368; die Forderung eines Vorschusses entfällt, wenn Augenschein von amtswegen angeordnet wird, und wenn der Beweisführer das Armenrecht genießt. Befinden sich die zu besichtigenden Sachen in Verwahrung einer öffentlichen Behörde oder eines Notars, so sind sie gemäß § 301, und wenn sie sich im Besitz der Gegenpartei befinden, gemäß §§ 303—307 herbeizuschaffen. Welche Rechtsfolge die Verhinderung des Augenscheines durch die Gegenpartei begründe, hat der Richter zu ermessen § 369. Die Vorlage der in Händen eines Dritten befindlichen Augenscheinsobjekte ist durch Klage zu erwirken. — Die Parteien können der Beweisaufnahme beiwohnen und den im § 289 bemessenen Einfluß nehmen. Das Ergebnis des Augenscheines ist im Verhandlungsprotokoll bezw. einem besonderen Protokolle aufzuzeichnen, sofern nicht den Sachverständigen die Erstattung eines schriftlichen Gutachtens vorbehalten werden muß. Der mit der Beweisaufnahme betraute Richter hat vorzusorgen, daß das erkennende Gericht durch die zur Verfügung stehenden Mittel der Darstellung, insbesondere durch anschauliche Beschreibung ein der unmittelbaren Wahrnehmung nahekommendes Bild der zu besichtigenden Örtlichkeit oder Sache erlange. In dem Protokolle ist insbesondere zu bemerken, ob und welche Partei bei dem Augenschein anwesend war, sowie ob Einwendungen gegen den Augenschein oder gegen das Protokoll erhoben wurden. Gegen Beschlüsse und Verfügungen bei der Vornahme des Augenscheines findet ein abgesondertes Rechtsmittel nicht statt; das gilt auch von dem Beschlusse, mit welchem ein Antrag auf Zuziehung von Sachverständigen verworfen wurde § 370.

§ 78. Beweis durch Vernehmung der Parteien.

I. Es kann ein gerichtlicher Vergleich (§ 205), nicht aber eine richterliche Entscheidung von einem Parteieide bedingt werden. Vorbehalten ist dem Richter der Beweis durch Vernehmung der Parteien. Es kann solcher Beweis angeordnet werden, wenn der Beweis weder durch die von den Parteien angebotenen Beweismittel, noch durch die von amtswegen angeordneten Beweisaufnahmen hergestellt ist § 371. Weil subsidiärer Beweis, ist die Vernehmung der Parteien im vorbereitenden Verfahren unzulässig § 249, und zur Glaubhaftmachung nicht verwendbar § 274, — eine Vernehmung der Partei zur Sicherung des Beweises nicht statthaft. Stirbt eine Partei vor der Abhörung als Zeuge, so bleibt Vernehmung der Rechtsnachfolger, des Verlassenschaftskurators eventuell der Gegenpartei offen. Das Erbieten der verstorbenen Partei (in der Information für den Prozeßbevollmächtigten, in einem Schriftsatze oder zu Protokoll), die zu beweisenden Umstände eidlich zu bestätigen, hat das Gericht nach § 272 zu würdigen § 383. — Nicht subsidiär ist die Vernehmung der Parteien zur Ermittelung der für die richterliche Anspruchstaxation maßgebenden Umstände § 273, — die Vernehmung der editionspflichtigen Partei über den Besitz, die Kenntnis des Aufbewahrungsortes, die Beseitigung und Beschädigung von Urkunden, Auskunftssachen und Augenscheinsgegenständen §§ 307, 318, 369. Die Vernehmung ist Beweis (Gegenbeweis, Ergänzungsbeweis) für Thatsachen, nicht für eine Schlußfolgerung, nicht für Thatsachen, deren Wahrnehmung Fachkenntnisse voraussetzt, und nicht für Thatsachen, die objektiv zu ermitteln sind. Es kann ein Ehehindernis, ein Ehetrennungsgrund (§§ 99, 115 B.G.B.) nicht durch Vernehmung der Ehegatten bewiesen werden; es muß bei Widerspruch der Rechtmäßigkeit die Ehelichkeit eines Kindes nach § 157 B.G.B., — bei Bestreitung der Ehelichkeit die Unehelichkeit des Kindes nach § 158 B.G.B. festgestellt werden Art. 6 C.P.O. — Ausgeschlossen ist die Beweisführung durch Vernehmung der Parteien im summarischen Besitzstörungsverfahren § 457.

Der Beweis kann auf Antrag und von amtswegen angeordnet werden. Zu dem Antrag auf Vernehmung bedürfen Vormünder und Kuratoren (Art. 41 C.P.O.) und wohl auch der Konkursmassenverwalter (§ 78 Kon.O.) keiner besonderen Ermächtigung.

II. Zu vernehmen ist die Partei, — der Intervenient, wenn er als Partei in den Rechtsstreit eingetreten ist § 19. Bei Streitgenossenschaft (streitgenössischer Intervention § 20) bestimmt das Gericht, ob alle oder welche Streitgenossen abzuhören sind. Wird der Rechtsstreit von dem gesetzlichen Vertreter eines Pflegebefohlenen geführt, so verfügt das Gericht nach Ermessen die Vernehmung des Vertreters, oder des Pflegebefohlenen oder beider. In Rechtsstreitigkeiten einer Konkursmasse kann die Vernehmung des Verwalters oder des Gemeinschuldners oder beider angeordnet werden. In Rechtsstreitigkeiten einer offenen Handelsgesellschaft sind alle Gesellschafter, in Rechtsstreitigkeiten einer Kommanditgesellschaft alle persönlich haftenden Gesellschafter, in Rechtsstreitigkeiten einer anderen Gesellschaft, eines Vereines oder sonst eines nicht zu den physischen Personen gehörigen Rechtssubjektes die gesetzlichen Vertreter in Bezug auf die Vernehmung als Partei zu behandeln und ist, wenn hiernach mehrere Personen vernommen werden können, dem Gerichte zu bestimmen überlassen, ob alle oder welche dieser Personen abzuhören sind § 373.

Zum Zwecke der Beweisführung dürfen nicht abgehört werden Personen, die nach § 320 als Zeugen nicht vernommen werden dürfen, und deren Beeidigung nach § 336 Abs. 1 ausgeschlossen ist § 372. Ist darnach die Vernehmung jener Partei, welcher der Beweis der streitigen Thatsachen obliegt, unstatthaft, oder hat das Gericht die Überzeugung gewonnen, daß die beweispflichtige Partei von den streitigen Thatsachen keine Kenntnis hat, so hat es zu beurteilen, ob die Beweisführung durch Vernehmung der Parteien ganz zu entfallen habe § 374. Ausgeschlossen ist nicht die Vernehmung des Gegners der beweispflichtigen Partei; streng einseitig ist nur die Parteivernehmung bei Editionspflicht §§ 307, 318.

Die Partei kann aus gleichen Gründen wie ein Zeuge die Aussage verweigern, doch berechtigt sie dazu ein unmittelbarer vermögensrechtlicher Nachteil nicht § 380. Auch andere Gründe für die Verweigerung kann das Gericht als ausreichend erkennen § 381; es erkennt darüber bei der Entscheidung der Streitsache.

III. Die Frage der Vernehmung der Parteien als Zeugen bildet einen Teil der Streitverhandlung; es kann über diese Frage erst nach vollständiger Erörterung des Sachverhaltes und Aufnahme der anderweitig zu Gebote stehenden Beweise entschieden werden § 371. Ein Antrag auf Parteivernehmung ist, wenn unerheblich oder unzulässig, zurückzuweisen § 275. Die Parteivernehmung ist durch Beweisbeschluß anzuordnen, in welchem die zu vernehmende Partei und die streitige Thatsache, über welche Beweis erhoben werden soll, zu bezeichnen sind § 277. Der Gegner ist, wenn er zur Vernehmung erschienen, nicht ausgeschlossen (§ 372) und auskunftsfähig ist, mit zu vernehmen § 376; daher hat die Bezeichnung der zu vernehmenden Partei im Beweisbeschlusse zunächst nur Bedeutung für die vom Richter zu beurteilenden Folgen des Nichterscheinens bei der Vernehmung § 381.

Der Beschluß auf Vernehmung der Partei unterliegt keinem abgesonderten Rechtsmittel; er ist sofort nach der Verkündigung auszuführen, wenn die zu vernehmende Partei persönlich anwesend ist und nicht wegen Beteiligung des Gegners an der Vernehmung eine Erstreckung der Tagsatzung notwendig wird; — er bedarf schriftlicher Ausfertigung, a) wenn die zu vernehmende Partei nicht persönlich anwesend ist, in welchem Falle sie unter Angabe der Thatsachen der Vernehmung und der Folgen der Versäumung zu laden ist; b) wenn die Beweisaufnahme durch einen ersuchten Richter stattfinden muß, weil dem persönlichen Erscheinen der Partei unübersteigliche Hindernisse entgegenstehen, oder dasselbe unverhältnismäßige Kosten verursachen würde § 375. Eine Beweisaufnahme durch einen beauftragten Richter ist nicht vorbedacht, aber unumgänglich, wenn der körperliche Zustand der zu vernehmenden Partei das Erscheinen vor Gericht ausschließt. Bei so einseitiger Vernehmung muß wohl eine gerichtliche Vernehmung der Gegenpartei nachfolgen.

IV. Auf die Vernehmung der Parteien zum Zwecke der Beweisführung finden, soweit nicht besonderes angeordnet ist, die Bestimmungen über den Beweis durch Zeugen Anwendung. Die Ladung zu Gericht ist bei Bestand eines Dienstverhältnisses der geladenen Partei nach §§ 330 und 331 zuzustellen. Ein Zwang zum Erscheinen und zur Aussage ist unstatthaft § 380. Die Ladung im Grunde des Beschlusses auf Vernehmung der Partei ist Ladung beider Teile. Es sind, wenn Vernehmung der Partei angeordnet ist (§ 375), zunächst doch beide Parteien, wenn sie erschienen sind, ohne Beeidigung über die zu beweisenden Thatsachen zu befragen. Diese Befragung steht nicht unter strafrechtlicher Sanktion, doch hat der Richter die Parteien aufmerksam zu machen, daß sie unter Umständen verhalten werden können, ihre Aussage zu beeiden § 376. Das Nichterscheinen einer der Parteien bei der zur Vernehmung angeordneten Tagsatzung und die Verweigerung der Aussage seitens einer der erschienenen Parteien hindert die Vernehmung des anwesenden Gegners nicht § 380, doch gilt das Nichterscheinen jener Partei, deren Vernehmung im Beweisbeschlusse angeordnet ist, als Aussageverweigerung. Diese Partei kann nachträglich ihr Ausbleiben rechtfertigen und ist dann neuerliche Tagsatzung zur Vernehmung anzuordnen, bei welcher auch der früher ausgebliebene Gegner, wenn er erscheint, zur Vernehmung zuzulassen ist. Durch das Ausbleiben der Parteien und Verweigerung der Aussage wird der Fortgang des Verfahrens nicht gehemmt.

Reicht das Ergebnis der unbeeideten Befragung zur Begründung der Überzeugung von der Wahrheit oder Unwahrheit der zu beweisenden Thatsache nicht aus, so kann das Gericht, nicht der mit der Parteivernehmung betraute Richter (mit neuerlichem Beweisbeschluß) eidliche Vernehmung anordnen. Das Gericht hat die Partei zu bestimmen, welche über die streitigen Thatsachen unter Eid zu vernehmen ist § 378; es kann aus der unbeeideten Aussage dieser Partei einzelne Behauptungen hervorheben, welche die Partei unter Eid zu wiederholen hat; es kann die Fassung bestimmen, in welcher die eidliche Aussage über einzelne Umstände zu erfolgen hat. Der Eid über dieselbe Thatsache kann immer nur einer der Parteien aufgetragen werden. Der von der Partei zu leistende Eid ist Zeugeneid, auf welchen nicht verzichtet werden kann. Die eidliche Aussage unterliegt, wenn falsch befunden, strafrechtlicher Beurteilung, daher der eidlichen Aussage eine angemessene Meineidserinnerung vorausgeht, auf welche im Protokolle Bezug zu nehmen ist. Gegen die Beschlüsse bezüglich der eidlichen Vernehmung ist abgesondertes Rechtsmittel nicht zulässig, § 377. Zum Zwecke der eidlichen Vernehmung kann das Gericht die Verhandlung vertagen, wenn es angemessen erscheint, der Partei eine Überlegungsfrist zu gewähren § 379. Nach erfolgter Vernehmung der Parteien sind neue Beweisanbietungen unstatthaft § 371; vorbehalten bleibt die Anordnung wiederholter Vernehmung § 344.

Nach sorgfältiger Würdigung aller Umstände hat das Gericht zu beurteilen, welchen Einfluß es auf die Herstellung des Beweises habe, wenn die Partei ohne genügende Gründe die Aussage oder die Beantwortung einzelner Fragen ablehnt, oder wenn die zum Zwecke der unbeeideten oder beeideten Vernehmung geladene Partei nicht erscheint, oder wenn die eidliche Aussage einer Partei von der bei ihrer vorausgegangenen unbeeideten Vernehmung abgegebenen Erklärung in erheblichen Punkten abweicht § 381. Im Falle der Übereinstimmung der unbeeideten und beeideten Aussage der Partei hat der Richter nicht mehr den Wert der Aussage, sondern nur die Bedeutung der hiermit festgestellten Thatsache für die Entscheidung der Streitsache zu beurteilen. Ergiebt sich der Verdacht einer strafbaren Handlung, so kann der Rechtsstreit bis zur Erledigung des Strafverfahrens ausgesetzt werden § 191; — vorbehalten bleibt wegen falschen Eides des Gegners die Wiederaufnahme des Verfahrens § 530 Z. 2.

Parteien, welche zum Zwecke der Beweisführung vernommen werden, haben keinen Anspruch auf Zeugengebühren; ersiegt die Partei den Ersatz der Prozeßkosten, so ist ihr wegen Vernehmung im Prozeß der Ersatz der Reiseauslagen und die Entschädigung für Zeitversäumnis zuzuerkennen § 382, 42.

§ 79. Sicherung von Beweisen.

Der Vorsitzende ist berechtigt, bei Gefahr im Verzuge noch vor Beginn der mündlichen Verhandlung die Vornahme eines Augenscheines, die Begutachtung von Sachverständigen und soweit sich nicht beide Parteien dagegen erklären, auch die Abhörung von Zeugen anzuordnen § 183. Den Parteien ist vorbehalten, als vorgreifende Beweisaufnahme (Beweisaufnahme zur Sicherung des Beweises, — zum ewigen Gedächtnis) die Vornahme eines Augenscheines, die Vernehmung von Zeugen und von Sachverständigen vor Beginn des Rechtsstreites und in jeder Lage desselben zu beantragen, wenn zu besorgen ist, daß das Beweismittel sonst verloren oder die Benützung desselben erschwert werde. Ohne Besorgnis des Verlustes oder der Erschwerung des Beweises kann eine Beweisaufnahme der bezeichneten Art beantragt werden, wenn Mängel einer Sache oder eines Werkes festzustellen sind, wegen welcher der Gegner Gewähr leisten soll. Beantragen kann die Beweisaufnahme der Erwerber der Sache und Besteller des Werkes, — sie kann auch beantragen der Veräußerer der Sache bezw. Unternehmer des Werkes, wenn ihm ein Mangel angezeigt bezw. die Annahme der Sache oder des Werkes verweigert wird.

Der Antrag auf Beweisaufnahme ist bei dem Prozeßgerichte, — in dringenden Fällen, und schlechthin vor Beginn des Prozesses bei jenem Bezirksgerichte zu stellen, in dessen Sprengel sich die bezüglichen Objekte befinden oder die zu vernehmenden Zeugen sich aufhalten. Der Antrag kann auch zu Protokoll angebracht werden § 384. Der Antrag hat zu enthalten: die Thatsachen, über welche die Beweisaufnahme erfolgen soll; — die Beweismittel, bei Zeugen die Benennung derselben, bei Sachverständigenbeweis allenfalls einen geeigneten Vorschlag; — die Umstände, von welchen die vorgreifende Beweisaufnahme bedingt ist, solche Begründung auch im Falle eines Doppelantrages; — endlich die Benennung des Gegners oder die Darlegung der Umstände, aus welchen sich die Unmöglichkeit der Bezeichnung desselben ergiebt § 385. Über den Antrag ist ohne vorhergehende mündliche Verhandlung, aber wenn thunlich erst nach Einvernehmung des Gegners zu entscheiden. Vor der Beschlußfassung kann die Glaubhaftmachung der Dringlichkeit der Beweisaufnahme gefordert werden. Die Entscheidung trifft bei Gerichtshöfen in dringlichen Fällen der Vorsteher des Gerichtshofes bezw. der Vorsitzende des Senats. Die **Bewilligung** der Beweisaufnahme kann durch Rechtsmittel nicht angefochten werden. In dem bewilligenden Beschlusse sind die Thatsachen, über welche die Beweisaufnahme erfolgen soll und die Beweismittel zu bezeichnen, deren Aufnahme zugelassen wird, dabei die beizuziehenden Sachverständigen zu bestellen oder deren Berufung dem mit der Beweisaufnahme betrauten Richter vorzubehalten, — nach Bedarf für den unbekannten Gegner (für den Gegner unbekannten Aufenthaltes) ein Kurator zu bestellen, — und die Anordnungen zum Vollzug der Beweisaufnahme zu treffen. Die Ausführung kann von dem Erlag eines Vorschusses bedingt werden, wogegen Beschwerde nicht zusteht (§§ 332, 365, 349, 367).

Die Beweisaufnahme erfolgt nach den allgemeinen Vorschriften und schlechthin durch einen beauftragten oder ersuchten Richter. Diesem obliegt die Anordnung der Tagsatzung zur Beweisaufnahme und die Ladung der Beteiligten; ihm kann die Bestimmung der Zahl und die Auswahl der Sachverständigen (§ 352), bei Augenschein die Entscheidung über die Zuziehung von Sachverständigen und die Ernennung derselben (§ 368) überlassen sein. Wurde die Beweisaufnahme ohne Vernehmung des Gegners bewilligt, so ist diesem bezw. dem für ihn bestellten Kurator mit dem Beweisbeschluß auch eine Abschrift des Antrages auf Bewilligung der Beweisaufnahme zuzustellen. Erfolgt die Beweisaufnahme nicht vor Gericht (§ 328 Abs. 2 und 3), so ist der Gegner des Antragstellers zur rechtzeitigen Mitteilung schriftlicher Fragen aufzufordern. In dringenden Fällen kann noch vor Zustellung des Beweisbeschlusses an den Gegner mit der Beweisaufnahme begonnen werden; die Bewilligung dazu wird in der Entscheidung über den Beweisantrag erteilt; die Gewährung oder Verweigerung dieser Bewilligung ist nicht anfechtbar § 387. Wo nötig, kann der beauftragte oder ersuchte Richter auch ohne diese Bewilligung zur Beweisaufnahme schreiten, ohne die Intervention des Gegners abzuwarten.

Die Beweisaufnahme ist nach den Vorschriften der §§ 343, 367 und 370 zu protokollieren; dem die Beweisaufnahme bewilligenden Gericht ist vorbehalten, eine stenographische Aufzeichnung zu bewilligen (§ 280). Das Protokoll ist von jenem Gerichte zu verwahren, welches die Beweisaufnahme **angeordnet** hat; es ist, wenn der Rechtsstreit bei einem anderen Gerichte anhängig ist oder anhängig wird, dem Prozeßgericht auf dessen Ersuchen oder auf Antrag der Partei zu übersenden § 388. Jede Partei kann das Protokoll einsehen, davon Abschrift nehmen (§ 219) und im Rechtsstreit benützen. Den Einfluß der Einwendung, daß die Beweisaufnahme nicht nach den Bestimmungen stattgefunden hat, welche für eine im Laufe des Prozesses erfolgende Beweisaufnahme gelten, oder daß der Gegner von der Beweisaufnahme nicht oder nicht rechtzeitig verständigt wurde, hat das Gericht nach § 272 zu würdigen. Im Laufe des Rechtsstreites kann eine Wiederholung oder Ergänzung der Beweisaufnahme angeordnet werden. Gegen eine solche Verfügung ist Rechtsmittel unzuläſſig § 291. Die **Kosten der Beweisaufnahme** einschließlich der notwendigen Kosten der Intervention des Gegners hat die Partei zu bestreiten, welche die Beweisaufnahme beantragt hat; im Rechtsstreit sind die Kosten als Prozeßkosten zu liquidieren und zuzusprechen § 388.

Die Bestimmungen des § 384 Abs. 3 über die Zuständigkeit und der §§ 384 bis

389 betreffend die Ernennung, Beeidigung und Vernehmung von Sachverständigen haben auch in den Fällen der Art. 348, 365 und 407 H.G.B. Anwendung. In diesen Fällen kann die Beweisaufnahme auch ohne die Besorgnis des Verlustes oder der Erschwerung des Beweises veranlaßt werden und ist die Intervention des Gegners nicht schlechthin anzustreben Art. 44 C.P.O.

Zweiter Abschnitt.

Die gerichtliche Erledigung des Prozesses.

§ 80. Abweisung der Klage.

Das mit Klage anhängig gemachte Verfahren kann abschließen mit Abweisung der Klage oder mit der Erledigung der Streitsache. — Die Abweisung der Klage erfolgt, wenn das Verfahren oder das Urteil aus formellen Gründen unzulässig erscheint. Es ist die Klage bei Mangel bestimmter Voraussetzungen durch Gerichtsbeschluß als zur Bestimmung einer Tagsatzung ungeeignet zurückzuweisen § 230; es ist das eingeleitete Verfahren durch Beschluß einzustellen auf Grund der Verhandlung in der ersten Tagsatzung wegen Mangels der daselbst festzustellenden Prozeßvoraussetzungen § 239, — auf Grund der abgesonderten oder mit der mündlichen Verhandlung über die Streitsache verbundenen Verhandlung von Prozeßvoraussetzungen, insbesondere wegen Unzulässigkeit des Rechtsweges, Unzuständigkeit, Streithängigkeit und rechtskräftiger Entscheidung der Streitsache § 260, 261.

§ 81. Erledigung der Streitsache.

Die Streitsache wird erledigt: 1. durch Vereinigung der Parteirollen in einer Person; 2. durch gerichtlichen Vergleich, d. i. vor Gericht vereinbarte Bestimmung des mit Klage geltend gemachten „willkürlichen Rechtes" (§ 1375 B.G.B.); 3. durch Zurücknahme der Klage; sie ist Verzicht auf den Prozeß § 237; — 4. durch Urteil. Das Urteil ist außer dem Falle der Feststellung eines bedingten Rechtsverhältnisses immer ein unbedingtes (vgl. § 8 Ex.O.). Das Urteil ist regelmäßig Entscheidung, d. i. Beurteilung, ob und in wie fern sich aus den Umständen des Rechtsfalles der Antrag auf Anerkennung des Anspruches rechtfertigt. Die richterliche Würdigung des Sachverhaltes entfällt bei Verzicht des Klägers und bei Anerkenntnis des Beklagten.

Verzicht des Klägers (oder des unbeschränkten Prozeßbevollmächtigten § 31 Z. 2) auf den in der Klage geltend gemachten Anspruch, oder auf einen der mehreren eingeklagten Ansprüche berechtigt den Beklagten, Abweisung der Klage durch Voll- oder Teilurteil (Urteil auf Grund von Verzicht) zu fordern, wenn der Verzicht in der ersten Tagsatzung oder bei der mündlichen Streitverhandlung oder vor diesen Tagsatzungen in einem bei Gericht überreichten Schriftsatz erklärt ist § 394, 399. Der in anderer Weise erklärte Verzicht begründet eine materiellrechtliche Einwendung gegen den Klageanspruch.

Anerkennt der Beklagte bei der ersten Tagsatzung oder bei der mündlichen Streitverhandlung oder vorher in einem bei Gericht eingebrachten Schriftsatz den gegen ihn erhobenen Anspruch, oder auch nur einen Teil desselben (oder einen von mehreren Ansprüchen), so ist auf Antrag des Klägers dem Anerkenntnis gemäß durch Urteil (Teilurteil) zu entscheiden § 395, vorausgesetzt, daß das Rechtsverhältnis der Parteidisposition unterliegt, der Anspruch staatlich geschützt und der Submittierende legitimiert ist. Gesetzliche Vertreter Pflegebefohlener bedürfen dazu besonderer Ermächtigung; unbeschränkte Prozeßvollmacht berechtigt zu Anerkenntnissen. Submission in der ersten Tagsatzung berechtigt eventuell den Beklagten, den Ersatz der Prozeßkosten zu beanspruchen § 45.

Im Streitfalle erfolgt die Entscheidung nach Durchführung der Verhandlung und der Beweisaufnahme. In Versäumungsfällen findet die Verhandlung frühzeitigen Abschluß. Vor Schöpfung des Spruches hat der prozeßleitende Richter die Verhandlung als geschlossen zu erklären, wodurch weiteres Vorbringen der Parteien abgeschnitten wird, wenn sich das Gericht nicht zur Wiedereröffnung veranlaßt findet § 193, 194. Grundlage der Entscheidung sind die vorbereitenden Schriftsätze und die Ergebnisse des vorbereitenden Verfahrens, der mündlichen Verhandlung und gepflogenen Beweisaufnahme, für welche das Verhandlungsprotokoll, die Protokolle beauftragter und ersuchter Richter samt Beilagen und der Inhalt eines Beweisbeschlusses maßgebenden Anhalt bieten § 217, 272.

Bei der Entscheidung ist das Gericht an die einem Beweisbeschlusse zu Grunde liegende Auffassung nicht gebunden § 277. Gebunden ist das Untergericht an die rechtliche Beurteilung, von welcher das Berufungs- oder Revisionsgericht in dem Beschlusse ausgegangen ist, mit welchem die Rechtssache zur gänzlichen oder teilweisen neuen Verhandlung oder Entscheidung zurückgewiesen wurde § 499, 511.

§ 82. Endurteil. Teilurteil. Zwischenurteil.

I. Das Urteil ist Endurteil, wenn es den Streit über einen Anspruch für die Instanz abschließt, und Zwischenurteil, wenn es lediglich ein für die Streitentscheidung erhebliches Rechtsverhältnis feststellt. — Das Endurteil ist Vollurteil, wenn es den Rechtsstreit im ganzen Umfange erledigt; es ist Teilurteil, wenn es ein quantitativ abgegrenztes Stück des Klageanspruches, oder bei gemeinsamer Verhandlung über Klage und Widerklage nur einen der beiden Klageansprüche für die Instanz abschließend erledigt.

II. Ein Endurteil hat statt: a) wenn der Rechtsstreit seinem ganzen Umfange nach zur Entscheidung reif ist § 390 Abs. 1, — bei Streitgenossenschaft, wenn der Rechtsstreit in Ansehung eines der Streitgenossen zur Entscheidung reif ist, auch wenn mit allen Streitgenossen gemeinsam verhandelt wurde, — bei objektiver Klagenhäufung, wenn getrennte Verhandlung über die mehreren Ansprüche angeordnet und der abgesondert verhandelte Anspruch spruchreif ist; — b) wenn von mehreren zu gleichzeitiger Verhandlung verbundenen Prozessen einer zur Entscheidung reif ist § 390 Abs. 2; nur bei gemeinsamer Verhandlung über Klage und Widerklage ist die Erledigung eines Anspruches Teilurteil § 391 Abs. 2.

III. Teilurteil hat statt: a) wenn einer von mehreren in derselben Klage (von demselben Kläger gegen denselben Beklagten) geltend gemachten Ansprüche, — oder wenn ein Teil eines Anspruches durch ausdrückliche Anerkennung des Beklagten außer Streit gestellt wird. Der § 391 Abs. 1 stellt dem Gerichte die Erlassung eines Teilurteiles frei; der § 395 berechtigt den Kläger, Teilurteil zu fordern; — b) wenn der Kläger auf einen von mehreren in der Klage geltend gemachten Ansprüchen oder auf einen Teil eines Anspruches im Prozesse verzichtet, und der Beklagte auf Teilurteil anträgt § 394. — Es ist Teilurteil zugelassen: c) wenn bei gemeinsamer Verhandlung über die Klage und Widerklage nur ein Anspruch zur Entscheidung reif ist; — d) wenn der Beklagte mittels Einrede eine mit der Klageforderung nicht im rechtlichen Zusammenhange (eine nicht konnexe aber doch zur Aufrechnung) geeignete Gegenforderung geltend macht, und die Verhandlung über den Klageanspruch, nicht auch die Verhandlung über den Gegenanspruch zur Entscheidung reif ist. Die Verhandlung über die Gegenforderung, über welche nicht vorweg erkannt werden kann, weil sie als Einrede geltend gemacht ist, ist ohne Unterbrechung fortzusetzen § 391, wenn der Klageanspruch zuerkannt wurde; wird er aberkannt, so entfällt die Verhandlung über den zur Verteidigung geltend gemachten Gegenanspruch. Wird im zweiten Teilurteil die Gegenforderung als zu Recht bestehend erkannt, so ist zugleich der im ersten Teilurteil zuerkannte Anspruch als getilgt zu erklären und die etwa bereits erwirkte Exekution nach § 35 Ex.O. sofort einzustellen. Das Urteil über die Gegenforderung erlangt, weil diese Gegenforderung nur einredeweise geltend gemacht wurde, immer nur Rechtskraft bis zum Betrage der Klageforderung.

Das Teilurteil ist in betreff der Rechtsmittel und der Exekution als ein selbständiges

Urteil zu betrachten. Der Ausspruch über die Prozeßkosten kann dem weiteren Urteile vorbehalten werden § 392.

IV. Ein Zwischenurteil ist zugelassen: a) über den Grund des Anspruches, dessen Betrag gleichfalls streitig ist, wenn die nicht notwendig abgesonderte Verhandlung über den Grund, nicht auch über den Betrag des Anspruches zur Entscheidung reif ist (Zwischenurteil über ein einzelnes Element des Anspruches); — b) über das Bestehen oder Nichtbestehen eines im Laufe des Prozesses streitig gewordenen Rechtes oder Rechtsverhältnisses, von welchem die Entscheidung über das Klagebegehren abhängt, wenn der Kläger oder Beklagte im Zuge der Verhandlung die Feststellung begehrt (§ 236, 259) und vorerst die Verhandlung über den Feststellungsanspruch zur Entscheidung reif ist (Zwischenurteil über eine Voraussetzung des Anspruches).

Das Zwischenurteil enthält die Entscheidung über die Prozeßkosten oder den Vorbehalt späterer Entscheidung; es ist in betreff der Rechtsmittel (weil Feststellung nicht auch in betreff der Exekution) als selbständiges, also als sofort anfechtbares Urteil zu betrachten. — Durch die Berufung und Revision gegen das Zwischenurteil über den Grund der Forderung wird die weitere Verhandlung über den Betrag der Forderung bis zur Rechtskraft des Zwischenurteiles gehemmt. In allen anderen Fällen ist ungeachtet der Berufung und Revision gegen das Zwischenurteil die Verhandlung der Hauptsache fortzusetzen; wenn aber im Zwischenurteile ein für die Entscheidung wesentliches Recht oder Rechtsverhältnis als nicht begründet erkannt wurde, kann das Gericht die weitere Verhandlung über die Klage bis zur Rechtskraft des Zwischenurteiles aussetzen, gegen welche Anordnung Rechtsmittel nicht statt hat § 393.

§ 83. Urteil in Versäumnisfällen.

Das Gesetz unterscheidet Versäumungsurteil (bei Vollversäumnis) § 396, 398 und Urteil wegen Säumnis einer Partei (Teilversäumnis) § 399.

I. Versäumungsurteil hat statt:

1. wenn die erste Tagsatzung vom Kläger oder von dem Beklagten versäumt wird (§ 133).

Versäumt der Beklagte die erste (eventuell nach § 242 erstreckte) Tagsatzung, so kann der Kläger Versäumungsurteil begehren. Er kann fordern Urteil über das in der schriftlichen Klage bestimmte Klagebegehren; dieses Begehren kann nicht erweitert oder geändert, wohl aber kann es beschränkt werden § 235. Er kann das Begehren, unbeschränkt durch den Inhalt der schriftlichen Klage, durch „thatsächliches Vorbringen" begründen, und ist dieses Vorbringen, soweit dasselbe durch die vorliegenden Beweise nicht widerlegt wird, für wahr zu halten. Vorliegende Beweise sind jene Urkunden, welche der Kläger in der Tagsatzung vorlegt, oder auf welche er in der Klageschrift oder einem Nachtrag nach § 77 durch Beischluß einer Abschrift Bezug genommen hat § 396. Auf schriftliche Aufsätze, welche der ausgebliebene Beklagte etwa eingesendet hat, ist kein Bedacht zu nehmen § 397, allerdings aber auf ein schriftliches Anerkenntnis § 395. Vorbehalten ist dem Kläger die Liquidierung der Prozeßkosten § 52.

Versäumungsurteil ist auf Antrag auch zu erlassen, wenn der Kläger in der ersten Tagsatzung nicht erscheint. Es ist dem Beklagten vorbehalten, Entscheidung über das Klagebegehren zu verlangen, also auch die Klage zu beantworten. Auch die Verteidigung des Beklagten ist, soweit sie durch die vorliegenden Beweise nicht widerlegt ist, für wahr zu halten. Ist die Verteidigung des Beklagten nicht durchgreifend, so kann im Versäumungsurteile dem Klagebegehren auch stattgegeben werden. — Das Versäumungsurteil erläßt der mit der Abhaltung der ersten Tagsatzung betraute Richter § 397.

2. Versäumungsurteil hat weiter statt, wenn der Beklagte die Klagebeantwortung nicht rechtzeitig überreicht § 398. Das Urteil ist zu erlassen auf Antrag des Klägers nach mündlicher Verhandlung. Der Antrag des Klägers dient nicht zur Begründung der Versäumung; die Erstattung der Klagebeantwortung ist mit Ablauf der dafür bestimmten Frist

ausgeschlossen, ein verspäteter Schriftsatz als zur gerichtlichen Verfügung ungeeignet zurückzuweisen § 144.

Der Kläger kann sofort nach Ablauf der Frist für die schriftliche Klagebeantwortung und ohne jede prozessualische zeitliche Beschränkung die Anberaumung einer Tagsatzung behufs Erlassung des Versäumungsurteiles in der Hauptsache, — wenn aber in der ersten Tagsatzung vom Beklagten prozeßhindernde Einreden (der Unzulässigkeit des Rechtsweges, der Unzuständigkeit des Gerichtes, der Streithängigkeit und der rechtskräftig entschiedenen Streitsache) angemeldet wurden, ohne daß abgesonderte Verhandlung darüber angeordnet ist, die Anberaumung einer Tagsatzung zur mündlichen Streitverhandlung beantragen, bei welcher nach Verwerfung der Einreden auf Antrag des Klägers sogleich in der Hauptsache Versäumungsurteil zu erlassen ist. — Ist in Erledigung der ersten Tagsatzung (§ 243 Abs. 2) über die bezeichneten Einreden abgesonderte Verhandlung angeordnet, so kann der Kläger erst nach Rechtskraft des Beschlusses, mit welchem die angemeldete Einrede verworfen wird (§ 261 Abs. 4), die Anberaumung einer Tagsatzung behufs Erlassung des Versäumungsurteiles in der Hauptsache beantragen. — Erscheint der Beklagte bei der anberaumten Tagsatzung, so ist er wohl zur Verhandlung über die angemeldete streithindernde Einrede berechtigt, dagegen ist auf mündliches Vorbringen desselben, „das die Hauptsache betrifft", also auch auf darauf bezügliche Rechtsausführungen bei Erlassung des Versäumungsurteiles kein Bedacht zu nehmen. Bleibt der Kläger bei der auf seinen Antrag angeordneten Tagsatzung zur Streitverhandlung bezw. zur Erlassung des Versäumungsurteiles aus, so tritt Ruhen des Verfahrens ein; der etwa erschienene Beklagte kann weder die Erlassung eines Versäumungsurteiles noch die Erstreckung der Tagsatzung zur Aufnahme der Verhandlung beantragen § 398; wohl aber kann er bei abgesonderter Verhandlung über die angemeldete streithindernde Einrede Beschlußfassung fordern.

II. Bleibt in der nach rechtzeitiger Erstattung der schriftlichen Klagebeantwortung angeordneten nächsten oder weiteren Tagsatzung zur mündlichen Streitverhandlung eine der Parteien aus, so kann die erschienene Partei bei dieser Tagsatzung die Fällung eines Versäumnisurteiles beantragen. Bei dieser Urteilsfällung sind zu berücksichtigen 1. die Ergebnisse vorausgegangener Beweisaufnahmen, — 2. die früheren Erklärungen und thatsächlichen Angaben der nunmehr säumigen Partei, sofern sie in überreichten vorbereitenden Schriftsätzen, im Verhandlungsprotokolle und dessen Anlagen, oder im Protokolle beauftragter oder ersuchter Richter beurkundet sind, oder den Gegenstand einer vom Gericht bei einer früheren Tagsatzung verfügten Beweisaufnahme bilden (d. h. in einem Beweisbeschluß als Sachverhalt ausgeführt sind § 277); diese Verhandlungsergebnisse hat der Vorsitzende mündlich vorzuführen § 138; — 3. die Ausführung der erschienenen Partei. Auf neues thatsächliches Vorbringen der erschienenen Partei, welches mit dem Inhalt der von ihr überreichten Schriftsätze, oder ihren früheren Erklärungen und Angaben im Widerspruche steht, ist nur insoweit Bedacht zu nehmen, als dasselbe dem Gegner vor der Tagsatzung durch vorbereitenden Schriftsatz (§ 258) mitgeteilt wurde. Solche Mitteilung kann nur durch Fallenlassen der anberaumten Tagsatzung und Wiederaufnahme des in Ruhe gekommenen Verfahrens, nicht wie im Parteiprozeß nach § 442 durch Zustellung einer Abschrift des Tagsatzungsprotokolles nachgetragen werden. Wird in der einseitig wahrgenommenen Tagsatzung die Zulassung angebotener Beweise notwendig, so ist die ausgebliebene Partei an der weiteren Verhandlung Anteil zu nehmen berechtigt. — Ist abgesonderte Verhandlung über eine in der ersten Tagsatzung angemeldete prozeßhindernde Einrede noch anhängig, so kann das Versäumnisurteil erst nach rechtskräftiger Verwerfung dieser Einrede erlassen werden § 399; — dazu bedarf es der Anberaumung einer neuerlichen Tagsatzung nicht (§ 403).

III. Für alle Versäumungsfälle gilt folgendes. — Als ausgeblieben kann auch die Partei behandelt werden, welche nach Androhung solcher Folge wegen unangemessenen Betragens aus dem Gerichtssale entfernt wurde § 400 (198). — Das Ausbleiben einer Partei von der Tagsatzung steht der Aufnahme von Beweisen vor dem erkennenden Gerichte § 289, dem Vortrage der Ergebnisse einer nicht vor dem erkennenden Gerichte erfolgten Beweisaufnahme § 287, der Anordnung der Ergänzung solcher Beweisaufnahme § 286 nicht entgegen. Die Säumnis einer Partei ändert nichts an der Anwendung der Bestimmungen, welche festsetzen, was das Gericht von amtswegen zu berücksichtigen hat und enthebt den Gegner nicht von der Verpflichtung, jene Nachweisungen zu liefern, welche in betreff der von amtswegen zu berücksichtigenden Umstände erforderlich sind § 401.

Der Antrag, wegen Säumnis einer Partei das Urteil zu fällen (§§ 396, 398, 399) ist zurückzuweisen: 1. wenn der Nachweis fehlt, daß die nicht erschienene Partei ordnungsmäßig (vergl. auch § 257) geladen wurde; — 2. wenn es bei Gericht offenkundig ist, daß die nicht erschienene Partei durch Naturereignisse oder andere unabwendbare Zufälle am Erscheinen verhindert ist (dazu § 73); — 3. wenn die erschienene Partei die wegen eines von amtswegen zu berücksichtigenden Umstandes vom Gericht geforderte Nachweisung nicht zu beschaffen vermag. Wird diese Nachweisung auch in der erstreckten Tagsatzung nicht erbracht, so ist das Prozeßhindernis als bestehend zu behandeln. Im Falle materieller Streitgenossenschaft (§ 14) und bei streitgenössischer Intervention ist der Antrag auf Urteil wegen Säumnis abzuweisen, wenn auch nur betreffs eines der Streitgenossen der Nachweis der Ladung fehlt, oder ein gerichtskundiges Hindernis des Erscheinens obwaltet § 402.

Wird dem Antrage auf Urteil wegen Säumnis aus den Gründen des § 402 nicht stattgegeben, so ist die Tagsatzung von amtswegen zu erstrecken, die ausgebliebene Partei zur neuen Tagsatzung zu laden und als früher nicht säumig zu behandeln § 402. Wird der Beschluß, mit welchem der Antrag auf Urteil wegen Säumnis zurückgewiesen wurde, infolge Rekurses aufgehoben, so kann das Urteil ohne Anberaumung einer neuen Tagsatzung (lediglich auf Grund der Akten) gefällt werden § 403. Wird Tagsatzung zur Erlassung des Urteiles angeordnet, so bleibt die säumige Partei doch von der Verhandlung zur Hauptsache ausgeschlossen.

§ 84. Urteilsinhalt.

I. Das in der Hauptsache gefällte Urteil hat alle die **Haupt**sache betreffenden Anträge (das Klagebegehren, den Kompensations- und den Zwischenfeststellungsanspruch) zu erledigen, soweit über einzelne dieser die Hauptsache betreffenden Anträge nicht bereits (durch Teil- oder Zwischenurteil) entschieden wurde, oder dieselben einer abgesonderten Erledigung vorbehalten werden. Zwischenanträge betreffend das Verfahren und den Beweis müssen vor Schluß der Streitverhandlung erledigt sein; über die Prozeßvoraussetzungen wird in der ersten Tagsatzung oder nach Verhandlung in Verbindung mit der Hauptsache entschieden §§ 239, 261. Der Grundsatz gemeinsamer Erledigung aller die Hauptsache betreffenden Anträge gilt auch dann, wenn mehrere Rechtsstreitigkeiten derselben Parteien zu gemeinsamer Verhandlung verbunden wurden, sofern diese Verbindung nicht wieder aufgehoben oder über einen der Ansprüche nach § 390 durch besonderes Urteil entschieden wurde.

II. Das Urteil giebt dem Anspruche statt, oder weist ihn (bei dilatorischer Verteidigung) zur Zeit oder für immer ab. Das dem Anspruche stattgebende Urteil ist Feststellungsurteil oder Urteil mit Kondemnation. Das Urteil geht nicht über den Sachantrag der Partei hinaus (vergl. aber §§ 128 und 233 Ex.O.); es ist das Gericht nicht befugt, einer Partei etwas zuzusprechen, was nicht beantragt ist. Das gilt auch von Früchten, Zinsen und anderen Nebenforderungen § 405; es gilt auch von den Prozeßkosten, deren Ersatz durch rechtzeitige Vorlage des Kostenverzeichnisses beansprucht wird § 54.

III. Die Verurteilung zu einer Leistung fordert Fälligkeit zur Zeit der Urteilsschöpfung; bei Ansprüchen auf Alimente kann auch zu Leistungen verurteilt werden, welche erst nach Erlassung des Urteiles fällig werden § 406. Bei Verurteilung zur Entrichtung einer Geldrente wegen Tötung, Körperverletzung oder Freiheitsentziehung kann das Gericht auf Antrag die Verpflichtung zur Sicherstellung der künftigen Zahlungen aussprechen, wenn Sicherstellung offenbar notwendig erscheint. Nach dem Urteile kann der Berechtigte im Wege der Klage neue und erhöhte Sicherheitsleistung begehren, wenn sich die Vermögensverhältnisse des Verpflichteten inzwischen erheblich verschlechtert haben § 407. —

Hat die unterliegende Partei den Rechtsstreit offenbar mutwillig geführt, so kann der siegenden Partei auf Antrag ein entsprechender Entschädigungsbetrag zuerkannt werden; den Betrag hat das Gericht nach freier Überzeugung festzusetzen. Durch die Verhandlung über diesen Zusatzantrag darf die Entscheidung der Hauptsache nicht aufgehalten werden, daher ist eventuell über diesen Antrag in einem Ergänzungsurteil zu erkennen § 408.

In dem zu einer Leistung verpflichtenden Urteile ist auch die Frist für die Leistung zu bestimmen. Die Frist beträgt regelmäßig 14 Tage. Eine angemessene Frist hat das Gericht zu bestimmen bei Verpflichtung zur Verrichtung einer Arbeit oder eines Geschäftes; dabei ist auf die persönlichen Verhältnisse des Verpflichteten und insbesondere darauf Rücksicht zu nehmen, daß der Verpflichtete an der rechtzeitigen Vornahme der Saat-, Schnitt- oder Weinlesearbeiten nicht gehindert werde. — Die Leistungsfrist läuft vom Tage nach Eintritt der Rechtskraft des Urteiles § 409. — Wird im Urteil ein Gegenstand zuerkannt, der nicht in einer Geldleistung besteht, so ist zugleich auszusprechen, daß sich der Beklagte von der auferlegten Leistung durch Zahlung eines Geldbetrages befreien könne, wenn der Kläger in der Klage oder während der Verhandlung anstatt des Gegenstandes einen bestimmten Geldbetrag anzunehmen sich bereit erklärt hat § 410.

§ 85. Urteilsfällung, Urteilsverkündung und Zustellung.

I. Das Urteil kann nur von denjenigen Richtern gefällt werden, welche an der demselben zu Grunde liegenden mündlichen Verhandlung teilgenommen haben (über Eventualbeteiligung § 61 fol. J.N.). Bei Änderung der Senatsmitglieder ist die mündliche Verhandlung (ohne Erneuerung der ersten Tagsatzung, der schriftlichen Klagebeantwortung) vor dem geänderten Senat mit Benützung der Klage, der zu den Akten gebrachten Beweise und des Verhandlungsprotokolles von neuem durchzuführen § 412. Zu der neuerlichen Verhandlung ist auch die früher säumige Partei zu laden, doch ist sie zu Vorbringen nicht berechtigt, von welchen sie im früheren Verfahren (wegen Versäumung des in die erste Tagsatzung verwiesenen Vorbringens, wegen Nichterstattung der Klagebeantwortung § 398, wegen wiederholten Ausbleibens im vorbereitenden Verfahren § 254) präkludiert wurde. — Die Beratung und Abstimmung der Richter ist nicht öffentlich. In schwierigen Fällen kann der Vorsitzende für die Beratung einen Berichterstatter bestellen § 413.

II. Das Urteil ist wenn möglich nach Schluß der mündlichen Verhandlung zu fällen und auch zu verkünden. Erforderlich ist dazu die schriftliche Fassung des Urteilsspruches und die Beschlußfassung über die Begründung, nicht auch die schriftliche Ausfertigung des Urteilsthatbestandes und der Entscheidungsgründe; es kann sich die Verkündung, auch wenn das Urteil schon in vollständiger schriftlicher Ausfertigung vorliegt, auf die Bekanntgabe des Spruches und der wesentlichen Entscheidungsgründe beschränken. Zu verkünden ist auch die Entscheidung über die Verpflichtung zum Kostenersatze, doch kann die Festsetzung des Kostenbetrages für die schriftliche Ausfertigung des Urteiles vorbehalten werden § 413, 52, 53. Die Verkündung erfolgt ohne Rücksicht auf die Anwesenheit der Parteien § 414; sie erfolgt öffentlich, auch wenn die Verhandlung mit Ausschluß der Öffentlichkeit durchgeführt wurde § 172. Stehen im Falle geheimer Verhandlung der Verkündung der Entscheidungsgründe Bedenken entgegen, so muß die Verkündung des Urteiles unterbleiben.

Die mündliche Verkündung enthebt das Gericht nicht von der Verpflichtung, das Urteil in vollständiger schriftlicher Ausfertigung jeder Partei (auch dem helfenden Intervenienten, insofern er an dem Ausspruche über die Prozeßkosten beteiligt ist § 55) zuzustellen § 414 und § 128 Gesch.O. Haben mehrere Beteiligte einen gemeinschaftlichen Vertreter, so genügt die Zustellung einer Ausfertigung an diesen Vertreter § 90.

Wenn das Urteil nicht sofort nach Schluß der mündlichen Verhandlung gefällt werden kann und insbesondere dann, wenn die Verhandlung gemäß § 193 vor Vollendung der Beweisaufnahme geschlossen wurde, ist das Urteil binnen acht Tagen nach Schluß der mündlichen Verhandlung bezw. nach Einlangen der Akten über die ausständige Beweisaufnahme (im Falle des § 403 binnen acht Tagen nach Erledigung des Rekurses) zu fällen, und den Parteien in schriftlicher Ausfertigung zuzustellen § 415 und § 35 Ger.O.

Den Parteien gegenüber wird das Urteil in jedem Falle erst mit der Zustellung der schriftlichen Ausfertigung wirksam. Das Gericht ist an seine Entscheidung gebunden, sobald sie gemäß § 414 mündlich verkündet, im Falle des § 415 aber in schriftlicher Abfassung zur Ausfertigung abgegeben ist § 416.

§ 86. Die schriftliche Ausfertigung des Urteils.

Die schriftliche Ausfertigung des Urteiles, welche einem Mitgliede des Senates aufgetragen werden kann § 182 Gesch.O., hat neben dem durch J.M.V. vom 11. Januar 1868 R. 6 bestimmten Eingang zu enthalten: 1. die Bezeichnung des Gerichtes und den Namen der Richter, welche bei der Entscheidung mitgewirkt haben (§ 62 J.N.), und wenn das Urteil in Ausübung der besonderer Gerichtsbarkeit von einem Gerichte gefällt wird, welchem auch allgemeine Gerichtsbarkeit zusteht, einen die Ausübung der besonderen Gerichtsbarkeit anzeigenden Zusatz (§ 446); — 2. die Bezeichnung der Parteien (Streitgenossen, Intervenienten) nach Vor- und Zunamen, Beschäftigung, Wohnung und Parteistellung, sowie die Bezeichnung ihrer Vertreter und Bevollmächtigten; — 3. den Urteilsspruch; — 4. den Urteilsthatbestand; — 5. die Entscheidungsgründe. — Der Thatbestand und die Entscheidungsgründe sind mit dem Urteilsspruche nicht zu vereinigen; Thatbestand und Entscheidungssgründe sind äußerlich zu sondern.

Der Thatbestand hat zu enthalten: a) die in der Hauptsache von den Parteien gestellten Anträge; b) eine gedrängte Darstellung des aus der mündlichen Streitverhandlung sich ergebenden Sachverhaltes; c) das auf Grund der §§ 179, 181 Abs. 2, 275 Abs. 2 und 278 Abs. 2 vom Gericht (wegen Säumigkeit und Verschleppungsabsicht) für unstatthaft erklärte Vorbringen; d) jene Beweise, deren Benützung wegen Verstreichens der für die Beweisaufnahme bestimmten Frist nicht gestattet wurde.

In den Entscheidungsgründen hat das Gericht die Auffassung wiederzugeben, welche es von dem Sachverhalt gewonnen hat, und die Umstände und Erwägungen auszuführen, welche für die Überzeugung von der Wahrheit oder Unwahrheit der thatsächlichen Angaben maßgebend waren § 272.

Die für die Gerichtsakten bestimmte Ausfertigung ist von dem Vorsitzenden des Senates, dem Verfasser des Urteiles § 197 Gesch.O. und dem Schriftführer § 418, — die den Parteien zuzustellende Ausfertigung von dem Vorsitzenden eventuell dem Präsidenten des Gerichtshofes zu unterzeichnen § 79 Ger.O. Von den der unmittelbaren Gebührenentrichtung unterliegenden Urteilen sind Abschriften an das Gebührenbemessungsamt zu leiten § 1 V. vom 28. Dezember 1899 R. 306. Nach Zustellung der Urteilsausfertigung an die Partei erfolgt die Gerichtskanzlei (§ 56 Ger.O.) auf Verlangen Auszüge des Urteiles, welche die Bezeichnung des Gerichtes, der Parteien und den Urteilsspruch umfassen.

§ 87. Berichtigung des Urteiles und Urteilsthatbestandes. Ergänzung des Urteiles.

I. Die Berichtigung von Schreib- und Rechnungsfehlern und anderen offenbaren Unrichtigkeiten in dem Urteil oder dessen Ausfertigungen kann das Gericht, welches das Urteil gefällt hat, jederzeit auf Antrag, von amtswegen, und auf Anordnung höherer Behörden vornehmen; eine mit der gefällten Entscheidung nicht übereinstimmende Ausfertigung ist jedenfalls von amtswegen zu berichtigen. Das Gericht, auch ein geänderter Senat, kann über die Berichtigung ohne vorhergehende mündliche Verhandlung entscheiden. Gegen den Beschluß, durch welchen der Antrag auf Berichtigung zurückgewiesen wird, ist Rechtsmittel vorbehalten § 419. Der Antrag auf Berichtigung hemmt den Lauf der Berufungsfrist nicht.

II. Eine Berichtigung des Thatbestand'es über die im § 419 bezeichneten Unrichtigkeiten hinaus, die Vervollständigung des Thatbestandes und eine Erläuterung desselben zur Behebung von Dunkelheiten und Widersprüchen hat nur auf Antrag der Partei statt. Der Antrag hat die begehrte Berichtigung zu bezeichnen, und ist binnen acht Tagen nach Zustellung des Urteiles zu stellen. Wiedereinsetzung wegen Versäumung dieser Frist hat nicht statt. — Über den Antrag ist mit thunlichster Beschleunigung nach Anberaumung einer mündlichen Verhandlung auch bei Ausbleiben der Parteien durch Beschluß zu entscheiden. Bei der Entscheidung dürfen nur jene Richter mitwirken, welche an der Urteilsfällung teilgenommen haben. Ist einer dieser Richter verhindert, so giebt bei Stimmengleichheit die Stimme des Vorsitzenden, eventuell die Stimme des älteren Richters den Ausschlag. Eine Anfechtung des Beschlusses findet nicht statt § 420. — Besteht die Unvollständigkeit nur in dem Mangel der im § 417 gebotenen Namhaftmachung der ausgeschlossenen Anführungen und Beweise, so erscheint der Thatbestand im Widerspruche mit dem Protokollinhalte und kann die Berichtigung wohl nur auf Antrag, aber ohne vorhergehende mündliche Verhandlung und auch in neuer Zusammensetzung des Senates angeordnet werden § 421.

Jede zugelassene Berichtigung des Urteiles und des Urteilsthatbestandes ist der Urschrift des Urteiles beizusetzen und in allen bereits erteilten Ausfertigungen des Urteiles, welche zu diesem Zwecke zurückzufordern sind, ersichtlich zu machen. Die durch den Antrag auf Berichtigung erwachsenen Kosten trägt, wenn der Antrag zurückgewiesen wird, der Antragsteller; sonst sind die Kosten gegenseitig aufzuheben § 422.

III. Ein Urteil ist durch nachträgliche Entscheidung zu ergänzen (Ergänzungsurteil): a) wenn ein Anspruch (ein die Hauptsache und die Nebengebühren betreffendes Begehren), über welchen nach dem Urteilsthatbestand zu entscheiden war, übergangen, also nicht entschieden und auch nicht spätere Entscheidung vorbehalten wurde (§§ 391, 393); — b) wenn über die von der Partei begehrte Erstattung der Prozeßkosten nicht oder nur unvollständig erkannt wurde. — Die Ergänzung erfolgt auf Antrag; dieser ist binnen acht Tagen nach Zustellung des Urteiles bei dem Prozeßgericht anzubringen; bei Versäumung ist Wiedereinsetzung ausgeschlossen. Über den Antrag folgt mündliche Verhandlung eventuell vor einem nicht gleich zusammengesetzten Senat, bei Ergänzung des in der ersten Tagsatzung ergangenen Urteiles Verhandlung vor dem für diese Tagsatzung bestellten Richter. Die Verhandlung ist auf den nicht erledigten Anspruch beschränkt. Die Ergänzung erfolgt durch Urteil, die Abweisung des Antrages durch unanfechtbaren Beschluß § 423. Wird zugleich Thatbestandsberichtigung und Ergänzung des Urteiles beantragt, so ist über die Ergänzung des Urteiles erst nach Erledigung des Antrages auf Thatbestandsberichtigung zu entscheiden.

Der Antrag auf Berichtigung des Thatbestandes (§ 420) und auf Ergänzung des Urteiles (§ 423) hemmt den Lauf der Frist für die Erhebung eines Rechtsmittels gegen das zu berichtigende bezw. zu ergänzende Urteil nicht § 424. Allerdings kann aber die Rechtsmittelinstanz auf den Zusammenhang Bedacht nehmen; es kann die Berufungsinstanz auf Antrag die bei ihr anhängige Verhandlung bis zur Erledigung des Berichtigungs- bezw. Ergänzungsantrages in erster Instanz aussetzen § 485. Die eingebrachte Berufung ist auch Berufung gegen das nachher im Thatbestande berichtigte Urteil; gegen ein Ergänzungsurteil steht selbständige Berufung zu.

Die Vorschriften über Berichtigung und Ergänzung gelten auch für Beschlüsse § 430; eine Berichtigung des Thatbestandes eines Beschlusses ist gesetzlich nicht vorbedacht, doch begründet eine die sichere Überprüfung ausschließende Fassung Nichtigkeit § 477 Z. 9, § 514.

Dritter Titel.

Verfahren vor Bezirksgerichten.

§ 88. Ordentliches Verfahren.

I. Die Vorschriften über das Verfahren vor den Gerichtshöfen erster Instanz finden im allgemeinen auch auf das Verfahren vor den Bezirksgerichten Anwendung; Sonderbestimmungen für das bezirksgerichtliche Verfahren ergeben sich aus der Verschiedenheit der persönlichen Voraussetzungen. Im bezirksgerichtlichen Verfahren fungiert ein Einzelrichter; ihm fallen alle Befugnisse und Obliegenheiten zu, welche im Gerichtshofsverfahren dem Vorsitzenden und dem Senate zugewiesen sind § 431; ihm obliegt, die ganze Verhandlung selbst und ohne Hilfe eines beauftragten Richters durchzuführen. Die Parteien können den Prozeß persönlich oder durch einen Bevollmächtigten betreiben; doch werden in Rechtssachen über 500 fl. an Orten, in welchen zwei Advokaten ihren Sitz haben, nur Advokaten als Bevollmächtigte zugelassen § 29. Die nicht von einem Advokaten vertretene Partei kann die Klage und alle außerhalb der mündlichen Verhandlung anzubringenden Gesuche, Anträge und Mitteilungen zu Protokoll anbringen § 434; sie hat der Richter durch Belehrung vor Nachteil zu schützen. Der Richter hat solchen Parteien die zur Vornahme ihrer Prozeßhandlungen nötige Anleitung zu geben, sie über die mit ihren Handlungen und Unterlassungen verbundenen Rechtsfolgen zu belehren, und insbesondere bei der Verkündung der Entscheidung auf die Frist für das Rechtsmittel und die gesetzlichen Bestimmungen über Anwaltszwang im Rechtsmittelverfahren (§ 27) aufmerksam zu machen § 432.

II. Eingeleitet wird das Verfahren:

1. mit Klageanmeldung. Es gestattet § 433, die Ladung des Gegners „zur Verhandlung und zum Zwecke des Vergleichsversuches" zu beantragen, wenn der Betrag oder Wert des Streitgegenstandes 500 fl. nicht übersteigt und der Gegner im Sprengel des Bezirksgerichtes seinen Wohnsitz (! Wohnung) hat. An Orten mit mehreren Bezirksgerichten kann solche Ladung außerdem an alle Personen (eventuelle Streitgenossen) ergehen, die an diesem Orte wenngleich außerhalb des Sprengels des zuständigen Bezirksgerichtes ihren Wohnsitz haben. Die Prüfung des Antrages erstreckt sich nur auf die Voraussetzungen der Vorladung, nicht auch auf den Klageanspruch; die Entscheidung über den Antrag kann durch Rechtsmittel nicht angefochten werden § 433. Der mündliche Antrag wird in der Gerichtskanzlei angebracht, und ohne Aufnahme] eines Protokolles sogleich durch Ausfertigung der Ladung an den Gegner erledigt. Diese Ladung ist der Partei zur Besorgung der Zustellung auszufolgen, ihr ist auch auf Verlangen eine schriftliche Mitteilung über den anberaumten Termin einzuhändigen. Ein schriftlicher Antrag auf Ladung zum Vergleichsversuche ist in gleicher Weise durch die Gerichtskanzlei zu erledigen und dem Antragsteller der Termin schriftlich bekannt zu geben § 147 Gesch.O. Bleibt der Gegner im Termin aus oder kommt ein Vergleich nicht zu stande, so ist die Klage auf Wunsch des Klägers zu Protokoll zu nehmen. Der Gegner hat bei fruchtloser Vergleichsverhandlung keinen Anspruch auf sofortigen Kostenzuspruch. Die Streitsache kann im Termin nur verhandelt werden, wenn der Gegner einwilligt;

2. regelmäßig mit Klage, welche schriftlich oder mündlich angebracht werden kann. Schriftliche Klage bedarf rechtsfreundlicher Fertigung nicht; — mündliche Klagen in Streitigkeiten nach § 49 Z. 1, 2 und 6 J.N. können in der Gerichtskanzlei zu Protokoll genommen werden §§ 319, 322 Gesch.O.

3. An den bekannt gemachten Gerichtstagen kann der Kläger mit der Gegenpartei ohne Vorladung bei Gericht erscheinen, um einen Rechtsstreit anhängig zu machen und darüber zu verhandeln, in welchem Falle das Klagebegehren im Verhandlungsprotokolle aufzuzeichnen ist § 439. Der Richter ist nur in Streitfällen Amt zu handeln berufen, hat daher abzuwehren, daß diese Form der Einleitung des Verfahrens bei Begründung von Schuldverhältnissen zur Erlangung sofort exequierbarer Schuldtitel ausgenützt werde.

III. Die Klage ist Grundlage des Verfahrens, daher von ihr gleicher Inhalt gefordert wie im Anwaltsprozesse. Bei mündlicher Klage hat der Richter, wenn er die Klage wegen Unzulässigkeit des Rechtsweges, Unzuständigkeit, wegen Mangels der persönlichen Befugnis zur Klage oder wegen mangelnder Prozeßfähigkeit des Beklagten unzulässig findet, die Aufnahme der Klage zu verweigern und dem Kläger mündlich, auf Verlangen nach Protokollierung der entscheidenden Umstände schriftlich Belehrung zu erteilen. Gegen die schriftliche Verweigerung der Einleitung des Verfahrens steht Rekurs zu. Erscheint die Klage offenbar unbegründet, so muß, wenn Belehrung fruchtlos bleibt, die Klage protokolliert und das Verfahren eingeleitet werden. — Die schriftliche Klage, welche von einem Advokaten überreicht ist, hat der Richter nach § 230 zu erledigen. Ist der Kläger nicht so vertreten, so hat der Richter, wenn die Klage einer Ergänzung oder Aufklärung bedürftig erscheint, oder wenn sich gegen die Einleitung des Verfahrens Bedenken ergeben, vorläufig den Kläger zu vernehmen, sohin die Klage entweder abzuweisen oder aufrecht zu erledigen § 435. — Wie im Gerichtshofsverfahren enthält die Klage auch Anträge auf Beschaffung von Urkunden, Auskunftssachen und Augenscheinsgegenständen und Ladung von Zeugen § 229. Über Klageänderung und Klageverbesserung gilt § 235.

IV. Über die zum rechtlichen Verfahren geeignet erkannte Klage ist Tagsatzung zur mündlichen Verhandlung, in dringenden Fällen eventuell auf den Tag der Anbringung der Klage anzuberaumen § 436; dazu sind beide Teile durch Zustellung des über die Klage ergehenden Beschlusses, der Beklagte unter gleichzeitiger Mitteilung einer Ausfertigung der schriftlichen Klage bezw. einer Abschrift des über die Klage aufgenommenen Protokolles bezw. des Ergänzungsprotokolles zu laden. In der Ladung sind beide Teile aufzufordern, die während der mündlichen Verhandlung in Augenschein zu nehmenden Gegenstände und die auf den Rechtsstreit sich beziehenden Urkunden, soweit sie dem Gerichte nicht in Urschrift vorliegen, zur Tagsatzung mitzubringen. Der Beklagte ist anzuweisen, wegen Vorlage der im Besitze des Gegners oder in Verwahrung einer öffentlichen Behörde oder eines Notars befindlichen Urkunden und Augenscheinsgegenstände, sowie wegen etwaiger Vorladung von Zeugen noch vor der Tagsatzung Anträge zu stellen. Beide Parteien können auch belehrt werden, daß ihnen zustehe, Personen, welche sie bei der Verhandlung als Zeugen namhaft machen oder als Sachverständige vorschlagen wollen, zur Verhandlung mitzubringen. Beiden Teilen ist bekannt zu geben, welche Nachteile das Gesetz mit der Versäumung der Tagsatzung verbindet § 437, 438.

V. Der Regel nach ist die erste Tagsatzung zur Vornahme der Streitverhandlung zu bestimmen. In dieser Tagsatzung hat der Beklagte (den Antrag auf Sicherheitsleistung für die Prozeßkosten und) die Einrede der Unzuständigkeit vor der Einlassung in die Verhandlung über die Hauptsache vorzubringen; später kann nur eine durch ausdrückliche Vereinbarung nicht zu beseitigende Unzuständigkeit berücksichtigt werden §§ 240, 441. — Das Gericht kann die Abhaltung einer ersten Tagsatzung zur Vornahme der im § 239 bezeichneten Prozeßhandlungen anordnen § 440. In dieser Tagsatzung ist die Amtshandlung genau so beschränkt wie im Gerichtshofsverfahren. Wird in dieser Tagsatzung der Streit nicht erledigt, so ist sofort Tagsatzung zur Streitverhandlung anzuordnen, zu welcher die Parteien unter Androhung der Versäumungsfolgen mittels Rubriken zu laden sind. In der Zwischenzeit bis zur Streitverhandlung können besondere vorbereitende Schriftsätze eingebracht werden §§ 442, 258. Zu Rechtsstreitigkeiten des § 245 Z. 1 kann das Gericht, wenn beide Parteien von Advokaten vertreten sind, den Wechsel vorbereitender Schriftsätze auftragen, ohne deswegen die Anberaumung der Streitverhandlung hinauszuschieben; es kann zur Vorbereitung der mündlichen Streitverhandlung eine Einvernehmung der Parteien zu gerichtlichem Protokolle anordnen; in beiden Fällen begründet Ungehorsam nicht Versäumnisfolgen, — nach Lage der Verhältnisse aber Kostenersatzpflicht.

Die mündliche Verhandlung ist womöglich bei der ersten Tagsatzung zur Streitverhandlung zu Ende zu führen § 440. Wird die erste auf Grund der Klage anberaumte Tagsatzung von einer der Parteien versäumt, so ist auf Antrag der erschienenen Partei gemäß § 396 ohne Berücksichtigung der etwa von der ausgebliebenen Partei eingebrachten schriftlichen Aufsätze über das Klagebegehren mit Versäumungsurteil zu erkennen. — Bleibt eine der Parteien von einer späteren Tagsatzung aus, so kann die erschienene Partei Fällung des Urteils gemäß § 399 beantragen. Verlangt die erschienene Partei Berücksichtigung von neuem thatsächlichen Vorbringen, das dem Gegner nicht schon durch einen vorbereitenden Schriftsatz bekannt gegeben wurde, so ist dieses Vorbringen zu Protokoll festzustellen und die säumige Partei unter Mitteilung einer Abschrift dieses Protokolls mündlich zur Streitverhandlung zu laden. Die weitere Säumnis des Gegners steht sodann der Berücksichtigung des zu Protokoll festgestellten Vorbringens nicht mehr entgegen § 442 (254).

Über die mündliche Verhandlung ist ein Protokoll aufzunehmen. Dasselbe muß die in den §§ 207 und 208 bezeichneten Aufzeichnungen enthalten. Das auf den Sachverhalt bezügliche beiderseitige Vorbringen (thatsächlicher Behauptungen und Beweisanbietungen) ist unter Bezugnahme auf die vorliegenden vorbereitenden Schriftsätze und Akten in der Regel nach § 211 vom Richter zu Protokoll zu bringen § 443; der Auftrag zur schriftlichen Feststellung der nach §§ 208 und 209 in das Protokoll aufzunehmenden Erklärungen kann nur jener Partei erteilt werden, welche bei der Verhandlung durch einen Advokaten vertreten ist § 440.

Von der Protokollierung des auf den Sachverhalt bezüglichen Parteivorbringens (§ 209) kann abgesehen werden: 1. wenn ein Beschluß auf Beweisaufnahme durch einen ersuchten Richter erlassen und die Verhandlung nicht schon (gemäß § 193) bei derselben Tagsatzung geschlossen erklärt wird. In diesem Falle kann die Darstellung des auf den Sachverhalt sich beziehenden Parteivorbringens der Ausfertigung des Beweisbeschlusses vorbehalten werden. Den Parteien sind Ausfertigungen des Beweisbeschlusses zuzustellen; jede Partei kann gegen etwa darin enthaltene unrichtige Angaben über das thatsächliche und das Beweisvorbringen bei der nächsten mündlichen Streitverhandlung Widerspruch erheben, welcher im Verhandlungsprotokoll — bei Vertretung durch Advokaten mittels kurzer Niederschrift zu beurkunden ist § 444; — 2. wenn die mündliche Verhandlung bei einer Tagsatzung durchgeführt und zum Abschlusse gebracht wird. In diesem Falle kann, auch wenn das Urteil nicht wie erwünscht sofort nach Schluß der Verhandlung verkündet wird, die Darstellung des auf den Sachverhalt sich beziehenden Parteivorbringens der Ausfertigung des Urteilsthatbestandes vorbehalten und das Verhandlungsprotokoll auf die in den §§ 207 und 208 bezeichneten Umstände und Erklärungen beschränkt werden. Die Ausfertigung des Urteilsthatbestandes hat der Richter binnen drei Tagen nach Schluß der Verhandlung in der Gerichtskanzlei zur Einsicht der Parteien zu hinterlegen, wovon die Parteien zu verständigen sind (§ 313 Gesch.O.). Die Parteien können binnen drei Tagen nach der Verständigung gegen unrichtige Angaben über das thatsächliche und Beweisvorbringen Widerspruch erheben, welcher zu Protokoll, oder bei Vertretung durch Advokaten mittels kurzer Niederschriften festzustellen ist. Infolge des Widerspruches kann der Richter den Urteilsthatbestand ohne weitere Verhandlung (§ 420) entsprechend ändern, § 445. Die Ausfertigung des Urteils enthält dann den geänderten Thatbestand; an den bereits verkündeten Spruch ist der Richter gebunden. Nicht ausgeschlossen ist die Erlassung eines Ergänzungsurteils, doch nur auf Antrag und nach vorausgegangener weiterer Verhandlung.

VI. In das Urteil eines Bezirksgerichtes, welches allgemeine und besondere Gerichtsbarkeit ausübt, ist die Bezeichnung, daß das Urteil in Ausübung der besonderen Gerichtsbarkeit gefällt ist, nur aufzunehmen, wenn beide Parteien übereinkommen, daß die Sache bei ihrer Erledigung als zum Gebiete dieser besonderen Gerichtsbarkeit gehörig bezeichnet werden, — oder wenn diese Bezeichnung vor dem Schlusse der mündlichen Verhandlung von einer Partei begehrt und vom Gericht als zutreffend erkannt wird. Die Aufnahme des Beisatzes und die Verweigerung seiner Aufnahme ist unanfechtbar § 446; praktische Bedeutung soll dieser Bezeichnung nicht für den ersten Richter (Motive S. 296), sondern nur für das Berufungsverfahren (§ 487) zukommen.

Bei der Verkündung der Entscheidung bezw. bei der Zustellung der schriftlichen Ausfertigung derselben hat der Richter rechtsunkundige Parteien auf die Zulässigkeit der Rechtsmittel, die Frist hierfür und die Bestimmungen über Anwaltszwang im Rechtsmittelverfahren zu belehren § 432; auf den letztgenannten Umstand ist jedenfalls in der Urteilsausfertigung Bezug zu nehmen, § 447. — Das Urteil unterliegt der Berichtigung § 419 und der Ergänzung § 423; eine Berichtigung des Urteilsthatbestandes gemäß § 420 hat nicht statt § 447.

§ 89. Verfahren in Bagatellsachen.

I. Bagatellsachen sind Streitsachen, bei welchen der in der Klage geforderte Geldbetrag, — der vom Kläger genannte Abfindungsbetrag bezw. der gesetzmäßige Schätzungsbetrag auch bei Klagenhäufung ohne Rücksicht auf Nebengebühren 50 fl. nicht übersteigt (§§ 54—56 J.N.), wenn diese Rechtssachen zur Kompetenz der Bezirksgerichte gehören (also nicht schlechthin den Gerichtshöfen zugewiesen sind, §§ 50, 51 Z. 3—5, und 53 J.N.) und für dieselben keine der besonderen Verfahrensarten gilt. Bagatellverfahren hat auch statt in den bezirksgerichtlichen Rechtssachen, welche zufolge des § 79 J.N. bei Gerichtshöfen angebracht werden müssen (Art. 14 J.N.), weiter dann, wenn gegen den in einer Bagatellsache erwirkten Zahlungsauftrag Einwendungen eingebracht, oder wenn gegen den mit Klage erwirkten bedingten Zahlungsbefehl Widerspruch erhoben wird. Bagatellverfahren kann durch Vereinbarung nicht begründet und nicht ausgeschlossen werden; es gilt schlechthin für das Verfahren vor Gewerbegerichten, § 22, Ges. vom 27. November 1896 R. 218.

Wird durch eine im Laufe des Verfahrens vorgenommene Klageänderung die für das Bagatellverfahren bestimmte Wertgrenze überschritten, aber dadurch die sachliche Zuständigkeit des Bezirksgerichtes nicht aufgehoben, so ist die Streitsache nach den sonst für das bezirksgerichtliche Verfahren geltenden Vorschriften zu verhandeln § 453. Eine Minderung des Klagebegehrens im Laufe des Verfahrens hat nicht Bagatellverfahren zur Folge, es entscheidet dafür das Begehren in der Klage § 448. Ausgeschlossen erscheint im Zuge des Bagatellverfahrens ein Feststellungsbegehren (§§ 236, 259).

II. In Bagatellsachen gelten folgende Sonderbestimmungen. Bagatellsachen sind Ferialsachen § 224. Es kann die (eigenberechtigte § 29) Ehegattin mit Vollmacht ihres Gatten für denselben im Prozesse auftreten § 449. Die Anordnung einer ersten Tagsatzung zur Vornahme der Prozeßhandlungen des § 239 ist ausgeschlossen, vorbehalten aber abgesonderte Verhandlung über die Einreden der Unzulässigkeit des Rechtsweges, der Unzuständigkeit, der Streithängigkeit und der Rechtskraft. Wird eine dieser Einreden nach abgesonderter Verhandlung abgewiesen, so hat (vergl. § 261) der Richter nach Verkündung der Entscheidung sofort die Verhandlung der Hauptsache anzuordnen und die Entscheidung über die Einrede in das Urteil über die Hauptsache aufzunehmen § 450. Die Unzulässigkeit des Rechtsweges kann sohin durch Berufung geltend gemacht werden (§ 477 Z. 6, § 501); ein in derselben Rechtssache ergangenes Urteil ist gelegentlich einer zulässigen Berufung von amtswegen zu berücksichtigen (§ 240).

Das Verhandlungsprotokoll hat nur zu enthalten: 1. die Angaben des § 207, — 2. die zu Protokoll erteilte Vollmacht, — 3. das Klagebegehren im Falle des § 439, — 4. die Parteierklärungen nach § 208 Z. 1 betreffend die Einschränkung und Abänderung des Klagebegehrens, eine Anerkennung der Schuld oder eines Teiles derselben, die Verzichtleistung auf den geltend gemachten Anspruch oder einen Teil desselben, und die Erklärungen über die eidliche Vernehmung der Parteien; — 5. nach § 204 den zustande gekommenen Vergleich; — 6. den wesentlichen Inhalt der Beweisaufnahmen, dabei die Angabe, ob ein Zeuge oder Sachverständiger (! § 358) vor oder nach der Abhörung beeidet wurde oder die Beeidigung unterblieben ist, und den Umstand, daß der Partei vor ihrer unbeeideten Vernehmung die Erinnerung des § 376, vor eidlicher Vernehmung die Erinnerung des § 377 gemacht wurde; — 7. die bei der Verhandlung gefällten und verkündeten Urteile, sowie jene Anordnungen und Verfügungen, wider welche ein Rechtsmittel zusteht (§ 517). Nicht zu protokollieren ist also ein Beweisbeschluß, auch wenn um Beweisaufnahme ersucht wird § 277; es ist das Ersuchsschreiben in Urschrift dem Protokolle beizuschließen; — 8. die Bemerkung, ob die Parteien bei der Verkündung des Urteils anwesend waren

§ 451. — Das Protokoll enthält also **nicht** die von den Parteien während der Verhandlung gestellten Anträge (§ 208 Z. 2); es enthält keine Aufzeichnung des auf den Sachverhalt sich beziehenden Parteivorbringens (§ 209). Nur dann, wenn die begonnene Verhandlung nicht an einem Tage beendet werden kann, ist auf Antrag oder von amtswegen ein ausdrücklicher Widerspruch gegen die der Klage zu Grunde liegenden Behauptungen in der vom Richter bestimmten Fassung zu beurkunden § 451.

Das Urteil ist außer dem Fall des § 193 mündlich zu verkünden, daher (§ 415) sofort nach Schluß der Verhandlung zu fällen. Sind bei der Verkündung **beide Streitteile** anwesend, so wird das Urteil mit der Verkündung wirksam und erfolgt die Zustellung einer schriftlichen Ausfertigung nur auf Verlangen der Partei. Ist bei der Verkündung nur ein Teil anwesend, so ist beiden Parteien eine schriftliche Ausfertigung von amtswegen zuzustellen und wird das Urteil erst mit der Zustellung wirksam. Bei der Verkündung und in der schriftlichen Ausfertigung des Urteils sind die Parteien zu belehren, daß gegen das Urteil nur wegen der im § 477 Z. 1—7 aufgezählten Nichtigkeiten Berufung ergriffen werden kann § 452. Dazu kommt die Belehrung über die Rechtsmittelfrist und über den Anwaltszwang im Berufungsverfahren, § 447, § 90 Ger.O. Nach § 148 Gesch.O. sind die Parteien zu befragen, ob sie Berufung zu ergreifen beabsichtigen, und ist ein Verzicht auf die Berufung im Protokolle zu beurkunden. Gegen die Entscheidung des Berufungsgerichtes ist weiterer Rechtszug unzulässig § 502.

§ 90. Verfahren über Besitzstörungsklagen.

I. Für Klagen wegen Störung des Besitzstandes bei Sachen und Rechten gelten die durch Vereinbarung nicht abänderbaren Sonderbestimmungen der §§ 454—460, **wenn** a) lediglich auf Grund des letzten faktischen Besitzstandes und der Störung desselben geklagt und für diesen Besitzstand Schutz begehrt wird; — b) die Besitzstörung zur Zuständigkeit der Civilgerichte gehört. Ausgeschlossen ist die Klage bei gemeindepolizeilichen und administrativen Verfügungen. In Wassersachen entscheidet die Verwaltungsbehörde alle Angelegenheiten, welche sich auf die Benützung, Leitung und Abwehr der Gewässer beziehen; der Schutz des Besitzes der Wasserrechte obliegt den Gerichten; — c) der Kläger längstens binnen 30 Tagen von der erlangten Wissenschaft der Störung (des Thäters) klagt. Ist der letzte Tag dieser Frist ein Sonn- oder Feiertag, so endet sie mit dem nächsten Werktag § 126; sie läuft bei fortgesetzter Störung von der ersten Handlung, bei Wiederholung von jeder Störung. Restitution ist bei Versäumung der Klagefrist ausgeschlossen.

Zuständig ist für Besitzstörungsklagen bei Immobilien das Gericht, in dessen Sprengel die Sache liegt § 81 J.N., bei Mobilien das Gericht, in dessen Sprengel die Störung erfolgte und auch das Gericht des Wohnsitzes des Störers § 92 J.N. und zwar immer das Bezirksgericht § 49 Z. 4 J.N., nur bei Klagen von und gegen Richter nach § 79 J.N. der Gerichtshof, bei welchem die Verhandlung und Entscheidung einem Mitgliede desselben als Einzelrichter zu übertragen ist Art. 14 J.N.

II. Die Besitzstörungsklage begreift 1. die Thatsache des letzten **Besitzes**, wofür der Beweis des Besitzerwerbes genügt; — 2. die Thatsache der Störung mit Bezugnahme darauf, daß von der erlangten Wissenschaft der Störung noch nicht 30 Tage verstrichen sind. Diese Umstände ergeben regelmäßig die Klagelegitimation. Es ist zur Klage berechtigt der in seinem Besitze Gestörte, auch wenn er den Besitz durch dritte Personen ausübt, — ein Mitbesitzer, wenn er durch Dritte oder durch eigenmächtiges Handeln eines Mitbesitzers gestört ist. Zu klagen ist der Störer, bei aufgetragener Störung der Auftraggeber und auch der Beauftragte. Das Klagerecht übergeht aktiv und passiv auf Gesamtnachfolger; — 3. das Begehren. Es ist gerichtet bei Klagen wegen **Störung** auf Wiederherstellung des früheren Zustandes und Untersagung weiterer Störung, bei Besitz des Rechtes auf wiederkehrende Leistungen auf Gebot der Leistung, — bei Klagen wegen **Besitzentsetzung** auf Rückstellung des entzogenen Besitzes. Immer hat der Gestörte auch Anspruch auf Ersatz des aus der Störung erwachsenen Schadens § 339 B.G.B., doch ist im

Besitzstörungsverfahren eine Verhandlung über den Entschädigungsanspruch und damit auch eine Entscheidung auf Grund von Anerkenntnis darüber ausgeschlossen; es ist das Anerkenntnis wie ein Vergleich im Verhandlungsprotokolle festzustellen. — Den Beklagten steht jene Verteidigung zu, welche sich auf die Thatsache des letzten Besitzes und der Störung, die Sachlegitimation, die Zulässigkeit des Besitzverfahrens und die Kompetenz bezieht. — Eine offenbar verspätete Klage ist von amtswegen zurückzuweisen.

III. Besitzstörungssachen sind als dringlich zu behandeln; sie sind Ferialsachen § 224; die schriftliche Klage ist von außen als Besitzstörungsklage zu bezeichnen § 454; bei der Anberaumung von Tagsatzungen und Bestimmung von Fristen ist auf die Dringlichkeit Bedacht zu nehmen § 455. Die mündliche Verhandlung kann auf den Tag der Überreichung der Klage angeordnet werden (§ 43 Gesch.O.); es ist der Beklagte (§ 438) und auch der Kläger aufzufordern, Augenscheinsgegenstände und Urkunden zur Tagsatzung mitzubringen, die Ladung von Zeugen sofort zu beantragen, allenfalls Zeugen und Sachverständige zur Tagsatzung mitzubringen § 288. Erhellt aus der Klage die Notwendigkeit eines gerichtlichen Augenscheins, so ist die Verhandlung an Ort und Stelle anzuordnen und sind dazu eventuell auch Sachverständige zu laden. Eine Verhandlung über Klagskaution ist ausgeschlossen, und die Aufnahme verzögerlicher Beweise zu verweigern. Der Verdacht einer strafbaren Handlung veranlaßt nicht Aussetzung des Verfahrens. Bleibt bei der Verhandlung ein Teil aus, so ist auf Antrag des erschienenen Gegners Versäumungsentscheidung zu erlassen; bleiben beide Teile aus, so tritt Ruhen des Verfahrens ein. Die Verhandlung ist auf die Erörterung und den Beweis des letzten Besitzstandes und der Störung zu beschränken, daher Erörterungen über das Recht zum Besitze, über Titel und Redlichkeit des Besitzes und über den Entschädigungsanspruch auszuschließen. Eine Vernehmung der Parteien als Zeugen ist nicht statthaft § 457.

Zur Wahrung der öffentlichen Ordnung ist der Richter berechtigt: a) auf Grund des in der Klage gestellten Begehrens ein Bauverbot im Sinne der §§ 340—342 B.G.B. sogleich bei Erledigung der Klage und ohne Einvernehmung des Gegners zu erlassen § 456. Bauverbot ist ausgeschlossen, wenn der zur Baukommissionsverhandlung rechtzeitig und gehörig geladene Besitzer seine Einwendungen gegen den Bau geltend zu machen versäumt hat, Art. 37 C.P.O.; — b) im Laufe des Rechtsstreites eine oder mehrere der in der Exekutionsordnung (§ 382) zugelassenen einstweiligen Vorkehrungen zuzulassen — zur Abwendung widerrechtlicher Beschädigung, zur Verhütung von Gewaltthätigkeit, zur Hintanhaltung unwiederbringlichen Schadens. Die Erlassung einer solchen Verfügung kann von der Leistung einer angemessenen Sicherstellung abhängig gemacht werden § 458.

IV. Die Entscheidung hat (außer den Fall des § 193) *sogleich* nach geschlossener Verhandlung und zwar mittels **Endbeschlusses** zu erfolgen. Sie beschränkt sich darauf, eine einstweilige Norm für den thatsächlichen Zustand aufzustellen, und provisorisch nach dem Gesetze (§§ 340—342 B.G.B.) eine Untersagung oder Sicherstellung auszusprechen und hindert nicht die spätere gerichtliche Geltendmachung des Rechtes zum Besitze und der davon abhängigen Ansprüche; vorbehalten bleibt auch die Geltendmachung des aus der Störung erwachsenen Entschädigungsanspruches. In der Begründung des Beschlusses ist auch eine gedrängte Darstellung des Sachverhaltes zu geben § 459 — also der Inhalt der Verhandlung nicht zu protokollieren (§ 445). Die Frist zur Erfüllung der dem Verurteilten auferlegten Verbindlichkeit ist nach den Umständen des Falles § 459, die Frist zur Zahlung der Prozeßkosten aber mit 14 Tagen zu bestimmen.

V. Im Besitzstörungsverfahren kann nur gegen Beschlüsse, mit welchen die Einleitung oder Fortsetzung des Verfahrens über die Klage verweigert wird, und gegen den Endbeschluß Rekurs ergriffen werden. Beschwerden gegen andere im Laufe des Verfahrens gefaßten Beschlüsse und insbesondere gegen die im Laufe des Verfahrens erlassenen einstweiligen Verfügungen sind mit dem Rekurs gegen den Endbeschluß zu verbinden §§ 460, 518. Ausgeschlossen ist außerordentlicher Rekurs § 528, Wiedereinsetzung § 460, Wiederaufnahmsklage § 530, nicht auch die Nichtigkeitsklage § 529. Der Rekurs hemmt die Ausführung des Beschlusses nicht, doch ist dem Gerichte vorbehalten, nach eingebrachtem Rekurs die einstweilige Hemmung der Entscheidung unter gleichzeitiger Anordnung der etwa notwendigen Sicherungsmaßregeln zu verfügen, sofern der Gegenpartei daraus kein unverhältnismäßiger Nachteil erwächst §§ 524, 525. — Exekution hat statt wegen der Störung, die zur Klage Anlaß gab, und wegen jeder späteren Störung der durch den Endbeschluß geschaffenen Besitzordnung.

Vierter Titel.

Das Rechtsmittelverfahren.

§ 91. Die Rechtsmittel.

Die C.P.O. bezeichnet als Rechtsmittel die Berufung, die Revision und den Rekurs; sie sind Anfechtungsmittel einer richterlichen Entscheidung, welche ein besonderes Verfahren veranlassen und zu deren Erledigung ein höheres Gericht berufen ist; — nur dem Rekurse kann in beschränktem Umfange jener Richter stattgeben, dessen Entscheidung oder Verfügung angefochten ist (§ 522). Die Berufung und ordentliche Revision sind suspensive Rechtsmittel; der außerordentlichen Revision (§ 505) und normal dem Rekurse (§ 524) kommt hemmende Wirkung nicht zu. Bei Rekurs wird im Gegensatze zur Berufung und Revision der Gegner des Beschwerdeführers weder vor noch nach der Vorlage der Beschwerde an das zur Entscheidung berufene Gericht zu einer Äußerung veranlaßt. Die Rechtsmittel dienen zur Geltendmachung der Unrichtigkeit der Entscheidung und der Nichtigkeit des derselben zu Grunde liegenden Verfahrens.

Daneben gewährt die C.P.O. der gefährdeten Partei die Wiedereinsetzung bei Versäumung von Tagsatzungen und Fristen, welche den Ausschluß von Prozeßhandlungen zur Folge hat (§ 146), ferner die Nichtigkeitsklage gegen rechtskräftige Entscheidungen (§ 529) und die Wiederaufnahmsklage gegen Urteile (§ 530) zur Beseitigung der Entscheidung. Vorbehalten ist den Parteien die Beschwerde an die Justizaufsichtsorgane und die Entschädigungsklage gegen den Richter bezw. den Staat.

I. Die Berufung.

§ 92. Die Statthaftigkeit der Berufung.

I. Berufung ist zugelassen gegen jedes Urteil erster Instanz § 461, also gegen Vollurteile, Teilurteile, Zwischenurteile und Ergänzungsurteile, — gegen Urteile auf Grund von Verzicht und Anerkenntnis, und auch gegen Urteile in Versäumnisfällen. Es können Versäumnisurteile angefochten werden, weil Versäumnis nicht vorliegt bezw. der Antrag auf Versäumnisurteil zurückzuweisen war, — weil das Versäumungsurteil nichtig, — oder weil im Bestande der Versäumnis unrichtig entschieden ist. Durch den Antrag auf Wiedereinsetzung wird der Rechtszug gegen das Urteil nicht gehemmt § 152. Die Berufung ist zugelassen ohne Bestimmung einer Beschwerdesumme und ohne Sukkumbenzgeld; sie ist zugelassen gegen die Entscheidung über einzelne Teile des Hauptanspruches, und gegen die Entscheidung über Nebenansprüche; die in dem Urteile enthaltene Entscheidung über den Kostenpunkt kann ohne gleichzeitige Anfechtung der in der Hauptsache ergangenen Entscheidung nur mittels Rekurs angefochten werden § 55. In Bagatellsachen ist das erstrichterliche Urteil nur wegen der im § 477 Z. 1—7 angegebenen Nichtigkeiten mittels Berufung anfechtbar § 501; der Rekurs gegen die Entscheidung über die Prozeßkosten (§ 55) ist damit nicht ausgeschlossen.

II. Die Berufung steht zu der Hauptpartei und den Rechtsnachfolgern derselben, sowie gegen diese Personen; — dem zugelassenen (§ 19) oder zuzulassenden (§ 18) Nebenintervenienten, wenn er durch die Berufung zu der Hauptpartei nicht in Widerspruch tritt, im Falle streitgenössischer Intervention auch bei solchem Widerspruch (§ 20). Bei einfacher Streitgenossenschaft steht die Berufung jedem Streitgenossen und gegen jeden Streitgenossen selbständig zu; bei unzertrennlicher Streitgenossenschaft wirkt die von einem Streitgenossen eingelegte Berufung für alle; — die nicht gegen alle Streitgenossen eingelegte Berufung ist unwirksam (§ 14). Der Prozeßbevollmächtigte bedarf zur Berufung keiner besonderen Ermächtigung. — Die von einem Unberechtigten eingelegte Berufung ist unzulässig; unzulässig ist auch die Berufung, auf welche gültig verzichtet wurde. Ein nach Verkündigung oder Zustellung des erstrichterlichen Urteils bei Gericht (§ 208 Z. 1 C.P.O., § 148 Gesch.O.) erklärter Verzicht ist auch ohne Annahme seitens des Gegners wirksam § 472.

III. Finden sich beide Teile durch das Urteil beschwert, so kann jeder Teil Berufung einlegen § 464; eine Anschlußberufung gestattet die C.P.O. nicht. Die von beiden Streitteilen eingebrachten Berufungsschriften sind dem Berufungsgerichte gleichzeitig vorzulegen § 469; über die beiderseitige Berufung ist gemeinsam zu verhandeln und eventuell auch gemeinsam zu entscheiden.

§ 93. Die Erhebung der Berufung.

I. Die Berufung ist in der Notfrist von 14 Tagen, — in Wechselstreitigkeiten und dem besonderen Verfahren in Bestandstreitigkeiten in der Notfrist von acht Tagen (§ 555, 575) zu erheben. Die Frist beginnt für **jede** Partei mit dem Tage nach Zustellung der schriftlichen Ausfertigung des Urteiles, in Bagatellsachen, mit dem Tage nach der Verkündung, wenn beide Teile dabei anwesend waren § 464 bezw. §§ 125 und 521. Bei Unterbrechung des Verfahrens beginnt mit der Aufnahme desselben die volle Frist von neuem zu laufen § 163. Ist der letzte Tag der Frist ein Sonn- oder Feiertag, so endet die Frist am nächsten Werktage § 126. Die Tage des Postenlaufes werden in die Frist nicht eingerechnet § 89 Ger.O. Im Falle unzertrennlicher Streitgenossenschaft gilt § 127.

II. Erhoben wird die Berufung bei dem Prozeßgerichte erster Instanz durch Überreichung der Berufungsschrift. Diese muß nebst den allgemeinen Erfordernissen eines vorbereitenden Schriftsatzes enthalten: 1. die Bezeichnung des Berufungsgerichtes; — 2. die Bezeichnung des Urteiles, gegen welches Berufung erhoben wird; — 3. den Berufungsantrag d. i. die bestimmte Erklärung, inwieweit das Urteil angefochten und ob die Aufhebung oder eine Änderung des Urteiles und welche beantragt werde, und die Berufungsgründe d. i. eine kurze und bestimmte Bezeichnung der Gründe der Anfechtung, welche ausdrücklich oder durch deutliche Hinweisung einzeln anzuführen sind (§ 471 Z. 3); — 4. die Thatsachen, aus welchen sich der Bestand der Berufungsgründe ergiebt und die Beweise dafür § 467. — Bei Verzicht **der** Parteien auf Anordnung einer Tagsatzung zur mündlichen Berufungsverhandlung kann die Berufungsschrift auch Rechtsausführungen und Darlegungen über Thatsachen und Beweise (§ 78) enthalten § 492. Diese Erweiterung der Berufungsschrift erscheint auch zulässig, wenn der Berufungswerber zunächst allein auf diese Verhandlung verzichtet, weil der Vorbehalt schriftlicher Rechtsausführung für den Fall, wo der Gegner dem Ausfall der mündlichen Berufungsverhandlung zustimmt, unzulässig ist. — Die Berufungsschrift bedarf der Unterschrift eines Advokaten § 464. Im bezirksgerichtlichen Verfahren kann jedoch an Orten, in welchen nicht wenigstens zwei Advokaten bestehen, die Berufungsschrift durch entsprechende Erklärung zu Protokoll des Richters ersetzt werden § 465; es kann an Orten, wo zwei Advokaten bestehen, für eine arme Partei, zu deren Vertretung noch kein Advokat bestellt ist, vom Prozeßgericht auf Antrag und von amtswegen ein Beamter der Staatsanwaltschaft oder des Gerichtes mit der Abfassung der Berufungsschrift betraut werden, und ist dann die Unterschrift dieses Beamten Ersatz für die Advokatenfertigung § 90 Ger.O. Im weiteren Verfahren müssen die Parteien von Advokaten vertreten sein § 463. Im Berufungsverfahren gegen Urteile der Gewerbegerichte gilt Advokatenzwang nicht § 21 Ges. vom 27. November 1896. — Die Erhebung der Berufung kann auch telegraphisch geschehen, in welchem Falle die Formerfordernisse nach § 97 bezw. § 98 Gesch.O. einzuholen sind.

Eine verspätet erhobene Berufung hat das Prozeßgericht erster Instanz auch bei Zustimmung des Gegners zurückzuweisen § 468, wogegen Rekurs zusteht. Formgebrechen, welche die ordnungsmäßige geschäftliche Behandlung hindern, sind von dem Prozeßgerichte zu beheben § 89 Gesch.O. Mängel im Inhalte der Berufungsschrift sind dem Berufungsgerichte zur Prüfung zugewiesen, welchem auch die Entscheidung über die Zulässigkeit der Berufung vorbehalten ist § 471.

III. Die rechtzeitig eingebrachte Berufungsschrift bezw. eine Abschrift des sie ersetzenden Protokolles ist dem Gegner des Berufungswerbers unter Bekanntgabe des Berufungsgerichtes zuzustellen § 468; die Anordnung trifft im Gerichtshofsverfahren der Vorsitzende des Senates § 37 Ger.O. Eine Aufforderung zur Antwort auf die Berufungsschrift ist im Gesetze nicht vorbedacht. Es ist solche Antwort im § 468 nur in Aussicht genommen, wenn der Gegner des Berufungswerbers in der Berufungsverhandlung zur Widerlegung der geltend gemachten Berufungsgründe Thatsachen und Beweise vorbringen will, die nach Inhalt der erstrichterlichen Prozeßakten und des Urteilsthatbestandes in erster Instanz nicht vorgekommen sind. Solches thatsächliches und Beweisvorbringen muß, um Berücksichtigung zu finden, in der Notfrist von 14 Tagen — in Wechselstreitigkeiten und im Bestandverfahren in der Notfrist von acht Tagen (vergl. Rubrik bei § 465 und § 505) — von der Zustellung der Berufungsschrift in einem von einem Advokaten unterschriebenen Schriftsatz oder im bezirksgerichtlichen Verfahren an Orten, wo nicht wenigstens zwei Advokaten ihren Sitz haben, durch Erklärung zu Protokoll bekannt gegeben werden §§ 468, 482. Wird in dieser „Mitteilung" auf die Anordnung einer mündlichen Berufungsverhandlung verzichtet, so kann sie auch Rechtsausführungen enthalten § 492 und ist dann „Berufungsbeantwortung" (vergl. § 507). Eine verspätete Mitteilung ist vom Prozeßgericht erster Instanz zurückzuweisen (vergl. § 465 Abs. 2 „Berufungsschriften"). Von der rechtzeitigen „Mitteilung" ist der Berufungswerber durch Zustellung einer Ausfertigung des Schriftsatzes bezw. einer Abschrift des Protokolles zu verständigen (§ 507); den Auftrag hierzu erläßt der Vorsitzende des Senates § 37 Ger.O.

IV. Nach rechtzeitigem Einlangen der Mitteilung des Berufungsgegners oder nach fruchtlosem Ablauf der hierfür bestimmten Frist hat das Prozeßgericht erster Instanz, und zwar der Vorsitzende des Senates (§ 37 Ger.O.) die Berufungsschrift, die etwa erstattete Mitteilung und alle den Rechtsstreit betreffenden Prozeßakten (also auch das Beratungsprotokoll § 219) mit den Ausweisen über die Zustellung des Urteiles und der Berufungsschrift (und der darüber erstatteten Mitteilung) dem Berufungsgericht vorzulegen. Der Antrag auf Berichtigung des Urteilsthatbestandes und auf Ergänzung des Urteiles hemmt die Vorlegung nicht § 485. Ist der Rechtsstreit durch das angefochtene Urteil nicht vollständig erledigt (bei Teil- und Zwischenurteil bezw. Ergänzungsantrag), so sind von den bei der ersten Instanz nötigen Akten dem Berufungsgericht amtliche Abschriften vorzulegen § 469.

§ 94. Der Effekt der Berufung.

I. Durch die Erhebung der Berufung wird die Entscheidung der Streitsache auf das Berufungsgericht übertragen. Dem Prozeßgericht bleibt vorbehalten die Bewilligung einstweiliger Verfügungen §§ 370, 378, 387 Ex.O.; ihm fällt zu das durch die Berufungsentscheidung angeordnete neue und weitere Verfahren, soweit es nicht einem anderen Gerichte erster Instanz zugewiesen, oder von den Parteien dem Berufungsgerichte selbst übertragen wird §§ 478, 496. Das Berufungsgericht entscheidet über seine Zuständigkeit, über die Zulässigkeit der Berufung, neben der ersten Instanz (§ 468) über die Rechtzeitigkeit der Berufung; es entscheidet über die Nichtigkeit des angefochtenen Urteiles und des dem Urteile vorausgegangenen Verfahrens § 471, auch wenn die Nichtigkeit von keiner der Parteien geltend gemacht wird § 494; es entscheidet unabhängig von Parteiantrag über jene Umstände, welche jederzeit von amtswegen zu berücksichtigen sind (Unzulässigkeit des Rechtsweges, Streithängigkeit und Rechtskraft der Entscheidung § 240); — es entscheidet über den Antrag auf Abänderung des Urteiles. Eine Abänderung des Urteiles ist nur zulässig, soweit sie beantragt ist § 466; es kann das Urteil nur gemäß dem Berufungsantrage § 497, also nur zu Gunsten des Berufungswerbers, der solchen Antrag stellt, nicht auch zu Gunsten des Gegners des Berufungswerbers als solchen abgeändert werden.

Zu begründen ist ein Antrag auf Aufhebung oder auf Abänderung des Urteiles (Berufungsantrag) mit Thatsachen und Beweisen, welche die Anfechtung des Urteiles oder der demselben vorausgegangenen Beschlüsse rechtfertigen §§ 467, 462. Die Berufungsgründe müssen also dem Sach- und Streitstand des Verfahrens in erster Instanz entnommen sein. Es kann Berufungsgrund sein neben der Nichtigkeit des Verfahrens und des Urteiles — die Unvollständigkeit der Entscheidung über die Sachanträge, — ein Mangel des Verhandlungs- und Beweisverfahrens, welcher eine erschöpfende Erörterung und gründliche Beurteilung der Streitsache verhinderte, — Unvollständigkeit der erstrichterlichen Verhandlung zufolge mangelhafter Prozeßleitung § 496, — die unrichtige und unvollständige Feststellung der Ergebnisse der Verhandlung und Beweisaufnahme § 498, — die Unrichtigkeit einer Vorentscheidung oder der Sachentscheidung, die Unrichtigkeit der Beweisbewertung. Es darf im Berufungsverfahren außer dem Anspruche auf Kostenersatz kein neuer Anspruch, keine neue Einrede erhoben § 482, es darf die dem erstinstanzlichen Urteile zu Grunde liegende Klage selbst mit Zustimmung des Gegners nicht geändert (wohl aber an Stelle des ursprünglich geforderten Gegenstandes ein anderer Gegenstand oder das Interesse gefordert § 235) werden. Es dürfen neue, d. h. solche Thatumstände und Beweise, welche nach Inhalt der erstrichterlichen Prozeßakten und des Urteilsthatbestandes in erster Instanz nicht vorgekommen sind, von den Parteien im Berufungsverfahren nur zur Darlegung und Widerlegung der geltend gemachten Berufungsgründe, d. i. der Mängel des erstinstanzlichen Verfahrens und der Entscheidung geltend gemacht § 482, nicht aber die im erstinstanzlichen Verfahren versäumten Behauptungen und Beweise nachgeholt werden. Dieses neue Vorbringen muß überdies, um Berücksichtigung zu finden, vorher im Wege der Berufungsschrift und mittels des vorbereitenden Schriftsatzes des § 468 dem Gegner mitgeteilt sein. Das Berufungsgericht kann die zur Unterstützung und Bekämpfung der Berufungsgründe dienenden Beweise aufnehmen, in erster Instanz erfolgte Beweisaufnahmen wiederholen und ergänzen, im erstrichterlichen Verfahren von den Parteien erfolglos angebotene Beweise (§ 417) nachträglich aufnehmen § 488; es hat die in den erstinstanzlichen Prozeßakten und dem Urteilsthatbestande festgestellten Ergebnisse der erstinstanzlichen Verhandlung und Beweisführung und zugleich die Ergebnisse der Verhandlung und Beweisführung über die Berufungsgründe der Entscheidung über die Berufungsanträge zu Grunde zu legen § 498.

II. Durch die rechtzeitige Erhebung der Berufung wird der Eintritt der Rechtskraft und Vollstreckbarkeit des angefochtenen Urteiles im Umfang der Berufungsanträge bis zur Erledigung des Rechtsmittels gehemmt § 466. Da das Berufungsgericht unbeschränkt durch Parteiantrag über die Nichtigkeit des Urteiles und die von amtswegen zu berücksichtigende Prozeßhinderung erkennt, und die Berufungsanträge, wenn auch nur mit Einwilligung des Gegners in der mündlichen Berufungsverhandlung erweitert und durch andere Anträge ersetzt werden können § 483, so wird erst durch die Berufungsverhandlung festgestellt, inwieweit das Urteil der unteren Instanz als nicht angefochten zur Exekution geeignet sei, was auf Antrag vom Berufungsgericht noch vor der Entscheidung über die Berufung mit Beschluß festzustellen ist § 490.

III. Zurücknahme der Berufung ist bis zum Schlusse der mündlichen Berufungsverhandlung zulässig. Sie kann durch Erklärung in der Berufungsverhandlung oder mittels eines Schriftsatzes erfolgen. Wird der Schriftsatz noch vor Beginn der Berufungsverhandlung überreicht, so ist die anberaumte Tagsatzung abzumelden. Die Zurücknahme bewirkt den Verlust des Rechtsmittels und die Verpflichtung zum Ersatz der durch das Rechtsmittel entstandenen Kosten (Kosten für geladene Zeugen und Sachverständige, für die Beschaffung sonstiger Beweise § 481), insbesondere auch aller dem Gegner verursachten Kosten. Der Antrag auf Verpflichtung zum Kostenersatze ist bei sonstigem Ausschluß vom Berufungsgegner, den geladenen Zeugen und Sachverständigen bei der mündlichen Verhandlung, und wenn die anberaumte Tagsatzung abgesagt wurde, binnen acht Tagen nach der Verständigung von der Zurücknahme der Berufung zu stellen. Die Einziehung der Kosten für amtliche Beschaffung von Urkunden ist zeitlich nicht beschränkt. Über die Verpflichtung zum Kostenersatze jeder Art entscheidet das Berufungsgericht mit Beschluß § 484. — Erfolgt die Zurücknahme der Berufung, bevor sie dem Berufungsgericht vorgelegt ist, so ist die bezügliche Erklärung bei dem Prozeßgerichte erster Instanz anzubringen, und über die dem Gegner erwachsenen Kosten von diesem Gerichte zu entscheiden.

§ 95. Das Berufungsverfahren.

I. Auf das Berufungsverfahren sind, soweit nicht Besonderes bestimmt ist, die Vorschriften über das Verfahren vor den Gerichtshöfen erster Instanz anzuwenden. Die Parteien müssen von Advokaten vertreten sein § 463. Die einem Advokaten erteilte Prozeßvollmacht berechtigt auch zur Vertretung im Berufungsverfahren, und zur Übertragung der Vollmacht für diesen Prozeßabschnitt auf einen anderen Advokaten § 31.

II. Das Berufungsverfahren ist ein vollständiges oder unvollständiges. Das vollständige Berufungsverfahren umfaßt die Berufungsschrift, den allenfalls vom Berufungsgegner einzubringenden vorbereitenden Schriftsatz und die nach Vorlage der Berufungsakten vom Berufungsgerichte anzuordnende mündliche Berufungsverhandlung, welcher die Entscheidung durch Beschluß oder Urteil folgt. — Unvollständiges Berufungsverfahren ist jenes, bei welchem die mündliche Berufungsverhandlung entfällt infolge der dem Berufungssenate nach Einlangen der Akten obliegenden Vorprüfung (Vorverfahren) § 470 fol., oder infolge des Verzichtes der Parteien § 492.

§ 96. Das Vorverfahren vor dem Berufungsgerichte.

Nach Einlangen der Berufungsakten bei dem Berufungsgerichte hat der Vorsteher dieses Gerichtes oder der zum Vorsitzenden des Berufungssenates bestellte Richter die Berufungsakten zu prüfen § 470. Auf Grund dieser Prüfung ist die Berufung in den vom § 471 aufgezählten Fällen vor den Berufungssenat zu bringen und von diesem ohne vorhergehende mündliche Verhandlung durch Beschluß zu erledigen. Zur Feststellung der im § 471 bezeichneten Berufungsgründe oder der Richtigkeit kann das Berufungsgericht thatsächliche Aufklärungen seitens der Parteien oder des Gerichtes erster Instanz oder andere vorgängige Erhebungen anordnen, und solche Erhebungen selbst durchführen, oder durch einen beauftragten Richter oder durch das Prozeßgericht erster Instanz durchführen lassen § 473.

I. Eine Erledigung der Berufung hat im Vorprüfungsverfahren zu erfolgen:

1. wenn das Berufungsgericht zur Entscheidung über die erhobene Berufung nicht zuständig ist. — Die örtliche Zuständigkeit bestimmt sich aus der Unterordnung des Gerichtes erster Instanz. In gleicher Weise bestimmt sich auch die sachliche Zuständigkeit bei Berufung gegen Urteile eines Gerichtshofes erster Instanz. Ein anderes als das dem Gerichte erster Instanz organisatorisch übergeordnete Gericht kann weder in der Berufungsschrift (§ 467 Z. 1), noch in dem an den Gegner des Berufungswerbers zu erlassenden Bescheid (§ 468) als Berufungsgericht bezeichnet werden. Zweifelhaft kann nur sein die sachliche Zuständigkeit des Gerichtshofes bei Berufung gegen bezirksgerichtliche Urteile. Es **geht** die Berufung gegen Urteile der Bezirksgerichte an den zur Ausübung der allgemeinen Gerichtsbarkeit berufenen Gerichtshof (Senat), bei entsprechender Bezeichnung des erstinstanzlichen Urteiles (§ 446) an den zur Ausübung der Kausalgerichtsbarkeit berufenen Gerichtshof (Senat). Der Gerichtshof, an welchen die Berufung gelangt, hat nur zu prüfen, ob die Berufung auf dem gesetzlich vorgeschriebenen Wege an ihn gelangt, nicht auch ob der in das Urteil erster Instanz aufgenommene Beisatz über die Art der Gerichtsbarkeit gesetzlich begründet ist. Ist die Berufung den gesetz-

lichen Weg gegangen, so kann der Gerichtshof die Berufungsverhandlung nicht verweigern. Ist die Berufung außer diesem Weg an den Gerichtshof gelangt, oder lehnt die Partei nach Zulaß des § 487 bei der Berufungsverhandlung die Zuständigkeit des Berufungsgerichtes mit Erfolg ab, so hat das Gericht (der Senat) die Berufung an das zuständige Gericht (den zuständigen Senat) zu verweisen §§ 474, 487. In dem Überweisungsbeschluß ist auszusprechen (§ 519 Abs. 3), daß das Verfahren vor dem zuständigen Berufungsgericht nach Rechtskraft des Beschlusses von amtswegen anzuordnen ist § 479. Das Gericht, an welches die Sache verwiesen wird, ist hinsichtlich der Art der auszuübenden Gerichtsbarkeit formell (nicht materiellrechtlich) an die gefällte Entscheidung gebunden § 487;

2. wenn die Berufung versäumt (§ 464) oder wenn sie unzulässig ist (s. oben § 92). Solche Berufung ist mit Beschluß zu verwerfen § 474, wogegen Rekurs zusteht § 519;

3. wenn in der Berufungsschrift das Urteil nicht angegeben ist, wider welches Berufung erhoben wird, — wenn die Berufungsschrift keinen oder keinen bestimmten Berufungsantrag enthält, — oder wenn die Berufungsgründe weder ausdrücklich noch durch deutliche Hinweisung einzeln angeführt sind. Eine solche Berufung ist durch Beschluß zu verwerfen, wogegen Rekurs zusteht §§ 474 und 519. — Bei Verwerfung der Berufung hat der Berufungswerber dem Gegner die Kosten des Rechtsmittelverfahrens zu ersetzen; die Liquidierung dieser Kosten ist nicht befristet;

4. wenn sich die Berufung gegen ein wegen Säumnis einer Partei gefälltes Urteil darauf gründet, daß eine Versäumung nicht vorliege. Wird die Berufung begründet befunden, so ist das Urteil durch Beschluß aufzuheben und die Rechtssache (zur neuerlichen Urteilsfällung! oder) zur Fortsetzung der Verhandlung und Urteilsfällung an das Prozeßgericht erster Instanz zurückzuweisen § 474. Für den Rekurs gegen solchen Beschluß und die Fortsetzung des Verfahrens in erster Instanz gilt § 519 Z. 3;

5. wenn der in das Urteil aufgenommene Ausspruch über die Einrede der Unzuständigkeit oder über die (jederzeit auch von amtswegen zu berücksichtigende § 240) Streithängigkeit oder Rechtskraft angefochten wird. Die Entscheidung über solches Prozeßhindernis hat mittelst Beschlusses zu erfolgen § 261. Wird von der ersten Instanz solches Prozeßhindernis anerkannt, dann wird die Entscheidung in der Hauptsache verweigert und die Rechtssache in erster Instanz mit Beschluß erledigt. Über den Rekurs gegen diesen Beschluß kommt das Obergericht in die Lage zu verfügen, wie § 475 Abs. 1 bestimmt, daß der ersten Instanz aufgetragen wird, in der Rechtssache zu verhandeln bezw. zu entscheiden. — In das Urteil ist die Entscheidung über die Einrede der Unzuständigkeit, Streithängigkeit oder Rechtskraft aufgenommen, wenn diese Einrede in Verbindung mit der Hauptsache verhandelt und abgewiesen wurde, oder wenn diese Einrede bei der mündlichen Streitverhandlung, jedoch auf Grund abgesonderter Verhandlung, verworfen wurde und das Gericht sogleich die Verhandlung zur Hauptsache aufzunehmen befunden hat § 261. In diesem Falle ist, wie § 471 Z. 6 voraussetzt, das Prozeßhindernis Gegenstand der Berufung (vergl. allerdings § 45 J.N.). Findet das Berufungsgericht Streithängigkeit oder Rechtskraft gegeben, so hat es mit Beschluß das erstrichterliche Urteil aufzuheben und die Klage abzuweisen § 475 Abs. 3; – findet es die erste Instanz unzuständig, so hat es das angefochtene Urteil mit Beschluß aufzuheben und die Rechtssache zur neuerlichen Verhandlung an das zuständige Gericht zu verweisen § 475. Dieses Gericht hat — allenfalls erst nach Rechtskraft des Beschlusses § 519 Z. 3 — die neuerliche Verhandlung auf Grund des über die erste Verhandlung aufgenommenen Protokolles und allen sonstigen (gemäß § 469) an das Berufungsgericht gelangten Prozeßakten durchzuführen. Es hat der die neuerliche Verhandlung leitende Richter die wesentlichen Ergebnisse der früheren Verhandlung mündlich vorzuführen § 138 und daran die weitere Verhandlung zu knüpfen. Für diese weitere Verhandlung behalten die bei der früheren Verhandlung abgelegten Geständnisse und sonstigen Parteierklärungen ihre Wirksamkeit, doch können die Parteien von ihren Angriffs- und Verteidigungshandlungen freien Gebrauch machen, und auch früher versäumte oder verweigerte Erklärungen nachholen § 476;

6. wenn das Urteil oder das der Urteilsfällung vorangegangene Verfahren als nichtig

angefochten wird, — oder an einer vom Berufungswerber nicht geltend gemachten Nichtigkeit leidet.

II. Es ist das Urteil, und soweit der Grund der Nichtigkeit das vorangegangene Verfahren ergreift, auch dieses ohne vorhergehende mündliche Verhandlung durch Beschluß (§ 473) aufzuheben § 477: 1. wenn an der Entscheidung ein Richter teilnahm, welcher gesetzlich von der Ausübung des Richteramtes ausgeschlossen war, oder dessen Ablehnung als berechtigt erkannt worden ist; — 2. wenn das erkennende Gericht nicht vorschriftsmäßig besetzt war; — 3. wenn das Urteil von einem Gerichte gefällt wurde, das auch nicht durch ausdrückliche Vereinbarung für diese Rechtssache zuständig gemacht werden konnte; — 4. wenn einer Partei die Möglichkeit, vor Gericht zu verhandeln, durch ungesetzlichen Vorgang, insbesondere durch Unterlassung der Zustellung entzogen wurde; — 5. wenn eine Partei gar nicht (im Anwaltsprozesse nicht durch einen Advokaten, im Parteiprozesse nicht durch einen legitimierten Vertreter), — oder falls sie eines gesetzlichen Vertreters bedarf, nicht durch einen solchen (nicht durch den nach Bedarf besonders zu ermächtigenden Vertreter) vertreten war, sofern die Prozeßführung nicht nachträglich ordnungsmäßig genehmigt wurde; — 6. wenn über eine nicht auf den Rechtsweg gehörige (eine der inländischen Gerichtsbarkeit oder den ordentlichen Gerichten entzogene, § 42 J.N.) Sache erkannt wurde; — 7. wenn die Öffentlichkeit in ungerechtfertigter Weise ausgeschlossen wurde; — 8. wenn der Vorschrift des § 210 Abs. 2 zuwider die Parteien oder deren Bevollmächtigte Entwürfe zu Verhandlungsprotokollen zu den Akten gebracht haben; — 9. wenn die Fassung des Urteils so mangelhaft ist, daß dessen Überprüfung nicht mit Sicherheit vorgenommen werden kann, wenn das Urteil mit sich selbst im Widerspruche ist, oder für die Entscheidung keine Gründe angegeben sind und diesen Mängeln durch eine vom Berufungsgerichte angeordnete Berichtigung des Urteils (§ 419) nicht abgeholfen werden kann.

Bedarf es nach Erkenntnis der Nichtigkeit a) zur Erledigung der Rechtssache einer weiteren Verhandlung nicht, so hat das Berufungsgericht die Zurückweisung der Klage auszusprechen § 478. Das hat zu geschehen bei der Nichtigkeit nach Z. 5 und 6. Als Genehmigung der Prozeßführung seitens des gesetzlichen Vertreters gilt die vorbehaltslose Erstattung der Berufungsschrift bezw. der im § 468 vorbedachten schriftlichen Mitteilung § 477 Abs. 2; — b) einer weiteren Verhandlung zur Erledigung der Rechtssache, so ist sie an das Gericht erster Instanz zurückzuweisen § 478 Abs. 2. Ist die Nichtigkeit begründet, weil an der Entscheidung ein ausgeschlossener oder abgelehnter Richter teilgenommen hat, oder weil das erkennende Gericht nicht vorschriftsmäßig besetzt war, so kann die Sache zur mündlichen Verhandlung statt an das Prozeßgericht erster Instanz an ein anderes im Sprengel des Berufungsgerichtes gelegenes Gericht gleicher Art verwiesen werden. Die durch Nichtigkeit veranlaßte Verweisung an ein Gericht erster Instanz ist aufzuheben, wenn beide Parteien in der Notfrist von acht Tagen nach Zustellung der Entscheidung des Berufungsgerichtes beantragen, daß vom Berufungsgericht die notwendige neue Verhandlung (nach den für das Gerichtshofsverfahren geltenden Vorschriften) durchgeführt und in der Sache selbst erkannt werde. Dieser Antrag ist bei dem Berufungsgerichte zu stellen § 478; die daraufhin erfolgte Entscheidung ist Berufungsentscheidung. Diese Vorschrift ist auf Rekurse gegen Endbeschlüsse im Besitzstörungsverfahren nicht anwendbar. — Dem Erstinstanzgericht, an welches die Rechtssache nach § 478 verwiesen wurde, obliegt, Tagsatzung zur mündlichen Verhandlung von amtswegen anzuordnen. Das hat in der Regel sofort zu geschehen; es ist jedoch bis zur Rechtskraft der Entscheidung des Berufungsgerichtes zuzuwarten, wenn dieses auf Antrag oder von amtswegen solches angeordnet hat § 479 Abs. 1 und § 519 Z. 3. Bei der Neuverhandlung ist auf den Inhalt des nichtig erklärten Verfahrens kein Bedacht zu nehmen (vergl. § 476).

§ 97. Die Berufungsverhandlung.

I. Die Anberaumung. Ergiebt die Prüfung der Berufungsakten keinen Anlaß, sofort eine Senatsentscheidung einzuholen § 471, oder findet der Berufungssenat bei der

Vorprüfung kein Hindernis für die Berufungsverhandlung, so hat der Vorsitzende des Berufungssenates Tagsatzung zur mündlichen Berufungsverhandlung anzuberaumen und zwar der Art, daß den Parteien außer dringenden Fällen von der Ladung bis zur Tagsatzung ein Zeitraum von ungefähr 14 Tagen offen bleibt. Die Anordnung der Tagsatzung hat auch zu erfolgen, wenn die in der Berufung erhobene Beschwerde wegen irriger Annahme einer Versäumung, wegen Unzuständigkeit, wegen Streithängigkeit oder Rechtskraft, oder wegen Nichtigkeit vom Berufungsgerichte in nicht öffentlicher Sitzung verworfen wurde, in der Berufungsschrift aber noch andere der mündlichen Verhandlung vorbehaltene Anfechtungsgründe geltend gemacht sind § 480; der in nicht öffentlicher Sitzung gefaßte Beschluß ist in die über die mündliche Verhandlung ergehende Berufungsentscheidung aufzunehmen. Die Ladung zur Berufungsverhandlung ergeht an die Parteien § 480 Abs. 1 bezw. an deren Prozeßbevollmächtigte § 93. Ist von der Partei der sie im Berufungsverfahren vertretende Advokat bereits namhaft gemacht, so ist die Ladung an diesen Advokaten zu richten § 480 Abs. 3. Zeigt sich schon bei Anberaumung der Tagsatzung zur Berufungsverhandlung die Notwendigkeit, in der Berufungsverhandlung einzelne in der Berufungsschrift oder in der vom Gegner eingebrachten Mitteilung auf dieselbe angeführten Thatsachen festzustellen, in erster Instanz vorgebrachte Beweise zu wiederholen oder zu ergänzen, oder bisher bloß angebotene Beweise aufzunehmen, so hat der Vorsitzende des Berufungssenates die namhaft gemachten Zeugen oder die in erster Instanz einvernommenen Sachverständigen zur Berufungsverhandlung vorzuladen, die Parteien behufs ihrer eidlichen Vernehmung zum Erscheinen aufzufordern und die Herbeischaffung aller sonstigen Beweismittel zu veranlassen § 481.

In der Zwischenfrist bis zur Berufungsverhandlung dürfen besondere vorbereitende Schriftsätze (§ 258) nicht eingebracht werden; es sind im Berufungsverfahren vorbereitende und den Umfang der mündlichen Verhandlung bestimmende Schriftsätze die Berufungsschrift und der vom Gegner des Berufungswerbers gemäß § 468 eingebrachte „vorbereitende Schriftsatz" §§ 481, 482, 491.

II. Unterbrechung des Berufungsverfahrens, Aussetzung und Ausfall der Berufungsverhandlung. Das Berufungsverfahren wird unterbrochen: 1. bei Eintritt eines der Zwischenfälle der §§ 155—162; — 2. durch Anordnung der ersten Instanz: a) bei Antrag auf Wiedereinsetzung in den vorigen Stand § 152, und b) bei Erhebung einer Wiederaufnahmsklage §§ 544, 545.

Die Berufungsverhandlung kann auf Antrag (einer der Parteien) ausgesetzt werden: 1. wenn die Berufung gegen ein Urteil gerichtet ist, dessen Ergänzung gemäß § 423 beantragt wurde, bis das Ergänzungsurteil rechtskräftig geworden, oder auch die Berufung gegen das Ergänzungsurteil an das Berufungsgericht gelangt ist, in welchem Falle die Verhandlung über beide Berufungen zu verbinden ist; — 2. wenn die Berufung gegen ein Urteil gerichtet ist, für welches die Berichtigung des Thatbestandes beantragt wurde (§ 420), sofern die geforderte Berichtigung auf die Beurteilung der Berufung von Einfluß sein könnte § 485.

Die mündliche Berufungsverhandlung entfällt, wenn beide Parteien in den Berufungsschriften oder in einem bei dem Prozeß- oder dem Berufungsgericht überreichten Schriftsatz darauf verzichten. In diesem Falle kann die Berufungsschrift und die Mitteilung auf dieselbe auch Rechtsausführungen und Darlegungen über Thatsachen und Beweise (§ 78 Abs. 2) enthalten. Die Berufungsentscheidung erfolgt sohin in nicht öffentlicher Sitzung, doch ist dem Gerichte vorbehalten, wenn erforderlich eine mündliche Verhandlung anzuordnen § 492. Solche Verhandlung ist insbesondere anzuordnen, wenn gegen einzelne Feststellungen eines Protokolles erster Instanz oder gegen die in der Ausfertigung eines Beweisbeschlusses oder im Urteilsthatbestande enthaltenen Angaben über thatsächliches und Beweisvorbringen rechtzeitig Widerspruch erhoben wurde, und die Beurteilung der Bedeutung dieses Widerspruches eine mündliche Verhandlung erfordert § 498. Bei einseitig erklärtem Verzicht ist auch der Verzichtende zur mündlichen Berufungsverhandlung zu laden.

III. Das Ausbleiben der Parteien. Im Berufungsverfahren besteht kein

Kontumacialverfahren. Die Erstattung einer Mitteilung auf die Berufungsschrift ist dem Gegner des Berufungswerbers vorbehalten, nicht auferlegt § 468; die Berufungsverhandlung hat statt bei Ausbleiben einer, und auch bei Ausbleiben beider ordnungsmäßig geladenen Parteien; sie wird auch durch Vereinbarung des Ruhens des Verfahrens nicht ausgeschlossen. Es ist im Falle des Ausbleibens einer oder beider Parteien über die Berufung zu verhandeln und mit Berücksichtigung des in der Berufungsschrift bezw. in der nach § 468 überreichten Mitteilung Vorgebrachten zu entscheiden. Dabei ist dem Berufungsgerichte vorbehalten, unter Würdigung des Thatbestandes des angefochtenen Urteiles und aller sonstigen Prozeßakten erster und zweiter Instanz zu entscheiden, ob das in der Berufungsschrift und in der Mitteilung auf dieselbe enthaltene neue Vorbringen (§ 482 Abs. 2) als zugestanden oder als bestritten anzusehen sei § 491 (§ 267). Ergiebt sich dabei die Notwendigkeit einer nicht sofort ausführbaren Beweisaufnahme, so ist die ausgebliebene Partei zur weiteren Verhandlung zu laden. Als ausgeblieben ist eine Partei zu behandeln, welche ohne Anwalt zur mündlichen Berufungsverhandlung erscheint.

IV. Der Umfang der Berufungsverhandlung. Vor dem Berufungsgericht wird der Rechtsstreit nicht von neuem verhandelt, sondern lediglich die Verhandlung und Entscheidung der ersten Instanz im Umfange der Berufung § 467 Z. 3 einer Überprüfung unterzogen. Das Berufungsgericht hat seiner Entscheidung die in den erstrichterlichen Prozeßakten und im Urteile der ersten Instanz festgestellten Ergebnisse der Verhandlung und Beweisführung zu Grunde zu legen, soweit dieselben nicht durch die Berufungsverhandlung selbst eine Berichtigung erfahren. Ist gegen einzelne Feststellungen in erster Instanz rechtzeitig Widerspruch erhoben und zwar gegen eine Feststellung im Protokolle bei der Protokollierung § 212, gegen die Feststellungen im Beweisbeschluß eines Einzelrichters bei der nachfolgenden mündlichen Streitverhandlung § 444, gegen die Feststellung in der vom Einzelrichter nach Schluß der Verhandlung erfolgten Ausfertigung des Urteilsthatbestandes innerhalb drei Tagen nach der Verständigung § 445, und wird auf solchen Widerspruch in den Berufungsgründen Bezug genommen, so hat das Berufungsgericht die Bedeutung dieses Widerspruches nötigenfalls nach mündlicher Verhandlung über die vom Widerspruche betroffenen Feststellungen und Angaben unter sorgfältiger Erwägung der Ergebnisse des Berufungsverfahrens und aller sonstigen Umstände zu beurteilen § 498.

Das Berufungsgericht hat in der Berufungsverhandlung wie im Vorprüfungsverfahren von amtswegen die Rechtzeitigkeit und Zulässigkeit der Berufung, seine Zuständigkeit, eine etwaige Nichtigkeit des Urteiles und des demselben vorausgegangenen Verfahrens und den Bestand der jederzeit von amtswegen zu berücksichtigenden Prozeßvoraussetzungen zu prüfen, und soweit sich daraus keine Erledigung der Berufung ergiebt, über die Berufungsanträge und Berufungsgründe zu verhandeln und zu entscheiden. Bestimmend für diese Verhandlung sind die Berufungsschriften d. i. die Berufungsschrift des Berufungswerbers und die schriftliche Mitteilung des Gegners desselben. Sie sind mit den erstinstanzlichen Prozeßakten die Grundlage der Berufungsentscheidung, wenn die Parteien auf die mündliche Berufungsverhandlung verzichtet haben, sofern nicht das Gericht eine solche Verhandlung für notwendig erkennt § 492; — es ist das in der Berufungsschrift bezw. in der Mitteilung des Gegners des Berufungswerbers Vorgebrachte zu berücksichtigen, wenn auch ein Teil von der Berufungsverhandlung ausbleibt § 491. Es sind für die mündliche Berufungsverhandlung bestimmend die in der Berufungsschrift gestellten Berufungsanträge und die da angegebenen Berufungsgründe, doch dürfen bei der mündlichen Berufungsverhandlung die Berufungsanträge geändert, es dürfen neue Berufungsgründe geltend gemacht werden mit Einwilligung des Gegners, welche als gegeben gilt, wenn der anwesende Gegner über solche Änderung ohne Vorbehalt verhandelt § 483; es darf mit Zustimmung des anwesenden Gegners in der Berufungsverhandlung die Berufungsschrift durch Angabe des Berufungsantrages und der Berufungsgründe ergänzt werden § 495, wenn solcher Mangel nicht schon im Vorverfahren wahrgenommen wurde. Mit Bedacht darauf ist es dem Berufungsgerichte vorbehalten, bei der Verhandlung vor der Entscheidung auszusprechen, wie weit das Urteil der ersten Instanz als nicht angefochten zur Exekution reif ist § 490. Da bei einseitiger Berufung das erstrichterliche Urteil nur zu Gunsten des Berufungswerbers abgeändert werden kann § 497, ist Zurücknahme der Berufung bis zum Schlusse der Verhandlung zulässig § 484. Bestimmend sind die Berufungsschrift und die Mitteilung des Gegners über diese Schrift für die Zulässigkeit neuer Thatsachen und Beweise zur Darthuung und Widerlegung der geltend gemachten Berufungsgründe; ein Nachholen solcher Angaben in der Berufungsverhandlung ist ausgeschlossen § 482.

V. Der Gang der Berufungsverhandlung. Die mündliche Berufungsverhandlung beginnt nach dem Aufrufe der Sache mit dem Vortrage eines Mitgliedes des Senates als Berichterstatter. Der Vortrag hat mit Hilfe der Prozeßakten den Sachverhalt und den bisherigen Gang des Rechtsstreites, soweit dies zum Verständnisse der Berufungsanträge und zur Prüfung der Richtigkeit des angefochtenen Urteiles und der Berufungsgründe erforderlich ist, dann den wesentlichen Inhalt der von den Parteien erstatteten Berufungsschriften darzulegen und die sich daraus ergebenden Streitpunkte zu bezeichnen. Dabei darf der Vortragende seine Ansicht über die zu fällende Entscheidung nicht äußern § 486. An diesen Vortrag hat sich bei sonstigem Ausschluß sofort der Antrag der Parteien auf Ablehnung der Zuständigkeit des Berufungsgerichtes anzuschließen. Ein solcher Antrag hat im Berufungsverfahren nur statt, wenn bei Berufung gegen ein bezirksgerichtliches Urteil das Einschreiten eines Kausalgerichtes (Senates) erwirkt oder abgelehnt werden will. Der Antrag kann vom Berufungswerber und vom Berufungsgegner, — er kann aber nur dann gestellt werden, wenn er der Erklärung oder dem Verhalten der Partei in erster Instanz nicht wiederspricht. Ist das erstrichterliche Urteil des zur Ausübung der allgemeinen und besonderen Gerichtsbarkeit berufenen Bezirksgerichtes nach Übereinkunft der Parteien als in Ausübung der besonderen Gerichtsbarkeit gefällt bezeichnet, so können die Parteien den Fachsenat des Gerichtshofes als Berufungsgericht nicht mehr ablehnen. Gleiches gilt, wenn über die Klage bei einem Bezirksgerichte für Handelssachen der Beklagte die sachliche Unzuständigkeit nicht rechtzeitig gerügt hat § 43 J.N. — Es kann jene Partei den Fachsenat als Berufungsgericht nicht mehr ablehnen, auf deren Antrag das Urteil als in Handels- oder Bergsachen ergangen bezeichnet wurde. Es kann die Partei die Entscheidung des Fachsenates nicht erwirken, wenn sie in erster Instanz die im § 3 J.N. geforderte Bezeichnung des Urteils nicht beantragt, sich gegen die Aufnahme des vom Gegner geforderten Zusatzes erklärt, oder bei einem lediglich zur allgemeinen Gerichtsbarkeit bestellten Bezirksgerichte ohne Einspruch verhandelt hat. — Über den Ablehnungsantrag ist vor der Aufnahme der Verhandlung über die Berufung zu verhandeln und zu entscheiden (also § 61 J.N. nicht anwendbar). Wird dem Antrage stattgegeben, so hat das Gericht seine Unzuständigkeit durch Beschluß auszusprechen und die Berufung an das für dieselbe zuständige Gericht zu verweisen § 474, welches nach Rechtskraft des Beschlusses das Berufungsverfahren fortzusetzen hat. Das Gericht, an welches die Berufungssache verwiesen wurde, ist an die hinsichtlich der Art der auszuübenden Gerichtsbarkeit gefällte Entscheidung, d. h. an die Kompetenzentscheidung § 46 J.N. gebunden. Wird der Antrag verworfen, so ist die Berufungsverhandlung sogleich durchzuführen und der gefaßte (und auch verkündete) Beschluß in die in der Hauptsache ergehende Entscheidung aufzunehmen § 487.

Bei Aufnahme der Verhandlung über die Berufung sind die Anträge der Parteien und der durch die Berufung getroffene Teil des erstrichterlichen Urteiles samt Entscheidungsgründen, und wenn es vom Vorsitzenden oder dem Senate zweckdienlich erachtet wird, auch die bezüglichen Teile des Verhandlungsprotokolles erster Instanz vom Schriftführer vorzulesen § 486. Hierauf folgen die Vorträge der Parteien. Stimmt der Vortrag mit dem Inhalt der Prozeßakten nicht überein, so hat der Vorsitzende darauf aufmerksam zu machen § 486. Bei Ausbleiben einer Partei ist vom Gericht auf den von ihr erstatteten Schriftsatz Bezug zu nehmen § 491.

Behufs Entscheidung über die Berufungsanträge kann das Berufungsgericht: a) die zur Unterstützung oder Bekämpfung der Berufungsgründe dienenden (neu vorgebrachten § 482, oder kraft des Prozeßleitungsrechtes herangezogenen § 481) Beweise aufnehmen; — b) in erster Instanz erfolgte Beweisaufnahmen wiederholen oder ergänzen; — c) die im erstrichterlichen Verfahren erfolglos angebotenen Beweise (Beweise, welche in erster Instanz wegen Unerheblichkeit, wegen Verschleppungsabsicht oder wegen Versäumung der Beweisaufnahmefrist zurückgewiesen wurden) nachträglich aufnehmen. Das Berufungsgericht kann den in erster Instanz geführten Sachverständigenbeweis durch Vorladung der bereits vernommenen § 481 und durch Bestellung neuer Sachverständigen wiederholen und ergänzen § 488. Es kann das Berufungsgericht die eidliche Vernehmung der Parteien anordnen, doch darf, wenn eine Partei bereits unter Eid vernommen wurde, über dieselbe Thatsache nicht die eidliche Vernehmung der Gegenpartei angeordnet werden, und ist die eidliche Vernehmung der bereits unter Eid vernommenen Partei unter Erinnerung an den in erster Instanz abgelegten Eid vorzunehmen. Das Berufungsgericht kann auch die eidliche Vernehmung einer Partei anordnen, welche in erster Instanz die Vernehmung oder Aussage verweigert hat, wenn es die Überzeugung gewinnt, daß die Partei genügende Gründe hatte, die Vernehmung zu verweigern und diese Gründe seither weggefallen sind § 489. Die vom Berufungsgericht angeordnete Beweisaufnahme ist nach den für das Gerichtshofsverfahren geltenden Vorschriften (§ 463) von dem Berufungssenate oder durch einen beauftragten oder ersuchten Richter vorzunehmen § 488.

VI. Die Feststellung der Berufungsverhandlung. In dem Protokolle über die mündliche Berufungsverhandlung (§ 207 ff.) ist der Inhalt des thatsächlichen Vorbringens und der Beweisanbietungen der Parteien (§§ 209, 210) nur insoweit aufzunehmen, als er von den Angaben der erstrichterlichen Prozeßakten über den Verhandlungsinhalt abweicht. Eine Berichtigung des Protokollinhaltes erfolgt gemäß § 212. — Wird die Berufungsverhandlung bei einer Tagsatzung beendigt, so kann die Darstellung des auf den Sachverhalt sich beziehenden Parteivorbringens (§ 209) dem Urteilsthatbestande vorbehalten werden und sind dann im Protokolle nur die Umstände und Erklärungen der §§ 207 und 208 zu beurkunden. Anträge auf Berichtigung der in den Urteilsthatbestand aufgenommenen Angaben über das thatsächliche und das Beweisvorbringen der Parteien sind binnen acht Tagen nach der Zustellung des Urteiles bei dem Berufungsgerichte zu stellen § 493; bei Fristversäumung ist Restitution ausgeschlossen (§ 420).

VII. Die Entscheidung des Berufungsgerichtes. a) Bei der Berufungsverhandlung kann eine schon im Vorverfahren zulässige Erledigung erfolgen. Es ist die Berufung durch Beschluß zu verwerfen, wenn erst bei der Berufungsverhandlung wahrgenommen wird, daß die Berufung unzulässig, nicht in der gesetzlichen Frist erhoben, oder daß die Berufungsschrift in Beziehung auf Berufungsantrag oder die Berufungsgründe mangelhaft ist, sofern nicht der bei der Berufungsverhandlung anwesende Gegner die Verbesserung der Berufungsschrift zuläßt § 495. Die Nachsicht der Versäumung der Berufungsfrist ist dem Berufungsgegner nicht vorbehalten. — Ergiebt die Berufungsverhandlung, daß das angefochtene Urteil oder das Verfahren in erster Instanz an einer im Vorverfahren unbeachtet gebliebenen Nichtigkeit leidet, so ist, abgesehen von dem Falle, wo der Mangel der Vertretung durch Genehmigung beseitigt erscheint, auch wenn die Nichtigkeit von keiner Partei geltend gemacht wurde, das erstrichterliche Urteil durch Beschluß aufzuheben und nach der Sachlage entweder die Klage zurückzuweisen, oder weitere Verhandlung anzuordnen § 494. Jederzeit ist auch die Streithängigkeit und Rechtskraft von amtswegen zu berücksichtigen § 240.

b) Das Berufungsgericht hat über Parteibeschwerde die Sache durch Beschluß zur Verhandlung und Urteilsfällung an das Prozeßgericht erster Instanz zurückzuweisen, wenn, ohne daß dadurch eine Nichtigkeit begründet wäre: 1. die Sachanträge (des Klägers, des Beklagten) durch das angefochtene Urteil nicht vollständig erledigt wurden (und die Erledigung auch nicht gesetzmäßig vorbehalten ist); — 2. wenn das Verfahren erster Instanz an wesentlichen (aber keine Nichtigkeit begründenden) Mängeln leidet, welche eine erschöpfende Erörterung und gründliche Beurteilung der Streitsache verhinderten; — 3. wenn nach Inhalt der Prozeßakten dem Berufungsgerichte erheblich erscheinende Thatsachen in erster Instanz gar nicht erörtert wurden. In diesen Fällen ist das Verfahren in erster Instanz nicht nichtig; es beschränkt sich die weitere Verhandlung daselbst auf die unerledigt gebliebenen Ansprüche und Anträge, bezw. auf die durch die festgestellten Mängel betroffenen

Teile des erstrichterlichen Verfahrens und Urteiles. Statt der Zurückweisung kann das Berufungsgericht die erstinstanzliche Verhandlung selbst ergänzen und durch Urteil in der Sache erkennen, wenn beide Teile übereinstimmend (sofort) darauf antragen, oder wenn es das Berufungsgericht zur Beschleunigung der Erledigung oder Vermeidung von erheblichem Prozeßaufwand angemessen erachtet § 496.

c) Außer den Fall der Nichtigkeit (§ 494) oder Unvollständigkeit der erstinstanzlichen Verhandlung und Entscheidung (§ 496) hat das Berufungsgericht durch Urteil in der Sache selbst zu erkennen. Die (Begründung der) Entscheidung hat alle den zu- oder aberkannten Anspruch betreffenden Streitpunkte zu umfassen, welche in Gemäßheit der Berufungsanträge eine Erörterung und Beurteilung in zweiter Instanz erfordern. Das erstrichterliche Urteil darf nur insoweit abgeändert werden, als beantragt ist § 497; eine Änderung über den Berufungsantrag hinaus, Änderung zum Nachteil des Berufungswerbers ist ausgeschlossen.

Das Urteil oder der Beschluß des Berufungsgerichtes, wodurch die Berufung erledigt wird, ist den Parteien stets in schriftlicher Ausfertigung zuzustellen § 500 (dazu §§ 215 und 277 Gesch.O.); die sofort nach Schluß der Verhandlung gefällte Entscheidung ist auch zu verkünden. Bei der Darstellung des Thatbestandes ist eine Bezugnahme auf das erstrichterliche Urteil nicht ausgeschlossen § 500.

Gegen Urteile der Berufungsgerichte steht — außer Bagatellsachen — die Revision zu § 502. Gegen die im Berufungsverfahren ergehenden Beschlüsse ist Rekurs nur nach Maßgabe des § 519 gestattet. Vorbehalten ist Berichtigung des Urteiles, der Antrag auf Berichtigung des Thatbestandes (§ 508) und auf Ergänzung des Urteiles. — Das Gericht, an welches die Rechtssache wegen Unvollständigkeit der Verhandlung oder Entscheidung zu gänzlicher oder teilweiser neuer Verhandlung und Entscheidung, — oder wegen Unzuständigkeit des Berufungsgerichtes zur Durchführung des Berufungsverfahrens verwiesen wird, ist dabei an die rechtliche Beurteilung gebunden, von welcher das Berufungsgericht bei seinem Beschlusse ausgegangen ist § 499. — Wird die Rechtssache an ein Gericht erster Instanz verwiesen, so hat dieses sofort von amtswegen die Verhandlung anzuberaumen, wenn nicht das Berufungsgericht die Aufnahme oder Fortsetzung des Verfahrens bis zur Rechtskraft des Beschlusses aufzuschieben befunden hat §§ 479, 499. Wird die Rechtssache einem andern Berufungsgerichte zugewiesen, so ist die Berufungsverhandlung erst nach Rechtskraft des Verweisungsbeschlusses anzuordnen §§ 479, 487.

II. Die Revision.

§ 98.

I. Die Revision ist das Rechtsmittel gegen abändernde und bestätigende Urteile der Berufungsgerichte. Gegen die Entscheidung des Berufungsgerichtes in Bagatellsachen ist Revision unzulässig § 502. Der Ausspruch des Berufungsgerichtes über die Prozeßkosten kann für sich nur mit Rekurs angefochten werden § 55.

Die Revision ist keine Oberberufung; sie veranlaßt die Überprüfung des Verfahrens und der Entscheidung in bestimmten Grenzen. Es kann die Revision nur aus folgenden Gründen begehrt werden: 1. weil das Urteil des Berufungsgerichtes wegen eines der im § 477 bezeichneten Mängel nichtig ist, gleichviel ob die Nichtigkeit im Berufungsverfahren oder schon im Verfahren in erster Instanz unterlaufen ist § 510; — 2. weil das Berufungsverfahren an einem Mangel leidet, welcher, ohne Nichtigkeit zu bewirken, eine erschöpfende Erörterung und gründliche Beurteilung der Streitsache zu hindern geeignet war; — 3. weil dem Urteile des Berufungsgerichtes in einem wesentlichen Punkte eine thatsächliche Voraussetzung zu Grunde gelegt erscheint, welche mit den Prozeßakten in erster oder zweiter Instanz im Widerspruche steht; — 4. weil das Urteil des Berufungsgerichtes auf einer unrichtigen rechtlichen Beurteilung der Sache beruht § 503. Neue Thatsachen und Beweismittel können im Revisionsverfahren nur angeführt werden zur Erweisung der geltend gemachten Nichtigkeit des Urteiles bezw. der geltend gemachten Mängel des Berufungsverfahrens § 504.

Auf die Revision sind, soweit nicht die gesetzlichen Bestimmungen für dieselbe Abweichungen ergeben, die Vorschriften über die Berufung anzuwenden § 513.

II. Erhoben wird die Revision durch Überreichung der Revisionsschrift bei dem Prozeßgerichte erster Instanz. Diese Schrift bedarf schlechthin der Unterschrift eines Advokaten § 506; Erklärung der Revision zu Protokoll (§ 465) und Ersatz der Advokatenfertigung durch die Unterschrift eines amtlichen Vertreters der armen Partei (§ 90 Ger.O.) ist ausgeschlossen, — telegraphische Erhebung der Revision vorbehalten § 89 Ger.O. — Zu erheben ist die Revision in der Notfrist von 14 Tagen, in Wechselstreitigkeiten und dem besonderen Verfahren in Bestandstreitigkeiten in der Notfrist von 8 Tagen von der Zustellung des Berufungserkenntnisses § 505. Durch die rechtzeitige Erhebung der Revision wird der Eintritt der Rechtskraft und Vollstreckbarkeit des angefochtenen Urteiles im Umfange der Revisionsanträge bis zur Erledigung (oder Zurücknahme) des Rechtsmittels gehemmt § 505. Inwieweit das Urteil des Berufungsgerichtes als nicht angefochten zur Exekution geeignet ist, hat das Revisionsgericht auf Antrag durch Beschluß auszusprechen § 490. Der Revision gegen ein bestätigendes Urteil des Berufungsgerichtes kommt eine die Exekution hemmende Wirkung nicht zu § 505.

Die Revisionsschrift muß nebst den allgemeinen Erfordernissen eines vorbereitenden Schriftsatzes (§ 75) enthalten: 1. die Bezeichnung des Urteiles, gegen welches die Revision gerichtet ist; — 2. den Revisionsantrag d. h. die bestimmte Erklärung, inwieweit das Urteil angefochten wird, und ob die Aufhebung oder eine Abänderung des Urteiles und welche begehrt wird, sowie die bestimmte Bezeichnung der Gründe der Anfechtung; — 3. das thatsächliche Vorbringen und die Beweismittel, durch welche die in der Revision geltend gemachte Nichtigkeit des Urteiles des Berufungsgerichtes, oder die geltend gemachte Mangelhaftigkeit des Berufungsverfahrens erwiesen werden soll. Insoweit die Revision auf eine unrichtige rechtliche Beurteilung der Sache gestützt wird, ist in der Revisionsschrift kurz darzulegen, aus welchen Gründen die rechtliche Beurteilung der Sache unrichtig erscheint § 506.

Eine verspätet erhobene Revision ist von dem Prozeßgericht erster Instanz zurückzuweisen; Formgebrechen sind zu beheben § 85. Bei rechtzeitiger Erhebung der Revision ist vom Prozeßgerichte erster Instanz eine Ausfertigung der Revisionsschrift dem Gegner des Revisionswerbers zuzustellen § 507; der Auftrag dazu bedarf keiner Beschlußfassung des Senates § 37 Ger.O. Eine Aufforderung zur Erstattung einer Revsionsbeantwortung ist nicht vorbedacht, doch steht dem Revisionsgegner frei, in der Notfrist von 14 Tagen — im Wechsel- und Bestandverfahren in der Notfrist von 8 Tagen — von der Zustellung der Revisionsschrift bei dem Prozeßgerichte erster Instanz eine Revisionsbeantwortung mittels Schriftsatzes, nicht durch Erklärung zu Protokoll einzubringen. Für die Revisionsbeantwortung gelten sinngemäß die Bestimmungen über die Revisionsschrift, doch entfällt die Bezeichnung des angefochtenen Urteiles, es entfallen Revisionsanträge, weil Anschlußrevision unstatthaft ist. Neue Thatsachen und Beweismittel zur Widerlegung der in der Revisionsschrift angegebenen Revisionsgründe müssen in rechtzeitiger Revisionsbeantwortung angeführt werden, um überhaupt Berücksichtigung zu finden. Ist das Urteil des Berufungsgerichtes wegen unrichtiger rechtlicher Beurteilung der Sache angefochten, so kann die Revisionsbeantwortung kurze Rechtsausführungen zur Widerlegung der vom Revisionswerber entwickelten Rechtsauffassung enthalten. — Von der rechtzeitig eingebrachten Revisionsbeantwortung hat der Vorsitzende (§ 37 Ger.O.) dem Revisionswerber eine Ausfertigung mitzuteilen § 507.

Nach rechtzeitigem Einlangen der Revisionsbeantwortung oder nach fruchtlosem Ablauf der dafür bestimmten Frist hat das Prozeßgericht erster Instanz die Revisionsschriften mit allen den Rechtsstreit betreffenden Prozeßakten dem Berufungsgerichte vorzulegen, welches dieselben unter Anschluß der berufungsgerichtlichen Akten an das Revisionsgericht weiterbefördert. — Ist eine Berichtigung des Thatbestandes des vom Berufungsgerichte gefällten Urteiles beantragt, so hat das Berufungsgericht die Vorlage der Akten bis zur Erledigung des Berichtigungsverfahrens auszusetzen § 508 (anders § 485).

III. Das Revisionsgericht entscheidet über die Revision in nicht öffentlicher Sitzung ohne vorhergehende mündliche Verhandlung; doch kann auf Antrag und von amtswegen mündliche Verhandlung angeordnet werden, wenn es dem Revisionsgerichte für seine Entscheidung erforderlich erscheint, so insbesondere, wenn über neue Anführungen und Beweise entschieden werden soll, aber auch, wenn wegen unrichtiger Rechtsanwendung Revision ergriffen ist und das Gericht auf mündliche Verhandlung darüber Wert legt, übrigens aus solcher Verhandlung nicht übermäßige Kosten erwachsen und der Aufschub endlicher Entscheidung minder bedenklich erscheint (Mot. S. 309). — Für die mündliche Revisionsverhandlung gelten die Vorschriften über die Berufungsverhandlung, doch haben Erhebungen und Beweisaufnahmen zur Feststellung der Richtigkeit oder Mangelhaftigkeit des Berufungsverfahrens stets durch einen ersuchten Richter (nicht notwendig das Prozeßgericht erster Instanz) zu erfolgen. Solchen Erhebungen und Beweisaufnahmen sind die Parteien zuzuziehen, doch ist die Amtshandlung des ersuchten Richters von der Beteiligung der Parteien nicht bedingt. Die Akten über die Erhebungen und Beweisaufnahmen hat der ersuchte Richter unmittelbar dem Revisionsgerichte vorzulegen § 509.

IV. Das Revisionsgericht hat in der Regel in der Sache selbst zu entscheiden. Eine Zurückweisung a) an das Berufungsgericht erfolgt, wenn: 1. das Urteil des Berufungsgerichtes nichtig erscheint, weil der Partei die Möglichkeit, vor dem Berufungsgerichte zu verhandeln, durch ungesetzlichen Vorgang entzogen wurde, oder weil die Partei im Berufungsverfahren gar nicht, oder falls sie eines gesetzlichen Vertreters bedarf, nicht durch ihren Vertreter vertreten war, und die Prozeßführung nicht nachträglich genehmigt wurde; — 2. wenn das Berufungsverfahren an einem Mangel leidet, welcher eine erschöpfende Erörterung und gründliche Entscheidung der Streitsache zu hindern geeignet erscheint und eine neue Verhandlung zur Erledigung der Sache notwendig erachtet wird § 510. — b) Eine Zurückweisung an das Gericht erster Instanz erfolgt, wenn das Revisionsgericht das Urteil oder das Verfahren wegen einer schon in erster Instanz unterlaufenen und von amtswegen wahrzunehmenden Nichtigkeit aufzuheben findet. Zurückzuweisen ist die Sache an das Prozeßgericht erster Instanz, und bei Nichtigkeit wegen Beteiligung eines ausgeschlossenen oder abgelehnten Richters, oder wegen nicht vorschriftsmäßiger Besetzung des Erstinstanzgerichtes eventuell an ein anderes im Sprengel desselben Berufungsgerichtes gelegenes Gericht gleicher Art § 510. Bedarf es im Falle einer Nichtigkeit keiner weiteren Verhandlung, so hat das Revisionsgericht die Klage abzuweisen § 478. — Das Berufungsgericht bezw. das Gericht erster Instanz, an welches die Sache zurückgewiesen wurde, ist bei der weiteren Verhandlung und Entscheidung an die rechtliche Beurteilung gebunden, welche das Revisionsgericht seinem aufhebenden „Urteile" (Beschluß §§ 473, 499) zu Grunde gelegt hat. Zur Aufnahme des Verfahrens hat das Berufungsgericht bezw. das Gericht erster Instanz die Tagsatzung zur mündlichen Verhandlung von amtswegen anzuberaumen. — Findet das Revisionsgericht die Revision mutwillig oder nur zur Verzögerung der Rechtssache angebracht, so hat es gegen den Revisionswerber oder nach Umständen gegen dessen Advokaten auf eine Mutwillensstrafe zu erkennen § 512.

III. Der Rekurs.

§ 99.

I. Der Rekurs ist das Rechtsmittel gegen Beschlüsse (Bescheide) mit der Bitte um Abänderung oder Aufhebung derselben (§ 514); er ist das Rechtsmittel gegen Urteile der Gerichte erster und zweiter Instanz, wenn lediglich die Entscheidung über die Prozeßkosten angefochten wird § 55. — Berechtigt zum Rekurse sind die Prozeßparteien (der Intervenient) eventuell beschwerte dritte Personen (Bevollmächtigte, Zeugen, Sachverständige). Gegen Beschlüsse, durch welche gemäß § 51 Abs. 2 dem Gerichte Kostenersatz auferlegt wird, können die hiernach zum Kostenersatze verpflichteten richterlichen Beamten Rekurs ergreifen § 514.

Rekurs steht zu a) gegen Beschlüsse der ersten Instanz; b) gegen die im Berufungsverfahren ergehenden Beschlüsse des Berufungsgerichtes § 519; c) gegen die Entscheidung der zweiten Instanz über den Rekurs gegen Beschlüsse der ersten Instanz § 528.

Zu a. Gegen Beschlüsse der ersten Instanz ist Rekurs zulässig, soweit das Gesetz die Anfechtbarkeit nicht ausschließt oder aufschiebt. Ist abgesondertes Rechtsmittel versagt, so können die Parteien die Beschwerde mit dem nächstfolgenden gegen eine anfechtbare Entscheidung eingebrachten Rechtsmittel zur Geltung bringen § 515; spätere Beschwerde ist ausgeschlossen. Ist ein Beschluß sofort anfechtbar, so ist es gleichgültig, ob ihn das erkennende Gericht selbst, oder der Vorsteher des Gerichtshofes, der Vorsitzende des Senates oder ein beauftragter Richter erlassen hat; die Anfechtung der Beschlüsse des Gerichtsvorstehers, des Vorsitzenden oder des beauftragten Richters „ist jedoch unstatthaft, wenn nicht früher die Abänderung des fraglichen Beschlusses beim Gerichtshofe beantragt wurde“ § 516. Der Antrag, den Beschluß abzuändern, kann vor Erhebung des Rekurses für sich allein angebracht oder mit dem Rekurse verbunden werden; der Antrag auf Abänderung des Beschlusses schiebt jedoch die Rekursfrist nicht auf § 151 Gesch.O. Gegen Beschlüsse des beauftragten Richters im vorbereitenden Verfahren ist bei dem Vorsitzenden des Senates Abhilfe zu suchen, dessen Entscheidung nicht anfechtbar ist § 255. Eine Abhilfe des Senates gegen Beschlüsse ist ausgeschlossen, wenn eine Rechtssache vom Gesetze einem Mitgliede des Gerichtshofes als Einzelrichter übertragen ist, so die Abhaltung der ersten Tagsatzung § 239, die Verhandlung und Entscheidung von Bagatellsachen und Besitzstörungsklagen von und gegen Richter Art. 14 (vergl. § 7 J.N.). Der ersuchte Richter ist selbständiger Richter; sein Beschluß unterliegt dem Rekurs ohne vorgängige Korrektur durch den ersuchenden Gerichtshof.

Zu b. Gegen die im Berufungsverfahren ergehenden Beschlüsse ist Rekurs nur statthaft: 1. wenn durch Beschluß die Berufung zurückgewiesen (verworfen §§ 474, 495) wurde; 2. wenn durch Beschluß die Nichtigkeit des erstrichterlichen Urteiles (oder des demselben vorausgegangenen Verfahrens) ausgesprochen wurde, gleichviel ob dabei die Klage zurückgewiesen oder die Rechtssache zur weiteren (neuerlichen) Verhandlung an das Prozeßgericht oder an ein anderes im Sprengel des Berufungsgerichtes gelegenes Gericht verwiesen wurde (§§ 478, 494); — 3. wenn die Rechtssache, ohne daß eine Nichtigkeit begründet erscheint, durch Beschluß zur Entscheidung oder zur Verhandlung und Entscheidung vor ein Gericht erster Instanz oder an ein anderes Berufungsgericht (§ 474 Abs. 1, § 487 Abs. 3) verwiesen und im Beschlusse zugleich ausgesprochen wurde, daß das Verfahren in erster Instanz oder das Berufungsverfahren erst nach eingetretener Rechtskraft dieses Beschlusses aufzunehmen und fortzusetzen sei § 519. — Dem Rekurse unterliegen weiter die im Berufungsverfahren gefaßten Beschlüsse, mit welchen dritte Personen (das Gericht, Vertreter) kostenpflichtig erkannt, und mit welchen Strafen auferlegt werden. In der Revision können die im vorausgegangenen Berufungsverfahren gefaßten Beschlüsse mit angefochten werden § 462; das gilt auch von dem vor der Entscheidung über die Berufung erlassenen Beschluß, welcher feststellt, wieweit das Urteil der unteren Instanz als nicht angefochten exequierbar sei § 490.

Zu c. Gegen die den angefochtenen erstrichterlichen Beschluß (wenn auch mit abweichender Begründung) bestätigende Entscheidung der zweiten Instanz ist weiterer Rekurs ausgeschlossen, und wenn eingebracht von der ersten Instanz von amtswegen zurückzuweisen § 528. Enthält die bestätigende Entscheidung der zweiten Instanz noch einen neuen, selbständigen Ausspruch, so steht gegen diesen Ausspruch Rekurs an die dritte Instanz zu. Zugelassen erscheint der Rekurs gegen eine den erstrichterlichen Beschluß abändernde Entscheidung; insofern jedoch in der abändernden Entscheidung dem Gerichte erster Instanz eine neue nach Anhörung der Parteien zu fällende Entscheidung aufgetragen wird, steht dagegen Rekurs nur zu, wenn er in der Entscheidung des Rekursgerichtes vorbehalten, d. h. in der Entscheidung bestimmt ist, daß der an die erste Instanz erlassene Auftrag erst nach Eintritt der Rechtskraft der Entscheidung zu vollziehen ist § 527.

In Bagatellsachen ist Rekurs gegen Beschlüsse des Berufungsgerichtes (der zweiten Instanz) schlechthin ausgeschlossen (auch wenn der Prozeß aus einem Exekutionsverfahren entsprungen ist), — Rekurs gegen erstrichterliche Beschlüsse nur zugelassen, wenn 1. die Einleitung oder Fortsetzung des gesetzmäßigen (Bagatell-)Verfahrens verweigert wurde; — 2. wenn über den Antrag auf Bestellung oder Ergänzung der Kaution für die Prozeßkosten entschieden wurde; — 3. wenn dem Begehren um Erstreckung einer Tagsatzung gegen die Bestimmungen des § 134 stattgegeben wurde; die erste Erstreckung nicht über vier Wochen bleibt unanfechtbar (§ 141); — 4. wenn ein Antrag auf Bewilligung der Wiedereinsetzung wegen Versäumung einer Tagsatzung oder wegen Verstreichens der Frist zur Erhebung eines Rechtsmittels abgewiesen wurde; — 5. wenn über zu ersetzende Kosten durch Beschluß entschieden wurde § 517.

Im Besitzstörungsverfahren kann nur gegen Beschlüsse, durch welche die Einleitung oder Fortsetzung des Verfahrens über die Klage verweigert wird, und gegen den Endbeschluß Rekurs ergriffen werden. Die Beschwerden gegen alle anderen im Laufe des Verfahrens gefaßten Beschlüsse, insbesondere auch gegen die während des Verfahrens erlassenen einstweiligen Verfügungen sind mit dem Rekurs gegen den Endbescheid zu verbinden § 518.

II. Der Rekurs ist devolutives Rechtsmittel. Das Gericht oder der Richter, dessen Entscheidung oder Verfügung angefochten wird, ist nur ausnahmsweise berechtigt, dem Rekursbegehren selbst stattzugeben, und zwar wenn der Rekurs gerichtet ist gegen die Verweigerung und Entziehung des Armenrechtes, — gegen Strafverfügungen (nicht auch gegen die Verfügung von Zwangsmitteln § 325) wider einen Zeugen oder Sachverständigen §§ 333, 354, — oder gegen einen Beschluß, welcher bloß prozeßleitender Natur ist § 522. Die Beschlüsse des Gerichtsvorstehers, des Vorsitzenden und des beauftragters Richters sind auf Antrag zunächst vom Senate zu überprüfen, und ohne Antrag auf solche Überprüfung überhaupt nicht anfechtbar § 516.

Der Rekurs hemmt die Ausführung des angefochtenen Beschlusses und die Vollstreckbarkeit desselben nicht. Ausnahmen gelten, wo sie das Gesetz besonders anordnet (z. B. §§ 49, 71, 308 C.P.O., §§ 47, 96, 103, 118, 130, 154 u. s. w. Ex.O.) und allgemein für Strafverfügungen, welche im Instanzenzuge anfechtbar sind, sofern nicht das Gesetz deren sofortigen Vollzug zuläßt (§ 201). — Dem Gerichte bezw. dem Gerichtsvorsteher, dem Vorsitzenden, dem beauftragten und dem ersuchten Richter, gegen dessen Beschluß Rekurs ergriffen wird, ist vorbehalten, auf Antrag die einstweilige Hemmung des Beschlusses zu verfügen, wenn ohne solche Hemmung der Zweck des Rekurses vereitelt wird und dem Gegner aus der Hemmung kein unverhältnismäßiger Nachteil erwächst. Ist letzteres zweifelhaft, so können an Stelle sofortiger Exekution die etwa nötigen Sicherungsmaßregeln verfügt werden. Gegen die Anordnung der Hemmung ist abgesondertes Rechtsmittel nicht zulässig § 524. Ausgeschlossen ist die Verfügung der Hemmung, wenn der Beschluß kraft des Gesetzes sofort vollstreckbar ist (§§ 83, 201). — Im Besitzverfahren hat der Richter nach seinem Ermessen zu bestimmen, ob die während der Verhandlung getroffenen Verfügungen aufzuheben seien oder während der Anhängigkeit des Rekurses fortdauern sollen, — soweit diese Vorkehrungen nicht durch die sofort zulässige Exekution des Endbescheides berührt werden § 525.

Der Rekurs ist im Gegensatze zur Berufung und Revision ein Rechtsmittel, bei welchem der Gegner des Beschwerdeführers niemals vor, und in der Regel auch nicht nach Vorlage an die Rekursinstanz zu einer mündlichen oder schriftlichen Äußerung veranlaßt wird § 526. Der Gegner ist vom Rekurse nur zu verständigen bei einstweiliger Hemmung des Verfahrens § 150 Gesch.O.

III. Der Rekurs ist bei jenem Gerichte zu erheben, dessen Beschluß angefochten wird § 520, also der Rekurs gegen Beschlüsse der ersten Instanz und gegen die darauf bezügliche Rekurserledigung bei der ersten Instanz § 528, der Rekurs gegen die im Berufungsverfahren ergehenden Beschlüsse bei dem Berufungsgerichte § 520. Zu erheben ist der Rekurs regelmäßig durch Überweisung einer Rekursschrift in einer Ausfertigung § 150 Gesch.O., eventuell telegraphisch § 86 Ger.O. Die Rekursschrift bedarf (außer dem Fall des § 28) der Unterschrift eines Advokaten. Die Rekursschrift hat die Bezeichnung des angefochtenen Beschlusses, den Rekursantrag und die Rekursgründe zu enthalten (§ 467). Als Rekursgründe können auch Umstände geltend gemacht werden, welche das Rekursgericht durch entsprechende Erhebungen (Einvernehmung, amtliche Ermittlung) aufklären soll § 526. Bei Rekurs wegen unrichtiger rechtlicher Beurteilung ist in der Rekursschrift kurz auszuführen, aus welchen Gründen die rechtliche Beurteilung unrichtig erscheint. —

Bei Bezirksgerichten können die Rekurse von Parteien, welche nicht durch einen Advokaten vertreten sind, auch zu Protokoll angebracht werden § 520; im Gerichtshofsverfahren ist Protokollarerklärung zugelassen bei Rekurs von Zeugen § 348, von Sachverständigen § 367, und bei Verhandlungen betreffend das Armenrecht § 72 und Art. 33 C.P.O.

Zu erheben ist der Rekurs in der Notfrist von 14 Tagen, im Wechselverfahren, Bestandverfahren (im Mahnverfahren, im allgemeinen auch im Exekutionsverfahren § 65 Ex.O.) in der Frist von acht Tagen. Die Frist läuft mit dem Tage nach Zustellung des anzufechtenden Beschlusses oder der Rekursentscheidung, in Bagatellsachen, wenn beide Parteien bei der Verkündung des Beschlusses anwesend waren, mit dem Tage nach der Verkündung § 521.

Das Gericht, bei welchem der Rekurs angebracht ist, hat ihn von amtswegen zurückzuweisen, wenn er erhoben ist gegen einen Beschluß, wider welchen ein Rekurs nicht stattfindet oder doch abgesondertes Rechtsmittel versagt ist, oder wenn er nach Ablauf der Rekursfrist erhoben ist § 523. Gegen den Zurückweisungsbeschluß steht Rekurs zu § 514. Ein formell mangelhafter Rekurs ist nach den §§ 84 und 85 zu behandeln (§ 89 Gesch.O.). Kann das Gericht, dessen Entscheidung oder Verfügung angefochten wird, dem Rekursbegehren nicht selbst stattgeben, so hat es über den Antrag auf Hemmung des angefochtenen Beschlusses zu entscheiden § 524 und den Rekurs ohne Aufschub mit aufklärendem Bericht und allen für die Entscheidung erforderlichen Akten dem zur weiteren Amtshandlung berufenen Gerichte vorzulegen §§ 205, 206 Gesch.O. — Das Gericht, an welches der Rekurs gelangt, hat, wenn es sich unzuständig erkennt, den Rekurs an das zuständige Gericht zu verweisen (§ 474). — Das Rekursgericht entscheidet ohne vorhergehende mündliche Verhandlung in nicht öffentlicher Sitzung durch Beschluß; es hat einen unzulässigen und verspäteten Rekurs zu verwerfen, und der Entscheidung den Inhalt der Akten zu Grunde zu legen; doch ist ihm vorbehalten, vor der Entscheidung die notwendig scheinenden Erhebungen zu veranlassen § 526. Diese Erhebungen sind immer durch Vermittlung des Gerichtes erster Instanz, und zwar des Prozeßgerichtes oder bei Fragen, welche von der Kenntnis des Sachverhaltes unabhängig sind, durch das Bezirksgericht des Wohnsitzes der betroffenen Partei zu bewirken. Die Erhebung kann auch sein Vernehmung einer oder beider Parteien, oder Veranlassung zu schriftlicher Äußerung. Der Beschluß des Rekursgerichtes ist den Parteien in schriftlicher Ausfertigung zuzustellen; bei der Begründung (§ 428) kann bezüglich des Sachverhaltes auf die angefochtene Entscheidung Bezug genommen werden (§ 526). Wird dem Rekurse stattgegeben, so hat das Rekursgericht die weiteren den Verhältnissen entsprechenden sachlichen Anordnungen selbst zu treffen, oder wenn es der Sachlage besser entspricht, diese Anordnungen dem Gerichte oder Richter zu übertragen, welcher den angefochtenen Bescheid erlassen hat § 527. Wird dem Rekurse stattgegeben und dem Gerichte erster Instanz eine neuerliche nach Anhörung der Parteien zu fällende Entscheidung aufgetragen, so kann das Rekursgericht bestimmen, daß mit dem Vollzug des der erster Instanz erteilten Auftrages bis zur Rechtskraft der Rekursentscheidung zuzuwarten sei § 527. — Wird ein gegen einen Beschluß eines Gerichtes zweiter Instanz erhobener Rekurs mutwillig oder nur zur Verzögerung der Sache angebracht befunden, so ist gegen den Beschwerdeführer oder nach Umständen gegen dessen Advokaten auf eine Mutwillensstrafe zu erkennen § 528.

Verweigerung und Verzögerung der Rechtshilfe berechtigen zur Beschwerde bei den Gerichtsaufsichtsbehörden.

IV. Nichtigkeits- und Wiederaufnahmsklage.

§ 100. Die Voraussetzungen.

I. Eine gerichtliche Entscheidung kann außerhalb des Instanzenzuges (und abgesehen vom § 42 J.N.) mit Nichtigkeits- und Wiederaufnahmsklage angefochten werden. Nichtigkeitsklage ist, weil Nullität im Rechtsmittelverfahren geltend gemacht werden kann, nur statthaft bei rechtskräftiger Erledigung der Streitsache durch Urteil oder Beschluß, auch gegen ein Urteil, das nach den alten Prozeßvorschriften ergangen ist Art. 51 C.P.O. (nicht gegen Urteile der Gewerbegerichte § 32 Ges. vom 17. November 1896 R. 218). — Die Wiederaufnahmsklage hat statt, sobald das Verfahren durch Urteil geschlossen ist, auch wenn dagegen noch Rechtsmittel zusteht, weil die fehlerhafte Grundlage der Entscheidung hierdurch nicht gebessert werden kann; sie hat nicht statt gegen den dem Urteil funktionell gleichen Endbescheid im Besitzverfahren § 460, gegen ein nach altem Prozeßrecht ergangenes Urteil, bei welchem die Wiedereinsetzung aushilft Art. 51 C.P.O. (und nicht bei Urteilen der Gewerbegerichte § 32 Ges. vom 17. November 1896).

II. Eine rechtskräftige Entscheidung (Urteil, Beschluß), durch welche die Rechtssache erledigt wird, kann durch Nichtigkeitsklage angefochten werden: 1. wenn ein erkennender (nicht beauftragter oder ersuchter) Richter von der Ausübung des Richteramtes ausgeschlossen war § 20 J.N. Die Mitwirkung eines abgelehnten Richters kann nur im Instanzenzuge gerügt werden. Die Nichtigkeitsklage ist ausgeschlossen, wenn ordentliche Hilfe möglich war, d. h. die Partei den Ausschließungsgrund im früheren Verfahren oder durch Rechtsmittel geltend machen konnte, oder wenn der Ausschließungsgrund mittels Ablehnungsgesuches oder im Wege eines Rechtsmittels fruchtlos geltend gemacht wurde; — 2. wenn eine Partei gar nicht (oder nur durch einen unberufenen Vertreter Mot. 314) vertreten war, oder wenn die Partei, falls sie eines gesetzlichen Vertreters bedarf, nicht durch einen solchen (nicht durch den richtigen Vertreter) vertreten war. Die Klage entfällt bei nachträglicher Genehmigung der Prozeßführung (§ 477), ferner, wenn der Mangel der Prozeßfähigkeit oder der gesetzlichen Vertretung schon vor der rechtskräftigen Entscheidung mittels des Antrages auf Nichtigerklärung des Verfahrens oder im Wege eines Rechtsmittels ohne Erfolg geltend gemacht wurde § 529. Erfolglose Geltendmachung des Mangels der Prozeßvollmacht schließt die Nichtigkeitsklage nicht aus.

III. Die Wiederaufnahmsklage bei einem durch Urteil abgeschlossenen Verfahren hat statt:

a) in Fällen, in welchen die Entscheidung wegen einer strafbaren Handlung der materiellen Gerechtigkeit nicht entspricht, und zwar 1. wenn eine Urkunde, auf welche das Urteil gegründet ist (strafgesetzwidrig § 539), fälschlich angefertigt oder verfälscht ist; — 2. wenn sich ein Zeuge oder ein Sachverständiger (ein Dolmetsch Mot. 315) einer falschen Aussage, oder wenn sich der Gegner bei seiner Vernehmung eines falschen Eides (§ 377) schuldig gemacht hat, und das Urteil auf diese Aussage gegründet ist; — 3. wenn das Urteil durch eine strafgerichtlich zu verfolgende Betrugshandlung des eigenen Vertreters, oder des Gegners, oder des Vertreters des Gegners erwirkt wurde; — 4. wenn sich der Richter bei Erlassung des Urteiles oder einer dem Urteile zu Grunde liegenden früheren Entscheidung in Beziehung auf den Rechtsstreit zum Nachteile der Partei einer nach dem Strafgesetze (nicht bloß nach den Disciplinarvorschriften) zu ahndenden Verletzung seiner Amtspflichten schuldig gemacht hat. Nicht gefordert ist, wie in den Fällen Ziffer 2 und 3, ein Kausalzusammenhang der strafgesetzwidrigen Handlung mit der Entscheidung; auch wenn die That des Richters die ungünstige Entscheidung nicht herbeigeführt hat, erscheint der Richter in der Sache so befangen, daß das unter seiner Mitwirkung ergangene Urteil nicht aufrecht erhalten werden kann (Mot. 315); —

b) in Fällen, in welchen die Voraussetzungen für eine Wiedereinsetzung wegen neuer Bweise gegeben erscheinen, und zwar 5. wenn ein strafgerichtliches Erkenntnis, auf welches das Urteil gegründet ist, durch ein anderes rechtskräftig gewordenes Erkenntnis (Urteil, Beschluß) aufgehoben ist; — 6. wenn die Partei ein über denselben Anspruch oder dasselbe Rechtsverhältnis früher ergangenes bereits rechtskräftig gewordenes Urteil (§ 411) auffindet oder zu benützen in den Stand gesetzt wird, welches zwischen den Parteien des wiederaufzunehmenden Verfahrens Recht schafft; — 7. wenn die Partei in Kenntnis von neuen Thatsachen gelangt, oder Beweismittel auffindet oder zu benützen in den Stand gesetzt wird, deren Vorbringen oder Benützung im früheren Verfahren eine ihr günstigere Entscheidung der Hauptsache herbeigeführt haben würde. Vorausgesetzt ist im Falle Ziffer 6 und 7, daß die neuen Thatsachen und Beweismittel erst nach Schluß der mündlichen Verhandlung in erster Instanz benützbar wurden § 530. — Die Wiederaufnahme kann aber auch zur Ausführung jener Beweise bewilligt werden, welche von der Verhandlung deshalb ausgeschlossen wurden, weil sie (sei es auch infolge des Verschuldens der Partei) in der dafür im Beweisbeschlusse bestimmten Frist nicht aufgenommen wurden (§ 279), wenn die Benützung dieser Beweise im früheren Verfahren offenbar eine der Partei günstigere Entscheidung in der Hauptsache zur Folge gehabt hätte § 531. Sind vor Schluß der Verhandlung in erster Instanz vorgebrachte Behauptungen und Beweise vom Gerichte wegen Verschleppungsabsicht für unstatthaft erklärt worden (§§ 179, 181, 275), so kann das Berufungsgericht einer begründete Beschwerde der Partei nach § 488 bezw. § 496 Rechnung tragen.

§ 101. Die Zuständigkeit.

Die Nichtigkeits- und Wiederaufnahmsklage sind Rechtsmittel ohne Devolutiveffekt. — Die Nichtigkeitsklage und die Wiederaufnahmsklage nach § 530 Z. 4 (wegen strafbarer Verletzung der Amtspflicht des Richters) fordert Aufhebung der Entscheidung; dafür ist zuständig jenes Gericht, welches die letzte Entscheidung gefällt hat, oder wenn mehrere in derselben Rechtssache von Gerichten verschiedener Instanzen gefällte Urteile angefochten werden (Teil-, Zwischenurteile), das höchste unter diesen Gerichten. — Die Wiederaufnahmsklage außer dem Falle des § 530 Z. 4 verlangt Abänderung des Urteiles; es soll für das Urteil eine neue Grundlage geschaffen werden; daher ist zuständig jenes Gericht, dessen thatsächliche Feststellungen für das Urteil maßgebend waren, das ist regelmäßig das Gericht erster Instanz, wenn aber nur ein in höherer Instanz erlassenes Urteil von dem geltend gemachten Anfechtungsgrunde betroffen wird, das bezügliche Gericht höherer Instanz § 532.

§ 102. Das Verfahren.

I. Die Nichtigkeits- und die Wiederaufnahmsklage ist binnen der Notfrist eines Monates (§ 125) zu erheben.

Die Frist für die Nichtigkeitsklage läuft: 1. im Falle ein erkennender Richter von der Ausübung des Richteramtes ausgeschlossen war, von dem Tage, an welchem die Partei von dem Ausschließungsgrund Kenntnis erhalten hat; — 2. im Falle die Partei gar nicht, oder nicht von ihrem gesetzlichen Vertreter vertreten war, von dem Tage, an welchem die Entscheidung der Partei bezw. dem gesetzlichen Vertreter zugestellt wurde, — in beiden Fällen nicht vor Rechtskraft der Entscheidung. Die Anfechtung der Entscheidung ist im Falle 1, nicht auch im Falle 2, nach Ablauf von 10 Jahren nach Eintritt der Rechtskraft ausgeschlossen.

Die Frist für die Wiederaufnahmsklage läuft: 1. im Falle des § 530 Z. 5 von der Rechtskraft des strafgerichtlichen Urteiles, durch welches das dem Civilurteil zu Grunde gelegte strafgerichtliche Erkenntnis aufgehoben wird; — 2. in den Fällen des § 530 Z. 1—4, wenn das Urteil wegen einer strafbaren Handlung der materiellen Gerechtigkeit nicht entspricht, — sofern der Wiederaufnahmsklage das strafgerichtliche Verfahren vorausgegangen ist, von der Rechtskraft des Straferkenntnisses (§ 539 Abs. 2). Ist der Wiederaufnahmsklage ein strafgerichtliches Verfahren erst anzufügen (§ 539), so kann die Klage ohne Rücksicht auf die erlangte Kenntnis von der strafbaren Handlung innerhalb 10 Jahren nach Eintritt der Rechtskraft des Civilurteiles erhoben werden § 534; — 3. im Falle des § 530 Z. 6 und 7 — wegen neu aufgefundener Beweise — von dem Tage, an welchem die Partei imstande war, das rechtskräftige Urteil zu benützen, oder die ihr bekannt gewordenen neuen Thatsachen und Beweismittel vorzubringen; — 4. im Falle des § 531 — zur Geltendmachung nicht rechtzeitig aufgenommener Beweise — von der Zustellung des Urteiles erster Instanz. Dabei ist angenommen, daß die Berufung in solchem Falle nicht das Mittel sei, die Beweiszulassung zu erwirken; indes kann der Beschluß, mit welchem die Benützung der Beweise nach § 279 ausgeschlossen wird, in der Berufung angefochten, und im Berufungsverfahren ein in erster Instanz erfolglos angebotener Beweis nachgeholt werden § 488. Jede Wiederaufnahmsklage ist nach Ablauf von 10 Jahren nach Eintritt der Rechtskraft des Urteiles ausgeschlossen § 534.

II. Für die Erhebung der Klage und das weitere Verfahren gelten, insoweit nicht besonderes bestimmt ist, die für das zuständige Gericht maßgebenden allgemeinen Vorschriften § 533.

Die Nichtigkeits- und Wiederaufnahmsklage muß insbesondere (vergl. § 226) enthalten: 1. die Bezeichnung der angefochtenen Entscheidung; 2. die Bezeichnung des gesetzlichen Anfechtungsgrundes; 3. die Angabe der Umstände, aus welchen sich die Einhaltung der Frist für die Klage ergiebt, und die Bezeichnung der hiefür vorhandenen Beweismittel; 4. die Angabe der für die Beurteilung der Zuständigkeit wesentlichen Umstände; 5. die Erklärung, inwieweit die Beseitigung der angefochtenen Entscheidung und welche andere Entscheidung in der Hauptsache beantragt wird § 536. — Der Richter, wegen dessen Beteiligung an der Entscheidung die Nichtigkeitsklage, oder wegen dessen Verhalten die Wiederaufnahmsklage angebracht wird, ist von jeder Beteiligung an der Verhandlung ausgeschlossen § 537.

Die Klage ist vom Gericht — bei Gerichtshöfen in nicht öffentlicher Sitzung — durch Beschluß als zur Bestimmung einer Tagsatzung für die mündliche Verhandlung ungeeignet zurückzuweisen, wenn sie sich auf keinen vom Gesetze anerkannten Anfechtungsgrund stützt, — wenn die gesetzliche Frist für die Klage versäumt erscheint, — wenn die Klage wegen eines im § 230 angeführtes Grundes (Unzuständigkeit, Mangel der Prozeßfähigkeit oder der geforderten gesetzlichen Vertretung) unzulässig erscheint. Die Umstände, aus welchen sich die Einhaltung der gesetzlichen Frist ergiebt, sind auf Verlangen des Gerichtes vom Kläger glaubhaft zu machen § 538. Der abweisliche Beschluß, wenn er nicht von der höchsten Instanz ergeht, ist anfechtbar.

Wird die Wiederaufnahmsklage wegen einer der im § 530 Z. 1—4 angeführten strafbaren Handlungen begehrt, ohne daß ihrer wegen bereits eine rechtskräftige Verurteilung stattgefunden hätte (oder ein Strafverfahren aus anderen Gründen als wegen mangelnden Thatbestandes oder wegen Mangels an Beweisen eingestellt worden wäre), so hat das Civilgericht zunächst die Einleitung des strafgerichtlichen Verfahrens zu veranlassen. Vor der Beschlußfassung kann die Einvernehmung einer oder beider Parteien veranlaßt, es können sonst erforderliche Erhebungen eingeleitet werden. Gegen den diesfälligen Beschluß ist Rechtsmittel ausgeschlossen. Findet die staatsanwaltschaftliche Behörde bezw. das Strafgericht die Strafverhandlung nicht einzuleiten, oder die eingeleitete Verhandlung wegen mangelnden Thatbestandes oder wegen Mangels der Beweise einzustellen, so ist die Wiederaufnahmsklage vom Gericht mit Bekanntgabe der Ergebnisse des strafgerichtlichen Verfahrens als unzulässig zurückzuweisen. — Führt dagegen das Strafverfahren zu einer Verurteilung wegen der als Wiederaufnahmsgrund geltend gemachten Handlung, oder erscheint das Strafverfahren oder die Verurteilung nur wegen besonderen Umständen (Tod, Abwesenheit Mot. 318, Verjährung) ausgeschlossen, so ist nach rechtskräftigem Abschluß des strafgerichtlichen Verfahrens über die Wiederaufnahmsklage Tagsatzung zur mündlichen Verhandlung anzuberaumen. Der Strafbehörde obliegt, dem Civilrichter jeweilig den Grund für die Nichteinleitung oder Einstellung des Verfahrens bekannt zu geben § 539.

III. Das Verfahren über die Nichtigkeitsklage. Ist die Klage nicht zurückzuweisen, so ist sofort (also auch bei Gerichten erster Instanz ohne Vorverfahren) Tagsatzung zur mündlichen Verhandlung (auch bei der Revisionsinstanz) anzuberaumen § 538. Die Verhandlung ist, wenn die Klage nicht bei der ersten Instanz, sondern bei einem höheren Gerichte erhoben ist, nach den für dieses höhere Gericht als Rechtsmittelinstanz maßgebenden Vorschriften durchzuführen § 535. Zu verhandeln ist lediglich über die Nichtigerklärung § 541. Ergiebt die mündliche Verhandlung, daß die Klage auf einen unzulässigen Grund gestützt oder verspätet überreicht ist, so ist die Klage durch Beschluß zurückzuweisen § 543, andernfalls ist durch Urteil zu entscheiden § 541. Die Entscheidung kann angefochten werden, soweit der Spruch des für die Nichtigkeitsklage zuständigen Gerichtes anfechtbar ist. Wird der Klage stattgegeben, so ist die Hauptsache soweit vom neuen zu verhandeln, als sie vom Anfechtungsgrunde betroffen ist. Bei Beteiligung eines ausgeschlossenen Richters an der Entscheidung in erster Instanz ist vollständige Neuverhandlung, bei solcher Beteiligung in höherer Instanz Erneuerung des Verfahrens in dieser Instanz notwendig. Mangel der Vertretung bei Erhebung der Klage bewirkt Zurückweisung der Klage (§ 478); bei solchem Mangel im weiteren Verfahren ist die Verhandlung da aufzunehmen, wo der Fehler liegt. Ist das zur Entscheidung über die Nichtigkeitsklage berufene Gericht in der Lage, die Hauptsache spruchreif zu machen, so kann es schon vor Ausfertigung der Entscheidung in der Hauptsache verhandeln (§ 542); muß aber die Neuverhandlung an ein Gericht niederer Instanz verwiesen werden, so ist diesem aufzutragen, nach Rechtskraft der Entscheidung über die Nichtigkeitsklage die weitere Verhandlung anzuordnen § 541. Die Erhebung der Nichtigkeitsklage ist auf die Vollstreckbarkeit der angefochtenen Entscheidung ohne Einfluß § 547, doch kann auf Antrag Aufschiebung der Exekution angeordnet werden § 42 Ex.O.

IV. Das Verfahren über die Wiederaufnahmsklage. Ist die Klage nicht durch Beschluß zurückzuweisen, so ist sofort Tagsatzung zur mündlichen Verhandlung anzuberaumen § 538. Wird die Klage bei einem Gerichte höherer Instanz erhoben, so hat das für dieses Gericht als Rechtsmittelinstanz vorgeschriebene Verfahren Anwendung zu finden § 535. Darnach bestimmt sich zunächst, ob das für die Klage zuständige Gericht die Hauptsache spruchreif machen kann, oder im Falle der Bewilligung der Wiederaufnahme die Hauptsache an die erste Instanz verweisen muß. — Ist das für die Wiederaufnahme zuständige Gericht in der Lage, die Hauptsache spruchreif zu machen, so ist gemeinsame Verhandlung über die Zulässigkeit der Wiederaufnahme und über die Hauptsache geboten; a) wenn eine Wiederaufnahme zur Benützung verspätet aufgenommener Beweise (§ 531) beantragt und, — b) wenn in den Fällen des § 530 der Wiederaufnahmsgrund durch der Klage in Urschrift oder beglaubigter Abschrift beigelegte Urkunden dargethan ist. Dem Gerichte bleibt vorbehalten, die Verhandlung nach § 189 entsprechend zu gliedern; zeigt sich bei derselben, daß die Wiederaufnahme auf einen gesetzlich unzulässigen Grund gestützt oder verspätet angebracht ist, so ist die Klage durch Beschluß zurückzuweisen §§ 540, 543. — Bei Mangel der genannten Voraussetzungen (a und b) ist über die Zulässigkeit der Wiederaufnahme abgesondert zu verhandeln und durch Urteil zu entscheiden. Wird die Wiederaufnahme bewilligt, so ist a) wenn das Gericht der Wiederaufnahmsklage die Hauptsache nicht spruchreif machen kann, nach Rechtskraft des die Wiederaufnahme bewilligenden Urteils der Rechtsstreit zur Verhandlung der Hauptsache an das Gericht erster Instanz zurückzuweisen. Von diesem ist die Tagsatzung zur mündlichen Verhandlung der Hauptsache von amtswegen anzuberaumen, und nach den für das Verfahren vor diesem Gerichte geltenden Vorschriften durchzuführen § 540 Abs. 3; — b) wenn das Gericht der Wiederaufnahme die Hauptsache spruchreif machen kann, von diesem die Hauptsache zu verhandeln § 541. Das Gericht kann nach Verkündung der dem Wiederaufnahmebegehren stattgebenden Entscheidung anordnen, daß vor der Ausfertigung dieser Entscheidung in der Hauptsache verhandelt werde. Gegen solchen Beschluß ist Rechtsmittel ausgeschlossen und sohin die Entscheidung über die Wiederaufnahme in die Entscheidung über die Hauptsache aufzunehmen § 542.

Im Falle der Wiederaufnahme ist die Hauptsache nur insoweit von neuem zu verhandeln, als sie vom Anfechtungsgrunde betroffen ist. Im Falle des § 530 Z. 4 erscheint vollständige Neuverhandlung, und wenn der Mangel erst im Verfahren der höheren Instanz eingetreten ist, Neuverhandlung in höherer Instanz notwendig. Andere Anfechtungsgründe erfassen nur einzelne Punkte des Rechtsstreites, nur deren Berichtigung oder Ergänzung kommt in Frage; die anderweitigen Ergebnisse der Verhandlung und Beweisführung, wie sie das angefochtene Urteil feststellt, bleiben aufrecht.

Die Wiederaufnahmsklage sollte, wenn sie gegen ein noch nicht rechtskräftiges Urteil angebracht wird, das Verfahren über das gegen das angefochtene Urteil eingelegte Rechtsmittel hemmen, weil die Entscheidung der Rechtsmittelinstanz eventuell durch die Wiederaufnahme gegenstandslos wird. Zur Abwehr von Mißbrauch ist aber bestimmt: 1. über eine Wiederaufnahmsklage, welche gleichzeitig mit der Berufung oder Revision, oder während des Rechtsmittelverfahrens anhängig gemacht wird, ist auf Antrag oder von amtswegen die Unterbrechung des Rechtsmittelverfahrens anzuordnen, wenn einer der im § 530 Z. 1 bis 5 angeführten Gründe geltend gemacht und das ergangene rechtskräftige strafgerichtliche Urteil in Urschrift oder beglaubigter Abschrift beigelegt wird. Von dem Beschlusse auf Aussetzung des Verfahrens ist die Rechtsmittelinstanz zu verständigen § 544: diese hat die vorgelegten Akten dem für die Verhandlung über die Wiederaufnahme berufenen Gerichte zu übersenden. — 2. Ob in anderen Fällen der Wiederaufnahmsklage das eingeleitete oder anhängige Rechtsmittelverfahren ausgesetzt werden soll, hat das zur Verhandlung über die Wiederaufnahme berufene Gericht auf Antrag oder von amtswegen mit Rücksicht auf die besonderen Verhältnisse des Falles und auf die für den Wiederaufnahmsgrund vorgelegten Beweise zu entscheiden. Die Aussetzung kann auch noch während der mündlichen Verhandlung über die Wiederaufnahme beschlossen werden; von der Aussetzung ist die Rechtsmittelinstanz zu verständigen § 545. — Gegen den Beschluß auf Aussetzung oder Nichtaussetzung des Rechtsmittelverfahrens ist Rechtsmittel unstatthaft, und zwar gleichviel, ob der Beschluß auf Antrag oder von amtswegen gefaßt wurde § 546 (der § 546 entbehrt der in §§ 544 und 545 vollzogenen Ergänzung).

Ist die Wiederaufnahmsklage r e c h t s k r ä f t i g abgewiesen, so ist das ausgesetzte Rechtsmittelverfahren auf Antrag oder von amtswegen wieder aufzunehmen. Der Antrag ist bei dem Gerichte zu stellen, bei welchem das Rechtsmittelverfahren zur Zeit der angeordneten Aussetzung anhängig war; dieses Gericht veranlaßt von amtswegen die Wiedervorlage der zur Fortsetzung der Verhandlung erforderlichen Akten § 546. Wird ein Antrag auf Fortsetzung des Rechtsmittelverfahrens nicht gestellt, so gilt das Rechtsmittel nicht als zurückgenommen (§ 484), daher das Urteil noch immer als gehemmt § 466.

Die Wiederaufnahmsklage hemmt, soweit nicht gegen das Urteil auch Rechtsmittel ergriffen ist, den Eintritt der Rechtskraft und Vollstreckbarkeit des Urteiles nicht; ein bereits rechtskräftiges Urteil ist trotz der dagegen eingebrachten Wiederaufnahmsklage vollstreckbar § 547; doch kann auf Antrag die Aufschiebung der Exekution angeordnet werden § 42 Ex.O.

Fünfter Titel.

Besondere Arten des Verfahrens.

§ 103. Mandatsverfahren.

I. Die Voraussetzungen für das Mandatsverfahren sind:

1. eine Klage auf Zahlung (§ 550 — Erlag) einer Forderung an Geld oder anderen vertretbaren Sachen;

2. der Beweis aller Thatsachen, welche die Forderung des Klägers gegen den Beklagten begründen, durch v o m G e s e t z e b e z e i c h n e t e U r k u n d e n. Diese Urkunden müssen in der Klage in U r s c h r i f t beigebracht, mit allen g e s e t z l i c h e n E r f o r d e r n i s s e n versehen und von u n b e d e n k l i c h e r ä u ß e r e r F o r m sein. Bei Klagen vor Bezirksgerichten genügt, wenn die U r s c h r i f t bei dem P r o z e ß gerichte erliegt, die Bezugnahme auf die bezüglichen Gerichtsakten § 550. — Durch die Urkunden muß b e w i e s e n s e i n: α) der Thatbestand, welcher die Forderung in der Haupt- und Nebensache begründet; — β) die aktive und passive Sachlegitimation des **Klägers**. Wird die Klage von oder gegen Rechtsnachfolger erhoben, so muß durch Urkunden, wie sie zur Erwirkung des Zahlungsauftrages gefordert sind, bewiesen werden, daß der Anspruch oder die Verpflichtung ganz oder teilweise auf diejenige Person übergangen ist, von welcher oder wider welche die Klage erhoben wird § 549; — γ) wenn das beurkundete, nun klageweise geltend gemachte Rechtsgeschäft von einem Machthaber abgeschlossen wurde, dessen Bevollmächtigung; —

d) sofern die Verpflichtung des Beklagten von dem Beweise einer außerhalb der Urkunde gelegenen Thatsache abhängt, auch diese Thatsache. Gefordert ist damit nicht der Beweis des Verzuges bei Forderung von Saumsalszinsen, oder Beweis der die Fälligkeit der ganzen Forderung begründenden Versäumung der Ratenzahlung. — Beizubringen ist als Beweis für die Forderung und Sachlegitimation: a) eine im Geltungsgebiete der C.P.O. errichtete öffentliche Urkunde (vgl. Art. VII. E.P.O.); — b) eine Privaturkunde, auf welcher die Unterschriften der Aussteller von einem inländischen Gericht oder Notar beglaubigt sind; — c) eine (andere!) Urkunde, auf Grund welcher die eingeklagte Forderung in einem inländischen öffentlichen Buche (Landtafel, Stadt-, Grund-, Berg-, Eisenbahnbuch) einverleibt ist, wenn gegen die gerichtliche Verordnung, in Folge deren die Einverleibung vor sich ging, weder ein Rekurs anhängig, noch auch bücherlich angemerkt ist, daß die Post streitig ist. Die Thatsache der Einverleibung und des Abganges von Rekurs und Streitanmerkung beweist ein Tabularextrakt, dessen Vorlage außer dem Vorkommnisse besonderer Umstände der O.G.H. (Ent. vom 25. September 1872 J.B. 76) für entbehrlich erklärt. Seit Geltung der Grundbuchsordnung vom 25. Juli 1871 ist zur Erwirkung einer Einverleibung eine öffentliche Urkunde oder eine öffentlich beglaubigte Privaturkunde erforderlich, also eine Urkunde, welche an sich zur Erwirkung des Mandates zureicht; Ausnahmen gelten nach § 3 Ges. vom 4. Juni 1882 R. 67 für Privaturkunden, welche mit der Genehmigungsklausel einer Behörde des Staates, eines Landes oder eines Bezirkes versehen sind, — und nach dem Ges. vom 5. Juni 1890 R. 109 in geringfügigen Grundbuchssachen. Der Bestand von Afterhypotheken steht, wenn lediglich gerichtlicher Erlag begehrt ist, der Erlassung des Mandates nicht entgegen. Ein Mandat erscheint auch zulässig bei einer Hypothekarklage; —

3. daß der Einbringung der Forderung an Kapital und Zinsen die Verjährung nicht entgegensteht, oder wenn sie begründet erscheint, die Unterbrechung oder Hemmung der Verjährung durch Urkunden der bezeichneten Beschaffenheit erwiesen wird § 549;

4. daß der Kläger auf Erlassung des Mandates anträgt § 548;

5. daß für die ganze Forderung des Klägers Mandat zulässig erscheint § 550. Mandat ist demnach zu verweigern, wenn auch nur ein Teil der miteingeklagten Zinsen verjährt erscheint.

II. Findet das Gericht die Voraussetzungen für die Einleitung des Streitverfahrens, und auch die Voraussetzungen für das Mandat gegeben, so hat es dem Beklagten aufzutragen, den Kläger bezüglich der angesprochenen Forderung, dann der Kosten der Klage und des Mandates, wenn sie in der Klage liquidiert wurden, binnen 14 Tagen zu befriedigen, oder binnen eben dieser Frist Einwendungen zu erheben (dazu § 56 Ger.O.). Die Frist kann nicht verlängert werden § 550; Wiedereinsetzung ist vorbehalten § 146. Der Zahlungsauftrag ist dem Beklagten nach den für Klagen geltenden Bestimmungen zuzustellen.

Fehlen die Voraussetzungen für die Einleitung des rechtlichen Verfahrens, so ist die Klage sofort abzuweisen; fehlen lediglich die Voraussetzungen für den Zahlungsauftrag, so ist nach Vorschrift des Gesetzes das rechtliche Verfahren einzuleiten. In beiden Fällen ist Rekurs zulässig; der Rekurs gegen die Verweigerung des Mandates hindert die Ladung zur Streitverhandlung nicht.

III. Gegen die Erlassung des Zahlungsauftrages ist Rekurs nicht zulässig; doch kann die im Mandate enthaltene Entscheidung über die Prozeßkosten mit Rekurs angefochten werden. Vorbehalten sind gegen den Zahlungsauftrag Einwendungen; sie müssen bei dem Gerichte, welches den Zahlungsauftrag erlassen hat, in der im Zahlungsauftrage bestimmten Frist schriftlich, bei Bezirksgerichten eventuell zu Protokoll (§ 434) angebracht werden. Die Tage des Postenlaufes sind in die Frist nicht einzurechnen § 89 Ger.O. Verspätete Einwendungen sind ohne Verhandlung zurückzuweisen, wogegen Rekurs zusteht. Über rechtzeitig eingebrachte Einwendungen ist ohne neuerlichen Antrag des Klägers auf thunlichst kurze Zeit eine Tagsatzung zur mündlichen Streitverhandlung (nicht erste Tagsatzung nach § 239) anzuberaumen § 552. Die Einwendungen umfassen die Verteidigung des Beklagten, — auch jene, welche sonst in der ersten Tagsatzung anzumelden ist; ein vorbereitendes Verfahren könnte nur während der mündlichen Streitverhandlung (§ 246) angeordnet werden. In dem das Verfahren erledigenden Urteile ist über das in den Einwendungen gestellte Begehren zu erkennen, also auszusprechen, ob der an den Beklagten erlassene Zahlungsauftrag aufrecht erhalten bleibe, oder ob und inwiefern derselbe aufgehoben werde § 553.

IV. Subjektive Klagenhäufung fordert gleiche Voraussetzungen wie im ordentlichen Verfahren, und gilt für Mitbeklagte der besondere Gerichtsstand des § 93 J.N. Wird in einer schriftlich angebrachten Klage die Erlassung des Zahlungsauftrages gegen mehrere Beklagte beantragt, so ist diesem Antrage nur in Ansehung derjenigen Beklagten Folge zu geben, für welche (neben dem bei Gericht zurückzubehaltenden Exemplare) eine Ausfertigung der Klageschrift mit Abschriften aller Beilagen vorgelegt wurde; eine Zurückweisung der Klage zur Ergänzung der Ausfertigung (§ 85) hat nicht statt; es ergeht der Zahlungsauftrag nach der Zahl der vorgelegten und vollständig belegten Ausfertigungen der Klageschrift an die Beklagten in der Reihenfolge, in welcher sie in der Klage genannt sind; gegen die übrigen Beklagten ist die Klage ohne Wirkung und das im erlassenen Bescheide zum Ausdruck zu bringen (vergl. § 891 B.G.B.). Im bezirksgerichtlichen Verfahren besorgt das Gericht die erforderliche Ausfertigung von Protokollsabschriften mit Beilagen.

V. Zugelassen ist Mandatsverfahren:

a) im Art. 9 C.P.O., wenn eine in Gemäßheit der bestehenden Gesetze errichtete und der Aufsicht der Staatsgewalt unterstehende Anstalt, welche nach ihrem statutarischen Zwecke Kreditgeschäfte betreibt, Kläger ist, — eine aus einem statutenmäßigen Geschäfte „der Gewährung von Hypothekardarlehen oder der Erwerbung oder Veräußerung von unbeweglichen Gütern" hervorgegangene bereits verfallene Hypothekarforderung geltend macht, — zur Nachweisung der Forderung die legalisierte Originalschuldurkunde und einen beglaubigten Auszug aus den Büchern der Anstalt beibringt, — um Erlassung des Mandates ansucht, und Mandat im vollen Umfange des Klagebegehrens zulässig erscheint. Das Mandat ist zulässig „ohne Rücksicht auf die Zeit, seit welcher die Forderung einverleibt ist", also auf die Verjährung von Zinsen keine Rücksicht zu nehmen. Die Frist zur Klaglosstellung oder Einwendungen ist mit 14 Tagen zu bemessen;

b) im § 602 bei Klagen des Fiskus gegen richterliche Beamte auf Rückersatz der zu Folge ihres Verschuldens einer Partei geleisteten Entschädigung, wenn der Antrag auf Mandat bei dem für die Syndikatsklage zuständigen Oberlandesgerichte angebracht wird, und das Verschulden des richterlichen Beamten durch ein straf- oder disciplinargerichtliches Erkenntnis festgestellt ist. War die Syndikatsklage zugleich gegen den Staat und die schuldtragenden richterlichen Beamten erhoben, so erfordert ein Mandat auf Rückersatz noch völlige Übereinstimmung des im Ersatzprozesse ergangenen Urteiles mit dem Disciplinar- oder Straferkenntnisse in Ansehung der als haftungspflichtig erklärten Personen, und der Art und des Quotenverhältnisses ihrer Haftung. In dem Zahlungsbefehl ist eine Frist von zwei Wochen (§ 125 C.P.O.) für den Rückersatz bezw. die Einwendungen zu bestimmen. Für das dem Zahlungsbefehl nachfolgende Verfahren gelten die Vorschriften der C.P.O. über Mandatsverfahren. Erscheint der Zahlungsbefehl unzulässig, so ist der Fiskus mit seinem Anspruch auf den ordentlichen Rechtsweg an das nach den allgemeinen Bestimmungen zuständige Gericht erster Instanz zu verweisen §§ 19—21 Ges. vom 12. Juli 1872 R. 112 und § 602 C.P.O.

§ 104. Verfahren in Wechselstreitigkeiten.

„Wechselstreitigkeiten" sind „Klagen zur Geltendmachung wechselmäßiger Ansprüche", d. i. des Anspruches auf Sicherstellung vor der Fälligkeit, und auf Zahlung nach der Fälligkeit des Wechsels (§§ 557, 558). Solche Klagen gehören ohne Rücksicht auf den Betrag vor den zur Ausübung der Handelsgerichtsbarkeit berufenen Gerichtshof § 51 J.N., und können die aus einem Wechsel Verpflichteten einzeln und als Streitgenossen bei dem Gerichte des Zahlungsortes des Wechsels belangt werden §§ 89 und 93 J.N. Bei solchen

Klagen entfällt die Verpflichtung zu aktorischer Kaution § 57. Wechselstreitigkeiten sind Ferialsachen § 224.

Für Wechselstreitigkeiten ist bestimmt: 1. im Urteile ist die Frist für die Erfüllung der dem Beklagten auferlegten Verbindlichkeit auf drei Tage festzusetzen. Für die Erfüllung einer dem Kläger auferlegten Verbindlichkeit (zum Kostenersatze) ist die Normalfrist von 14 Tagen zu bestimmen; — 2. die Frist zum Antrage auf Wiedereinsetzung in den vorigen Stand, zur Erhebung der Berufung (nach der Aufschrift bei § 465 zur Einbringung der Berufungsschrift und der Mitteilung des Gegners des Berufungswerbers), zur Erhebung der Revision (der Revision und Revisionsbeantwortung § 505), und zur Einbringung des Rekurses beträgt acht Tage. Diese Fristen können (überhaupt) nicht verlängert werden § 555; — 3. in Rechtsstreitigkeiten aus Wechseln findet die Wiedereinsetzung in den vorigen Stand und die Wiederaufnahme des Verfahrens (§ 530 f.) zum Nachteile einer Person, die im Hauptprozesse in gutem Glauben gehandelt hat, nicht statt, wenn diese Partei in der Zwischenzeit ihre wechselmäßigen Ansprüche an Dritte durch Ablauf der Zeit ganz oder zum Teile verloren hat, oder doch wegen Kürze der noch übrigen Zeit nicht mehr geltend machen kann § 556.

Mandatsverfahren hat statt:

I. bei Klagen auf Zahlung, wenn: 1. der Kläger den Originalwechsel vorlegt, dieser alle Erfordernisse der Gültigkeit besitzt und gegen dessen Echtheit (gegen die äußere Form) sich keine Bedenken ergeben; — 2. der Kläger auch den Protest und die Retourrechnung (samt Kurszettel) in Urschrift vorlegt, soweit diese Urkunden zur Begründung der klägerischen Ansprüche erforderlich sind. Erforderlich erscheinen sie zur Geltendmachung der Regreßsumme auch gegen den direkten Wechselschuldner; erforderlich ist dazu auch die Bescheinigung rechtzeitiger Notifikation. Protest ist auch notwendig zur Mandatsklage gegen den Acceptanten bei a vista zahlbaren Wechseln; er wird für die Regreßklage entbehrlich bei Protesterlaß. Selbstverständlich müssen auch diese Urkunden die für ihre Gültigkeit vorgeschriebenen Eigenschaften haben und äußerlich fehlerfrei sein; — 3. der Kläger um Erlassung des Mandates ansucht; — 4. für die ganze Forderung des Klägers Mandat zulässig erscheint; — 5. die Verjährung nicht entgegensteht (§ 549). In dem Zahlungsauftrage (welchen das dazu bestimmte Mitglied des Gerichtshofes als Einzelrichter erläßt § 7 J.N.) ist der Beklagte zu verpflichten, binnen der unerstreckbaren Frist von drei Tagen bei sonstiger Exekution die Wechselschuld nebst den ausgewiesenen Nebenforderungen und den angesprochenen (§ 52) und vom Richter bemessenen Kosten zu bezahlen, oder gegen den Zahlungsauftrag Einwendungen zu erheben § 557.

II. Bei Klagen auf Sicherstellung im Grunde der Art. 25 und 29 W.O. hat Mandatsverfahren statt: 1. wenn der Kläger in der Klage die Urschrift des Protestes vorlegt; — 2. im Falle des Art. 29 W.O. die übrigen Voraussetzungen seines Anspruches durch glaubwürdige, der Klage in Urschrift beigelegte Urkunden beweist, — 3. der Kläger auf Erlassung des Mandates anträgt. In solchem Falle ist dem Beklagten aufzutragen, binnen der nicht verlängerbaren Frist von drei Tagen bei sonstiger Exekution die der Vorschrift der W.O. entsprechende Sicherheit zu leisten und die vom Richter zuerkannten Klagskosten zu bezahlen, oder gegen den Sicherstellungsauftrag Einwendungen einzubringen § 558.

Auf das weitere Verfahren finden die §§ 550—554 entsprechende Anwendung § 559.

§ 105. Verfahren bei Streitigkeiten aus dem Bestandvertrage.

I. Abgrenzung. Die Bestimmungen über das Verfahren bei Streitigkeiten aus dem Bestandvertrage sollen gelten (Mot. S. 321) — wie früher die Verordnung vom 16. November 1858 R. 213 für Bestandverhältnisse über unbewegliche oder gesetzlich für unbeweglich erklärte Sachen, sowie über Schiffsmühlen und andere auf Schiffen errichtete Bauwerke (§ 560), also nicht für Bestandverhältnisse betreffend bewegliche Sachen (vergl. auch § 1 Z. 4 und 18 Ex.O.). Das außerordentliche Verfahren ist gedacht für bezirksgerichtliche Rechtssachen (Mot. a. a. O.), d. h. wohl für Rechtssachen welche ohne Rücksicht auf den Wert dem Bezirksgerichte zugewiesen sind, also nicht für Zinsstreitigkeiten und nicht für Streitigkeiten betreffend das Bestehen des Bestandverhältnisses. Anwendung finden die Bestimmungen für das Verfahren in Bestandstreitigkeiten auf die im § 1103 B.G.B. bezeichneten Verträge, bei welchen das Gut gegen einen verhältnismäßigen Teil der Früchte zur Bewirtschaftung übergeben ist § 576, — nicht auf das Kontadinen- und Kolonnenverhältnis in Dalmatien Art. 10 C.P.O.

II. Zuständig ist für diese Bestandstreitigkeiten ausschließlich das Bezirksgericht, in dessen Sprengel der Bestandgegenstand liegt. Dieses Bezirksgericht ist auch ausschließlich zuständig zu den Verfügungen über Aufkündigungen und zur Erlassung der Aufträge zur Übergabe oder Übernahme des Bestandgegenstandes. Liegt der Bestandgegenstand in dem Sprengel mehrerer Gerichte, so steht jenem, welcher die gerichtliche Hilfe anruft, die Wahl zu, sofern nicht im Vertrage eines dieser Gerichte für die Verhandlungen zuständig erklärt ist. Dieses Gericht ist auch zuständig, wenn die Verhandlung eine sonst eximierte oder dem Obersthofmarschallamte unterstellte Person betrifft; §§ 83, 84, 85 J.N.

III. Die Bestandstreitigkeiten sind Ferialsachen § 224. Als allgemeine Sonderbestimmung gilt: 1. daß bei Anberaumung der ersten und jeder weiteren Tagsatzung, sowie bei Bestimmung von Fristen auf die Dringlichkeit der Sache besonders Bedacht zu nehmen ist § 571; — 2. daß in diesem Verfahren die Frist zum Antrage auf Wiedereinsetzung in den vorigen Stand, die Frist zur Erhebung der Berufung und Revision (auch zur schriftlichen Beantwortung) und die Frist zum Rekurse acht Tage beträgt (und diese Fristen nicht verlängert werden können) § 575.

IV. Aufkündigung des Bestandvertrages ist notwendig α) wenn die Dauer des Vertrages weder ausdrücklich, noch stillschweigend, noch durch besondere Vorschriften bestimmt erscheint (§§ 1115, 1116 B.G.B.); — β) wenn der Vertrag wohl auf bestimmte Zeit abgeschlossen ist, aber zufolge Vertrages oder des Gesetzes durch Aufkündigung die stillschweigende Erneuerung des Vertrages ausgeschlossen werden muß; — γ) wenn sich der neue Erwerber der Bestandsache dem Bestandnehmer gegenüber nach §§ 1120 und 1121 B.G.B. in den Besitz der Sache setzen will. Die Aufkündigung kann in dem letztgedachten Falle nur von dem neuen Erwerber der Bestandsache, sonst aber vom Bestandgeber und Bestandnehmer (Konkursmasseverwalter § 23 Kon.O., — Zwangsverwalter § 111 Ex.O.) ausgehen. Die von einer Partei wirksam vorgenommene Aufkündigung kann von der anderen Partei gegen den Aufkündigenden selbst in Vollzug gesetzt werden § 561.

Die Aufkündigung bezielt: a) die Räumung und Übergabe an den durch besondere Vorschriften (Art. 11 C.P.O.) oder besondere Ortsgewohnheit zur Räumung von Bestandgegenständen festgesetzten Tagen (Ausziehzeit). Die Aufkündigung muß, um die Räumung zur Ausziehzeit zu sichern, eine bestimmte Zeit vorher erfolgen. Bestimmt wird diese Aufkündigungsfrist durch besondere Verordnungen oder den besonderen Ortsgebrauch § 560 Z. 2. — Besondere Verordnungen und Ortsgebrauch weichen einem Übereinkommen der Parteien über die Kündigungsfrist und die Ausziehzeit § 560 Z. 1; sie bewahren Geltung gegen ein Parteiübereinkommen, wenn sich der neue Erwerber nach §§ 1120 und 1121 B.G.B. gegen den Bestandnehmer in den Besitz der Bestandsache setzen will. — b) die Räumung oder Zurücknahme nach einer gewissen Zeit von der Aufkündigung, welche zu jeder Zeit und nicht nur in gewissen Terminen erfolgen kann. Die Kündigungsfrist bestimmt der Vertrag oder das Gesetz. Nach dem Gesetze § 560 Z. 3 müssen Pachtungen wenigstens sechs Monate, — Jahresmieten oder solche Mieten, deren vertragsmäßige Dauer ein Jahr übersteigt, wenigstens drei Monate, — Mieten, deren vertragsmäßige Dauer zwar länger als ein Monat ist, jedoch ein Jahr nicht erreicht, wenigstens vierzehn Tage — alle andern Mieten wenigstens acht Tage früher gekündigt werden, als der Bestandgegenstand zurückgegeben oder zurückgenommen werden soll.

Die Aufkündigung kann gerichtlich oder außergerichtlich erfolgen § 561.

1. Die gerichtliche Aufkündigung kann mittels Schriftsatzes und zu Protokoll angebracht werden. Zur Protokollierung bezw. zur Eintragung in ein Kündigungsregister kann die Gerichtskanzlei ermächtigt § 59 Ger.O. und § 319 Gesch.O., ihr kann auch aufgetragen werden, den auf die Aufkündigung zu erlassenden Auftrag zu entwerfen

§ 56 Ger.O. — Die gerichtliche Aufkündigung muß neben der Bezeichnung des Gerichtes und der Parteien und der Parteiunterschrift (§ 75) die Bezeichnung des Bestandgegenstandes, die Angabe der Zeit, in welcher der Bestandvertrag endigen soll und den Antrag enthalten, das Gericht wolle dem Gegner auftragen, zu (nach) bestimmter Zeit (§§ 562, 567 und 560 Z. 3) den Bestandgegenstand zu übergeben oder zu übernehmen, oder gegen die Aufkündigung Einwendungen bei Gericht anzubringen. Die Legitimation zur Aufkündigung folgt aus der in der Kündigung zu bezeichnenden Rechtsstellung als Bestandgeber oder Bestandnehmer oder neuer Erwerber der Bestandsache (§ 1120 B.G.B). Wohnt der Aufkündigende weder am Orte noch im Sprengel des zuständigen Bezirksgerichtes, so ist in der Aufkündigung ein daselbst (im Orte § 95, oder im Sprengel des Bezirksgerichtes) wohnhafter Zustellungsbevollmächtigter namhaft zu machen § 562.

Das Gericht hat die Aufkündigung von amtswegen zurückzuweisen: a) wenn es sich unzuständig erkennt; — b) wenn die Aufkündigung inhaltlich unvollständig erscheint, insbesondere auch, wenn wo nötig ein im Gerichtsbezirke wohnhafter Zustellungsbevollmächtigter nicht benannt ist, soweit der vorhandene Mangel nicht gemäß § 84 behoben werden kann § 562; — c) wenn die Aufkündigung nach Ablauf der Aufkündigungszeit angebracht wird. Es ist die Aufkündigung, wenn sie durch Vereinbarung, durch besondere Verordnung oder durch Ortsgebrauch an eine Zeit gebunden ist, in dieser Zeit bei Gericht anzubringen, und auch vor Ablauf derselben dem Gegner zuzustellen; doch ist die erst zum Schlusse der Kündigungszeit angebrachte Aufkündigung, auch wenn die Zustellung nicht mehr rechtzeitig erfolgen kann, nicht von amtswegen zurückzuweisen, sondern dem Gegner zuzustellen und sohin auch wirksam, wenn gegen die Aufkündigung Einwendungen nicht erhoben werden §§ 563, 564.

Ist die Aufkündigung nicht von amtswegen zurückzuweisen, so ist dem Gegner aufzutragen, seine Einwendungen gegen die Aufkündigung, falls er dieselbe bestreiten will, binnen acht Tagen, — und wenn die Kündigungszeit (die Zeit zur Übergabe bezw. Übernahme) weniger als 14 Tage beträgt, binnen drei Tagen bei Gericht anzubringen § 562. Der Auftrag ist dem Gekündigten unter Mitteilung eines Exemplars des Schriftsatzes bezw. der Protokollsabschrift nach den für die Zustellung von Klagen maßgebenden Vorschriften (§§ 106, 107) unverzüglich zuzustellen § 564 (dazu § 334 Gesch.O.). Für die Verständigung des Aufkündigenden oder dessen Zustellungsbevollmächtigten ist Ersatzzustellung zulässig. Gegen den Auftrag ist Rekurs nicht statthaft § 575. Die für die Einwendungen bestimmte Frist ist nicht verlängerbar § 570; bei Versäumung derselben ist Restitution ausgeschlossen § 571. Die Einwendungen können schriftlich oder mündlich (§ 566) angebracht werden. Verspätete Einwendungen sind von amtswegen zurückzuweisen, über rechtzeitig angebrachte Einwendungen ist (wie über eine Klage, daher unter Beobachtung des § 437) eine Tagsatzung zur mündlichen Verhandlung anzuordnen § 571.

2. Die außergerichtliche Aufkündigung kann durch einen Notar oder in anderer Weise erfolgen. Immer hat die dem Gegner der aufkündigenden Partei zu machende Mitteilung die für gerichtliche Kündigungen geforderten Angaben, also wo nötig auch die Namhaftmachung eines Zustellungsbevollmächtigten zu enthalten § 565.

Eine außergerichtliche Aufkündigung hat die Wirkung einer gerichtlichen Aufkündigung, wenn sie (die Aufkündigung und gesetzmäßige Zustellung) durch eine Urkunde bewiesen wird, welche in betreff ihrer Beweiskraft zu einem Bedenken keinen Anlaß giebt (§ 1 Z. 18 Ex.O.), und wenn die private, auch die notarielle Aufkündigung vor Ablauf der Kündigungszeit dem Gekündigten mitgeteilt, eine Aufkündigung durch eine dazu berufene Behörde (die Gemeinde) vor Ablauf dieser Zeit angebracht wurde, sofern bei verspäteter Zustellung Einwendungen nicht erhoben wurden § 565. Es muß eine solche außergerichtliche Aufkündigung in der gleichen Frist wie die gerichtliche Kündigung durch Einwendungen bei jenem Bezirksgerichte bestritten werden, in dessen Bezirk der Bestandgegenstand liegt, widrigens die Kündigung in Wirksamkeit tritt. Die Einwendungen können schriftlich oder mündlich angebracht werden; verspätete Einwendungen sind sofort zurückzuweisen; über rechtzeitige Einwendungen ist Tagsatzung zur mündlichen Verhandlung anzuordnen § 571.

Eine außergerichtliche Aufkündigung, welche nicht durch unbedenkliche Urkunden bewiesen werden kann, aber die für gerichtliche Kündigungen geforderten Angaben enthält, verpflichtet den Avisaten nicht zur Anbringung von Einwendungen, und berechtigt den Kündigenden nicht, sofort zwangsweise Räumung oder Übergabe zu erwirken; wohl aber bewirkt sie, wenn rechtzeitig gegeben, die Auflösung des Bestandvertrages; nur ist die Räumung und Übergabe durch Klage zu bewirken. Durch gerichtlich erhobene Einwendungen wird eine nicht beurkundete außergerichtliche Kündigung einer beurkundeten gleich.

Bei Verträgen, welche der Kündigung unterliegen, kann der Anspruch auf Übergabe oder Übernahme des Bestandgegenstandes schon vor Ablauf der Kündigungsfrist (also zu dieser Zeit, und auch vor Beginn derselben) mittels Klage geltend gemacht und die Kündigung mit der Klage verbunden werden § 567. Die Aufkündigung wird durch die Zustellung an die Partei, welcher aufgekündigt wird, wirksam; sie ist von der Zustellung ab unwiderruflich und kann von beiden Teilen in Vollzug gesetzt werden § 561. Bestreitet der Avisat die Aufkündigung, so ist Submission auf die Einwendungen zulässig.

V. Bei Verträgen, welche nach Ablauf einer bestimmten Zeit von selbst erlöschen, kann eine Sicherung der rechtzeitigen Übergabe oder Übernahme dadurch erwirkt werden, daß die Partei vor Ablauf der Bestandzeit eine gerichtliche Verfügung beantragt, mit welcher dem Gegner aufgetragen wird, den Bestandgegenstand zur bestimmten Zeit bei sonstiger Exekution zu übergeben oder zu übernehmen, oder gegen diesen Auftrag binnen acht Tagen Einwendungen anzubringen. Der Antrag kann schriftlich oder mündlich, bei Bestandverhältnissen für mehr als sechs Monate aber nur in den letzten sechs Monaten gestellt werden; frühzeitiger Antrag bei so lange dauernden Bestandverhältnissen ist von amtswegen zurückzuweisen (§ 562). Der Auftrag ist wie eine gerichtliche Kündigung dem Gegner unverzüglich nach den für Klagen maßgebenden Vorschriften zuzustellen § 567; gegen denselben sind mit Ausschluß aller anderen Rechtsmittel nur Einwendungen zulässig § 575. Die Frist für die Einwendungen kann nicht verlängert werden § 570; Wiedereinsetzung bei Versäumung ist ausgeschlossen § 571. Verspätet angebrachte Einwendungen sind von amtswegen zurückzuweisen; über rechtzeitig eingebrachte Einwendungen ist Tagsatzung zur mündlichen Verhandlung anzuordnen § 571.

VI. Im Verfahren über rechtzeitig eingebrachte Einwendungen gegen eine gerichtliche oder außergerichtliche Aufkündigung, oder gegen einen Räumungs- oder Übernahmsauftrag nach § 567 ist die Partei, von welcher die Kündigung oder der Antrag des § 567 ausging, als Kläger anzusehen, d. h. sie trägt die Beweislast insbesondere bei Kündigung im Grunde einer Vereinbarung, und bezüglich der Zustellung einer außergerichtlichen Kündigung; sie kann die Kündigung bezw. den Antrag nach § 567 begründen in der über die Einwendungen angeordneten Tagsatzung zur Streitverhandlung und auch vorher mittels vorbereitenden Schriftsatzes. In dem das Verfahren erledigenden Urteile ist auszusprechen, ob und inwieweit die Aufkündigung oder der nach § 567 erlassene Auftrag als wirksam erkannt oder aufgehoben wird, sowie ob und wann der Beklagte verpflichtet ist, den Bestandgegenstand zu übergeben oder zu übernehmen § 572.

VII. Die §§ 573 und 574 bestimmen die Frist für die Übergabe und Übernahme, und den Zeitpunkt, von welchem ab Exekution zulässig ist.

Wird der Beklagte schuldig erkannt, den Bestandgegenstand zu übergeben oder zu übernehmen und ist zur Zeit der Urteilsfällung die Bestandzeit bereits verstrichen, so ist bei Mietverhältnissen die sofortige Übergabe oder Übernahme anzuordnen, — bei Pachtungen kann hierzu eine Frist bis zu acht Tagen gegeben werden. — Ist zur Zeit der Urteilsfällung die Bestandzeit noch nicht verstrichen, so ist die Zeit für die Übergabe oder Übernahme nach den hinsichtlich der Räumungsfristen bestehenden besonderen Vorschriften, mangels solcher gemäß der Ortsgewohnheit, und soweit es auch an solcher Gewohnheit fehlt, nach § 573 zu bestimmen. Darnach ist bei Mieten anzuordnen, daß die Räumung spätestens am dritten Tage vor Ablauf der Mietzeit zu beginnen und dem Übernehmer zur Mittagszeit dieses Tages ein zur Verwahrung eines Teiles seiner Fahrnisse geeigneter Platz zu überlassen sei, die Übergabe des gänzlich geräumten Mietgegenstandes aber bis zum Mittage des letzten Tages der Mietzeit zu erfolgen habe. — Bei Pachtungen von Gütern, auf welchen (Wohn- oder Wirtschafts-)Gebäude stehen, ist anzuordnen, daß mit der Räumung spätestens am achten Tage vor Ablauf der Pachtzeit zu beginnen, dem Übernehmer zur Mittagszeit dieses Tages ein angemessener Teil der Räumlichkeiten zur Verwahrung von Fahrnissen und zur Einleitung des Wirtschaftsbetriebes zu überlassen sei, und die Übergabe des gänzlich geräumten Gegenstandes bis zum Mittag des letzten Tages der Pachtzeit zu erfolgen habe. Bei Pachtungen anderer Art (ohne Gebäude) ist anzuordnen, daß die Räumung und Übergabe bis zum Ablauf der Pachtzeit vorzunehmen sei. Zu berechnen ist der dritte bezw. achte Tag derart, daß zwischen dem Tage des Beginnens und dem Tage der Beendigung der Räumung volle zwei bezw. sieben Kalendertage offen bleiben. Diese Bestimmungen über die Frist zur Räumung und Übergabe sind auch anzuwenden, wenn der Bestandvertrag ohne vorausgegangene Aufkündigung infolge einer Klage (bezw. der mit der Klage verbundenen Kündigung § 567) durch Urteil für aufgehoben und erloschen erklärt wird § 574; — sie gelten auch, wenn gegen eine gerichtliche oder der gerichtlichen gleichwertige außergerichtliche Aufkündigung oder gegen den Auftrag zur Übergabe oder Übernahme des Bestandgegenstandes nicht rechtzeitig Einwendungen erhoben wurden. — Die Exekution auf Grund rechtskräftiger Urteile, Aufkündigungen, und Aufträge zur Übergabe oder Übernahme des Bestandgegenstandes kann bewilligt werden, sobald die Frist zur teilweisen und zur gänzlichen Räumung verstrichen ist § 573.

VIII. Stillschweigende Erneuerung des Bestandvertrages. — Bestandverträge, welche durch Ablauf der Zeit erlöschen, ohne daß es behufs Auflösung des Vertrages oder der Verhinderung seiner stillschweigenden Erneuerung einer Aufkündigung bedarf, sind dadurch, daß der Bestandnehmer fortfährt, den Bestandgegenstand zu gebrauchen oder zu benützen und der Bestandgeber es dabei bewenden läßt, nur dann als stillschweigend erneuert anzusehen, wenn binnen vierzehn Tagen nach Ablauf der Bestandzeit, oder bei Verträgen, welche ursprünglich auf eine Zeit von weniger als einem Monat abgeschlossen wurden, binnen einer der Hälfte der ursprünglich bedungenen Zeit gleichkommenden Frist nach Ablauf des Vertrages weder vom Bestandgeber eine Klage auf Zurückgabe, noch vom Bestandnehmer auf Zurücknahme des Bestandgegenstandes erhoben wird § 569.

Die Wirkung stillschweigender Erneuerung hat auch die Unterlassung der Exekution; es tritt eine gerichtliche oder außergerichtliche Aufkündigung, oder ein Auftrag zur Übergabe oder Übernahme des Bestandgegenstandes, wider welchen nicht rechtzeitig Einwendungen erhoben wurden, und das über solche Einwendungen (oder über eine Klage nach § 567) ergangene rechtskräftige Urteil, vorbehaltlich des über den Kostenersatz ergangenen Ausspruches außer Kraft, wenn nicht binnen 14 Tagen nach dem Eintritte der in diesem Auftrage oder im Urteile für die (gänzliche) Räumung oder Übernahme bestimmten Zeit wegen dieser Räumung oder Übernahme Exekution beantragt wird § 575. Einem in dieser Zeit eingebrachten Antrag auf Exekution ist eine vereinbarte Erneuerung des Bestandvertrages als Opposition entgegenzustellen § 35 Ex.O.

IX. Alle gegen den Bestandnehmer erwirkten Aufkündigungen, Aufträge, Entscheidungen und Verfügungen, welche das Bestehen oder die Auflösung des Bestandvertrages betreffen, sind auch gegen den Afterbestandnehmer wirksam und vollstreckbar. Eine Ausnahme gilt, wenn zwischen dem Bestandgeber und Afterbestandnehmer ein besonderes Übereinkommen besteht § 568, also wenn diese Personen in ein unmittelbares aber den Afterbestand nicht ausschließendes Vertragsverhältnis getreten sind.

§ 106. Schiedsrichterliches Verfahren.

A. Auf Grund des Schiedsvertrages.

I. Die Parteien können die Entscheidung bürgerlicher Rechtsstreitigkeiten, für welche die Zuständigkeit der ordentlichen Gerichte begründet erscheint, einem oder mehreren Schiedsrichtern übertragen. Gefordert ist zur Gültigkeit des Schiedsvertrages: a) ein vergleichsfähiges Rechtsverhältnis; — b) Vergleichsbefugnis der Kontrahenten (§ 1008 B.G.B.); — c) die Begrenzung der dem Schiedsrichter zugewiesenen Rechtssache; es kann vereinbart werden schiedsgerichtliche Entscheidung einer bestimmten Rechtsstreitigkeit, und Entscheidung aller aus einem bestimmten Rechtsverhältnisse künftig entstehender Rechtsstreitigkeiten; — d) schriftliche Form der Vereinbarung § 577 (auch bei Handelsgeschäften Art. 317 H.G.B.). Gültiges Kompromiß berechtigt, die Verhandlung über die bei dem ordentlichen Gerichte angebrachte Klage zu verweigern, die Bestellung des Schiedsgerichtes zu betreiben, eventuell den gerichtlichen Ausspruch zu erwirken, daß der Schiedsvertrag außer Kraft trete.

Von dem Schiedsrichter ist eine besondere Qualifikation nicht gefordert; doch ist bestimmt: 1. daß richterliche Beamte, so lange sie im richterlichen Dienste stehen, die Bestellung als Schiedsrichter nicht annehmen dürfen § 578; der Schiedsspruch wäre wegen gesetzwidriger Besetzung des Schiedsgerichtes wirkungslos § 595 Z. 3; — 2. daß ein Schiedsrichter aus denselben Gründen wie ein Richter abgelehnt werden kann. Dieses Recht ist unverzichtbar § 599; doch ist die Partei, welche den Schiedsrichter allein oder in Gemeinschaft mit ihrem Gegner bestellt hat, zur Ablehnung nur berechtigt, wenn der Ablehnungsgrund erst nach der Bestellung entstanden oder der Partei bekannt geworden ist § 586. Die Ablehnung erfolgt vor dem Schiedsgericht; wird sie ungerechtfertigt zurückgewiesen, so ist der Schiedsspruch wirkungslos § 595 Z. 4. Niemand ist verpflichtet, die Bestellung als Schiedsrichter anzunehmen. Aus triftigen Gründen kann der Schiedsrichter auch nach Annahme der Bestellung von der übernommenen Verpflichtung zurücktreten § 579. Der Schiedsrichter, welcher die durch die Annahme der Bestellung übernommene Verpflichtung gar nicht oder nicht rechtzeitig erfüllt, haftet den Parteien, — unbeschadet des Rechtes derselben, die Außerkraftsetzung des Schiedsvertrages zu begehren — für allen durch seine schuldbare Weigerung oder Verzögerung verursachten Schaden § 584.

Soweit im Schiedsvertrage nicht anders bestimmt ist, hat jede Partei einen Schiedsrichter zu bestellen, diese haben einen Obmann zu wählen § 580. Wer zufolge des Schiedsvertrages, d. h. nach der getroffenen Vereinbarung, oder nach § 580 einen Schiedsrichter zu bestellen hat, kann von dem Gegner, oder wenn die Bestellung einem Dritten obliegt, von jeder Partei aufgefordert werden, binnen 14 Tagen den Schiedsrichter zu bestellen und hievon der betreibenden Partei Mitteilung zu machen. Hat auch der Aufforderer einen Schiedsrichter zu bestellen, so hat er mit der Aufforderung die Anzeige zu verbinden, welche Person er zum Schiedsrichter bestellt hat. Aufforderungen und Anzeigen können — mit Ausschluß gerichtlicher Zustellung — durch die Post oder einen Notar vorgenommen werden. Eine solche Aufforderung ist auch zulässig (in Konkurrenz mit dem Antrag, daß der Schiedsvertrag außer Kraft trete § 583), wenn der auf Grund des Schiedsvertrages (eventuell nach § 580) bereits bestellte Schiedsrichter die Annahme des Amtes oder die Erfüllung seiner Verpflichtungen verweigert, wenn er stirbt, mit Erfolg abgelehnt wird, oder aus anderen Gründen wegfällt. Die zur Bestellung des Schiedsrichters berufene Person ist an die von ihr vorgenommene Bestellung gebunden, sobald der Gegner oder eine der Parteien die Anzeige der Bestellung erhalten hat § 581, soweit nicht spätere Ablehnung zulässig erscheint. — Auf Antrag erfolgt die Bestellung von Schiedsrichtern durch das Gericht und zwar wenn die Bestellung eines Schiedsrichters nicht rechtzeitig (binnen der im Vertrag oder durch die Aufforderung bestimmten Frist) vorgenommen wird, oder wenn sich die beiden Schiedsrichter über die Person des Obmannes nicht einigen. Der Antrag ist bei dem Gerichte zu stellen, welches mangels eines Schiedsvertrages für den Rechtsstreit in erster Instanz zuständig wäre. Antragsberechtigt sind die Parteien und bei Uneinigkeit der Schiedsrichter bezüglich des Obmannes jeder der Schiedsrichter. Vertretung durch Advokaten ist für den Antrag nicht gefordert. Der über den Antrag ergehende Beschluß (gefaßt vom Gerichtsvorsteher oder einem von diesem beauftragten Richter § 584) ist nicht anfechtbar § 582 (ausgenommen das Gericht verweigert die Bestellung!).

Auf Antrag hat das Prozeßgericht erster Instanz auszusprechen, daß der Schiedsvertrag außer Kraft trete und zwar 1. wenn sich die Parteien über die von ihnen gemeinschaftlich zu bestellenden Schiedsrichter nicht einigen; 2. wenn eine der im

Schiedsvertrage zum Schiedsrichter bestellten Personen stirbt, infolge Ablehnung oder aus anderen Gründen wegfällt, die Übernahme des Schiedsamtes verweigert, oder von dem mit ihr deshalb abgeschlossenen Vertrage zurücktritt; 3. wenn ein im Schiedsvertrage ernannter oder ein auf Grund des Schiedsvertrages von einer Partei (dem dazu berufenen Dritten) oder gemäß § 582 vom Gerichte bestellter Schiedsrichter die Erfüllung seiner (durch die Annahme der Bestellung) übernommenen Verpflichtung verweigert oder ungebührlich verzögert § 583; — 4. wenn sich die zur Entscheidung erforderliche Stimmenmehrheit nicht ergiebt § 591. — Erstreckt sich der Schiedsvertrag auf alle aus einem bestimmten Rechtsverhältnisse entstehenden Streitigkeiten und ist der Umstand, wegen dessen der Schiedsvertrag für unwirksam erklärt werden soll, so beschaffen, daß er die schiedsgerichtliche Erledigung der sich in der Zukunft etwa ergebenden Streitsachen nicht ausschließt, so kann das Gericht seinen Ausspruch dahin beschränken, daß der Schiedsvertrag nur für diesen bestimmten Fall unwirksam ist § 583. Über den Antrag auf Außerkraftsetzung des Schiedsvertrages hat das Gericht nach mündlicher Verhandlung durch Beschluß zu entscheiden; die Entscheidung kann bei Gerichtshöfen von dem Vorsteher oder einem von ihm beauftragten Richter gefällt werden § 584; sie unterliegt dem Rekurse. — Sind im Schiedsvertrage oder einer nachfolgenden schriftlichen Vereinbarung für die Fälle, in welchen das Gesetz einen Antrag auf Bestellung von Schiedsrichtern durch das Gericht und auf Außerkraftsetzung des Schiedsvertrages zuläßt, besondere Bestimmungen enthalten, so bewahren diese den gesetzlichen Vorschriften gegenüber Geltung § 585.

II. Das Verfahren vor dem Schiedsgericht bestimmt sich nach der Vereinbarung der Parteien im Schiedsvertrag oder einem schriftlichen Nachtrag, eventuell nach freiem Ermessen der Schiedsrichter. Geboten ist dem Schiedsrichter, vor Erlassung des Spruches die Parteien zu hören und den dem Streite zu Grunde liegenden Sachverhalt zu ermitteln § 587; doch darf er gegen Parteien und Zeugen keine Zwangsmittel anwenden oder Strafen verhängen; er darf Parteien und Zeugen nicht in Eid nehmen § 588. Verweigert eine Partei, sich in die Verhandlung einzulassen, so ist mit der andern Partei allein zu verhandeln; verweigern Zeugen oder Sachverständige, vor dem Schiedsrichter zu erscheinen oder auszusagen, oder ist eine Beeidigung erforderlich, so hat der Schiedsrichter den ordentlichen Richter um die Amtshandlung zu ersuchen. Das Ersuchen ist (im Zweifel!) an das Bezirksgericht zu richten, in dessen Sprengel die Handlung vorzunehmen bezw. der Beweis aufzunehmen ist. Das ersuchte Gericht hat dem Ersuchen zu entsprechen, wenn es gesetzlich zulässig erscheint § 589, d. h. das Ersuchen im Gesetze begründet, die vorzunehmende Amtshandlung gesetzlich zulässig und das ersuchte Gericht für dieselbe zuständig ist Art. 13 J.N. Dem um eine Beweisaufnahme ersuchten Gericht stehen auch jene Entscheidungen zu, welche für den Fall einer Beweisaufnahme durch einen ersuchten Richter nach der C.P.O. dem erkennenden Gerichte vorbehalten sind § 589; es entscheidet also den Streit, von dessen Erledigung die Fortsetzung der Beweisaufnahme abhängig ist, — stellt das zur Durchführung der Beweisaufnahme erforderliche Ersuchen an andere Gerichte § 284 und verfügt Wiederholung und Ergänzung der Beweisaufnahme. — Die Beschlußfassung bei Mehrheit der Schiedsrichter bestimmt der Vertrag; ist darüber nichts bestimmt, so ist der Schiedsspruch (und jede Vorentscheidung) durch absolute Stimmenmehrheit zu fällen. Kommt eine schiedsgerichtliche Entscheidung nicht zu stande, weil die (nach Vertrag oder Gesetz) erforderliche Stimmenmehrheit (oder Stimmeneinhelligkeit) nicht zu erreichen ist, so haben die Schiedsrichter davon die Parteien zu benachrichtigen (durch die Post oder einen Notar § 592). Diesen steht zu, bei dem Prozeßgerichte den Ausspruch zu erwirken, daß der Schiedsvertrag außer Kraft trete, oder für den einzelnen Fall unwirksam sei § 591.

Der Schiedsspruch ist schriftlich auszufertigen und den Parteien durch die Post oder einen Notar zuzustellen, wenn sie ihn nicht von den Schiedsrichtern persönlich in Empfang nehmen. Die Urschrift des Schiedsspruches und die für die Parteien bestimmten Ausfertigungen sind mit der Angabe des Tages der Abfassung (! Fällung) des Schiedsspruches zu versehen, und bei sonstiger Unwirksamkeit des Schiedsspruches von sämtlichen Schiedsrichtern zu unterschreiben § 592. Die Urschrift des Schiedsspruches und die

Beurkundung der an die Parteien erfolgten Zustellung sind zu verwahren von der im Schiedsvertrage bezeichneten Person, oder wenn es an einer solchen Vereinbarung fehlt oder die bezeichnete Person bereits verstorben ist, derart, wie es die Schiedsrichter bestimmen. Im Zweifel sind diese Schriftstücke bei einem Notar des Bezirks, in dessen Sprengel das Schiedsgericht seinen Sitz hat, zu hinterlegen. Die Urschrift des Schiedsspruches sowie die Zustellungsurkunden gelten als den Parteien gemeinschaftliche Urkunden § 593; die Vorlage kann auch außerhalb eines Rechtsstreites, wo nötig mit Klage, verlangt werden Art. 43 E.P.O.

III. Der Schiedsspruch hat unter den Parteien die Wirkung eines rechtskräftigen gerichtlichen Urteiles; ein Instanzenzug ist nur zulässig, wenn eine höhere schiedsgerichtliche Instanz vereinbart ist. Die Schiedsrichter haben auf Verlangen die Rechtskraft und Vollstreckbarkeit auf der Ausfertigung des Schiedsspruches zu bestätigen § 594. Bei neuerlicher Klage ist auf die Rechtskraft der Entscheidung jederzeit auch von amtswegen Bedacht zu nehmen §§ 240, 594.

Der Schiedsspruch ist wirkungslos: 1. wenn ein Schiedsvertrag überhaupt nicht vorhanden oder wenn er unwirksam war, wenn er vor der Fällung des Spruches außer Kraft getreten oder für den einzelnen Fall unwirksam geworden ist (§ 583); — 2. wenn der Partei, welche die Unwirksamkeit des Schiedsspruches behauptet, im Verfahren vor den Schiedsrichtern das rechtliche Gehör nicht gewährt (§ 587) wurde, oder wenn dieselbe, falls sie eines gesetzlichen Vertreters bedarf, im Verfahren nicht durch einen solchen vertreten war, sofern nicht die Prozeßführung nachträglich ordnungsmäßig genehmigt wurde; — 3. wenn die Besetzung oder Beschlußfassung des Schiedsgerichtes eine gesetz- oder vertragswidrige war, oder die Urschrift und die Ausfertigungen des Schiedsspruches nicht von sämtlichen Schiedsrichtern unterschrieben wurden; — 4. wenn das Schiedsgericht die Ablehnung eines Schiedsrichters ungerechtfertigt zurückgewiesen hat; — 5. wenn das Schiedsgericht die Grenzen seiner Aufgabe (§ 577) überschritten hat; — 6. wenn der Schiedsspruch gegen zwingende Rechtsvorschriften verstößt; — 7. wenn der Schiedsspruch eine Partei zu einer unzulässigen oder unerlaubten Handlung verpflichtet; — 8. wenn die Voraussetzungen vorliegen, unter welchen gemäß § 530 Z. 1—7 ein gerichtliches Urteil mittels Wiederaufnahmsklage angefochten werden kann § 595. — Die Klage auf Aufhebung des Schiedsspruches ist bei dem Gerichte anzubringen, welches mangels eines Schiedsvertrages für den Rechtsstreit (nach den Verhältnissen im Zeitpunkte der Klage) in erster Instanz zuständig war § 596. Sie ist a) wenn sie auf einen der im § 595 Z. 1—7 angegebenen Gründe (auf einen Fehler im Schiedsvertrage, im schiedsgerichtlichen Verfahren, oder im Schiedsspruche) gestützt wird, bei sonstigem Ausschluß binnen drei Monaten zu erheben. Die Frist läuft mit dem Tage der Zustellung (der persönlichen Empfangnahme § 592) des Schiedsspruches an die Partei, und wenn der Anfechtungsgrund erst später bekannt wurde, mit dem Tage der erlangten Kenntnis vom Anfechtungsgrund; — b) wenn sie auf einen Grund für die Wiederaufnahmsklage gestützt wird, in der Frist für diese Klage § 596. Über die Klage ist nach den allgemeinen Vorschriften zu verfahren § 597.

Die Bestimmungen über Ablehnung des Schiedsrichters § 586, über Ausfertigung und Zustellung des Schiedsspruches § 592 und über die Anfechtung des Schiedsspruches § 595 sind unverzichtbar § 598.

B. Auf anderer Grundlage.

Die für Schiedsgerichte auf Grund eines Schiedsvertrages erlassenen Vorschriften finden sinngemäße Anwendung auf Schiedsgerichte, welche in gesetzlich zulässiger Weise durch eine letztwillige oder eine andere nicht auf Vereinbarung der Streitteile beruhende Verfügung oder durch Statuten angeordnet werden. Für die in Gemäßheit des Vereinsgesetzes vom 15. November 1867 R. 134 zur Schlichtung von Streitigkeiten aus dem Vereinsverhältnisse errichteten Schiedsgerichte gelten lediglich die statutarischen Bestimmungen § 599. Für bestimmte schon vor der E.P.O. gesetzlich angeordnete Schiedsgerichte bleiben die erlassenen Vorschriften in Kraft Art. 12 C.P.O. Das gilt insbesondere von den Schiedsgerichten der Arbeiter-Unfallversicherungsanstalten, der Krankenkassen und der Bruderladen. — Die gesetzlichen Vorschriften, durch welche Körperschaften, Anstalten und Vereine das Recht erhalten haben, zur Entscheidung gewisser Streitigkeiten Schiedsgerichte zu bestellen (so die Handels- und Gewerbekammern, die öffentlichen Lagerhausunternehmungen, die Gewerbegenossenschaften), bleiben in Kraft. Für Börsenschiedsgerichte sind in den Art. 13—27 C.P.O. Normativbestimmungen erlassen.

§ 107. Verfahren in Streitigkeiten wegen der von richterlichen Beamten zugefügten Rechtsverletzungen.

I. Das Klagerecht wegen der von richterlichen Beamten zugefügten Rechtsverletzungen bestimmt sich nach dem Ges. vom 12. Juli 1872 N. 112. Es steht nach diesem Gesetz eine Ersatzklage (Syndikatsklage) zu, wenn ein richterlicher Beamter in Ausübung seiner amtlichen Wirksamkeit durch Übertretung seiner Amtspflicht, insbesondere auch durch eine gesetzwidrig verfügte oder verlängerte Verhaftung (§ 27) einer Partei eine Rechtsverletzung und dadurch einen Schaden zugefügt hat, gegen welchen die im gerichtlichen Verfahren vorgezeichneten Rechtsmittel eine Abhilfe nicht gewähren. Richterliche Beamte im Sinne dieses Gesetzes sind die bei den Gerichtshöfen und bei den Bezirksgerichten zur Ausübung des Richteramtes, oder sonst zu gerichtlichen Amtshandlungen angestellten Staatsbeamten, sowie die zur Vornahme gerichtlicher Amtshandlungen abgeordneten Gerichtskommissäre (Notare), die fachmännischen Beisitzer der Handels-, See- und Berggerichte, die bei den Gerichten zur Vornahme gerichtlicher Amtshandlungen angestellten Diener, und die bei den landesfürstlichen Steuerämtern angestellten Staatsbeamten und Diener bezüglich ihrer Amtshandlungen mit gerichtlichen Depositen- und Waisengeldern (nicht auch die Beamten der Staatsanwaltschaft) § 4. Gleichgültig ist, ob der richterliche Beamte in erster oder höherer Instanz fungiert. Für Ersatzklagen aus Verfügungen und Beschlüssen des obersten Gerichtshofes ist im Gesetz eine Kompetenz nicht festgestellt.

Für den durch richterliche Beamte pflichtwidrig verursachten Schaden haftet der schuldtragende Beamte als Hauptschuldner, und der Staat gleich einem Bürgen und Zahler § 1, der Vorgesetzte des Beamten nur dann, wenn auch er sich einer Übertretung der Amtspflicht schuldig gemacht hat oder ihm solche Haftung durch besondere gesetzliche Vorschrift auferlegt ist § 7. Folgt die Ersatzpflicht aus dem Beschluß eines Kollegialgerichtes, so haften jene Richter, welche für den Beschluß gestimmt haben; beruht der schädigende Beschluß auf einem unvollständigen oder unrichtigen Referate, so haften die Votanten nur bei Außerachtlassung der ihnen obliegenden Sorgfalt § 6. Die Ersatzklage kann gerichtet werden gegen den Staat, gegen den schuldtragenden Beamten, und gegen den Staat und den Beamten als Streitgenossen §§ 1, 9. Wird der Ersatz aus dem Spruche eines Kollegialgerichtes abgeleitet, so können die einzelnen Votanten nur dann geklagt werden, wenn die Abstimmung dem Kläger im Wege eines strafgerichtlichen Verfahrens bekannt geworden ist § 3. Zur Begründung der Klage gegen den einzelnen Beamten wird der Beweis des Verschuldens (Versehens) dieses Beamten erfordert; für die Klage gegen den Staat genügt der Beweis, daß die Rechtsverletzung durch Übertretung der Amtspflicht von seite richterlicher Beamter desjenigen Gerichtes erfolgte, von welchem die Amtshandlung ausgegangen ist § 2. — Zuständig ist für die Rechtssache das Oberlandesgericht, in dessen Sprengel das Gericht seinen Sitz hat, von welchem oder von dessen Bestellten die Rechtsverletzung ausgegangen ist. Gründet sich die Rechtsverletzung in dem Spruche eines Oberlandesgerichtes oder in einer Verfügung des Präsidenten desselben, so hat der oberste Gerichtshof auf Antrag eines Streitteiles ein anderes O.L.G. zur Verhandlung und Entscheidung zu bestellen § 8. Gegen die im Laufe des Verfahrens getroffenen Verfügungen und Entscheidungen des O.L.G. ist Rechtsmittel an den obersten Gerichtshof zu ergreifen, welcher endgültig entscheidet § 17 und Art. 6 Z. 4 J.N.

Die Oberlandesgerichte haben in Syndikatssachen nach den Vorschriften des Gerichtshofsverfahrens, der oberste Gerichtshof nach den für die Berufungsgerichte geltenden Vorschriften zu verhandeln § 600 C.P.O. — Für das Verfahren ist bestimmt: a) daß die Partei in der Klage die Thatsachen, aus welchen sie ihre Ersatzansprüche ableitet, sowie den Gegenstand und Umfang des erlittenen Schadens auszuführen und bezüglich des Ersatzes ein bestimmtes Begehren zu stellen habe, und eine Klage, welche diesen Bestimmungen nicht entspricht, von amtswegen zurückzuweisen sei § 10; — b) daß die Partei die Beweismittel nach Thunlichkeit beizubringen oder zu bezeichnen habe § 10; — c) daß der Vorsitzende des Senates § 601 C.P.O. von der Einleitung des Prozesses die kompetente Disciplinarbehörde zu verständigen, und diese das Ergebnis der Verhandlung dem Prozeßgerichte mitzuteilen habe. Die Parteien sind berechtigt, von dieser Mitteilung bei dem Prozeßgerichte Einsicht zu nehmen und Abschriften zu erheben § 12. Den Parteien ist auch vorbehalten, bei der Disciplinarbehörde nach beendigter Disciplinaruntersuchung die Akten einzusehen und davon Abschriften zum Gebrauch im Prozesse zu erheben, soweit sie für den Ersatzprozeß erheblich sind und das Amtsgeheimnis über die Abstimmung der Kollegialgerichte hierdurch nicht verletzt wird, weil diese Abstimmung schon im Wege der strafgerichtlichen Untersuchung bekannt geworden, oder der richterliche Beamte wegen derselben im Disciplinarwege verurteilt worden ist. Bei Verweigerung der Einsicht oder der Erteilung von Abschriften steht Rekurs an die vorgesetzte Disciplinarbehörde § 13 und die Abhilfe des § 183 Z. 3 C.P.O. zu; — d) daß das Prozeßgericht selbst vor der für die mündliche Verhandlung bestimmten Tagsatzung auf Antrag und von amtswegen den Rechtsstreit bis zur Beendigung des Disciplinarverfahrens aussetzen kann, wenn das Ergebnis desselben oder die diesfälligen Erhebungen für die Civilentscheidung von Einfluß erscheinen. Die Verweigerung der beantragten Aussetzung berechtigt zum Rekurs § 14; — e) daß der Staat, wenn er allein geklagt ist, dem schuldtragenden Beamten, oder dessen Verlassenschaft bezw. dessen Erben nach Maßgabe des § 21 C.P.O. den Steit verkünden kann, was bei einem Ersatzanspruche aus dem Beschlusse eines Kollegialgerichtes voraussetzt, daß das Verschulden des Votanten straf- oder disciplinarbehördlich festgestellt ist § 15.

II. Hat der Staat infolge einer Syndikatsklage Ersatz geleistet, so kann er von dem richterlichen Beamten, bezw. von dessen Verlassenschaft oder Erben (§ 26) Rückersatz beanspruchen. Zur Geltendmachung dieses Anspruches kann die Finanzprokuratur als Vertreter des Staates von dem Disciplinar- und Strafgerichte und von dem Gerichte, von welchem die Rechtsverletzung ausgegangen ist, alle erforderlichen Behelfe und Mitteilungen verlangen § 23. Der Rückersatz kann nur im Prozeßwege hereingebracht werden § 21 und zwar bei Bestand bestimmter Voraussetzungen mit Mandatsklage (s. oben § 103, V), für welche ausschließlich das „Prozeßgericht" § 602 C.P.O. (d. i. das für die Syndikatsklage zuständige Oberlandesgericht, Mot. 326) zuständig ist, — sonst im ordentlichen Rechtswege bei dem nach den allgemeinen Grundsätzen zuständigen Gerichte erster Instanz § 21. Zur Hereinbringung des Rückersatzes können die Dienstbezüge des richterlichen Beamten bis zu einem Drittel, mit Freilassung eines Jahresbezuges von 350 fl. mit Sicherungs- und Exekutionsverfügungen getroffen werden; dem Anspruche der Witwe und der Kinder aus dem Staatsdienstverhältnisse erwächst daraus keine Schmälerung § 26 und Art. 9 Ex.O.

§ 108. Verfahren in Ehesachen.

I. Das Verfahren in Ehesachen begreift eine Reihe von Streitsachen, und eine Reihe von Verhandlungen zur Beseitigung von mit der Rechtsordnung schlechthin unvereinbaren Verbindungen und zur Klarstellung von Verhältnissen behufs Abwehr von Unzukömmlichkeiten. Das im B.G.B. „angedeutete amtliche Verfahren in streitigen Eheangelegenheiten" war im Hofdekret vom 23. August 1819 Nr. 1595 J.G.S. geregelt. Die in der Regierungsvorlage der C.P.O. angestrebte Neuregelung des Verfahrens wurde abgelehnt, daher blieben ungeachtet des Inkrafttretens der C.P.O. die Bestimmungen des bezog. Hofdekrets in Wirksamkeit, doch haben da, wo dieses Hofdekret auf die Vorschriften der Gerichtsordnung Bezug nimmt, die Vorschriften der C.P.O. für das Verfahren vor Gerichtshöfen (§ 50 J.N.) zu treten Art. 1 Abs. 2 und Art. 2 C.P.O. — In der J.M.V. vom 9. Dezember 1897 R. 283 sollten jene Bestimmungen des Hofdekrets vom 23. August 1819, welche ungeachtet des Inkrafttretens der C.P.O. in Wirksamkeit blieben, bezeichnet und die Anwendung dieser Bestimmungen mit den Vorschriften der C.P.O. in Einklang gebracht werden. Wieweit das gelungen ist, bleibt richterlicher Prüfung vorbehalten. Auf nicht streitige Eheangelegenheiten bezieht sich die M.V. vom 9. Dezember 1897 nicht.

II. Gegenstand eines nichtstreitigen Verfahrens ist: 1. die Auflösung der Ehe, wenn auf solche durch Todeserklärung zu erkennen, oder eine Beweisführung über den erfolgten Tod notwendig ist. Darüber gelten die Vorschriften des Ges. vom 16. Februar 1883 R. 20 in betreff der Zuständigkeit (Art. 8 Z. 7 J.N.) und des Verfahrens. — 2. die Ehetrennung nach § 133 B.G.B. Zuständig ist zur Bewilligung der Trennung einer Ehe der Juden mit wechselseitiger freier Einwilligung das Bezirksgericht, bei welchem der Ehemann seinen allgemeinen Gerichtsstand hat § 114 J.N. Die Ehegatten haben diesen Entschluß zunächst ihrem Rabbiner oder Religionslehrer zu melden und von ihm ein Zeugnis zu erwirken, daß die nachdrücklichsten Vorstellungen zur Wiedervereinigung versucht und fruchtlos geblieben sind. Mit diesem Zeugnisse müssen beide Ehegatten vor Gericht erscheinen, welches den Trennungsantrag, wenn Aussicht auf Wiedervereinigung gegeben ist, auf zwei bis drei Monate zurückzuweisen und sohin zu gestatten hat, daß der Mann den Scheidebrief der Frau übergebe; — zugleich ist neue Tagsatzung anzuordnen, und wenn nun beide Teile nochmals erklären, daß sie freiwillig den Scheidebrief zu geben und zu nehmen entschlossen sind, hat der Richter mit Bescheid den Scheidebrief für rechtsgültig und die Ehe für aufgelöst zu erklären §§ 133, 134 B.G.B. Bei Übertritt eines der jüdischen Ehegatten zur christlichen Religion haben der einverständlichen Trennung Vorstellungen des christlichen Seelsorgers und ein Vergleichsversuch bei Gericht vorauszugehen (Hofdekret vom 10. April 1821 Nr. 1789) und darf der christliche Teil zur Übergabe des Scheidebriefes einen Israeliten zum Bevollmächtigten bestellen (Hofdekret vom 19. Mai 1827 Nr. 2277); — 3. die Scheidung von Tisch und Bett über Antrag beider Ehegatten. Zur Bewilligung „einer zufolge beiderseitigen Einverständnisses angesuchten Scheidung" (§ 7, M.V. vom 9. Dezember 1897) ist das Bezirksgericht berufen, bei welchem der Ehemann seinen allgemeinen Gerichtsstand hat § 114 J.N. Das Gericht hat die Scheidung ohne Prüfung der Gründe zu bewilligen: a) wenn die Ernstlichkeit des Willens durch Erfolglosigkeit dreimaliger Vorstellungen festgestellt ist. Die Vorstellungen hat das zur Scheidung berufene Gericht in Zwischenräumen von je acht Tagen vorzunehmen. Das gilt schlechthin für konfessionslose Personen (Ges. vom 9. April 1870 R. 75); bei Ehegatten, welche einer gesetzlich anerkannten Konfession angehören, bietet Ersatz ein Zeugnis des Seelsorgers über die Erfolglosigkeit der Versöhnungsversuche (Ges. vom 31. Dezember 1868 R. 3 ai 1869); — b) wenn ein Einverständnis über die Auseinandersetzung des Vermögens der Ehegatten, über den Unterhalt der Ehegattin und die gesetzlichen Pflichten der Eltern gegenüber den Kindern erzielt ist (§ 8 des Hofdekrets vom 23. August 1819 und § 7 J.M.V. vom 9. Dezember 1897). Die Ordnung der Verhältnisse der Kinder bedarf pflegschaftsbehördlichen Konsenses; die Ordnung der Vermögens- und Unterhaltsverhältnisse pflegebefohlener Gatten der Zustimmung des Vertreters und des Gerichtes (§ 106 B.G.B.), daher dann, wenn minderjährige oder unter Kuratel stehende Personen beteiligt sind, mit den Ehegatten auch die Eltern, Vormünder und Kuratoren zur Verhandlung zu laden sind (§ 5 Hofdekret vom 23. August 1819 und § 4 J.M.V.). Im Protokolle über die Scheidungsverhandlung sind die Familienverhältnisse ersichtlich zu machen (§ 5 der J.M.V.). Die Scheidung wird gestattet mit Bescheid und mit Vorbehalt der von beiden Ehegatten bei Gericht zu erklärenden Wiedervereinigung. Die Anzeige der Wiedervereinigung kann bei dem Bezirksgerichte, welches die Scheidung bewilligt hat, oder bei dem Bezirksgerichte, in dessen Sprengel die Ehegatten zur Zeit wohnen, angebracht werden; — dem Bezirksgerichte des Wohnsitzes obliegt, das Gericht der Ehescheidung von der Wiedervereinigung zu benachrichtigen § 114 J.N.

III. Die nicht einverständliche Scheidung von Tisch und Bett, und die Verhandlung über die Ungültigkeit und Trennung der Ehe (abgesehen von Ehetrennung nach § 133 B.G.B.) sind Rechtssachen der streitigen Gerichtsbarkeit. Zuständig ist für diese Rechtssachen der Gerichtshof (§ 50 Z. 2 J.N.) des letzten gemeinschaftlichen Wohnsitzes der Ehegatten § 76, subsidiär der Gerichtshof, in dessen Sprengel der Kläger seinen Wohnsitz hat und eventuell das Landesgericht in Wien § 100 J.N. Der Gerichtsstand des Wohnsitzes gilt auch, wenn die Ehegatten nicht österreichische Staatsbürger sind. Urteile ausländischer Gerichte, welche den Personenstand eines österreichischen Staatsangehörigen betreffen, sind im Inlande nicht vollstreckbar § 81 Ex.O. Für diese Ehestreitigkeiten bestimmt die C.P.O. im § 27 den Ausfall von Anwaltszwang im Verfahren erster Instanz, im § 57 Z. 3, die Befreiung des Klägers von der Sicherheitsleistung für die Prozeßkosten. Auf diese Streitsachen bezieht sich die J.M.V. vom 9. Dezember 1897.

IV. Auf Streitigkeiten über die Scheidung von Tisch und Bett beziehen sich die §§ 2—7 der J.M.V. — Davon sind die §§ 3—6 inhaltlich gleich den §§ 3, 5, 7 und 12 des Hofdekrets vom 23. August 1819; — der § 2 markiert ein Streitverfahren, welches mit den aufrecht erhaltenen Bestimmungen des B.G.B. im Widerspruch steht. Es steht ein Scheidungsgesuch einer Klage im Gerichtshofsverfahren nicht gleich. Verlangt ein Teil die Scheidung aus rechtmäßigen Gründen, so hat das Gericht, wenn gütliche Vorstellungen sich erfolglos erweisen, die Sache von amtswegen zu untersuchen § 107 B.G.B. (§ 1 Hofdekret). In einer amtlichen Untersuchung hat die Anordnung einer ersten Tagsatzung im Sinne des § 239 C.P.O., eine etwa sich anschließende schriftliche Klagebeantwortung, für welche der sonst vorausgesetzte Advokatenzwang fehlt, — es hat ein Versäumungsverfahren gemäß §§ 396 und 398 C.P.O. ebensowenig Raum, wie in einem Verfahren über die Ungültigkeit oder Trennung der Ehe (§ 9 J.M.V.). Es muß demnach trotz § 2 der J.M.V. das Verfahren in Streitigkeiten über die Scheidung den aufrecht gebliebenen Bestimmungen des B.G.B. angepaßt werden.

Das Scheidungsgesuch kann schriftlich oder mündlich angebracht werden. Es ist als zur Bestimmung einer Tagsatzung nicht geeignet nur dann zurückzuweisen, wenn sich das Gericht für unzuständig erkennt. Ist dem Ansuchen ein Zeugnis über Versöhnungsversuche nicht beigelegt (§§ 104, 107, 132 B.G.B.), so hat der Vorsitzende des Senates (§ 2 J.M.V.) vor aller Verhandlung den Ehegatten zu drei verschiedenen Malen in Zwischenräumen von je acht Tagen die vorgeschriebenen Vorstellungen zu machen. Bei Erfolglosigkeit der Versöhnungsversuche ist die Klagsache von amtswegen zu untersuchen § 107 B.G.B. und zu diesem Zwecke ein vorbereitendes Verfahren nach § 245 Z. 2 anzuordnen (§ 9 J.M.V.). Die Verhandlung ist auf jenen Scheidungsgrund zu beschränken, welchen der Kläger geltend gemacht hat § 6 J.M.V. (§ 4 Hofdekret). Dem Abschlusse des vorbereitenden Verfahrens hat die mündliche Streitverhandlung zu folgen. Im Verhandlungsprotokolle sind die Personalverhältnisse der streitenden Ehegatten festzustellen § 5 J.M.V. Minderjährige oder unter Kuratel stehende Personen haben sich in den ihre persönlichen Rechte und Verbindlichkeiten betreffenden Beziehungen selbst zu vertreten, doch sind auch ihre Eltern, Vormünder oder Kuratoren den gerichtlichen Verhandlungen beizuziehen § 4 J.M.V. (§ 5 Hofdekret). Ist der Aufenthalt des beklagten Ehegatten unbekannt, so ist für ihn ein Kurator zu bestellen (§ 116 fol. C.P.O.) und mit diesem zu verhandeln.

Das Gericht ist angewiesen, einen gütlichen Vergleich zu versuchen und zwar auf freiwillige Zurücknahme des Scheidungsantrages, oder auf Einwilligung zu einer aus vollgültigen Gründen verlangten Scheidung auf bestimmte oder unbestimmte Zeit § 3 J.M.V. (§ 3 Hofdekret). Die Vergleichsverhandlung kann dem mit dem vorbereitenden Verfahren betrauten Richter zugewiesen werden (§ 204 C.P.O.). Der Vergleich auf Scheidung ist von einem Einverständnisse über die Vermögens- und Unterhaltsverhältnisse nicht bedingt. Wird eine Einigung auf Scheidung erzielt, so hat das Prozeßgericht die Scheidung mit Beschluß festzustellen; eine Einigung auf Zurücknahme des Scheidungsantrages ist zu protokollieren. — In der von amtswegen zu untersuchenden Sache besteht kein Kontumacialverfahren. Der Richter hat den auf Scheidung belangten Ehegatten, wenn er der Vorladung nicht Folge leistet, durch Ordnungsstrafen zum Erscheinen zu nötigen (§ 6 Hofdekret, — § 12 J.M.V.); das schließt nicht aus, daß das Verfahren bei einseitiger Verhandlung geschlossen werde, wenn sich Zwangsmittel als unwirksam oder unthunlich erweisen. — Die Scheidung ist Parteisache; es sind die Beweise, insbesondere auch das Geständnis nach der C.P.O. zu würdigen. Die Streitsache ist durch Urteil zu erledigen, in welchem auch über die Prozeßkosten zu entscheiden ist. Wird auf Scheidung erkannt, so ist auszusprechen, ob und welcher Ehegatte die Scheidung verschuldet hat § 6 J.M.V. (§ 1264 B.G.B.). Streitigkeiten über Vermögensverhältnisse bleiben dem ordentlichen Rechtswege vorbehalten. Gegen die Entscheidung stehen die Rechtsmittel der C.P.O. zu; für das Verfahren in höherer Instanz gilt Advokatenzwang. — Zugelassen ist auf Antrag während des Rechtsstreites und auch vor Einleitung desselben die Bewilligung eines abgesonderten Wohnortes, und auch die Bestimmung des einstweilen vom Ehemann seiner Gattin und seinen Kindern zu leistenden Unterhaltes; zuständig ist dafür das für Hauptsache zuständige Gericht, vor Einleitung des Rechtsstreites das Bezirksgericht des Wohnsitzes der Ehegatten §§ 378, 382, 387 Ex.O.

V. Die Ungültigkeit einer Ehe kann nur durch Urteil des zuständigen Civilgerichtes festgestellt werden; selbst der Strafrichter ist auf solches Urteil verwiesen (§ 5 Str.P.O.). Das Verfahren ist auf Grund amtlicher Anzeige einzuleiten und durchzuführen im Falle unbedingter Ungültigkeit, d. i. bei Bestand eines Ehehindernisses des öffentlichen Rechtes (§ 94 B.G.B., und Hofdekret vom 25. August 1814 Nr. 1099 betreffend das Ehehindernis des Katholicismus). Amtliches Verfahren entfällt, wenn die Ehe bereits durch Tod gelöst, oder das Ehehindernis mittlerweile weggefallen ist; doch bleibt die Untersuchung auf Ansuchen des privatrechtlichen Interessenten, bei fiskalischem Interesse auf Ansuchen der Verwaltungsbehörde vorbehalten (Hofdekret vom 13. Juli 1837, Pol.G.S. 65. Bd., 417, — Hofdekret vom 27. Juni 1837 Nr. 208). — Privatrechtliche Ehehindernisse sind auf Ansuchen (Klage) zu untersuchen; amtlich zu untersuchen sind sie nur als Vorfrage einer Strafsache oder einer Ehesache des öffentlichen Rechts. Zum Ansuchen berechtigt ist bei privatrechtlichen Ehehindernissen die durch den Eheabschluß gekränkte, also jene Person, in deren Interesse der Ungültigkeitsgrund gesetzlich anerkannt ist, sofern diese Person schuldlos ist § 96 B.G.B. Erscheint das Gesuch des Ehegatten um Ungültigerklärung auffallend unbegründet, so ist er zuerst allein vorzuladen und durch Vorstellungen (des Vorsitzenden oder eines Senatsmitgliedes) zur Zurücknahme des Gesuches zu veranlassen § 13 J.M.V.

Im Verfahren über die Ungültigkeit der Ehe findet eine erste Tagsatzung im Sinne des § 239 nicht statt; ein Versäumungsurteil nach §§ 396 und 398 ist ausgeschlossen. Es ist auf Grund der Anzeige oder des Ansuchens sogleich ein vorbereitendes Verfahren nach § 245 Z. 2 einzuleiten und nach Abschluß desselben in mündlicher Streitverhandlung über die Gültigkeit der Ehe zu verhandeln. Das vorbereitende Verfahren und die mündliche Streitverhandlung hat sich auf die als Grund der Ungültigkeit angegebenen Umstände zu beschränken § 9 J.M.V. Nicht ausgeschlossen ist hierdurch die Feststellung, daß das Bestreitungsrecht durch Verzicht oder in anderer Weise erloschen ist. — Bei Einleitung der Verhandlung über die Gültigkeit der Ehe hat das Gericht außer dem Fall, wo es sich um eine Judenehe handelt (Hofdekret vom 13. November 1816 Nr. 1296 und § 18 J.M.V.), einen verständigen und rechtschaffenen Mann zur Verteidigung des Ehebandes zu bestellen (§ 97 B.G.B.). Diesem ist die amtliche Anzeige oder das Ansuchen, auf Grund dessen die Untersuchung eingeleitet ist, mitzuteilen; er ist dem vorbereitenden Verfahren und der Streitverhandlung beizuziehen; er ist insbesondere angewiesen, über alle als Grund der Ungültigkeit angegebenen Umstände genaue Erkundigung einzuziehen, inwiefern der Antrag im Gesetze gegründet und durch vollständigen Beweis unterstützt sei, oder welche Einwendungen und Bedenken demselben entgegenstehen, sorgfältig zu untersuchen und sich hierüber gegen das Gericht gründlich und gewissenhaft zu äußern, und im Falle auf Ungültigkeit erkannt wird, Rechtsmittel zu ergreifen. Bei Lässigkeit ist der Verteidiger des Ehebandes von dem Gerichte zurechtzuweisen §§ 15, 16 J.M.V. Für das vorbereitende Verfahren und die mündliche Streitverhandlung gelten die Vorschriften der C.P.O., soweit sie mit der gebotenen amtlichen Untersuchung vereinbar sind. Es hat der Richter im vorbereitenden Verfahren, der Vorsitzende und der Senat bei der Streitverhandlung darauf hinzuwirken, daß alle für die Entscheidung wichtigen Umstände vollständig aufgeklärt werden; die Ehegatten sind zur persönlichen Beteiligung am vorbereitenden Verfahren und der Streitverhandlung durch Androhung und Verhängung von Ordnungsstrafen zu veranlassen § 12 J.M.V. — Durch den Grundsatz amtlicher Untersuchung ist ausgeschlossen die Begründung von Säumnisfolgen im vorbereitenden Verfahren, die Fällung eines Versäumungsurteiles §§ 8 und 10 J.M.V.; — es ist ausgeschlossen der Vergleich, weil die Frage, ob die Verbindung eine Ehe sei, unabhängig von dem Parteiwillen zur Entscheidung kommen muß. Ist das Ehehindernis festgestellt, so hat sich das Gericht um Behebung desselben durch Dispensation, durch nachträgliche Einwilligung der gekränkten Person, oder durch Genehmigung der zuständigen Behörde zu verwenden § 98 B.G.B. und § 14 J.M.V. „Die Vermutung ist für die Gültigkeit der Ehe. Das angeführte Ehehindernis muß also vollständig bewiesen werden, und weder das übereinstimmende Geständnis beider Ehegatten hat hier die Kraft eines Beweises", noch kann das Ehehindernis durch Vernehmung der Ehegatten nach § 371 fol. C.P.O. bewiesen werden § 99 B.G.B., Art. 6 C.P.O. Geständnis und Vernehmung der Ehegatten ist zulässig über Umstände, welche den Bestand des Ehehindernisses oder das Bestreitungsrecht ausschließen. Besondere Vorschriften enthalten die §§ 100 und 101 B.G.B. über den Sachverständigenbeweis bei Impotenz; sie berechtigten zur Annahme, daß sich der betreffende Ehegatte der Untersuchung unterwerfen müsse.

Auf Grund vollständiger Verhandlung hat das Gericht (ohne Einvernehmung der Kirchenbehörde, Art. III Ges. vom 25. Mai 1868 R. 47) mit Urteil über die Gültigkeit und über diesfällige Schuld oder Schuldlosigkeit der Ehegatten (§ 1265 B.G.B.) zu entscheiden. Prozeßkosten sind nur zuzusprechen bei Verhandlung auf Antrag, wenn der Antrag abgewiesen wird. Der Verteidiger des Ehebandes ist vom Staate zu entlohnen. Gegen die Entscheidung stehen die Rechtsmittel der C.P.O. zu. Der Verteidiger des Ehebandes ist angewiesen, bei Erkenntnis auf Ungültigkeit die Berufung, und im Falle auch nur ein Ehegatte katholisch ist, gegen die bestätigende Berufungsentscheidung die Revision zu erheben; die Versäumung der Frist für das Rechtsmittel hat lediglich Zurechtweisung zur Folge § 16 J.M.V. Eine Berufungs- und Revisionsbeantwortung ist nur zu erwarten, wenn sich ein Teil dem defensor als Partei entgegenstellt. Ist die Ehe rechtsgültig für unwirksam erklärt, so hat das Gericht die entsprechende Eintragung im Trauungsbuche zu veranlassen.

VI. Trennbar sind die Ehen der Akatholiken (einschließlich nicht unierte Griechen, Hofdekret vom 20. November 1820), der Juden und konfessionslosen Personen (§§ 115, 133 B.G.B., Ges. vom 9. April 1870 R. 51). Durch Übertritt zum Katholizismus verliert der katholische, nicht aber der andere Teil das Recht auf Trennung behufs Wiederverehelichung (Hofdekret vom 4. August 1814, Pol.G.S. Bd. 42, Nr. 64); nur bei jüdischen Ehegatten behält der katholisch gewordene Teil das Recht auf Trennung (Hofdekret vom 28. Juni 1806 Nr. 771 und Hofkanzleidekret vom 4. Februar 1837 Nr. 168). — Die Trennung der Ehe von Juden kann, abgesehen von dem Falle beiderseitiger Einwilligung (s. II. Z. 2) nur erfolgen über Klage des Mannes, daß er die Frau wegen Ehebruches durch einen Scheidebrief von sich entlasse. In dem Verfahren über diese Klage entfällt die Bestellung eines Verteidigers des Ehebandes (§ 18 J.M.V. und Hofdekret vom 13. November 1816 Nr. 1296) und ist die Streitsache in betreff der Zulässigkeit der Beweise, der Beweiswürdigung und der Entscheidung über die Prozeßkosten „gleich einer andern Streitsache zu behandeln" § 135 B.G.B. — Die Trennung anderer trennbaren Ehen erfolgt auf Antrag beider Ehegatten wegen unüberwindlicher Abneigung, oder über Klage des schuldlosen Ehegatten, gestützt auf einen der im § 115 B.G.B. aufgezählten Trennungsgründe. In beiden Fällen ist über die Trennung wie über die Ungültigkeit der Ehe zu verfahren und hier nur hervorzuheben, daß bei einem Antrag auf Trennung wegen unüberwindlicher Abneigung, wenn es angemessen erscheint, zunächst nur eine Scheidung von Tisch und Bett eventuell wiederholt anzuordnen, und sohin erst auf Trennung zu erkennen ist, und daß im Falle boshaften Verlassens der Trennungsverhandlung eine Ediktalladung auf ein Jahr vorauszugehen hat § 115 B.G.B.

§ 109. Die Gewerbegerichte und das Verfahren bei denselben.

I. Die Errichtung, die Zuständigkeit, das Verfahren und den rechtlichen Effekt der Vergleiche und Entscheidungen der Gewerbegerichte regelt (für die Zeit vom 1. Juli 1898 ab) das Ges. vom 27. November 1896 R. 218. — Es werden Gewerbegerichte zur Austragung gewerblicher Streitigkeiten zwischen gewerblichen Unternehmern und Arbeitern, ferner zwischen Arbeitern desselben Betriebes unter einander errichtet durch Justiz-Ministerial-Verordnung a) an jenen Orten, wo auf Grund des Ges. vom 14. Mai 1869 R. 63 Gewerbegerichte errichtet waren; b) nach eingeholten Gutachten des Landtages (! des Landesausschusses, Ges. vom 1. April 1872 R. 42) an anderen Orten, für welche sich das Bedürfnis ergiebt. Den Landtagen, Landesausschüssen, Bezirks- und Gemeindevertretungen, Gewerbeinspektoren, gewerblichen Genossenschaften und Gemeinden ist vorbehalten, Anträge auf Errichtung und Auflassung von Gewerbegerichten, auf Änderung des Sprengels und des Umfanges der Zuständigkeit zu stellen § 2. — In der konstituierenden J.M.V. wird bestimmt: der Sitz des Gewerbegerichtes, der Sprengel desselben (Gebiet einer oder mehrerer Gemeinden, ein Teil eines Gemeindegebietes) und der Umfang der Zuständigkeit. Es kann das Gewerbegericht für alle gewerblichen Betriebe, oder nur für einzelne Kategorien der großen oder kleinen Betriebe bestellt werden § 3.

Das Gericht, für welches die Gemeinden des Gerichtssprengels die sachlichen Erfordernisse zu beschaffen und auch die Zustellungen zu besorgen haben § 6, besteht aus einem Vorsitzenden, eventuell einem Stellvertreter, und mindestens zehn Beisitzern mit der erforderlichen Anzahl von Ersatzmännern. Der Vorsitzende und sein Stellvertreter müssen für das Richteramt befähigte richterliche Beamte sein; sie werden vom Justizminister unter Zuweisung einer Besoldung ernannt, und üben das Amt unter Richtereid aus § 7, 11. Die Beisitzer und deren Ersatzmänner werden zur Hälfte von den Unternehmern, zur Hälfte von den Arbeitern gewählt § 7. Erstreckt sich die Zuständigkeit des Gewerbegerichts auf verschiedene Kategorien großer oder kleiner Gewerbe, so kann (eventuell muß § 21) Gruppenwahl angeordnet werden § 10. Der zu Wählende muß männlichen Geschlechtes, österreichischer Staatsbürger, 30 Jahre alt, eigenberechtigt und unbescholten sein, und dem Wahlkörper angehören, aus welchem er gewählt wird. Bei staatlichen Betrieben, sowie bei Transportunternehmungen sind die im betreffenden Betriebe angestellten Beamten passiv wahlberechtigt § 9. Die Gewählten verpflichten sich bei dem Vorsitzenden des Gewerbegerichtes durch Eid zu gewissenhafter und unparteiischer Ausübung ihres Amtes § 11 und fungieren vier Jahre § 14, gegen Ersatz der Barauslagen, die Arbeiter zugleich gegen Entschädigung wegen Verdienstentgang. — Das Aufsichtsrecht über den Vorsitzenden und dessen Stellvertreter übt der Präsident des Gerichtshofes erster Instanz des Sitzes des Gewerbegerichtes § 11, das Aufsichtsrecht über die Beisitzer der Vorsitzende des Gewerbegerichtes § 16. Dem Gerichtshof erster Instanz ist vorbehalten, Beisitzer und Ersatzmänner ihres Amtes zu entheben §§ 17, 18.

II. Zuständig ist das Gewerbegericht ohne Rücksicht auf den Wert des Streitgegenstandes in Streitigkeiten: a) über den Lohn; — b) über den Antritt, die Fortsetzung und Auflösung des Arbeits- und Lehrverhältnisses; — c) über Leistungen und Entschädigungsansprüche aus dem Lehr- und Arbeitsverhältnisse, insbesondere auch wegen Lohnabzügen und bedungener Konventionalstrafe; — d) über die Aushändigung und den Inhalt des Arbeitsbuches oder Zeugnisses, über Entschädigungsansprüche der Hilfsarbeiter wegen nicht rechtzeitiger Aushändigung des Arbeitsbuches, wegen Verweigerung der vorschriftsmäßigen Eintragungen in dasselbe und wegen unzulässiger Eintragungen und Anmerkungen (§ 80 lit. g. Gew.O.); — e) aus der Angehörigkeit an Pensions- und anderen Unterstützungskassen, sofern nicht die Schiedsgerichte der Unfallversicherungsanstalten, der Krankenkassen oder andere statutenmäßige Schiedsgerichte einzutreten haben; — f) wegen der Kündigung, der Räumung und des Mietzinses von Wohnungen in Arbeiterhäusern, deren Benützung vom Dienstgeber dem Arbeiter ohne oder gegen Entgelt gewährt wird; — g) über Ansprüche, welche aus der Übernahme einer gemeinsamen Arbeit von Arbeitern desselben Unternehmers gegen einander erhoben werden § 4.

Als Arbeiter im Sinne des Ges. vom 27. November 1896 gelten: 1. Werkmeister, Werkführer, Vorarbeiter, — 2. alle im gewerblichen Betriebe beschäftigten Hilfsarbeiter einschließlich der Tagelöhner, — 3. Personen, welche außerhalb der Betriebsstätte gegen eine Entlohnung mit der Bearbeitung oder Verarbeitung von Rohstoffen oder Halbfabrikaten für Unternehmer beschäftigt sind, — 4. bei Handelsgewerben alle zu kaufmännischen Diensten verwendeten Personen § 5. Auf Streitigkeiten zwischen dem Ärar und den in militärischen Etablissements oder sonst von der Militärverwaltung beschäftigten Arbeitern erstreckt sich die Zuständigkeit der Gewerbegerichte nicht § 1. — Die Kompetenz der Gewerbegerichte schließt die Zuständigkeit der politischen Behörden für Dienststreitigkeiten, und die Zuständigkeit der ordentlichen Gerichte aus (s. § 42 J.N.). Den Streitteilen ist Verzicht auf diese Zuständigkeit versagt; vorbehalten ist ihnen nur die freiwillige Unterwerfung unter die schiedsgerichtlichen Ausschüsse der Gewerbegenossenschaften (§ 122 Gew.O.) § 3. Die Anfechtung der Entscheidungen der schiedsgerichtlichen Ausschüsse der Genossenschaften in Streitigkeiten, welche zur sachlichen Zuständigkeit der Gewerbegerichte gehören, kann nur bei dem Gewerbegerichte erfolgen, wenn sich die Genossenschaft im Sprengel eines solchen Gerichtes befindet § 35.

Örtlich zuständig ist mit Ausschluß aller anderen Gerichtsstände jenes Gewerbegericht, in dessen Sprengel sich die Betriebsstätte befindet, und bei Personen, welche außerhalb der Betriebsstätte mit der Bearbeitung oder Verarbeitung beschäftigt sind, das Gewerbegericht, in dessen Sprengel die Arbeit zu leisten ist oder die Auszahlung des Lohnes zu geschehen hat. Das Gewerbegericht hat seine Zuständigkeit von amtswegen wahrzunehmen § 23. Die rechtskräftige Entscheidung des ordentlichen Gerichtes für die Zuständigkeit des Gewerbegerichtes, und des Gewerbegerichtes für die Zuständigkeit des ordentlichen Gerichtes ist für das zuständig erklärte Gericht bindend § 24.

III. Das Gewerbegericht verhandelt und entscheidet in Senaten, bestehend aus dem Vorsitzenden oder dessen Stellvertreter und zwei Beisitzern, wovon der eine dem Wahlkörper der Unternehmer, der andere jenem der Arbeiter angehören muß. Vorbehalten ist, das Gewerbegericht nach den verschiedenen Gewerbszweigen in mehrere selbständige Abteilungen zu teilen. Erstreckt sich die Zuständigkeit des Gewerbegerichtes auch auf Streitigkeiten zwischen Handeltreibenden (vgl. § 88 J.N.) und ihren Bediensteten, so muß für diese Streitigkeiten eine besondere Abteilung gebildet, und für diese Abteilung auch in besonderen Wahlkörpern gewählt werden § 21. — Die Mitglieder des Gewerbegerichtes sind ähnlich wie Richter vom Richteramte ausgeschlossen und ablehnbar § 19.

IV. Für das Verfahren gelten die Vorschriften der C.P.O. über das bezirksgerichtliche Verfahren in Bagatellsachen § 22. — Die Parteien können sich schlechthin durch Angehörige (Familienangehörige, die Ehegattin § 449 C.P.O.), Unternehmer durch Geschäftsführer oder Angestellte als Bevollmächtigte vertreten lassen. Berufsgenossen werden zur Vertretung zugelassen, wenn glaubhaft gemacht wird, daß die Partei am Erscheinen verhindert ist, oder „ihre Angelegenheiten selbst zu vertreten nicht imstande ist“ (wegen Postulationsunfähigkeit, — bei Prozeßunfähigkeit hat der gesetzliche Vertreter einzuschreiten). Vertretung durch Advokaten erscheint nur im Berufungsverfahren zugelassen §§ 25, 30.

Die Gewerbegerichte haben wie Bezirksgerichte (§ 439 C.P.O.) Gerichtstage anzusetzen, an welchen der Kläger mit dem Gegner ohne Vorladung erscheinen kann, um eine Rechtssache anhängig zu machen und darüber zu verhandeln § 27. Über Klage ist die erste Tagsatzung in der Regel auf die nächsten drei Tage anzuberaumen § 26. Diese erste Tagsatzung kann (muß! § 28 Abs. 3) vor dem Vorsitzenden ohne Zuziehung von Beisitzern stattfinden. Diesem obliegt, die Streitsache durch Vergleich zu ordnen, über die Einreden der Unzulässigkeit des Rechtsweges, der Unzuständigkeit, der Streithängigkeit und rechtskräftigen Entscheidung zu entscheiden, und über Anerkenntnis, Verzicht oder Versäumung Urteil zu fällen; ihm obliegt auch, wenn die Parteien auf die Zuziehung von Beisitzern einverständlich verzichten, die Hauptsache sofort allein zu verhandeln und zu entscheiden. Wird die Streitsache nicht in der ersten Tagsatzung erledigt, so ist sie vor das Gewerbegericht zu verweisen § 28, welchem der Vorsitzende bei Beginn der Verhandlung über die Ergebnisse der ersten Tagsatzung zu berichten hat. In der Verhandlung sind die Beisitzer an Parteien, Zeugen und Sachverständige Fragen zu stellen berechtigt §§ 29, 20.

V. Im Verfahren vor Gewerbegerichten ist das Rechtsmittel der Nichtigkeits- und der Wiederaufnahmsklage unstatthaft § 32, der Rekurs nur statthaft, soweit er in Bagatellsachen zulässig ist (§ 517 C.P.O.); Berufung ist vorbehalten; sie ist in Streitsachen bis 50 fl. (Bagatellsachen) lediglich wegen Nichtigkeitsgründen (in vollem Umfange des § 477 C.P.O.), in anderen Streitsachen ohne Beschränkung zulässig. In Bagatellsachen erfolgt über Berufung die Verhandlung und Entscheidung nach den Vorschriften über das Berufungsverfahren der Gerichtshöfe erster Instanz § 30; — in anderen Streitsachen ist über Berufung die Rechtssache in den durch die Anträge bestimmten Grenzen vom neuen zu verhandeln und zwar nach den für das Verfahren vor Gerichtshöfen erster Instanz als Prozeßgericht maßgebenden Bestimmungen. Es hat bei Neuverhandlung (mangels Anwaltszwanges) ein Wechsel vorbereitender Schriftsätze nicht statt, und erfolgt diese Verhandlung und Entscheidung unter Beiziehung von zwei gewerblichen Beisitzern § 31 (also vor einem verstärkten Senat). Rekurs- bezw. Berufungsgericht ist der Gerichtshof erster Instanz, in dessen Sprengel das Gewerbegericht seinen Sitz hat (§ 30). Gegen die Entscheidung des Berufungsgerichtes ist weiterer Rechtszug unzulässig § 502 C.P.O.

VI. Die Exekution rechtskräftiger Entscheidungen der Gewerbegerichte, sowie der vor derselben abgeschlossenen Vergleiche bewilligt das Bezirksgericht, in dessen Sprengel der Schuldner seinen allgemeinen Gerichtsstand hat, in Ermangelung eines solchen jenes Bezirksgericht, in dessen Sprengel das Gewerbegericht seinen Sitz hat. Die Rechtskraft bestätigt auf Verlangen der Parteien das Gewerbegericht § 33.

Eingaben an das Gewerbegericht, Ausfertigungen desselben, sowie aufgenommene Protokolle sind stempel- und gebührenfrei; gebührenfrei ist auch der den Rechtsstreit erledigende Vergleich. Urteile unterliegen den für Schiedsgerichte im Ges. vom 29. Februar 1864 R. 20 festgesetzten Gebühren § 34.

§ 110. Das Mahnverfahren.

I. Zur Einbringung kleiner, voraussichtlich nicht bestrittener Forderungen wurde im Ges. vom 27. April 1873 R. 67 ein gerichtliches Mahnverfahren zugelassen, d. h. dem Gläubiger vorbehalten, gegen seinen Schuldner ohne Nachweis des Bestandes der Forderung die Erlassung eines „bedingten Zahlungsbefehles“ zu erwirken, welcher, wenn der Schuldner rechtzeitig Widerspruch erhebt, wirkungslos wird, andernfalls aber in Rechtskraft erwächst, und durch sechs Monate nach der Zustellung exequiert werden kann. Dieses Gesetz ist im bisherigen Umfange (den Reichsratsländern mit Ausschluß von Galizien, der Bukowina und Dalmatien) in Geltung geblieben Art. 28 C.P.O.

II. Gegenstand des Mahnverfahrens sind Forderungen, — doch nicht Forderungen aus Wechseln. Die Forderung muß a) gegen den persönlichen Schuldner geltend gemacht werden; — b) eine Geldsumme betreffen, welche ohne Einrechnung von Zinsen und Nebengebühren 200 fl. nicht übersteigt, oder vertretbare Sachen zum Gegenstande haben, für welche der Gläubiger einen 200 fl. nicht übersteigenden Geldbetrag anzunehmen sich ausdrücklich erbietet. Solches Anerbieten bewirkt alternative Ausfertigung des Zahlungsbefehles § 6, und berechtigt den Schuldner, sich durch Leistung des Schätzungsbetrages samt Nebengebühren von der Leistung der vertretbaren Sachen zu befreien § 15, — c) die Forderung muß sich überhaupt und derzeit schon zur Geltendmachung bei Gericht eignen § 1, — d) sie darf von einer Gegenleistung nicht bedingt sein § 5.

Ausgeschlossen ist die Erlassung des bedingten Zahlungsbefehles nach § 3, wenn der Schuldner der Gerichtsbarkeit des Obersthofmarschallamtes untersteht, — wenn des Schuldners Aufenthalt unbekannt ist, — und wenn die Zustellung des Zahlungsbefehles außerhalb des Sprengels des Gerichtshofes, in welchem das zur Erlassung des Zahlungsbefehles zuständige Bezirksgericht seinen Sitz hat, erfolgen müßte. — Pflegebefohlene können im Umfange ihrer Verpflichtungsfähigkeit Mahnbefehle erwirken und von solchen getroffen werden § 1 C.P.O.

III. Zuständig zur Erlassung des Zahlungsbefehles ist lediglich das Bezirksgericht, in Rechtssachen der Handels- und Seegerichtsbarkeit auch das Bezirksgericht in Handels- und Seesachen Art. 38 C.P.O., und zwar nur jenes Bezirksgericht, in dessen Sprengel der Schuldner seinen ordentlichen Wohnsitz hat § 2. An Stelle des Bezirksgerichtes tritt bei Mahnungen von und gegen Richter nach § 79 J.N. der Gerichtshof erster Instanz, und hat der Vorsitzende des Senates den Zahlungsbefehl zu erlassen Art. 14 J.N. Jeder besondere Gerichtsstand für die Rechtssache fällt bei dem Mahnbefehl außer Betrachtung; es kann daher auch gegen mehrere Schuldner zugleich ein Mahnbefehl nur erwirkt werden, wenn sie sämtlich im Sprengel desselben Bezirksgerichtes wohnen.

In dem Gesuche um Zahlungsbefehl hat der Gläubiger seinen und des Schuldners Namen, Stand oder Gewerbe und Wohnort zu bezeichnen, den Betrag der Forderung und den Rechtsgrund derselben (d. h. die Thatsachen, aus welchen die Forderung entstanden ist) anzugeben, und wenn die Forderung vertretbare Sachen zum Gegenstand hat, den Abfindungsbetrag zu nennen § 4. Ein Beweis oder eine Bescheinigung der Forderung ist unerheblich. — Das Gesuch kann schriftlich (in einfacher Ausfertigung § 17) oder zu Protokoll angebracht werden; zur Protokollierung bezw. zur Eintragung in ein über Mahnsachen zu führendes Register kann die Gerichtskanzlei ermächtigt, ihr kann auch aufgetragen werden, den Mahnbefehl zu entwerfen §§ 56, 59 Ger.O. und § 319 Gesch.O. Im Antrage kann Zahlungsbefehl angesucht werden von demselben Gläubiger gegen denselben Schuldner wegen mehrerer Forderungen, auch wenn sie nicht in einem thatsächlichen oder rechtlichen Zusammenhange stehen, doch zusammen den Betrag von 200 fl. nicht übersteigen, — gegen mehrere Schuldner nur wegen desselben Anspruches und wenn überdies jeder Schuldner im Sprengel des Bezirksgerichtes seinen ordentlichen Wohnsitz hat. — Das Gesuch ist ohne Vorverhandlung zu erledigen. Findet der Richter die Rechtssache zum Mahnverfahren nicht geeignet, oder die Erlassung des Mahnbefehles gegen den Schuldner durch § 3 ausgeschlossen, — erkennt er aus den Angaben des Gläubigers, daß die Forderung nicht fällig oder durch eine Gegenleistung bedingt ist, — erkennt er sich als unzuständig, — fehlt dem schriftlichen Gesuche der geforderte Inhalt, so hat er den Antrag mit Begründung zurückzuweisen und davon (unter Zurückhaltung des Gesuches § 17) den Gläubiger allein zu verständigen. Ergiebt sich kein Anstand, so ist — unter Zurückhaltung des Antrages — der Zahlungsbefehl zu erlassen. Er hat zu enthalten: 1. die Aufschrift: Zahlungsbefehl; — 2. des Gläubigers und des Schuldners Name, Stand oder Gewerbe und Wohnort; — 3. den Betrag der Forderung und den Rechtsgrund derselben; — 4. den Auftrag an den Schuldner, binnen 14 Tagen nach Zustellung des Zahlungsbefehles zur Vermeidung der Exekution die Forderung samt den geforderten Zinsen, und den angesprochenen und eventuell gemäßigten Kosten des Zahlungsbefehles zu berichtigen, oder binnen eben dieser Frist Widerspruch zu erheben, — 5. die Belehrung, daß der Zahlungsbefehl nur durch Widerspruch außer Kraft gesetzt werden kann. Wurde Zahlungsbefehl wegen mehrerer, in besonderen Geldbeträgen ausgedrückter oder bewerteter Forderungen angesucht, so ist im Zahlungsbefehle die Berichtigung der Forderungen gesondert aufzutragen §§ 6, 9. Hat die Forderung vertretbare Sachen zum Gegenstande, so ist dem Schuldner freizustellen, statt der geforderten Sachen den genannten Abfindungsbetrag zu leisten § 6. — Eine Ausfertigung des Zahlungsbefehles ist dem Schuldner, und wenn der Schuldner mehrere sind, jedem derselben nach den für Zustellung von Klagen geltenden Vorschriften Art. 28 C.P.O., eine weitere Ausfertigung dem Gläubiger durch die Post, eventuell an die Hausgenossen zuzustellen.

IV. Gegen die Verweigerung des Zahlungsbefehles ist der Rekurs binnen acht Tagen zulässig; gegen die Erlassung des Zahlungsbefehles ist Rechtsmittel ausgeschlossen und nur der Widerspruch zugelassen; solcher ist einzubringen, wenn der Schuldner die Forderung nicht anerkennt, und auch wenn die formellen Voraussetzungen für den Zahlungsbefehl mangeln. Der Widerspruch muß rechtzeitig, also innerhalb der im Zahlungsbefehle bestimmten vierzehntägigen Frist, er muß bei Gericht (nicht bloß dem Zustellungsorgane gegenüber) mündlich (zu Protokoll, zum Register in Mahnsachen) oder schriftlich eingebracht werden. Der Widerspruch bedarf keiner Begründung § 8; er entkräftet den Zahlungsbefehl und nötigt den Gläubiger zur klagsweisen Beitreibung seiner Forderung, welche bei dem nach der J.N. zuständigen Gerichte, also nicht notwendig bei dem um Zahlungsbefehl angegangenen Gerichte zu erfolgen hat. Der Widerspruch entkräftet den Zahlungsbefehl: a) wenn er auch nur gegen einen Teil der Forderung (des Hauptanspruches, der Nebengebühren, den Kostenzuspruch) gerichtet ist; — b) wenn der Widerspruch gegen eine der mehreren Forderungen, deren Zahlung aufgetragen wurde, gerichtet ist, ausgenommen, es ist dem Gesuche gemäß die Berichtigung mehrerer in besonderen Geldbeträgen ausgedrückter Forderungen abgesondert aufgetragen und der Widerspruch ausdrücklich nur gegen eine dieser Forderungen erhoben, in welchem Falle der Zahlungsbefehl bezüglich der übrigen abgesonderten Forderungen in Kraft bleibt; — c) wenn der Widerspruch nur von einem der mehreren Schuldner erhoben ist § 9.

Von dem rechtzeitig erhobenen Widerspruch sind der Gläubiger und der Schuldner (mittels amtlicher Ausfertigung § 17) zu verständigen § 10; dabei ist dem Gläubiger der Ersatz der Kosten des Widerspruches, falls er vom Schuldner angesprochen wird, aufzuerlegen. Wird infolge des Widerspruches Klage erhoben, so ist über die gesamten Kosten des Mahnverfahrens, wie über einen Teil der Kosten des Rechtsstreites zu erkennen § 11. Der verspätete Widerspruch ist zurückzuweisen und davon lediglich der Schuldner zu verständigen § 10. Die Erledigung des Widerspruches kann binnen acht Tagen mit Rekurs angefochten werden und zwar vom Schuldner, wenn der Widerspruch als verspätet zurückgewiesen wird, — vom Gläubiger nicht wegen der Annahme des Widerspruches und nicht wegen Kostenzuspruches überhaupt (§ 11), sondern nur wegen des Betrages des Kostenzuspruches § 12. — Bei unverschuldeter Versäumung der Frist zum Widerspruche kann der Schuldner binnen 14 Tagen (Art. 28 C.P.O.), nachdem ihm die Versäumung bekannt geworden und das Hindernis weggefallen ist, Wiedereinsetzung ansuchen. Ist Wiedereinsetzung angesucht, so können nur Exekutionshandlungen zur Sicherung der Forderung bewilligt werden § 371 Ex.O. Die Bewilligung der Restitution hat die Wirkungen des Widerspruches, ohne daß es einer neuerlichen Erhebung desselben bedarf § 14. — Ist gegen den Zahlungsbefehl nicht rechtzeitig Widerspruch erhoben, so ist die Schuld exequierbar; unterläßt der Gläubiger, vor Ablauf von sechs Monaten nach Zustellung des Zahlungsbefehles an den Schuldner die Exekution gegen denselben zu begehren, so tritt der Zahlungsbefehl außer Kraft § 16; doch bleibt dem Gläubiger vorbehalten, die Forderung mit Klage und auch neuerlich im Mahnverfahren geltend zu machen. — Wer im Mahnverfahren als Vertreter auftritt, hat sich dem Gerichte gegenüber zu legitimieren, — der Widerspruch fordert aber einen Ausweis der Vollmacht nicht, doch hat die gerichtliche Erledigung des Widerspruches, wenn eine Vollmacht nicht beigebracht ist, an den Auftraggeber selbst zu erfolgen § 17.

V. Das Ansuchen um Erlassung des Zahlungsbefehles hat die Wirkung einer Klage: 1. in betreff der Anhängigkeit der Streitsache bei Gericht. Es begründet das Recht auf Saumsalszinsen, das Recht auf Zinsen über den Betrag der Hauptschuld (§§ 1334, 1335 B.G.B.); die Forderung kann nicht nochmals mittels Klage, sie kann nicht nochmals gegen einen andern Schuldner, nicht nochmals von einem andern Gläubiger geltend gemacht werden (§§ 891, 892 B.G.B.); der Gerichtsstand der Widerklage wird dadurch nicht begründet; — 2. in betreff der Unterbrechung der Verjährung § 13. — Wird der Zahlungsbefehl rechtskräftig und auch rechtzeitig zur Exekution gebracht, so bleiben die bezeichneten Wirkungen aufrecht und läuft für den im Zahlungsbefehl zuerkannten Anspruch eine neue Verjährung. — Wird gegen den Zahlungsbefehl wirksam Widerspruch erhoben, so bleiben die Wirkungen der gerichtlichen Einmahnung (§§ 1334, 1335 B.G.B.) aufrecht, und gilt für die Zeit von dem Ansuchen um Zahlungsbefehl bis zur Erhebung (Zustellung) des Widerspruches die Verjährung als gehemmt § 13. Dieselben Wirkungen wie bei Widerspruch treten ein, wenn der Zahlungsbefehl durch Ablauf der sechsmonatlichen Exekutionsfrist außer Kraft tritt; für die Verjährung ist die Zeit von dem Ansuchen um Zahlungsbefehl bis zum Ablauf der Exekutionsfrist nicht zu zählen § 16.

VI. Der Gläubiger kann das Begehren um Erlassung des Zahlungsbefehls auch in einer zur Eintreibung der Forderung erhobenen Klage stellen, wenn das Gericht für die Klage und für die Erlassung des Zahlungsbefehls zuständig ist. Das Gericht hat sohin bei Bestand der Voraussetzungen für das Streit- und für das Mahnverfahren den Zahlungsbefehl mit dem Beisatze zu erlassen, daß im Falle des Widerspruches das weitere Verfahren über die Klage stattfinden werde. Dieser Zahlungsbefehl ist für den Beklagten auf einer Ausfertigung der Klage, für den Kläger auf einer Rubrik (§ 80 C.P.O.) auszufertigen, und eine Ausfertigung der Klageschrift bei Gericht aufzubehalten. — Wird gegen den Zahlungsbefehl Widerspruch erhoben, so ist über die Klage das Prozeßverfahren einzuleiten. Fehlen die Voraussetzungen für den Zahlungsbefehl, so ist unter Zurückweisung dieses Ansuchens sofort das Streitverfahren anzuordnen, wobei dem Gläubiger wegen Verweigerung des Zahlungsbefehls der Rekurs offen steht § 19.

FSC
www.fsc.org
MIX
Papier | Fördert
gute Waldnutzung
FSC® C083411

Kolibri 360 GmbH
Ferdinand-Jühlke-Straße 7
99095 Erfurt, Deutschland
produktsicherheit@kolibri360.de

Druck:
CPI Druckdienstleistungen GmbH
im Auftrag der
Kolibri 360 GmbH
Ferdinand-Jühlke-Str. 7
99095 Erfurt